교육연구방법론 2판

| 김석우 · 최태진 · 박상욱 공저 |

RESEARCH
METHODOLOGY
IN
EDUCATION

학지사

2판 머리말

　교육학 분야의 연구는 교육환경에서 야기된 많은 문제점들을 관찰, 기술, 분석, 해석함으로써 이를 체계적으로 이해하고, 다양한 교육 현안 문제점들을 개선 및 해결하는 데 기본적인 정보를 제공해 준다. 교육현상을 체계적으로 이해하기 위해서는 적절한 절차와 방법에 따라 이를 관찰, 기술, 분석하고 설명할 필요가 있다. 이를 위해서는 적절한 연구방법이 선행되어야 한다. 현재 교육학 연구에서는 연구목적에 따라 문헌연구, 조사연구, 실험연구, 관찰연구 등 다양한 연구방법들이 활용되고 있다. 교육학 분야를 포함한 사회과학의 연구방법은 크게 실증적 연구방법과 해석적 연구방법으로 구분된다. 실증적 연구방법은 사회현상과 자연현상은 본질적인 면에서 차이가 없고, 사회현상의 탐구도 자연과학의 연구방법과 동일하게 탐구되고 논의될 수 있음을 근간으로 하고 있다. 해석적 연구방법은 인간 행위 그 자체는 자연현상과 달리 가치와 목적이 포함된 현상이라는 인식을 근간으로 하여 접근하는 방법이다. 이는 모든 인간 행위에 대한 올바른 이해가 단순한 행위 자체의 관찰에 의해서가 아니라 행위자의 가치, 목적, 그 행위가 일어난 상황적 조건 등에 대한 해석, 즉 행위의 주관적인 의미에 대한 이해를 통해서만 가능하다는 것이다.

　본 교육연구방법론은 실증적 연구방법 혹은 해석적 연구방법을 수행하고자 하는 독자에게 이를 포괄할 수 있는 연구의 목적 관점에서 문제해결 역량을 배양할 수 있도록 구성하였다. 구체적으로 살펴보면, 첫째, 어떤 현상의 인과관계를 밝힘으로써 왜 그러한 현상이 나타나게 되는지 규명할 수 있는 역량, 둘째, 조사를 통하여 어떤 가설의 진위 여부를 가리거나 이론을 수정·보완할 수 있는 역량, 셋째, 미래 상황의 전개나 행동의 방향을 전망할 수 있는 역량, 넷째, 어떤 새로운 정책이나 시도의 결과가 얼마나 효과적이었는지를 측정할 수 있는 역량, 마지막으로 개략적인 이해를 넘어 어떤 상황이나 사건을 체계적이고 치밀하게 묘사할 수 있는 역량을 배양할 수 있다.

이를 달성하기 위하여 본 교육연구방법론은 다음의 측면을 특히 유념하면서 집필하였다.

첫째, 연구자가 연구의 기본논리에 대한 이해에서부터 실제 연구를 수행하고 최종적인 연구보고서 작성에 이르기까지 연구과정의 순서에 따라 책의 내용을 체계적으로 구성함으로써, 독자들이 연구과정의 전반적인 흐름을 효과적으로 이해할 수 있도록 하였다.

둘째, 기존의 연구방법 책이 다소 양적연구방법에 치우쳐 있음에 비추어 내용분석, 사례연구, 문화기술지연구, 근거이론, Q 방법론을 추가함으로써 독자들의 새로운 요구를 반영하였고, 특히 각 연구방법의 수행절차를 자세히 제시함으로써 실제 연구를 수행하는 데 수월하도록 하였다.

셋째, 많은 독자들이 학위논문 작성에 관심을 갖고, 본 책을 활용함에 비추어 학위논문의 체제와 함께 그동안의 저자의 경험을 토대로 서론부터 논의에 이르기까지 구체적인 작성방법과 유의사항들을 제시하였다. 특히, 경험적으로 관찰된 자료를 계량화하여 연구를 수행할 때 필요한 통계적 분석과 보다 정밀한 연구가 가능하도록 구체화할 수 있는 방법론을 소개하였다. 그리고 일반적인 법칙 발견을 통한 설명과 예측수행을 지원하기 위해서 직관적인 통찰을 통한 의미해석과 기술방법 등을 제시하였다.

넷째, 본문 구성에서는 각 장에서 중요사항이라 여겨지는 것은 별도의 표를 만들어 주요 특징들을 요약·정리하여 제시함으로써 가독성을 높였다. 그리고 각 장의 말미에는 연습문제를 두어 독자들이 중요한 개념들을 다시금 상기해 볼 수 있도록 하였다.

저자는 일선 교육현장에서 다수의 논문을 지도하고 심사한 경험을 바탕으로 무엇보다 연구자들의 논리적이고 체계적인 연구수행의 수월성에 초점을 두고 내용을 제시하고자 노력하였다. 아무쪼록 본 교육연구방법론이 독자의 공감대를 형성할 수 있고 연구역량 강화에 수월하게 지원할 수 있는 책으로 자리매김하기를 기대한다. 끝으로 출판을 흔쾌히 허락해 주신 학지사 김진환 사장님께 심심한 감사를 드린다.

2015년 2월
저자 일동

1판 머리말

사회현상을 객관화시켜 연구한다는 것은 결코 쉽지 않은 일이다. 현상을 조작적으로 개념화하고 정의 내리는 순간 현상의 부분적인 이해는 도모할 수 있으나 자칫 전체의 통합적인 모습은 흩어질 수 있기 때문이다. 따라서 교육분야를 포함한 사회과학의 현상을 연구하고자 하는 연구자는 항상 두려운 마음과 과학자와 같은 자세로 연구에 임해야 한다. 이를 위해서는 현상에 대한 통찰력뿐만 아니라 그러한 현상을 합리적이며 체계적인 방식으로 조직화하는 능력, 그리고 효과적인 연구설계를 통해 실제적으로 연구를 실행해 낼 수 있는 능력이 무엇보다 요구된다.

이 책은 교육분야―넓게 보아서는 교육학, 심리학, 사회학, 사회복지학 등 사회과학 분야―에서 실제 연구를 수행하거나 연구에 관심이 있는 대학생, 대학원생, 연구자들을 위해 썼다.

이 책은 크게 1, 2부로 구분하여 전체 14장으로 구성되어 있다.

제1부는 교육연구의 기초라는 제목으로 8장에 걸쳐 연구자가 연구를 수행할 때 거쳐 나가는 일반적인 절차에 따라 필요한 요소들을 소개하였다. 연구에 기저하는 논리와 연구유형, 연구주제와 연구문제 및 가설을 설정하고 진술하는 방법, 문헌을 고찰하는 절차, 연구대상의 선정과 자료수집방법, 자료의 통계적 분석방법, 연구계획서와 보고서의 기본양식 그리고 마지막에는 특히 학위논문을 준비하는 대학원생들을 위한 학위논문의 체제와 작성법을 차례로 제시하였다.

제2부에는 교육연구에서 많이 채택되고 있는 7가지 연구방법을 차례로 제시하였다. 기술연구, 상관연구, 인과비교연구, 실험연구, 내용분석, 사례연구, 문화기술지연구다. 앞의 4가지는 양적연구 유형이며, 나머지 3가지 연구방법은 질적연구 유형이다.

책을 집필하면서 저자들은 다음과 같은 몇 가지 측면에 특히 유념하였다.

첫째, 연구자가 연구의 기본논리에 대한 이해에서부터 실제 연구를 수행하고 최종적인 연구보고서 작성에 이르기까지 연구과정의 순서에 따라 책의 내용을 기술함으로써, 독자들이 연구과정의 전반적인 흐름을 이해할 수 있도록 하고자 노력하였다.

둘째, 기존의 연구법 책이 다소 양적연구방법에 치우쳐 있음에 비추어 내용분석, 사례연구, 문화기술지연구를 추가함으로써 독자들의 새로운 욕구를 반영하고자 하였으며, 특히 각 연구방법에서는 연구의 수행절차를 가급적 자세히 제시함으로써 실제 연구수행에 직접적인 도움을 주고자 하였다.

셋째, 많은 연구자들이 특히 학위논문에 관심을 가지고 연구를 수행하는 사례가 많음에 비추어 학위논문의 체제와 함께 그간의 저자의 경험을 토대로 서론부터 논의에 이르기까지 구체적인 작성방법과 유의사항들을 제시하였다.

넷째, 책의 본문에서는 상세하게 다루지 못하였으나 중요사항이라 여겨지는 것들에 대해서는 별도의 표를 만들어 주요 특징들을 요약적으로 제시하여 주목하도록 하였다.

다섯째, 각 장의 말미에는 연습문제를 두어 책을 읽는 독자들이 중요한 개념들을 다시금 상기해 볼 수 있도록 하였다. 특히 교육연구법을 수강하는 대학생이나 대학원생들의 경우 각 장을 익힌 후에는 이들 연습문제를 꼼꼼히 풀어 보기를 권장한다.

한편으로 저자들의 이러한 의도와는 달리 막상 원고를 탈고하고 나니 많은 아쉬움이 남는다. 좀 더 치밀했더라면 하는 아쉬움과 함께 많은 부분에서 미흡함이 눈에 띤다. 이 책의 부족한 점이나 오류에 대해서는 기회가 닿는 대로 적극 수정·보완할 생각이다. 보다 나은 책을 위하여 독자들의 많은 비평과 질책을 바란다.

책을 출판하면서 많은 분들께 감사를 드린다. 특히 오타 투성이의 원고를 일일이 검토하고 교정하는 데 많은 도움을 준 김명선, 조영기, 박동성, 김윤용, 전화춘, 정홍식, 한홍련 선생님들께 이 자리를 빌려 고마움을 전한다.

끝으로 출판을 흔쾌히 허락해 준 학지사 김진환 사장님과 부족한 원고를 깔끔한 책으로 출간하는 데 힘써 준 편집부의 이세희 과장님에게도 심심한 감사를 드린다.

2007년 2월
저자 일동

차 례

제2부 연구방법

제1부

교육연구의 원리

제1장

교육연구의 기초

　연구란 인간과 사회 그리고 자연세계를 둘러싸고 있는 여러 현상에 관한 지식을 축적하고 그 본질을 탐구하는 체계적인 지적 활동을 말한다. 이렇게 본다면 교육연구란 그 초점이 특히 교육체계, 학교, 학생, 교사, 교수–학습장면에 맞추어 이루어지는 연구활동을 가리킨다. '학생들의 학업성취도 향상을 위한 효과적인 교수–학습방법의 개발' 혹은 '교사의 직무만족에 영향을 미치는 학교풍토 변인의 탐색' 등과 같은 주제는 교육연구의 전형적인 예다. 주목해야 하는 것은 연구를 지식축적 행위라고 정의할 때 이는 인간의 앎이나 지식습득에 대한 인식론적 관점을 전제한다는 사실이다. 따라서 교육연구 역시 지식에 대한 인식론적 관점에 따라 각기 다른 논리하에 이루어질 수밖에 없다. 이 같은 논리는 크게 두 가지로 대별된다. 지식에 대한 실증주의적 논리와 현상학적·해석학적 논리다. 제1장에서는 교육연구의 바탕이 되는 이러한 두 가지 논리를 제시하며, 교육연구가 취하는 일반적인 목적 그리고 교육연구의 두 가지 논리에 기초한 양적연구와 질적연구의 형태를 살펴본다. 다음으로 연구가 수행되는 절차들을 제시하며 마지막으로 연구의 수행 시 연구자가 지켜야 할 자세나 사항에 대해 살펴볼 것이다.

1. 연구의 두 가지 논리

연구를 현상에 대한 지식을 얻고자 하는 탐구행위라고 규정한다면, 지식이 란 과연 무엇인가, 그리고 인간은 어떻게 하여 지식을 얻을 수 있는가에 대한 답은 관점에 따라 구체적인 연구행위에 대한 개념이 달라질 수 있다. 이는 인 간의 앎이란 행위, 곧 지식에 대한 인식론적 관점을 말한다. 제반현상의 보편 적 실체가 존재함을 인정하고 이는 과학적 방법과 절차를 통하여 발견할 수 있으며 이러한 지식만이 참된 지식이라고 보는 입장이 있고, 이에 반해 보편 적 실체란 존재하지 않을 수도 있으며 알 수 없다는 상대주의적 관점이 있다. 전자는 과학적 혹은 실증적 방법의 연구논리이며 후자는 현상학적 · 해석학적 연구논리다. 이러한 논리는 곧 3절에서 살펴볼 양적연구와 질적연구에 대한 구분으로 이어진다.

연구의 실증주의적 논리와 현상학적 · 해석학적 논리를 차례로 살펴보기로 한다.

1) 연구의 실증주의적 논리

연구라는 행위를 곧 과학적 방법(scientific method)이라는 용어와 동일한 의 미로 사용하는 관점이다. 과학(science) 혹은 과학적(scientific)이라는 용어를 먼 저 생각해 볼 필요가 있다. Collins 사전(2003)에서는 과학, 과학적이라는 용어 를 다음과 같이 설명하고 있다.

Science/1. The study of the nature and behaviour of natural things and the knowledge that we obtain about them through observation and experiments(자연 및 자연물의 행동에 대한 연구 및 관찰과 실험 을 통하여 그것들에 대해 얻어진 지식).

Scientific/2. If you do something is a scientific way, you do it carefully and systematically, carring out proper experiments or tests(주 의 깊고 체계적인 방식, 타당한 실험 혹은 검증절차를 사용하여 그 무

엇을 수행하는 것).

과학 혹은 과학적이라는 단어에 대한 이러한 엄격한 정의에 따르자면 연구라는 행위는 연구자 개인의 가치관이나 태도, 감정 등을 떠나 객관적인 관찰, 실험, 검증절차에 의하여 산출된 지식을 가리킨다. 즉, 개인의 편견이나 주관성이 개입된 행위절차는 과학일 수 없으며 바람직한 연구행위로도 간주할 수 없다는 것이다. 따라서 '연구＝과학적 방법'이어야 함을 주장하는 사람들은 연구의 사실성, 객관성, 논리성을 담보하기 위하여 연구의 논리를 이루는 구성요소로 개념, 변인, 법칙, 이론이라는 용어를 구별하여 사용한다. 이는 과학적인 연구가 갖는 의사소통을 위한 기본장치다.

개념(concept)은 일반적으로 '어떤 대상이 가지는 의미나 공통적인 속성'을 가리킨다. 현상 속에 존재하는 다양한 사물들과 사건, 상황, 관계들은 일차적으로 개념의 망을 통해 재구성된다. 개념이 만들어지는 방식은, 첫째, 사물이나 현상의 공통된 특징을 통해 새로운 개념을 만드는 방식, 둘째, 기존의 개념들을 의미 있게 결합하는 방식, 셋째, 현상의 원인이나 유추를 통해 형성하는 가설적 개념 등이 있다. 개념은 연구의 논리를 이루는 출발점이며 과학적 언어의 기본단위라고 할 수 있다.

변인(variable)은 '여러 가지 다른 값을 갖는 속성'으로서 과학자들은 자신이 연구하는 개념을 변인이라 부른다. 교육연구에서 주로 사용되는 변인들로는 성(性)이나 학년, 거주지역, 학업성적 등이 있다. 연구자들은 이러한 변인들에 숫자나 값을 부여해서 변인들 간의 관계를 고찰한다. 대표적인 변인의 종류로 독립변인과 종속변인, 질적변인과 양적변인, 연속적 변인과 비연속적 변인 등을 들 수 있다. 변인들 간의 관계에 영향을 미치거나 예언해 주는 변인을 독립변인이라 부르고, 영향을 받거나 예언되는 변인을 종속변인이라 한다. 양적변인과 질적변인은 변인이 지니고 있는 속성을 수량화할 수 있느냐의 여부에 따라 구별된다. 성적이나 나이, 월수입과 같이 그 속성을 수량화할 수 있는 것이 양적변인이며, 직업이나 종교, 거주지역처럼 변인이 가진 속성을 몇 개의 유목으로 분류할 수는 있으나, 서열화하거나 값을 매길 수 없는 변인은 질적변인이라 부른다. 또한 연속적 변인과 비연속적 변인으로도 구별할 수 있는데 변인의 속성을 연속적인 값으로 매길 수 있느냐에 따라 구별된다. 길이나 무게와 같은 변인은 연속적 변인이며, 성별이나 종교 등은 비연속적 변인이다.

법칙(law)은 두 가지 이상의 개념 또는 사실들 간의 규칙적 관계를 의미한다. 직접적인 관찰에 의한 개별적 사실들은 귀납적 추론 과정을 통해 하나의 관계, 즉 경험적 법칙을 만들어 낸다. 그러나 이러한 경험적 법칙은 시공간을 초월하여 절대적 진리가 될 수는 없다. 모든 사례를 완벽하게 포괄할 수는 없기 때문이다. 그래서 경험적 법칙은 언제나 잠정적인 진(眞)이며 계속적인 검증을 필요로 한다. 이러한 의미에서 경험적 법칙은 검증된 가설이라 불리기도 한다. 법칙은 또한 일련의 전제들이 논리적으로 유도되는 과정에서 생성되기도 한다. 이러한 연역적 추론과정에서 중요한 것은 경험의 진위가 아니라 진술 형식의 논리성이다. 법칙은 검증성과 논리성을 통해 개별 개념이나 사실들이 체계적인 관계로 형성되는 것을 의미한다.

이론(theory)은 법칙들의 체계다. Kerlinger와 Howard(1999)는 보다 구체적으로 '이론은 현상을 설명하고 예언할 목적으로 변인 간의 관계를 진술함으로써 현상에 대한 체계적인 견해를 제시하는 일련의 상호관련된 구성개념, 정의, 명제'라고 표현하고 있다. 결국 이론이란 한정되고 상호관련성이 있는 구성개념으로 이루어진 일련의 명제이며, 여러 변인 간의 상호관련성을 분명히

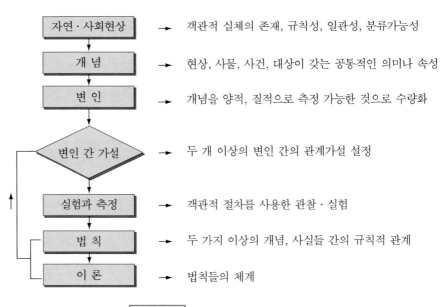

그림 1-1   실증주의적 연구의 논리

하여 현상에 대한 체계적인 관점을 제시하는 설명체계다.

　결과적으로 실증주의적 연구의 기본 논리는 다음과 같이 요약된다. 첫째, 사회현상 및 자연세계에는 객관적 실체라는 것이 존재한다. 둘째, 이들 사회현상, 자연세계는 규칙성과 일관성을 지니고 있으며 분류가능성을 지닌다. 셋째, 따라서 객관적인 실험과 측정절차를 통하여 이들 현상을 밝힐 수 있으며 법칙과 이론으로 구축할 수 있다는 것이다.

2) 연구의 현상학적 · 해석학적 논리[1]

　연구가 취하는 두 번째 논리는 현상학적 · 해석학적 논리다. 현상학적 · 해석학적 관점은 기본적으로 객관적 실체나 보편적 지식의 존재 및 이러한 가정에 대하여 부정하며, 인문 · 사회과학과 같은 정신과학 분야에서 소위 '과학주의' 라는 방법 논리에 따라 진리를 획득하고자 하는 시도는 결코 성공할 수 없다고 본다.

　현상학적 관점에서는 인간 환경의 제 측면들은 그 환경에 참여하고 있는 개인들에 의해 구성되는 것으로 본다. 즉, 사회적 실체의 다양한 측면들은 그것을 구성하는 개인의 의미와 분리하여 존재할 수 없다고 보는 것이다(Gall et al., 1999). 이러한 견해는 인간 환경을 둘러싼 현상들이 그것을 창조하고 관찰하는 개인들과 상관없이 인간의 인식 밖에서 객관적인 실체를 지니고 존재한다고 보는 실증주의적 입장과는 정면으로 배치된다. 보편적 진리 혹은 법칙이란 것이 적어도 자연세계, 물리적 세계에서는 가능할지 모른다. 그러나 자연과학이 아닌 정신과학에서는 이러한 가정은 결코 성립될 수 없다는 입장이다. 또한 현상학적 관점에서는 정신과학의 주된 관심은 대상의 사물이 아닌 사람으로, 수량적 취급이 아니라 오히려 본질적으로 수량적 취급에 저항하는 기술(description)에 있다고 본다. 따라서 인간의 문화현상과 사회현상이란 양보다

---

[1] 학문연구 논리 및 방법에 대한 실증주의자들의 주장과 이에 반대하는 사람들 간의 방법론적 논쟁은 19세기 후반과 20세기 초에 걸쳐 독일의 경제학자, 역사가들 그리고 사회학자들 사이에서 일어났던 일련의 논쟁으로 거슬러 올라간다. 이 논쟁은 실증주의적 자연과학을 옹호하는 사람과 인문과학과 사회과학을 포함하는 정신과학에 대한 해석학적 논리를 주장하는 사람들 사이에서 일어났다(길병휘 외, 2001: 24).

는 질이나 의미가 문제가 되며, 수량이라는 일원적인 조작으로는 환원될 수 없는 다원적이며 다의적 공간을 지니고 있다고 파악하는 것이다(길병휘 외, 2001). 결과적으로 제반현상을 수량화하는 시도나 이를 바탕으로 가설 수립-검증이라는 방법논리로 진리를 발견한다는 것은 불가능하다는 입장이다.

현상학에서 탐구대상으로 삼고 있는 것은 우리 인간의 삶의 문제다. 인간 삶의 모든 표현과 일상을 학문 활동의 근본으로 받아들인다는 점에서도 현상학은 실증주의와 대립된다. 실증주의자들은 주관적 감정은 결코 학문의 대상이 될 수 없다고 주장한다. 그러나 현상학적 입장을 주장하는 학자들은 인간 사회의 삶 자체를 학문의 전제이자 학문의 대상으로 삼는다.

연구행위에 대한 해석학적 입장은 현상학적 방법에서의 '인간의 삶의 상황을 있는 그대로 이해하여 파악한다.'라는 말에 이미 나타나 있다. '실증주의적 사회과학'이 일반적 법칙을 밝혀내는 것이라면, '해석학적 사회과학'은 사회의 의미체계를 이해하는 것이다. 삶의 외부에서 사상(事象)을 객관적으로 관찰하는 방관자의 자세이거나 인과적 적용방식으로 귀납적 방법에 의해 추상화하는 것이 아니라, 삶을 그대로 이해하고자 한다. 다시 말해 인간의 정신적 삶의 표현들은 이해되어야지 인과론적으로 환원해서는 안 된다는 것이 해석학의 입장이다. 따라서 해석학적 연구에서는 의미를 이해하기 위하여 사회적 상황이나 맥락을 중시한다. 인간 정신의 산물은 체험의 표현이며 그러한 것들은 비록 개별적인 것이긴 하지만 인간의 체험에는 근본적으로 공통된 측면이 있기 때문에 우리는 그러한 표현들을 객관적으로 이해할 가능성을 갖는 것이다. 필요한 것은 보편타당한 해석의 방법과 규칙이다. 결과적으로 현상학적·해석학적 입장에서 보면 정신과학에 대한 실증주의적 접근 혹은 과학주의적 접근은 다음과 같은 측면에서 비판점을 갖는다.

첫째, 인간의 행태는 복잡할 뿐만 아니라 상당히 가변적이다. 따라서 예측이란 것이 불가능하다. 둘째, 인간 행태에 관한 정보를 알아낼 수 있는 객관적 절차, 즉 실험 등과 같은 방법이 완전하지 못하다. 셋째, 인간에게는 예측을 전복시킬 수 있는 능력이 있다. 넷째, 사회과학 연구는 연구자 자신이 목적의식을 갖고 상징적 존재인 인간을 대상으로 하는 상징적 연구이기 때문에 연구대상이 규범적이다. 그런데 그것을 과학이라는 이름으로 분석하고 기술하려는 것은 원천적인 문제를 갖고 있다.

길병휘 등(2001)은 현상학·해석학적 관점에 기초한 연구의 시사점을 다음과 같이 들고 있다.

첫째, 현상학이나 해석학적 방법에서 언급하고 있는 것은 '사물 그 자체로 돌아가라.'는 의미다. 자칫 연구자는 사물이나 경험의 의미를 들여다볼 때 사물이나 사태 자체를 있는 그대로 보기보다는 그것들의 축소된 변형물 혹은 추상화된 부분을 연구의 대상으로 삼기 쉽다. 그러나 현상학·해석학적 입장에서는 사람이나 사태 혹은 사물에 수량화나 범주화가 가해지기 이전의 상태, 즉 있는 그대로의 상태에 최대한 접근하고자 한다. 이는 교육연구에 있어서도 어떤 현상들을 쉽게 분류해 버리는 것을 지양하고 사물이나 사태를 그 전후관계나 상황을 통해서 파악하는 사물 자체의 맥락적 연구의 필요성을 보여 준다.

둘째, 현상학과 해석학에서는 일상적이고 현실적인 삶의 문제를 연구의 출발점으로 삼고 있다. 당연하게 받아들인 일상적 삶의 모습, 삶의 구체적인 영역을 연구대상으로 생각한다.

셋째, 현상학과 해석학에서는 느끼고 생각하고 경험한 세계를 대화의 힘을 빌려 상대방에게 상호 주관적인 기술의 형태로 그 의미를 전달해 줌으로써 서로가 공유하고 있는 세계를 이해하고 승인할 수 있게 해 준다.

넷째, 현상학과 해석학에서는 어떤 사태나 사물을 파악할 때 그것을 객관적인 상태에서 관찰하기보다는 그들의 상호주관적인 의식과 입장을 인정하고 그들의 관점에서 경험을 기술하는 일이 우선되어야 한다고 본다.

다섯째, 현상학과 해석학은 인간의 일상적 삶의 맥락에서 출발하기 때문에 그들이 처해 있는 상황에 따라 선입견을 배제할 수 없다. 이러한 선입견은 대상과의 상호작용을 통해서 충분히 수정되고 보완될 수 있는 생산적 선입견이라 할 수 있다. 각자의 삶의 맥락이 다르다고 해서 단지 사적이거나 개인적인 것으로 판단해서는 안 된다. 예컨대, 질적연구는 사람들의 눈과 마음이 다를 수 있다는 전제하에 출발한다.

여섯째, 진리를 입증한다기보다는 의미를 구성하고, 앎보다는 느낌을 강조하며, 과학적 엄밀성보다는 공감을 선호한다. 내가 본 것을 타인도 알고 공감할 수 있는 형태로 구성해 가는 대화의 창구를 열어 갈 때 일반성이 확보될 수 있다.

2. 교육연구의 목적

교육연구가 추구하는 목적은 앞에서 진술한 연구의 논리에 따라 그 추구하는 목적 수준을 달리한다. 과학적 논리에서 본다면 교육연구의 궁극적인 목적은 교육현상을 둘러싸고 있는 일반화된 법칙의 발견과 이론의 구축에 있다. 그러나 현상학적·해석학적 관점에서 볼 때 보편적인 법칙이나 이론의 정립이란 실현 불가능한 목표다. 연구의 수행 결과로 산출된 지식이 현상을 이해하는 데 어떻게 기여할 수 있는가 하는 측면에서 교육연구의 목적을 네 가지 수준으로 나누어 살펴보면 다음과 같다.

1) 현상에 대한 기술

연구의 일차적 목표는 현상을 기술(description)하는 데 있다. 기술이란 어떤 사건이나 현상에 대하여 관찰한 사실들을 있는 그대로 기록하는 것이다. 따라서 기술은 무슨 사건이 언제, 어떻게 발생하였으며, 어떠한 사실이 있었는지 등에 관한 정보를 제공한다. 학급의 참여 관찰 기록이나 유아의 언어발달이나 지적 능력의 성숙과정에 대한 기록, 어떤 교육 사상가의 업적에 대한 연대기적 기록 등이 모두 정보를 제공하는 기술을 담고 있다. 현상을 기술한다는 목표는 연구를 과학으로 보는 입장이나 현상학적·해석학적으로 보는 입장 모두 공유하고 있는 부분이다. 교육현상에 대한 기술을 목적으로 하는 전형적인 연구주제의 예는 다음과 같다.

- 중학생의 온라인 게임 이용 실태와 중독성 분석
- 중등학교 교사의 교직발달 단계별 직면하는 스트레스 형태
- 유아들의 놀이 활동에서 나타나는 상징적 상호작용의 유형

2) 현상에 대한 설명

설명(explanation)이란 현상의 '왜'라는 의문에 대답하는 것으로 어느 특정

한 사건발생의 인과분석이나 사실의 근거를 밝히는 것이다. 연구자는 '중학생들의 인터넷 중독 현상이 심각하다.' '중등학교 교사의 교직 발달단계에 따라 경험하는 스트레스 영역이 다르다.' 와 같은 현상의 기술에서 벗어나 왜 그러한 현상이 일어났는지를 설명하고자 하는 데 관심을 둘 수 있다. 즉, 각각의 현상을 개별적으로 분리시켜 설명하는 데서 나아가 더 많은 현상이나 사건을 한꺼번에 설명할 수 있는 일반적인 법칙과 이론을 추구하려 한다. 설명을 통해서 구축된 원리는 다른 현상에도 적용됨으로써 특정한 현상에 대한 이해뿐만 아니라 더 많은 현상들을 설명해 주는 일반적인 원리로도 인정받을 수 있게 된다. 설명의 궁극적인 목적은 이러한 보편적인 법칙의 발견에 있다고 할 수 있다. 위에서 인용한 예시 주제를 설명 목적의 연구주제로 확장해 보면 다음과 같이 진술할 수 있다.

- 게임 중독 중학생들의 성격특성과 대인관계 성향
- 중등학교 교사의 스트레스에 영향을 미치는 직업환경 요인
- 유아들의 연령 증가에 따른 상징적 상호작용의 발달에 관한 종단적 분석

3) 현상에 대한 예측

과학적 방법을 통해 획득된 지식은 예측(prediction)의 기능을 한다. 예측은 설명과 그 논리적 구조에서는 유사하나 실용적인 측면에서 차이가 있다. 설명의 경우에는 이미 일어난 현상을 놓고 그것의 원인을 밝히기 위하여 연구를 통해 법칙을 찾아낸다. 반면 예측의 경우는 일반적인 법칙과 사실을 통해 특정한 현상이 발생하기 전에 그 현상에 대한 예측을 하고자 한다. 예측을 정확하게 하기 위해서는 잘 만들어진 법칙과 더불어 많은 자료가 수집되어야 한다. 예측의 정확도는 그러한 예측의 근거가 되는 법칙이 얼마나 타당하고 신뢰할 만한지에 따라 좌우된다. 예측 목적의 연구주제의 예는 다음과 같다.

- 영재아와 일반아의 판별에 기여하는 인지적 · 정의적 특성 요인 분석
- 수학능력 시험, 내신성적, 논술, 면접고사 성적을 이용한 1년 대학생의 학업성취도 예측력 분석

• 초등교사의 교직흥미, 가치관, 성격특성, 교사효능감이 직무만족에 미치는 영향

4) 현상에 대한 통제

연구는 현상을 통제(control)할 수 있다. 통제란 어떤 현상의 원인 또는 필수적인 조건을 조작함으로써 인간의 힘으로 그 현상을 일어나게도 하고 혹은 일어나지 않게도 하는 것을 말한다. 예를 들어, 교사들은 교사의 기대가 학생들의 성적에 중요한 영향을 미친다는 사실을 알고 있다. 따라서 교사는 학생들과의 상호작용에서 기대를 적절히 활용함으로써 학생들의 성적을 보다 향상시킬 수 있다. 최근에 많이 활용되고 있는 MBTI나 Holland 자기탐색검사와 같은 성격검사나 흥미검사의 경우도 연구의 결과가 통제의 기능을 발휘하는 예가 된다. 연구를 통해 얻은 체계적 지식을 현실에 적용하는 것이 연구의 통제기능이다. 교육연구에서 학습자의 프로그램을 개발하거나 혹은 프로그램 처치 효과를 탐색하는 것이 통제목적 연구의 전형적인 예에 속한다.

• 감수성 훈련 프로그램이 초등학생의 대인관계 기술에 미치는 효과
• Web 기반 진로상담 프로그램의 개발
• 초보 상담자를 위한 공감 훈련 프로그램 모형 구축

3. 교육연구의 유형

연구유형 혹은 연구방법을 몇 가지 적절한 범주로 분류해 놓으면 직접 연구를 수행하거나 연구를 평가하는 데 도움이 될 수 있다. 그러나 실제에 있어서는 분류자의 관점 혹은 연구의 목적이나 연구대상의 특성에 따라 다양한 분류방식이 사용되고 있기 때문에 이들 모두를 포괄하는 하나의 범주 체제를 만들기는 어렵다. 가장 단순한 분류는 기초연구와 응용연구로 구분하는 것이다. 기초연구(fundamental research)란 어떤 사실에 대한 이론을 규명하여 지식을 확장시키는 역할을 하는 연구로서 원리 또는 특정한 사실을 발견하거나 이론

을 발전시키고자 하는 목적을 지닌다. 반면 응용연구(applied research)는 실제 장면 속에서 특정의 이론적 개념을 검토하거나 혹은 어떤 상황의 진행과 결과를 개선하고자 하는 목적으로 이루어지는 연구를 말한다.

　일반적으로 가장 널리 채택되고 있는 분류 방식은 양적연구와 질적연구로 구분하는 것이다. 이는 앞에서 고찰한 연구의 두 가지 논리와 각각 대응된다. 즉, 양적연구는 실증주의 논리에 기초를 두고 변인 혹은 특성들 간의 관계를 요약·기술하거나 관계성을 탐색하기 위하여 수량적 지수를 사용하며, 주로 통제, 통계치, 측정, 실험에 의존한다. 반면에 질적연구에서는 현상학·해석학적 논리에 기초를 두며 통제된 상황이 아닌 자연 상황에서 연구가 행해진다. 결과보고서 또한 통계적 분석에 의존하기보다는 언어적 묘사 혹은 마치 이야기처럼 보이기도 한다.

　교육연구는 양적·질적연구 중 어느 형태라도 가능하다. 다만 최근까지도 대부분의 교육연구들은 주로 양적연구의 형태가 주류를 이루어 왔으나 근래에 들어서 질적연구 혹은 이들 양 접근법을 조합한 연구 형태의 출현빈도가 잦아지고 있다.

1) 양적연구

　양적연구(quantitative research)는 물리학과 생물학에 의해서 주도되고 발전된 연구방법으로 전통적 방법 혹은 실증주의적 연구방법이라 불리기도 한다. 양적연구는 교육연구의 과학화 이래로 이 분야를 지배해 온 자연과학적 패러다임에 근거하고 있다. 자연과학에서는 이 세계가 모든 사람에 의해 동일하게 경험되고 인식되는 객관적 실체로 이루어져 있다고 본다. 또한 이러한 실체는 기계적이고 수리적인 절차를 통해 경험적인 검증이 가능하다고 가정한다. 따라서 자연과학이 추구하는 궁극적인 목적은 어떤 현상을 설명하고, 예언하고, 통제할 수 있는 정확한 법칙을 발견하는 것이다.

　이러한 패러다임이 교육연구의 과학화와 더불어 교육분야의 연구에도 적용되어 왔다. 양적연구를 지향하는 교육연구가들은 교육현상을 설명하고 이해하기 위하여 객관적인 척도에 의한 측정을 통하여 양적인 자료를 수집한다. 또한 이를 토대로 통계적인 추리과정을 거쳐 특정한 변인들 간의 인과관계를 제

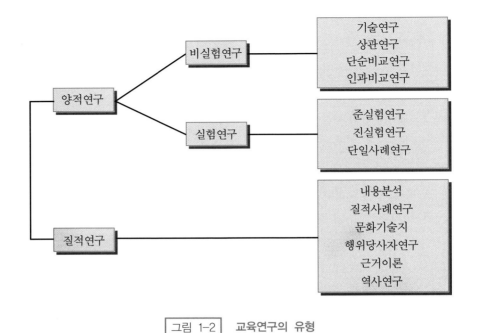

그림 1-2 | 교육연구의 유형

시한다. 이러한 활동의 궁극적인 목적은 교육현상을 예언하고 통제할 수 있는 보편 타당한 법칙을 찾아내는 것이다.

양적연구는 실험연구냐 비실험연구냐에 따라 구분된다. 실험연구는 다시 준실험연구, 진실험연구, 단일사례연구로 나눌 수 있으며, 비실험연구는 기술연구, 상관연구, 단순비교 및 인과비교연구로 나눌 수 있다. 다음에서는 이들 양적연구의 여러 유형을 차례로 개괄한다. 보다 구체적인 설명은 제2부에서 상세히 다룰 것이다.

(1) 기술연구

기술연구(descriptive research)는 어떤 현상이나 과정에 대하여 분명하고 정확한 기술을 제공하는 것을 목적으로 하며 조사연구, 발달연구 등이 해당된다. 연구자들은 단일 표본집단을 대상으로 한 가지 이상의 현상을 측정하여 그 특성을 기술하거나 혹은 장기적으로 계획된 종단적 또는 횡단적 연구를 사용하여 현상의 변화나 추이를 관찰한다. 대체로 비실험실 상황에서 질문지나 검사, 단순한 관찰기법을 통해 많은 양의 자료를 수집하며, 단순히 관심 변인의 특성을 관찰하고 특성들을 요약·기술할 뿐 상황을 의도적으로 조작하지는 않는다. 예를 들어, 학교장면에서 중학생의 인터넷 이용실태를 조사하여 남녀별 혹은 학년별로 빈도나 집중경향치, 변산도, 그래프 등으로 요약 정보를 제시하는 경우가 여기에 속한다.

(2) 상관연구

상관연구(correlation research)는 어떤 사건이나 현상에 내재되어 있는 두 개 이상의 변인들 간의 일반적인 관계를 규명하고자 하는 것을 목적으로 한다. 두 개 이상의 변인이 서로 관련 있게 변화할 때에 이들 간에는 상관이 있다고 말한다. 어떤 상관연구는 실험연구와 비슷할 수도 있으나 대개는 기술적인 문제나 혹은 윤리적인 이유로 통제나 조작을 할 수 없는 상황에서 변인들 간의 관계를 파악하고자 할 때 상관연구를 수행한다. 예를 들어, 고등학생의 학업적 자아개념과 학업성취도와의 관계, 사회문제 해결력과 비행성향과의 관계 등으로 두 변인의 측정치를 산출하여 점수 간 상관계수를 산출하는 경우가 이에 해당된다. 학자에 따라서는 상관연구를 하나의 독립된 연구방법이라기보다는 단순히 자료분석의 한 방법으로 보기도 한다.

(3) 단순비교 및 인과비교연구

단순비교연구(comparative research)는 하나 이상의 어떤 속성에서 두 개 이상의 집단 간에 차이가 있는지 알고자 하는 것을 목적으로 한다. 예를 들어, 고교 1학년 학생 집단과 3학년 학생 집단 간의 자아개념 평균 점수를 비교함으로써 학년수준과 자아개념이라는 두 변인 간의 관계를 연구하는 경우다. 이 경우 학년이라는 요소가 자아개념에 영향을 미친다기보다는 단순히 두 집단 간에 차이가 있는지 여부만을 알고자 하는 것이 목적이다. 따라서 단순비교연구는 기술연구의 한 형태로 볼 수 있으며 변인 간의 인과성을 주장하지는 않는다.

이와는 달리 인과비교연구(causal-comparative research)는 집단비교라는 측면에서 단순비교연구와 동일하나 인과관계 추론까지를 목적으로 한다는 점에서 차이가 있다. 대체로 행동유형이나 성격특성의 원인과 결과를 발견하고자 할 때 인과비교연구가 많이 사용된다. 예를 들어, 부모의 사회경제적 지위에 따라 학생들을 분류하고 이들 집단 간 학업성취도가 어떻게 다르게 나타나는가

를 분석하여 학업성취도의 한 원인으로 사회경제적 지위라는 원인(변인)을 찾
고자 하는 경우다. 따라서 인과비교연구는 비실험적 연구이면서도 마치 실험
적 연구인 것처럼 보이기도 한다. 하지만 변인 간의 인과관계 규명을 목적으
로 할 경우 선행하는 충분한 이론적 · 경험적 근거가 있어야 한다.

(4) 실험연구

실험연구(experimental research)는 실험방법을 사용하며, 연구자가 피험자의
반응에 영향을 미칠 것으로 여겨지는 하나 이상의 변인이나 요인을 의도적으
로 조작함으로써 뒤이어 나타나는 행동의 변화를 관찰하는 연구다. 이 경우에
실험자는 환경의 변화가 일어나기를 가만히 앉아서 기다리는 것이 아니라 체
계적이고 조직적인 방식으로 그 변화를 일으킨다. 협동학습 프로그램이 학업
성취도에 미치는 효과를 연구하는 경우 등이 실험연구의 전형적인 예다. 이때
연구자는 같은 학년에서 성적이 유사한 두 학급을 선정하여 일정 기간 동안
한 반은 이 프로그램을 통해 수업을 실시하고 다른 한 반은 기존의 방식대로
수업을 실시한 후 학업성취도 사후검사 점수의 차이를 분석함으로써, 협동학
습 프로그램이 학업성취도에 어떤 영향을 주었는지 밝혀내게 된다. 실험연구
는 실험 · 통제집단에 속한 피험자가 무선 할당되었느냐 그렇지 않느냐에 따
라 다시 두 가지 범주, 즉 준실험연구와 진실험연구로 구분된다.

2) 질적연구

질적연구(qualitative research)는 20세기 후반에 인류학자, 사회학자 등에 의
하여 주도된 여러 연구유형들을 통칭하여 부르는 명칭으로 내용분석, 질적사
례연구, 문화기술지, 행위당사자연구, 근거이론, 역사연구 등이 이에 속한다.
질적연구는 그 이론적 모태로 현상학, 해석학, 상징적 상호작용이론 등에 기
초하고 있다. 따라서 질적연구에서는 인간 개개인의 존엄성을 강조하고 각 개
인 특유의 경험 세계가 있는 그대로 의미 있고 가치 있게 이해되어야 한다고
본다. 또한 특정한 이론가나 교육 전문가가 설정한 가설이나 이론에 부합되는
영역만을 중요시하고 교육적으로 가치 있다고 보는 기존의 생각을 비판한다.
그리고 특정한 인간이나 현상이 나름대로 보유하고 있는 의미세계를 그대로

인정하고 이해하고 탐구하는 자세를 강조한다. 양적연구가 흔히 실험연구를 채택하고 있는 반면, 질적연구는 비구조화된 심층면접과 참여 관찰로 대표된다. 그러나 최근에는 이 두 방법의 약점을 보완하는 복합적 연구들이 제시되고 있다. 교육연구에서 가장 널리 사용되는 대표적인 질적연구의 몇 가지 유형 역시 제2부에서 상세히 다룰 것이다.

(1) 내용분석

내용분석(content analysis)은 전형적으로 텍스트나 메시지를 수집한다는 점에서 혹은 내용을 분석한다는 점을 강조하여 자료분석방법의 하나로 간주되어 왔다. 그러나 최근에는 질적연구의 확산과 더불어 내용분석연구 또한 독자적인 질적연구방법의 형태로 인정받고 있다. 질적 내용분석연구에서는 텍스트의 내용을 수량화하는 전통적인 방식에서 벗어나 잠재적인 내용과 맥락을 해석학적 관점에서 다룬다. 내용분석 대상은 텍스트화할 수 있는 모든 매체들(교과서, 대화록, 사진, 우편물, 오디오 테이프, 라디오 프로그램 등)이다. 이러한 자료를 중요시하는 이유에는 텍스트의 단어와 문장이란 인간이 만든 중요한 산물이며, 따라서 개인과 사회적 과정에 대한 훌륭한 증거 원천이 될 수 있다는 신념이 깔려 있다. 모든 자료는 의사소통 모델에 맞추어 텍스트화되며 분석규칙이 설정되고 낱말, 문장, 주제, 인물, 항목 등에 따라 부호화된다.

교육분야에서는 특히 교과서에 숨겨진 이데올로기를 분석한다거나, 목표의 적절성, 내용의 편의(bias) 등을 평가하기 위한 방법으로 많이 사용되고 있다.

(2) 질적사례연구

질적사례연구(qualitative case study)는 다수의 개인이나 표본집단이 아니라 특정 개인이나 사회집단 또는 기관, 사건, 프로그램 등을 대상으로 어떤 문제나 특성을 심층적으로 조사하고 분석하는 연구다. 즉, 소수의 연구대상을 선정해서 필요한 각종 정보나 자료를 여러 가지 방법으로 조사·수집하고, 이러한 자료들을 기초로 하여 연구대상이 가지고 있는 특성이나 문제점을 종합적으로 진단하고 기술하는 것을 목적으로 한다. 따라서 어떤 일반적인 원리나 보편적인 사실을 발견하기보다는 특정한 사례에 관련된 구체적인 사실을 밝히고 그 사례의 모든 측면을 철저히 분석하고자 한다. 이를 위하여 사례연구는 각종 조사 자료를 포함하여, 관찰자료, 면접자료, 각종 문서기록, 심지어 물리적인 인공물에 이르기까지 다양한 자료출처와 수집방법을 사용한다. 어떤 자료는 수량화되지만 연구의 전체 흐름은 질적연구의 형태를 지니며 해석적 방식으로 자료를 분석한다.

교육분야에서 사례연구는 어떤 교육 프로그램의 효과성에 대해서 평가하거나 교육과정에 대한 평가 등의 목적으로 많이 활용되어 왔다.

(3) 문화기술지

문화기술지(ethnographic study)는 인류학적 전통에서 발전하였으며 특정한 문화 혹은 사회적 집단의 행동과 신념 혹은 공유의식에 대한 심층적인 기술과 해석을 목적으로 하는 연구다. 문화기술지라는 용어에서 알 수 있는 것처럼 가장 빈번한 주제는 '문화'다. 여기서 문화란 일반적으로 참여자가 경험을 해석하고 행동을 유발하는 데 사용하는 습득된 지식을 의미한다. 문화는 참여자들 간에 공유하는 이해, 상징, 전통, 의례, 인공물까지도 포함한다. 연구는 기본적으로 참여자의 지식, 이해, 신념체계, 관점에 초점을 맞추어 이루어지며, 연구참여자들의 주관적인 내부자적 관점에 대한 서술과 함께 보다 객관적이고 통합적인 해석을 위하여 연구자의 외부자적 관점이 덧붙여진다. 얼핏 보기에 사례연구와 유사한 듯하나 문화기술지들은 문화적 측면에 더 초점을 맞추며, 사례연구보다 더 오랜 시간 동안 심도 있는 자료를 수집하고 간혹 연구현상을 보다 더 체계적으로 설명하고 탐구하기 위하여 다른 문화 간의 상호비교를 하기도 한다는 것 등에서 차이가 있다(Gall et al., 1999). 질적연구들이 문화기술지를 엄청나게 차용하기 때문에 때로는 질적연구 전체가 문화기술지라고 언급되기도 한다.

(4) 행위당사자연구

행위당사자연구(action research)는 실천연구, 실행연구, 현장연구 등으로도 번역되며, 교육적 상황을 포함하여 특정 사회적 상황에서 참여자에 의해 수행되는 자기 반성적연구를 가리킨다(Cochran-Smith & Lytle, 1993; Zuber-Skerritt, 1996). 행위당사자연구는 무엇보다 실천상황을 포함하는 실천의 개선과 연구과정에서 실천에 연관된 사람들의 협동적인 참여가 강조되는 연구다(길병휘 외, 2001). 교육분야의 경우 행위당사자연구란 연구자로서의 교사, 협력자로서의 동료교사 등이 함께 공조함으로써 교육상황 이론과 실재에서의 개선을 목적으로 이루어지는 반성적·평가적 연구라 할 수 있다. 이는 종래 교사들이 수행해 왔던 현장연구와도 유사한 것으로 보이나, 연구대상에 대한 현장의 수업환경보다는 자신을 주된 연구의 대상으로 삼으며 자신의 집단이나 자기의 반성, 자기개선에 보다 큰 목적을 둔다는 점에서 차이가 있다.

(5) 근거이론

근거이론(grounded theory)은 어떤 특수한 상황이나 현상이 내포하고 있는 이론을 발견하거나 이론을 생성하는 것을 목적으로 하는 연구다(Strauss & Juliet, 1990). 여기에서 상황이란 개인이 한 현상에 대한 반응으로 상호작용하고 행동하거나 하나의 과정에 관여하는 상황이다. 사람들이 이러한 현상에 어떻게 반응하고 행동하는지를 연구하기 위하여 연구자는 우선 현장을 수차례 거듭 방문하여 관찰자료와 면접자료를 수집하며, 정보의 범주들을 개발하고 상호 관련시키며, 이론적 명제 혹은 가설을 쓰거나 이론에 대한 시각적 그림을 제시하게 된다. 결과적으로 이론은 현장의 수집된 자료에서 발견되는 유형, 주제, 공통적인 어떤 범주의 분석에 '근거하여' 만들어지는 것이다. 따라서 근거이론에서는 조사의 절차 및 자료의 타당도와 신뢰도를 갖기 위해서 체계적 코딩의 중요성을 매우 강조한다. 대체로 이론은 작동가설(working hypothesis)을 갖고 시작하며, 수집된 자료는 귀납법을 통하여 검증된다(Gall et al., 1999).

(6) 역사연구

역사연구(historical research)는 연구자가 설정한 가설의 논리성과 관련지어 과거의 기록을 추적하거나 당시에 살았던 사람들과 면담을 함으로써 과거를 객관적으로 정확하게 재구성하는 방법이다. 교육분야의 예를 들면 해방 이후 지금까지 교육기본권의 변화를 살펴본다든지, 과거 30년간의 우리나라 교육개혁의 사례를 재구성한다든지 하는 것들이다. 역사연구의 목적은 단지 과거 그 자체만을 재구성하는 것에만 있지는 않다. 과거라는 거울을 통하여 현재의 문제를 진단하거나 이해하고 나아가 미래에 전개될 양상을 예견해 보고자 하는 것이다. 역사연구는 그 특성상 역사 기록물, 보고서뿐만 아니라 오디오, 비디오, 사진 자료 등 일반적으로 다양한 사료들이 수집되며, 연구내용에 따라서는 전설이나 설화, 가요, 유행어, 건축물이나 기념물 각종 유물, 유적이 함께 조사되기도 한다.

3) 양적연구와 질적연구의 비교

양적·질적연구는 기본적으로 양립할 수 없는 두 가지 상이한 패러다임에서 출발한 것이다. 앞서 지적하였던 것처럼 여기에는 실증주의와 현상학적·해석학적 관점이라는 전혀 다른 철학적 인식론이 전제하고 있다. 두 방법론을 여전히 상호 대립적인 것으로 보는 시각과 함께 한편으로 두 방법론을 상호 보완적인 관점에서 적극적으로 절충할 필요가 있다는 견해가 최근에 대두되고 있다.

먼저, 양적·질적연구를 통합하는 것이 바람직하지 않다는 입장은 양자의 방법을 결합하는 것은 결과적으로 각 패러다임의 기본 전제 모두를 손상시키는 결과를 낳게 되는 우려 때문이다(예를 들어, Bogdan & Biklen, 1992). 그러나 보다 실용적인 입장을 견지하는 학자들은 두 가지 방법의 장점을 서로 보완하고 이를 결합하는 것이 바람직하다는 의견을 보이고 있다(예를 들어, Creswell, 1994; Johnson & Christensen, 2000; Miles & Huberman, 1994). 양적·질적연구의 여러 연구방법을 결합하는 것이 보다 효과적이라고 보는 이유는 다음과 같다(Johnson & Christensen, 2000).

첫째, 양적·질적연구를 병합하여 사용하는 것은 결과적으로 다양한 연구방법을 활용함으로써 복합적으로 자료를 수집할 수 있으며 그 결과 오류 가능성을 최대한 줄일 수 있다.

둘째, 두 가지 이상의 연구방법을 사용하여 동일한 연구결과가 산출된다면 연구자는 결과에 대하여 보다 확신을 가질 수 있다.

셋째, 연구방법에 따라 상반되거나 상이한 결과가 도출되는 경우라도 그러한 이유를 찾기 위한 부가적인 연구의 필요성을 보여 줌으로써 연구의 확장을 가져올 수 있다는 것 등이다.

양적연구와 질적연구는 상호 대립되는 연구논리를 지녔지만, 두 가지 방법론의 상호 보완적인 측면을 주장하는 이유는 이들이 몇 가지 공통점을 지니고 있기 때문이다(Goodwin & Goodwin, 1996).

먼저, 두 방법 모두 지식을 산출한다는 점이다. 비록 산출된 지식의 형태가 양적연구에서는 일반화, 예측, 인과적 설명에 초점을 두며, 질적연구의 경우 이해와 설명을 위주로 하는 지식이라는 차이가 있긴 하지만, 양자 모두의 연구는 지식산출이란 점에서는 공통점이 있다. 다음으로 두 방법론 모두는 어느 정도의 엄격성을 지니고 있다. 연구자의 체계성, 전문적 역할 수행에 대한 기대는 두 방법론 모두에서 동일한 것이다. 더불어 두 방법 모두는 어느 정도 측정도구를 사용한다는 공통점도 있다. 비록 양적연구의 경우 측정도구의 양호도에 대하여 보다 엄격한 태도를 취하긴 하지만 관찰, 면접, 구조화 혹은 비구조화된 질문지의 사용 등은 두 방법론 모두에서 공통성이 있는 것이다.

결국 양적 · 질적연구방법은 차별성과 동시에 보다 거시적인 의미에서 상호 보완점과 공유점을 지니고 있는 것으로 보아야 옳다. 연구자는 보다 조심스러운 자세로 양자의 강점과 약점을 파악한 후 응용하거나 병합하여 사용할 필요가 있을 것이다.

마지막으로 Borg 등(1996)이 제시하고 있는 양적연구와 질적연구의 특성을 비교해 보면 〈표 1-1〉과 같다. 넓은 의미에서 보면 각각의 비교점들은 앞서 진술했던 실증주의와 현상학적 · 해석학적 논리와 동일함을 알 수 있다.

〈표 1-1〉 양적연구와 질적연구의 특성 비교

양적연구	질적연구
-객관적인 사회적 실체를 가정한다.	-사회적 실체란 그 속에 참여하고 있는 참여자에 의해 구성된다고 가정한다.
-사회적 실체란 시간과 장면에 걸쳐 비교적 항상적(恒常的)이라고 가정한다.	-사회적 실체는 특정한 국지적인 상황 내에서 끊임없이 구성된다고 가정한다.
-기계론적인 관점에서 사회적 현상들 간의 인과관계를 파악한다.	-사회적 현상들 간의 인과관계를 설명하는 데 인간의 의도가 중요한 역할을 한다고 가정한다.
-연구참여자들과 그들이 놓인 장면을 분리해 객관적이고 동떨어진 자세를 취한다.	-연구참여자들과 관점을 공유하고 서로 배려하는 태도를 지닐 정도로 사적으로 얽혀 있다.
-모집단을 연구하거나 모집단을 대표하는 표본을 대상으로 연구한다.	-사례들을 연구한다.

-행동을 연구하거나 다른 관찰가능한 현상에 대하여 연구한다.	-개인이 만들어 내는 의미 및 기타 내적 현상을 연구한다.
-자연적 혹은 인위적 장면에서의 인간의 행동(behavior)을 연구한다.	-자연적 장면에서 인간의 행위(actions)를 연구한다.
-사회적 실체들을 변인으로 분석한다.	-사회적 행위가 일어나는 전체 맥락 속에서 총체적인 관찰을 한다.
-어떤 데이터를 수집할 것인지를 결정하기 위하여 사전에 설정된 개념과 이론을 사용한다.	-자료가 수집된 후에 개념과 이론들을 산출한다.
-사회적 환경을 표현하기 위하여 수량적 데이터를 생성한다.	-사회적 환경을 표현하기 위하여 언어적 및 그림 자료를 생성한다.
-데이터를 분석하기 위하여 통계 방법을 사용한다.	-자료를 분석하기 위하여 분석적 귀납을 사용한다.
-표집을 통해 발견된 결과를 제한된 모집단으로 일반화하기 위하여 통계적 추론절차를 사용한다.	-다른 유사한 사례들을 조사함으로써 사례 결과들을 일반화한다.
-연구결과 보고서 작성 시 개인감정을 싣지 않으며 객관성을 유지한다.	-자료에 대한 '연구자의 구축'이 반영될 수 있도록 해석적 보고서를 준비하며, 보고서를 접한 독자들 또한 나름대로의 구성을 할 것으로 본다.

4. 연구의 일반적 과정

연구의 수행과정은 양적·질적연구냐에 따라 혹은 구체적인 연구의 유형에 따라 다를 수 있다. 심지어 동일한 연구유형을 채택하더라도 보다 구체적인 연구의 목적이나 연구문제의 성격에 따라서 다양한 절차와 과정으로 진행될 수 있다. 그러므로 정형화된 틀을 제시하기는 곤란하며 여기에서는 다만 일반적인 절차라는 의미에서 그 과정을 제시한다.

가장 흔히 채택되는 연구절차는 문제발견에서부터 결과보고서의 작성에 이르기까지 10단계로 구분된다. 각 단계는 서로 명확히 분리되어 있는 것은 아니며 어느 정도 중첩되면서 진행된다. 또한 모든 연구에서 반드시 동일한 절차가 수행되어야 하는 것은 아니다. 경우에 따라 상위 단계로 거슬러 올라가 연구활동 전체를 재고해 보아야 할 때도 있다. [그림 1-3]은 이러한 연구활동의 각 단계를 제시한 것이다.

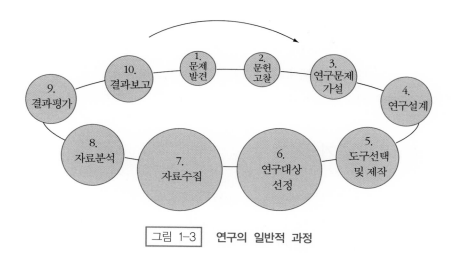

그림 1-3 | 연구의 일반적 과정

이 책의 제1부 2장부터 8장까지는 이러한 절차를 차례대로 상술한다. 여기에서는 먼저 윤곽만을 제시하기로 한다.

1) 문제발견

연구는 현상에 대한 의문으로부터 시작된다. 일상생활에서 우리를 놀라게 하고 호기심을 불러일으키는 수많은 사건과 현상에 직면하게 되는데, 이때 연구자는 지적 호기심과 의문을 갖고 그러한 사상(事象)을 주의 깊게 관찰하여야 한다. 연구는 문제의식에서 비롯되기 때문이다. 가치 있는 연구주제 혹은 연구문제를 발견하기란 그렇게 쉬운 일이 아니다. 참신하면서도 수행 가능한 연구문제를 설정하고 이론적으로나 실제적으로 의미 있는 문제를 찾기 위해서 연구자는 예리한 통찰력 그리고 해당 연구분야에 대한 깊은 학문적 식견을 갖추고 있어야 한다.

2) 문헌고찰

연구하려는 문제가 어느 정도 잠정적으로 설정되면 그 문제와 관련된 이론이나 선행연구를 고찰해야 한다. 연구자는 문헌고찰을 통하여 새로운 연구문제를 발견할 수도 있으며, 때로는 선정해 놓은 문제를 변경해야 될 필요성을 깨닫게 된다. 더불어 문헌을 고찰함으로써 연구문제와 가설을 형성하기 위한 근거를 찾으며, 연구방법이나 결과해석에 도움이 될 만한 내용과 자료를 얻을 수 있다. 문헌고찰을 할 때에는 주제와 관련한 포괄적 접근에서 시작하여 점차 연구문제와 직접적으로 관련된 문헌으로 좁혀 나가야 한다.

3) 연구문제 및 가설설정

문헌고찰을 통하여 처음에 관심을 지녔던 포괄적인 연구문제(research pro-blem)를 연구주제로 명료화하고, 연구의 목적에 기초하여 구체적인 연구문제(research question)와 가설을 설정한다. 연구에 따라서는 가설이 필요하지 않을 수도 있으나, 양적 인과비교연구나 실험연구에서는 연구문제와 함께 가설 또한 설정하는 것이 보다 일반적이다. 연구자는 아무렇게나 즉흥적으로 가설을 세워서는 안 된다. 연구자는 문헌고찰을 통하여 이미 밝혀진 사실이나 이론을 검토해야 하며, 관련된 선행연구의 결과들을 자세히 분석한 다음 이러한 과정에서 얻은 지식을 근거로 가설을 설정해야 한다. 이 과정에서 연구문제와 가설에서 사용되는 모든 용어에 대해서는 사전에 명확한 조작적 정의를 내려야 한다.

4) 연구설계

연구설계란 연구문제의 해결방안과 가설을 검증할 수 있는 계획 및 절차를 말한다. 집을 지을 때 건축설계를 하듯이 연구를 할 때도 구체적인 연구설계를 해야 한다. 연구설계를 작성하는 과정에서 적당한 연구방법이 없거나 실행 가능성이 희박하다고 판단될 경우에는 부득이 이전 단계로 거슬러 올라가 연구문제나 가설을 수정할 수밖에 없다. 연구설계를 작성할 때, 연구자가 고려해야 할 사항은 연구대상의 표집방법 문제, 자료의 수집과 분석방법, 구체적인 실행 방안, 연구의 제한점 등이다.

5) 도구선택 및 제작

연구에서 사용되는 도구란 크게 두 가지가 있다. 하나는 어떤 현상이나 행동 특성을 관찰하고 조사하는 데 사용되는 측정도구이며, 다른 하나는 연구의 조건이나 상황을 제시하고 규명하는 처치도구, 즉 실험 또는 실제 방안이다. 조사연구의 경우에는 대체로 측정도구만 필요하나 실험연구에서는 측정도구와 처치도구 모두를 필요로 한다. 양적연구를 계획하고 연구자가 직접 측정도구를 제작하거나 기존의 것들 중에서 선택할 때에는 도구의 양호도(타당도, 신뢰도, 객관도)를 고려하여 최적의 도구를 제작하거나 선정해야 한다. 연구의 도구가 잘못되어 있으면 연구의 결과 또한 신뢰할 수 없음은 당연하다. 이는 실험 또는 실재를 위한 처치도구를 구안할 때에도 마찬가지다. 연구자는 실험처치의 신뢰성과 타당성을 위하여 상황이나 조건을 구체적이면서도 엄격히 정의해야 한다.

6) 연구대상 선정

연구대상은 연구에 따라 사람, 사물, 사건 등 여러 가지 형태일 수 있다. 대체로 인문·사회과학에서는 자연과학과 달리 현실적인 여러 제약점으로 말미암아 전체 모집단을 대상으로 연구를 수행하는 경우가 극히 드물다. 따라서 거의 모든 연구에서 모집단을 대표할 수 있는 제한된 표본만을 연구대상으로 선정하게 된다. 특히 양적연구에서 연구자는 표본연구에서 얻은 결과를 가지고 일반화하고자 하는 집단인 모집단을 명확히 해야 한다. 연구의 범위가 명확히 규정되고 연구문제가 명료하게 진술되면 자연히 모집단도 명확해진다. 연구자는 주어진 연구목적과 여건을 최대한 충족시킬 수 있는 표집방법과 표본의 크기를 신중히 고려해서 결정해야 한다. 반면 질적연구에서는 연구대상의 모집단 대표성보다는 연구를 위해 수집된 대상 자체가 지니는 특성을 면밀하게 파악하는 것이 보다 중요하다.

7) 자료수집

자료수집 단계는 양적연구에서는 연구설계의 계획에 따라 선정된 도구나 실험처치 방안을 사용하여 조사하거나 실험하는 절차다. 질적연구에서는 면접이나 관찰자료를 얻거나 기록물을 수집하여 축적하는 과정이 여기에 해당한다. 양적연구에서는 조건을 잘 통제하여 연구의 타당성을 높이는 일이 무엇보다 중요하다. 조건통제의 정도와 실험결과의 타당성 간에는 밀접한 관련이 있기 때문이다. 예를 들어, 다양한 교육상황에서는 많은 요소들이 상호작용하면서 교육현상이 진행되기 때문이다. 표준화검사를 사용하여 자료를 수집하는 경우 연구자는 검사실시 요강에 충실히 따라야 한다. 또한 관찰이나 면접을 통한 자료수집의 경우 필요에 따라 관찰자나 면접자에 대한 사전교육이 필요할 수 있다.

8) 자료분석

대개 분석을 하기 전의 원자료는 갖가지 내용이 무질서하게 섞여 있어서 원자료 그 자체에서 곧바로 연구문제에 대한 해답을 얻기는 어렵다. 따라서 연구자는 수집된 자료를 체계적으로 정리하고 의미 있게 재조직하고 분석하는 작업을 하게 된다. 자료분석이란 관찰이나 실험 또는 조사 등의 방법으로 수집한 정리되지 않은 상태의 원자료에 어떤 질서를 주는 일이다. 양적연구에서는 주로 추리통계적 방법을 사용하여 자료를 분석한다. 반면 질적연구에서는 통계적 분석방법은 사용하지 않거나 빈도, 백분위 등의 기술통계량만을 제한적으로 사용하는 것이 일반적이다.

9) 결과평가

연구결과의 평가는 자료분석 결과를 바탕으로 연구에서 발견한 사실을 제시·해석하고 가설의 긍정 여부를 판단하는 절차다. 또한 연구진행 과정에서 있었던 문제들을 전반적으로 검토하고 논의하여 연구의 결론을 도출한다. 연구의 결과가 원래 자기가 기대했던 방향으로 나왔든 그 반대로 나왔든 간에 연구자는 연구결과를 있는 그대로 받아들이고 다른 선행연구나 이론과 관련해 평가해야 한다. 설령 연구자의 기대에 어긋나는 부정적 결과가 나왔어도 연구는 그 나름의 가치를 갖는 것이다. 연구자는 지적으로 정직해야 하며 개방적인 자세로 연구에 임해야 한다. 연구결과를 해석하거나 결론을 내릴 때는 지나친 일반화를 피해야 한다.

10) 결과보고

결과보고는 연구자가 연구를 끝마친 다음에 학술단체에서 발간하는 학회지의 투고논문으로 혹은 석 · 박사 학위논문으로 결과보고서를 작성하는 단계다. 이때 독자들에게 연구내용을 효과적으로 전달할 수 있도록 연구보고서를 쓰는 일은 매우 중요하다. 아무리 훌륭한 연구를 했어도 연구보고서의 작성이 제대로 되지 못하면 연구 전체를 잘못 평가받기 때문이다. 연구보고서의 형태는 연구유형이나 연구보고서를 제출할 기관의 요구 등에 따라 다소 상이할 수 있으나, 연구의 목적과 문제, 방법과 절차, 결과 및 해석, 참고문헌, 연구의 초록 등을 반드시 포함하여야 한다.

5. 연구의 윤리

인간을 대상으로 하는 연구를 수행할 때 연구자가 지켜야 할 윤리 및 도덕적인 규범은 중요한 문제다. 연구수행에 너무 집착하여 연구과정에서 지켜야 할 윤리 문제를 결코 소홀히 해서는 안 된다. 연구자는 언제나 연구가 피험자들에게 심각한 부정적 영향을 미치지는 않는지 혹은 피험자의 개인적인 권리나 사생활을 침해하는 것은 아닌지 충분히 고려해야 한다.

다음에서는 연구의 윤리와 관련된 문제들과 해결방법을 간단히 살펴보며 전체 연구과정에서 발생할 수 있는 윤리적 문제들을 단계별로 살펴본다.

1) 인간을 대상으로 하는 연구의 윤리적 문제

인간을 피험자로 하는 연구를 수행할 때는 윤리적 문제들이 더욱 민감해지는데 피험자를 보호하는 절차와 관련하여서는 다음과 같은 문제와 해결책이 있다.

(1) 연구대상 혹은 피험자 선택의 문제

심신의 장애가 있어 연구참여를 꺼리는 피험자를 선택할 경우 사전에 충분한 주의를 기울여야 한다. 예를 들어, 가출 청소년들을 대상으로 연구를 수행하거나 학교폭력 유경험자를 대상으로 연구를 수행하는 경우를 생각해 보자. 이들이 연구과정에서 자신을 노출시키는 것을 지극히 꺼릴 것임은 당연하다. 연구자는 피험자에게 연구의 목적을 충분히 알리고 반드시 사전 동의를 얻도록 노력해야 한다. 또한 피험자가 특별한 장애가 없다고 하더라도 공정한 선택과정이 이루어져야 한다는 의미에서 무선표집이 가장 바람직하다.

(2) 사전동의

연구에 있어 참여자의 자발성은 연구결과에 직접적으로 영향을 미친다. 연구자는 이와 관련하여 사전동의(informed consent)라는 원칙을 고려해야 한다. 즉, 피험자가 미리 연구내용이나 절차에 관해 듣고 참여 여부를 자신이 직접 결정하게 하는 것이다. 이와 같은 절차를 통하여 피험자는 자신의 정보가 수집되기 이전에 참여를 거부할 기회를 갖게 된다. 특히 피험자가 아동인 경우에는 보호자의 동의를 구해야 하며, 피험자가 학생인 경우 학교장이 미리 부모의 동의를 얻어 부모를 대신해서 각 연구에 대해 참여 여부를 결정하는 수도 있다. 한편 연구의 성격상 어쩔 수 없이 속임수를 써야 할 경우에도 연구가 끝난 후 연구의 목적이나 결과 등을 피험자들에게 알려 주는 것이 연구자가 지켜야 할 윤리다.

(3) 사생활 보호와 비밀보장

연구자는 연구의 과정이나 결과 발표를 통해 피험자들의 신상이나 연구결과가 타인에게 알려진다는 사실을 피험자들에게 알려 주어야 한다. 개인의 자료가 공개되는 경우는 물론이거니와 집단 자료로 통합된 후 통계처리되어 알려지는 경우도 마찬가지다. 개인의 비밀보장 문제에 관한 해결책은 피험자들의 신상을 알게 되는 사람들을 최소화하는 규칙을 마련하거나 자료수집을 제3자에게 맡기는 방법 혹은 피험자들에게 별명이나 번호를 부여하여 익명성을 확보하는 방법을 들 수 있다.

2) 연구과정별 발생하는 윤리적 문제

연구가 진행됨에 따라 연구자들은 자신의 연구에서 발생할 수 있는 여러 가지 윤리적, 법적 문제들에 더욱 민감해져야 한다. 연구를 설계하는 단계에서부터 연구를 수행하고 그 결과를 발표하는 단계에 이르기까지 전체적인 연구과정에서 발생할 수 있는 몇 가지 윤리적인 문제는 다음과 같다.

(1) 연구설계 단계

연구를 설계하는 과정에서 가장 기본적으로 문제가 되는 것은 연구자의 자질이다. 연구자는 자신의 능력 범위 안에서 연구를 수행해야 하며 자신의 가치관이나 편견이 연구설계의 통일성을 잃게 하지는 않는지 자문해 보아야 한다. 더불어 피험자들의 복지와 관련하여서도 문제를 소홀히 하지는 않는지 신중히 검토해 보아야 한다.

앞서도 언급하였듯이 심신의 장애가 있는 사람들을 피험자로 선택하는 경우 반드시 윤리강령을 준수해야 한다. 여기에서 장애를 가진 피험자란 경제적으로 취약한 사람, 변화에 약한 사람(예: 중증 정신지체인, 심각한 정신질환자) 등이다(Grisso et al., 1991). 이러한 장애의 문제를 최소화하는 방법은 장애가 있는 피험자들과 밀접한 관련이 있는 전문가와 상담을 하는 방법이다. 혹은 공동설계회의(joint planning)와 같은 방법을 사용하여 모집단의 대표를 구성하여 연구의 설계 과정에 참여시킬 수도 있다(Wax, 1991). 피험자들이 설계 과정에 공동으로 참여하는 방법은 교육연구에서 점점 일반화되고 있으며 특히 질적연구나 평가연구에서는 자주 사용되고 있다.

연구설계 단계에서 발생할 수 있는 또 다른 윤리적인 문제는 연구자들이 연구 결과를 이해하는 데 영향을 줄 수 있는 특정한 가외변인을 무시하는 경우다. 예를 들어, 학업성취도와 가정환경과의 관계를 연구하는 경우에 가정의 사회경제적 지위의 차이가 결과에 영향을 주는데도 이러한 변인을 고의적으로 무시하고 결과의 일반화를 시도하는 경우 심각한 오류를 범할 수 있다.

(2) 연구수행 단계

연구수행 단계에서 일어나는 윤리적인 문제로, 특히 자료수집 절차로서 검사도구를 사용하는 경우에 발생할 수 있는 문제와 실험연구 절차에서 발생할 수 있는 문제로 나누어 살펴볼 수 있다.

첫째, 연구에서 검사도구를 사용할 때 발생하는 문제다. 양적·질적연구 모두에서는 구조화된 것이든 비구조화된 것이든 공통적으로 측정도구를 사용한다. 이 경우 피검자는 강한 심리적 부담을 느낄 수 있다. 연구자는 검사불안이 높은 피험자의 경우 불안을 최소화하면서 최상의 수행을 할 수 있는 방법을 찾아야 한다. 특히 성격검사나 태도척도검사와 같은 경우 피험자는 자신의 사적인 생각 혹은 비밀을 드러내어야 한다는 부담감이 클 수 있다. 연구자는 익명성을 확보하거나 비밀보장을 확신할 수 있도록 피험자에게 숙지시켜야 한다. 최근의 컴퓨터를 이용한 검사수행 방식 역시 또 다른 문제를 야기할 수 있다. 이 경우 피험자들은 컴퓨터 프로그램이 자신의 수행을 해석한다는 불쾌감을 느낄 수 있으며, 자신의 신상이나 자료가 저장되어 유출되는 것이 아닌가 하는 염려를 하게 된다. 연구자는 이러한 부담감을 해소할 방안을 마련해야 한다.

둘째, 실험연구에서 발생할 수 있는 문제로, 실험집단과 통제집단이 서로 다른 조건에 배정되는 것과 관련된다. 처치집단과 달리 통제집단은 실험 과정에서 다른 대우를 받는다는 느낌 때문에 박탈감을 경험할 수 있다. 예를 들어, 처치집단은 특별한 훈련이나 혁신적인 프로그램에 참가할 기회를 가지는 반면 통제집단은 아무런 기회도 갖지 못하는 경우를 생각해 보자. 이러한 경우 사후에 통제집단을 대상으로 충분히 실험처치의 배경을 설명하고 양해를 구해야 함은 물론 자료수집이 끝난 후 가능하다면 통제집단에게도 동일한 훈련이나 프로그램의 기회를 제공하는 것이 바람직하다.

실험연구에서 부딪힐 수 있는 또 하나의 문제는 처치조건의 종료와 관련하여 적절한 시기를 선택하는 문제다. 실험 프로그램의 종료시점이 피험자들의 요구와 항상 일치되는 것은 아니기 때문이다. 연구자는 계획된 실험 프로그램을 종료해야겠지만 참가자들이 아직 마음의 준비가 되지 않은 경우 실험처치를 종료한다는 것은 어려운 일이다. 이러한 경우 참가자에게 미칠 피해를 생각해서 연구활동을 다시 설계하는 경우도 있다.

(3) 연구결과 발표단계

연구결과를 보고하거나 발표하는 단계에서 여러 가지의 윤리적인 문제가 발생할 수 있다. 여기에는 보고양식의 문제, 표절 문제, 저자 선정의 문제 등이 있다.

먼저 보고양식의 문제로 부분보고(partial publication)와 중복보고(dual publication)가 있다. 부분보고란 연구자가 연구결과를 몇 부분으로 나누어서 보고하거나 발표하는 것이다. 대체로 다수의 변인이 포함된 연구에서 행해진다. 예를 들어, 학생들의 학습양식과 학업성취도 및 학습태도와의 관계를 연구한 경우 연구결과를 분할하여 한편에는 학습양식과 학업성취도 간의 관계에 대한 결과를, 다른 한편에는 학습양식과 학습태도와의 관계에 대한 결과를 연구보고서로 출간하거나 학회지에 싣는 경우다. 중복보고는 동일한 연구결과를 여러 다른 학회지에 발표하는 경우가 해당된다. 이러한 보고방식들은 연구자의 태도로 바람직하지 않음은 물론이거니와 독자들에게 혼선을 줄 수 있으며, 다른 연구자들이 자신의 연구를 발표할 기회를 상대적으로 제한하는 결과를 가져온다.

표절(plagiarism)의 문제는 지적 소유권과 관련하여 보다 심각한 문제를 야기할 수 있다. 기존 연구를 완전히 표절하는 문제의 심각성은 재론할 필요조차 없거니와 비록 표절은 아니라 하더라도 다른 사람의 연구나 개념 또는 연구의 틀 등을 거의 흡사하게 도용하는 경우도 역시 문제가 된다. 굳이 필요하다면 출처를 명확히 밝혀야 하며 원서를 읽고 부연하거나 의역하는 방법도 생각할 수 있을 것이다.

마지막으로 연구결과를 발표함에 있어 연구자 또는 저자 선정의 문제가 있을 수 있다. 예를 들어, 실험자료를 해석하는 데 결정적 역할을 수행한 사람이 정작 보고서 작성에는 참가하지 못하는 경우나, 대학이나 연구기관에서 학생이나 연구보조원이 함께 연구를 수행한 경우에도 이들이 공동저자에서 제외되는 경우가 있다. 이러한 문제는 연구자로서의 기본적인 자질과도 관계되는 것으로 배제되어야 할 태도다.

 연습문제 ···········

1. 연구의 두 가지 논리를 인식론과 관련하여 설명하시오.

2. 다음 용어를 구별하여 설명하시오.
   1) 개념
   2) 변인
   3) 법칙
   4) 이론

3. 연구의 '과학주의적 접근'이 갖는 주요 비판점을 서술해 보시오.

4. 교육연구의 목적을 4가지로 구분하여 설명하시오.
   1) 기술
   2) 설명
   3) 예측
   4) 통제

5. 양적연구와 질적연구를 상호비교하고, 각각에 속하는 대표적인 연구방법을 간략히 설명하시오.

6. 연구의 일반과정을 10단계로 구분하여 그 개요를 제시하시오.

연구주제 및 연구문제와 가설

연구는 관심 분야에서의 연구주제(research problem) 선정에서 시작된다. 연구주제는 다시 연구의 목적, 동기 그리고 제기되는 쟁점 등이 무엇인가에 따라 몇 가지 구체화된 연구문제(research question)로 진술되며 필요에 따라 가설이 첨가된다. 이와 같은 절차가 완결된 이후 비로소 연구주제, 연구목적, 연구문제를 포괄할 수 있는 구체적인 연구주제명(title)이 설정될 수 있다.

연구자들은 어떤 주제 혹은 문제를 선정해야 할지 대체로 오랜 시간의 탐색과정을 갖게 된다. 연구하려는 새로운 문제를 찾아내는 일이란 연구의 첫 출발점이며 이후 연구의 전체과정을 안내하는 역할을 하기 때문이다. 따라서 연구자들은 이러한 인고의 과정을 지극히 당연한 것으로 받아들여야 한다. 연구를 처음으로 시도하는 사람들은 보다 광범위한 주제나 연구문제에 매력을 느끼기 쉽다. 그러나 관심이 있다 하여 모든 문제를 실행에 옮길 수는 없다. 광범위한 주제에서 점차적으로 문제의 범위를 좁혀 나가야 하며 일정한 현상에 초점을 두고 압축하는 작업이 필요하다. 이러한 작업이 연구문제 진술 과정이다. 연구문제의 진술을 통해 연구자는 비로소 막연하던 문제를 좀 더 분명하게 인식할 수 있게 된다. 마침내 연구문제는 변인과 변인 사이의 관계 용어로 기술될 수 있으며 경험적 검증이 가능할 수 있도록 가설의 형태로 구체화되는 것이다.

연구자들은 연구주제의 발견과 구체적인 연구문제의 선정, 가설 구성의 방법과 형식 등에 익숙해야 한다. 이를 위해서는 관련 선행연구를 많이 읽고 각 요소별로 비평을 해 보는 것이 효과적이다. 다음에서는 연구주제의 발견과 선정기준, 연구문제의 진술방법, 가설에 대해 살펴보기로 한다.

1. 연구주제의 발견과 선정

연구에 있어 첫 단계는 연구주제의 선정이라 할 수 있다. 여기에서 연구주제란 연구자가 탐색하고자 하는 넓은 의미의 연구문제(research problem)를 말한다. 현실적으로 어떤 것이든 연구주제가 될 수 있으나, 아직 불확실하여 정착화되지 못한 문제, 어떤 난점, 바꾸길 원하는 사태 등 아직 현실화되지 못한 가치다. 탐구할 연구주제를 발견하는 일은 참으로 어렵고, 중요하며, 창의력을 요구하는 활동이다. 그래서 문제해결의 과정보다도 연구주제의 발견과정이 더 힘들다는 말이 나오기도 한다.

1) 연구주제의 원천

연구자들은 연구주제를 어떻게 설정할 것인지 고심하게 된다. 연구주제를 어디에서 찾을 것인가 하는 문제에 대하여 김호권(1963)은 다음과 같이 말하고 있다.

첫째, 연구주제의 원천으로는 우리들의 학급, 학교, 지역사회를 들 수 있다.

둘째, 새로운 문제를 파생시키고, 새로운 연구의 길을 터놓는 사회의 변화와 기술의 발달이 원천이 될 수 있다.

셋째, 전공분야에 대한 학문적인 탐색을 통해서도 풍부한 문제 자원을 접할 수 있다.

넷째, 최신의 연구보고서, 연구논문이 원천이 될 수 있다.

다섯째, 학생으로서 연구를 추진해야 할 때는 그 방면의 전문가, 지도교수, 연구자들과 상담해 보는 것이 좋다.

위의 다섯 가지 중에서 가장 중요한 원천으로는 학급, 학교, 지역사회를 들수 있으며, 교사가 일하는 현장에서 주제를 발견하는 것이 바람직하다. 현장에는 무수한 문제들이 있다. 언뜻 생각하면 상식적으로 해결 지을 수 있을 것같으나 좀 더 깊이 생각하면 과학적인 연구의 뒷받침을 필요로 하는 문제들이널려 있다.

실험연구에 있어서는 교육실천 현장 이외에 전공분야에 대한 학문적인 탐색이나 외국에서의 최신의 연구보고서를 접하는 것도 도움이 된다. 김재은(1984)은 연구주제의 원천으로 연구자 자신의 관찰과 경험, 탐구와 독서, 선행연구와 관계문헌의 분석, 특정분야에서의 지식의 분석, 현행 실천이나 필요의분석, 과거 연구의 반복과 확대, 진행 중인 연구의 분석, 특수 영역에서의 문제발견 등 8가지를 들고 있다.

2) 연구주제 선정의 방향

연구주제를 선정함에 있어서는 먼저 몇 가지 기본적인 방향을 정해야 한다.

첫째, 단일 현상을 취급하는 연구를 할 것인지 혹은 둘 이상의 현상 간의관계를 취급하는 연구를 할 것인지를 정해야 한다. 이는 어떤 연구를 수행할것이냐에 따라 구체적인 연구방법과 연구절차가 달라질 수 있기 때문이다. 단일 현상을 연구하는 경우 가설을 형성하기 어려우며 실험연구를 수행하기에는 부적합하다. 반면 현상 간의 관계를 연구하는 경우 변인 간의 관계가설을형성할 수 있으며 기술연구나 실험연구 중 어느 형태라도 취할 수 있다. 단일현상 연구의 예로는 '초등학생의 학습동기 양식 분석'을 들 수 있으며, 둘 이상의 현상 간의 관계연구로는 '초등학생의 창의성과 지능 및 인성과의 관계'를 들 수 있다.

둘째, 지적 영역의 연구를 할 것인지, 정의적인 영역의 연구를 할 것인지를정해야 한다. 연구에서 가장 중요한 것이 객관적인 증거를 제시하는 일이다.지적 영역의 연구는 어느 정도 객관적인 증거의 수집이 용이하지만, 인간의흥미, 태도, 가치관 등 내재적 행동에 대한 증거의 수집은 보다 어려움이 있을 수 있다. 따라서 정의적 영역의 연구를 추진하는 경우에는 증거수집 방법에 관한 구상부터 먼저 해야 할 것이다.

셋째, 어떤 연구방법을 채택할 것인지를 정해야 한다. 관심 있는 연구주제를 양적연구방법으로 접근하는 것이 효과적인지 혹은 질적연구방법으로 접근하는 것이 효과적인지를 생각해 보아야 한다.

또한 양적연구라 하더라도 실험연구를 채택할 것인지 비실험연구를 채택할 것인지, 아니면 질적방법으로 사례연구나 문화기술지로 접근할 것인지를 결정해야 한다. 연구방법의 선택은 연구의 주제뿐만 아니라 연구가 추구하는 목적

〈표 2-1〉 **양적연구와 질적연구에서의 연구주제의 차이**

연구자는 연구주제, 즉 넓은 의미의 연구문제가 설정되면 양적연구를 수행할 것인지 질적연구를 수행할 것인지를 생각해 보아야 한다. 1장에서 살펴본 것처럼 두 가지 접근법은 서로 본질적인 특성을 달리하기 때문이다. 그렇다면 어떤 요소를 고려하여 양적 혹은 질적연구를 수행할 것인가? 어떤 연구주제는 양적연구에 적합하며 또 어떤 연구주제는 질적연구에 적합한가?

예를 들어, 'TV 폭력물이 아동의 공격성에 미치는 영향'이라는 연구주제와 '초등학생의 놀이문화에 대한 사례분석'이라는 연구주제가 있다고 해 보자. 전자의 경우 연구자가 알고자 하는 구체적인 연구문제는 TV 폭력물이 아동에게 미치는 영향을 설명(explaining)하는 것이다. 변인 간의 설명과 예언은 양적연구가 갖는 중요한 특징임을 1장에서 살펴보았다. 그러나 후자와 같은 연구주제의 경우 연구자는 어떤 사전에 기초하는 가정이나 결과에 대한 예견 없이 초등학생의 놀이문화를 그 자체로 탐색(exploring)해 보기를 원한다고 한다. 어떤 연구문제에 대한 탐색은 질적연구의 중요한 특징이다. 이러한 두 요인—설명이냐 혹은 탐색이냐—이 관심하의 연구주제를 양적연구로 접근할 것인가 아니면 질적연구로 접근할 것인가를 판단하는 하나의 기준이 될 수 있다.

Creswell(2005)는 양적연구 혹은 질적연구에 적합한 주제를 다음과 같이 제안하고 있다.

양적연구를 수행해야 하는 경우
- 연구주제가 변인을 측정해야 하는 것을 포함할 때
- 연구주제가 어떤 변인들이 결과에 미치는 영향을 평가하는 것을 포함할 때
- 연구주제가 이론이나 광의의 설명을 검증하는 것을 포함할 때
- 연구의 결과를 대규모의 사람들에게 적용하는 것을 포함할 때

질적연구를 수행해야 하는 경우
- 연구주제가 개인(들)의 관점이나 시각을 알고자 하는 것일 때
- 연구주제가 시간에 걸친 과정을 평가하는 것을 포함할 때
- 연구주제가 참여자들의 관점에 기초하여 이론을 생성하는 것일 때
- 연구주제가 소수의 사람들에 대한 세부적인 정보를 얻고자 하는 것일 때

의 수준과도 밀접한 관계가 있다. 탐색적인 연구의 경우 양적연구보다는 질적연구 접근법이 선호되는 경우가 많다.

넷째, 미시적인 연구를 할 것인지 거시적인 연구를 할 것인지를 정해야 한다. 이는 연구주제의 크기를 어느 정도로 잡을 것인가 하는 것인데, 초보 연구자의 경우 가능하면 연구문제를 보다 미시적인 방향에서 잡는 것이 바람직하다. 왜냐하면 거시적 연구는 자칫 연구의 한계를 명백히 하기가 어려울 뿐만 아니라 연구의 초점이 흐려질 가능성이 있기 때문이다.

3) 연구주제의 선정기준

연구주제의 선정기준에 대해서는 여러 학자들마다 다양한 기준을 제시하고 있다. 이종승(1989)은 ① 새로운 문제, ② 중요한 문제, ③ 가능한 문제라는 세 준거를 제시하였다. 김종서(1995)는 ① 구체성, ② 교육개선에 도움을 주는가의 여부, ③ 새로운 문제, ④ 교사 능력에 적합한가의 문제, ⑤ 연구자 흥미에 맞는가의 문제 등 여러 기준을 들고 있다. Fraenkel과 Wallen(1996)은 ① 가능성, ② 명확성, ③ 중요성, ④ 윤리성을 기준으로 삼고 있다.

이상의 여러 의견을 종합하여 연구주제의 선정기준을 다음의 다섯 가지로 정리할 수 있다.

(1) 참신성
연구주제는 새로운 것이어야 한다. 즉, 지금까지 만족스러운 해답 또는 설명이 제시되지 않은 문제여야 한다는 것이다. 일반적인 해결이나 설명이 성공적으로 이루어진 것이라면 이는 이미 새롭게 확장된 지식의 일부로서 연구문제가 아니라 가르치고 전달할 문제에 속하게 된다. 연구의 참신성이란 또 다르게는 창의적인 것 또는 창조적인 것이라 말할 수 있다. 예를 들어, 외국의 학자들이 어떤 현상을 설명하기 위해 새로 개발한 어떤 이론이나 기법을 우리나라에 도입·적용한다는 것은 창의성 면에서는 높게 평가할 수 없다. 현상에 대한 설명이 이미 이루어진 것이라고 할 수 있기 때문이다. 다만 그 자체가 우리나라의 입장에서는 설명되지 않은 현상이며 따라서 이론을 적용해 봄으로써 비로소 문제가 해결되었다고 하는 경우 부분적으로 창의성을 인정할 수

〈표 2-2〉 **반복연구의 필요성과 의의**

연구자가 설정하는 연구주제가 참신성을 지녀야 함은 두말할 나위가 없다. 그러나 때로는 선행연구를 재검증하기 위하여 의도적으로 선행연구를 반복하는 연구(replication study)도 필요하다. 대체로 자연과학 분야에서는 중요한 연구들은 학계에 수용되기까지 지속적으로 반복연구가 이루어진다. 교육분야나 여타 사회과학 연구에서도 반복연구의 필요성은 증가하고 있다. 이러한 반복연구의 필요성을 살펴보면 다음과 같다.

• 기존 연구나 이론에 반하는 새로운 연구결과를 검증해 보기 위하여

때로는 한 연구가 기존의 연구결과와는 대립하는 새로운 증거를 제시하여 기존의 이론에 도전하기도 한다. 이러한 경우 해당 연구를 반복수행하여 그러한 증거들이 과연 설득력이 있는지 반드시 검토해 볼 필요가 있다. 반복연구의 수행 결과 증거를 보다 확고히 하는 결과를 낳거나 혹은 재반론을 펼칠 수도 있기 때문이다. 만약 반복연구의 결과가 새로운 연구를 지지하는 입장이 된다면 그 연구는 새로운 탐구영역을 개발하는 셈이 되며 교육실제에 있어 또 하나의 중요한 의미를 가져오게 될 것이다.

• 다른 모집단을 사용하여 선행연구의 타당성을 확인하기 위하여

대체로 교육분야에서의 연구는 어떤 단일 모집단을 대표하는 특정 표본을 통해 수행된다. 이때 반복연구가 없다면 과연 다른 모집단을 대상으로 그 연구를 적용하는 경우에도 동일한 결과가 산출될 것인지는 항상 의문으로 남는다. 즉, 어떤 연구의 결과에 대한 일반화의 한계를 알아보거나 확장하기 위하여 반복연구가 수행될 수 있다.

• 시간이 경과하면서 변화한 요소나 추세를 확인하기 위하여

사회과학의 많은 연구들은 특별한 시대 상황에서 나온 것이 많다. 따라서 20년 전에는 타당했던 연구결과가 오늘날에는 타당하지 않게 될 수도 있다. 이렇게 기존의 발견을 재확인하고 새로운 추세를 명확히 하는 데 반복연구는 유용한 수단이 될 수 있다.

• 다른 방법론을 적용함으로써 기존의 중요한 연구를 재확인하기 위하여

연구결과는 한편으로 연구자가 그 연구에서 사용한 방법론의 결과라고 할 수 있다. 이전의 연구에서 사용한 연구방법에서는 미처 다루어지지 않았던 변인들이 있을 수 있으며, 이러한 변인들이 연구결과에 영향을 미칠 수도 있는 것이다. 따라서 이러한 점들을 고려해 또 다른 연구방법을 사용하여 그 연구를 반복연구하는 것이 중요하다.

• 중재 프로그램의 효과성과 능률성을 확인하기 위하여

교육자들은 계속해서 더 효과적인 교수 프로그램이나 교수 절차를 찾는다. 그래서 한번 연구자들이 어떤 프로그램이나 절차가 유용하다고 주장하면 다른 연구자들이 반복연구하여 더 향상될 수 있는지 알아보려고 한다. 과거에 이루어졌던 연구문제를 새로운 조건하에서 다시 시도해 볼 수 있다.

도 있을 것이다.

여기서 난점이 되는 것은 특정한 문제가 이미 성공적으로 연구되었느냐의 여부를 식별하기 어렵다는 점이다. 특히 근래에 와서는 연구자료가 기하급수적으로 증가하고 있기 때문에 그 분야의 문헌을 전부 읽는다는 것은 불가능한 일이다. 결과적으로 연구주제가 새로운 것이 되기 위해서는 최소한 연구자가 학문 분야에 대한 기본적인 지식뿐만 아니라 그 문제와 관련되는 세부 분야의 연구결과에 대해서도 상당한 지식을 지니고 있어야 한다는 것이다. 연구가 새로워야 한다는 말은 단지 선행연구와의 중복을 피하라는 의미에 그치는 것이 아니라, 연구의 방법 및 연구에서 사용하는 여러 자료들이 최신의 것이어야 한다는 것을 의미한다.

(2) 구체성

연구주제를 설정할 때 개념화하는 용어는 그 의미나 내포하고 있는 범위에서 보다 구체적일 수 있도록 해야 한다. 어떤 경우에는 그 연구범위를 좁히지 않는 한 너무 막연하고 추상적이어서 연구를 착수할 출발점조차 찾을 수 없는 경우도 있다. 예를 들어, 한 연구자가 '학생중심 수업은 효과적인가?'라는 것에 의문을 가지고 연구를 계획한다고 해 보자. 여기에서 '학생중심 수업'이라는 말은 연구자 자신이 볼 때에는 분명한 의미일 수 있으나 일반 사람들은 그것이 무엇을 의미하는지 정확히 이해하지 못할 수 있다. 만약 '학생중심 수업이 무엇인가?'라는 질문을 한다면 그것의 핵심적인 특성을 묘사하는 것도 결코 쉬운 일이 아니라는 것을 알게 된다. 학생중심 수업에서 진행되는 활동이란 그렇지 않는 수업 상황과 어떻게 다른가, 교사들이 어떤 특별한 전략을 사용하는가, 학생들이 참여하는 활동에는 무엇이 있는가, 어떤 매체가 사용되는가 등이 보다 분명해져야 한다. '효과적'이라는 말 역시 모호하다. '학업성취에 있어 효과성'이라는 결과를 말하는 것인지, '학교에 대한 만족'을 말하는 것인지 혹은 '교사의 수업의 수월성'을 의미하는지 알 수 없다.

(3) 가능성

가능한 주제란 그 문제에 대한 해답이 가능하다는 것을 말한다. 연구주제가 되기 위해서는 그 문제가 제시하는 질문에 대한 해답이 가능하고 그 대답은

'그렇다' 또는 '아니다'를 판단할 수 있는 것이어야 한다. 또한 시간, 노력, 경제적인 비용과 같은 보다 현실적인 면에서도 과연 연구가 가능한지를 검토해 보아야 한다. 연구에 따라서는 그것을 완수하는 데 오랜 기간을 필요로 하는 것이 있다. 예를 들어, 종단적 연구를 통해서만 해결해야 하는 문제는 오랜 기간이 소요될 수밖에 없다. 따라서 연구문제를 선정할 때에 그 문제를 정해진 연구기간 안에 완수할 수 있는가를 고려해야 한다. 연구자는 자료의 수집 방법과 입수가능성에 관해서도 객관적 판단을 내려야 한다. 실험연구인 경우 대표성을 지닌 실험집단의 선정 가능성을 검토해야 하며, 어떤 기관이나 개인을 통하여 자료를 수집해야 할 때 어려움은 없는지 사전에 충분히 알아보아야 한다. 가치 있는 연구문제를 찾았다 하더라도 신뢰성 있는 자료수집이 원천적으로 불가능하다면 실제로 연구를 수행하는 것 또한 불가능하기 때문이다.

연구의 수행 가능성을 검토할 때 가장 간과하기 쉬운 것이 연구자 자신의 역량이다. 연구자는 자신이 과연 해당 연구를 수행할 만한 능력을 갖추고 있는지 자신의 학문적 배경과 소양에 대하여 객관적 판단을 내릴 수 있어야 한다. 연구설계 능력, 가설을 설정하고 검증할 수 있는 통계적 분석 능력, 결과에 대한 해석 능력 등에 대해 자문자답해 보아야 할 것이다. 필요하다면 전문가를 찾아 적극적으로 지도와 조언을 요청하는 것도 바람직한 방법이 될 수 있다.

(4) 공헌도

공헌도란 연구주제가 연구해 볼 가치가 있는 중요한 문제인가 하는 점이다. 연구가 공헌할 수 있는 측면을 세 가지로 나누어 생각해 볼 수 있다(이종승, 1989).

첫째는 이론적 의의로 연구를 통하여 얻는 결과가 그 분야의 학문발전에 얼마나 공헌할 것이냐 하는 점이다. 이론적 의의란 크게는 새로운 이론을 구축하거나 혹은 과거의 이론을 수정·보완하는 데 얼마나 기여할 수 있는지, 적게는 미소한 것이나마 증거를 하나 더 첨가함으로써 학문의 발전에 이바지할 수 있음을 뜻한다.

둘째는 실용적 가치로 연구를 수행함으로써 현실적인 문제를 해결하는 데 얼마나 도움이 되느냐 하는 것이다. 교육연구를 한다면 그 연구가 교육 실제에 당면하고 있는 문제들 중에 구체적으로 어떤 문제에 대해 어떤 해결책을 제시해 줄 수 있을지를 따져 봄으로써 연구의 실용적 가치를 확인할 수 있다.

셋째는 방법론적 의의로서 이제까지 사용하지 않던 새로운 연구방법을 처음으로 적용하여 그 방법의 효용성을 입증한다면 그 연구의 의의는 연구방법론에 있는 것이다. 어떤 분야에서 새로 개발한 연구방법은 후속 연구자들에게 큰 도움을 주게 된다. 아무런 이론적 · 실용적 또는 방법론적 가치도 없는 연구를 한다는 것은 공연한 일에 불과하다.

(5) 윤리성

모든 연구자는 어떤 문제라도 연구할 권리가 있다고 하지만 그 연구결과는 인류에 직접적 또는 간접적으로 공헌하여야 한다. 연구가 개인의 사생활을 침해한다거나 연구대상자나 사회가 신체적 · 정신적으로 피해를 볼 수도 있다는 것을 염두에 두어야 한다. 이 문제는 1장에서 다룬 바 있으므로 앞 장을 참고하기 바란다.

4) 연구주제명의 진술

연구주제명(title)을 어떻게 진술할 것인가 하는 것을 사소한 일로 여겨서는 안 된다. 연구주제명은 잠정적 독자들에게 적절한 흥미를 불러일으킬 수 있어야 하며, 연구의 성격이 분명히 드러날 수 있도록 진술되어야 한다. 대체로 학술지 논문의 경우 제목이 다소 자유스러운 데 비하여 학위논문은 보다 형식을 갖춘 문장으로 진술되는 경우가 많다. 연구주제명의 진술에서 몇 가지 유의해야 할 사항은 다음과 같다.

첫째, 간단명료하게 진술한다. 연구주제명은 가능한 간단하게 진술한다. 일반적으로는 연구내용을 구성하고 있는 3~5개의 단어군을 사용하는 것이 좋다. 예를 들어, '고등학생의 창의성과 지능 및 학습양식과의 관계'와 같은 경우다. 그러나 너무 간단하게 진술하여 의사소통이 안 되어도 문제다. 이상적으로 말한다면, 연구주제명만 보아도 연구의 내용과 방법을 짐작할 수 있어야 한다. 즉, 연구주제명은 연구 전체를 가장 간략하게 요약한 용어라고 생각해야 한다.

둘째, 필요하다면 부제를 붙인다. 주제명만으로는 도저히 연구내용 전체를 대표할 수 없거나 또는 연구문제의 범위가 너무 넓어 이를 한정해야 할 필요가 있을 경우에는 부제를 붙일 수 있다. 예를 들어, '통합교육과정의 효과에 관한 연구-초등학교를 중심으로'라는 부제를 붙이는 경우다. 다만 부제를 남발해서는 안 되며 가급적 지양하는 편이 좋다.

셋째, 독립변인과 종속변인이 포함된 연구주제의 경우 독립변인을 먼저 진술하고 종속변인을 후에 진술한다. 예를 들어, '프로그램 학습방식'과 '학업성취'라는 두 변인이 있다면 독립변인은 '프로그램 학습방식'이며 이 방식에 의해 나타나는 '학업성취'는 종속변인이 된다. 따라서 이때에는 '학업성취 향상을 위한 프로그램 학습방식에 관한 연구'가 아니라 '프로그램 학습방식이 학업성취에 미치는 영향'으로 진술하는 것이 바람직하다.

넷째, 진술에 '연구'라는 용어는 꼭 필요한 경우가 아니라면 사용하지 않는 것이 좋다. 예를 들어, '~에 관한 사례연구' '~에 관한 실험적 연구' '~에 관한 조사연구'라고 하는 경우에 한하여 쓰는 것이 좋을 것이다.

다섯째, 실험연구와 현장연구의 경우 독립변인과 종속변인을 함께 진술하는 것이 바람직하다. 특히 현장연구에서는 두 변인 가운데 어느 한쪽만이 진술되는 경우가 있다. 예를 들면, '학습평가 결과처리의 효율적 방안' 같은 것이다. 여기에는 종속변인이 명시되어 있지 않다. 또 종속변인만 진술되어 있는 경우도 옳지 않다. '무늬 꾸미기의 표현 능력 신장에 관한 연구'와 같은 제목이 여기에 속한다.

여섯째, 연구주제명은 객관적인 용어를 사용하여 진술해야 한다. 연구는 어디까지나 객관성을 요구한다. 따라서 '효율적' '개선' '바람직한' '상향' '함양' '신장' 등의 용어는 부득이한 경우 이외에는 사용하지 않는 것이 좋다.

2. 연구문제의 진술

연구주제, 즉 넓은 의미에서의 연구문제가 선정이 되면 이를 다시 구체적인 연구문제(research question)로 구분하여야 한다. 즉, 보다 명료한 문장으로 세부 진술함으로써 문제를 실제적으로 연구할 수 있는 형태로 다듬어야 한다.

하나의 연구주제에 몇 가지의 연구문제를 설정하는 것이 바람직한가 하는 뚜 렷한 기준은 없다. 연구유형, 연구목적에 따라 다양할 수 있기 때문이다. 그러 나 학위논문의 경우 대체로 3~5개 정도의 연구문제를 제시하는 것이 일반적 이다. 연구자가 일단 어떤 문제를 연구하겠다고 마음먹고 연구주제를 선정하 였다고 하더라도 처음에는 그 주제에 대하여 매우 일반적이고 막연한 생각만 을 가지고 있는 경우가 많다. 연구하려는 연구주제를 분명하고도 구체적으로 파악할 수 있도록 세부적인 문제로 진술해 보는 것은 막연했던 생각을 정리해 볼 수 있는 기회를 제공한다. 때로는 여기에 많은 시간과 노력이 소요되기도 한다.

연구문제 진술에 있어 유의해야 할 몇 가지 사항을 제시하면 다음과 같다.

첫째, 연구문제는 선행연구의 이론을 근거로 하여 설정되어야 한다. 연구목 적이 관련 이론 및 선행연구에 기초하여 설정되는 것처럼, 구체적인 연구문제 또한 선행된 관련 이론을 바탕으로 설정되어야 한다. 초보 연구자들의 경우 종종 직관에 따라 연구주제나 문제를 설정하는 경우가 있다. 이러한 경우 나 중에 연구수행 결과가 어떠하더라도 그 의미를 해석하기가 어렵게 된다.

둘째, 연구문제는 둘 또는 그 이상의 변인 간의 관계에 대해 묻는 의문문 형식이어야 한다. 양적연구의 경우, 거의 모든 연구문제는 두 개 이상의 변인 간의 관계를 가정하는 식으로 진술된다. 예를 들면 다음과 같다.

- 청소년의 심리적 분리수준과 사회적응력과의 관계는 어떠한가? (상관연구)
- 고등학생의 직업적 성격유형에 따라 의사결정유형은 차이가 있는가? (인 과비교연구)
- 독서치료 프로그램은 초등학생의 대인관계 능력 향상에 효과가 있는가? (실험연구)
- 장애관련 동화에서 나타나는 장애유형은 어떤 것들이 있는가? (내용분석 연구)

셋째, 연구문제는 모호하지 않아야 하며 변인에 대한 측정까지 암시하는 방 식으로 진술되어야 한다. 위에서 제시한 상관, 인과비교, 실험연구 문제의 예 는 '청소년의 심리적 분리수준' '사회적응력' '직업적 성격유형' '대인관계 능력' 등과 같은 변인이 특정 검사나 질문지를 사용하여 양적 수준 혹은 질적 유형으로 측정될 것임을 내포하고 있다. 또한 내용분석 연구에서 '장애유형'은 장애관련 동화의 내용을 탐색함으로써 장애 유형별로 사례수가 수집될 것임을 예상할 수 있을 것이다.

넷째, 연구문제는 연구목적에 종속되어야 하며 응집력 있는 질문으로 구성되어야 한다. 위에서 제시한 실험연구의 예를 들어 보자. 연구자는 연구주제명을 '독서치료 프로그램이 대인관계 능력 향상에 미치는 효과'라고 설정하고 이를 위하여 '독서교육 ~있는가?'라는 연구문제를 설정하였다. 그러나 이에 추가하여 '독서치료 프로그램은 초등학생의 사고력 증진에 효과가 있는가' '독서치료 프로그램은 자아존중감 향상에 효과가 있는가'라는 연구문제를 더 설정하였다고 해 보자. 비록 관련 이론 선행연구에서 독서치료 프로그램이 사고력이나 자아존중감 향상에 기여함을 보이고 있다 하더라도 연구문제 간 응집성은 없다고 볼 수 있다.

다섯째, 연구문제는 도덕적으로나 윤리적으로 편의(bias)가 있어서는 안 된다(Tuckman, 1988). 예를 들어, '결손가정 자녀의 폭력성향은 학급에서 어떻게 나타나는가'라는 연구문제는 윤리적으로 편의를 지니고 있을 뿐만 아니라 근거도 없는 연구문제에 속한다.

여섯째, 특히 양적연구에서 연구문제는 사전에 명확히 설정되어 있어야 한다. 연구문제가 설정되는 시점에 이미 연구자는 이론적·경험적 연구에 대한 체계적인 탐색을 마쳤어야 한다. 그러한 탐색의 결과가 연구문제로 자연스럽게 이어져야 하는 것이다. 다만 질적연구에서는 연구문제가 사전에 명확히 설정되지 않을 수도 있다. 질적연구의 경우, 연구 초기에는 완전히 개념화되거나 조작적으로 정의되지는 않는 경우가 많으며 연구가 수행되는 중에 명확해지거나 혹은 중간에 변경되기도 한다(Tutty, Rothery, & Grinnell, 1996).

3. 가설의 정의 및 유형

연구문제가 명확하게 선정되면 필요에 따라 이를 검증하기 위한 가설(hypothesis)을 설정하게 된다. 모든 연구에서 가설이 항상 필요하거나 진술되지는 않는다. 그러나 가설형성이란 과학적 연구방법이 가지는 중요 특징 중의 하나로 연구에 따라서는 가장 중추적인 부분이 되기도 한다. 질적연구와 같이 연구가 어떤 현상을 기술하고 사실적 내용을 분석하는 데 초점이 있다면 가설을 설정하지 않을 수도 있지만, 설명이나 예측을 위한 양적연구에서는 가설을 필요로 하는 경우가 많다. 다음에서는 이러한 가설의 정의와 기능 및 유형 등에 관하여 살펴본다.

1) 가설의 정의

가설이란 '연구에서 제기된 연구문제에 대한 연구자 나름대로의 잠정적인 해답'이다. 경험적인 의미의 확인이 이미 이루어진 법칙과 비교해 본다면 가설은 '경험적인 의미가 아직까지는 잠정적인 수준에 머물러 있는 확인되지 않은 명제'인 셈이다. 변인과의 관계를 중심으로 정의한다면 가설이란 '두 개 이상의 변인들 사이의 관계를 추측한 진술'이다.

Good(1959)은 '가설은 연구를 이끄는 개념이며, 잠정적 설명이거나 가능성을 진술한 것이다. 이는 관찰을 시작하고 이끌도록 하는 것이며, 적절한 자료 및 다른 요건을 찾도록 하는 것이고, 어떤 결론이나 결과를 예언하는 것이다.'라고 하였고, Kerlinger와 Howard(1999)는 '가설은 둘 이상의 변인 간의 관계에 대한 추리를 문장화한 것이다.'라고 가설을 정의하고 있다. 이처럼 가설은 변인들 간의 관계에 대해서 잠정적으로 내린 결론 또는 추측이며, 어떤 문제에 대한 예상된 해답이라고도 할 수 있다.

2) 가설의 기능

가설은 연구의 초점이 무엇인지를 명시해 줌으로써 연구과정에서 연구자의 생각과 행동에 방향을 제시한다. 또한 이러한 가설의 설정 과정을 통해 연구자는 연구문제를 보다 명확하게 규정할 수도 있으며 주제에 대한 재검토를 할 수 있는 기회도 가지게 된다.

과학적 연구에서 연구의 목적은 각각의 사실에 대한 정보를 얻으려는 데 있는 것이 아니라 이런 사실에 대한 연구자의 생각, 즉 가설이 옳고 그른지를 알아보려는 데 있다고 할 수 있다. 이런 의미에서 과학적 연구에서 가설이 차지하는 중요성은 크다고 할 수 있다.

가설이 지니고 있는 기능을 김종서(1995)의 설명을 중심으로 살펴보면 다음과 같다.

첫째, 가설은 변인들 간의 관계에 대한 추리작용이다. 이러한 추리작용은 그 타당성을 증명하기 위하여 자료를 수집하고, 분석·종합하는 과정을 밟는다. 따라서 가설은 단순히 추측만을 의미하는 것은 아니며, 이론과 연구 사이의 간격을 메우고 관찰된 실재에 대응하는 이론을 검증하는 수단이 된다. 결과적으로 가설은 이론과 경험적 연구 사이에 다리를 놓아 주는 역할을 한다.

둘째, 가설은 연구문제에 대한 잠정적인 결론을 내린다. 연구주제는 연구문제를 통해 분석되며, 연구문제의 분석이 시작되면 이 문제에 대한 잠정적인 결론이 내려지고, 이 잠정적인 결론이 맞는지 틀리는지 알아보기 위한 조사또는 실험 등의 방법으로 자료를 수집·검토하게 된다. 그에 따라 잠정적인결론이 긍정되는지 기각되는지에 대한 결론이 형성되는 것이다.

셋째, 가설은 연구의 초점을 맞추는 기능을 가지고 있다. 명백한 가설이 있어야만 가설을 중심으로 자료를 수집하고 분석하는 등의 집중적인 노력을 기울일 수가 있다. 더불어 가설은 연구문제를 한정하는 기능도 가지고 있다. 연구에서 모든 사실과 조건 전부를 취급할 수는 없다. 따라서 가설을 세우고 그가설에 한정해서 연구를 집중하게 되는 것이다.

3) 가설의 유형

가설은 평가 가능성 여부에 따라 연구가설과 통계적 가설로, 연구의 목적에따라 기술적 가설과 관계적 가설로, 그리고 일반화의 정도에 따라 특정 가설과 보편적 가설로 구분할 수 있다.

(1) 연구가설과 통계적 가설

연구가설(research hypothesis)이란 어느 한 연구분야와 관련된 이론으로부터논리적으로 변인과 변인과의 관계를 추리한 진술이다. 이렇듯 학문적 성격을띠는 명제들로부터 논리적으로 가설을 도출했을 때 이를 연구가설이라고 한다. 그러나 연구가설은 통계적 방법과 기술로 평가될 수 없기 때문에 통계적 가설의 형태로 바꾸어 사용되는 경우가 일반적이다.

통계적 가설(statistical hypothesis)은 연구가설을 검증 가능한 방식으로 바꾸어 놓은 것을 말한다. 어떤 조사대상 전체, 즉 전집의 특성에 대하여 추측 또는 가정하는 것을 의미하며, 일반적으로 모수치에 관한 수식 또는 기호로 나타낸다. 이러한 통계적 가설은 표본에서 얻는 정보를 토대로 검증할 수 있다.

통계적 가설은 다시 영가설(null hypothesis: HO)과 대립가설(alternative hypothesis: HA)로 구분된다. 영가설은 둘 또는 그 이상의 모수치 간에 '차이가

〈표 2-3〉 **연구가설과 통계적 가설**

한 연구자가 '고등학생의 성별에 따른 논술능력의 차이'라는 연구주제를 가지고 연구를 진행한다고 하자. 이 경우 연구가설과 통계적 가설은 다음과 같이 진술될 수 있다.

• 연구가설
고등학생의 성별에 따라 논술능력은 차이가 있을 것이다.

• 통계적 가설
고등학생 남자 집단과 여자 집단 간에는 논술점수에서 차이가 있을 것이다(대립가설).
고등학생 남자 집단과 여자 집단 간에는 논술점수에서 차이가 없을 것이다(영가설).

여기에서 연구가설은 변인(성별)과 변인(논술능력) 간의 관계에 대한 진술로 표현되어 있음을 알 수 있다. 또한 통계적 가설은 2개의 전집분포에 대한 진술, 즉 전집분포의 전집치에 대한 진술(남자 집단의 논술점수, 여자 집단의 논술점수)로 표현되어 있음을 알 수 있다. 통계적 가설에서는 일반적으로 연구자가 설정한 대립가설이 제시된다.

그렇다면 학위논문이나 보고서 작성 시 연구가설과 통계적 가설 모두를 제시해야 하는가 아니면 둘 중 어느 것 하나만을 제시해도 무방한가? 학위논문의 경우 원칙적으로는 연구가설과 통계적 가설 모두를 제시해야 한다. 대개 연구가설은 서론의 연구문제 진술부 다음에, 통계적 가설은 연구방법의 자료분석 절차 다음에 제시하는 것이 좋다. 연구가설이란 연구문제에 따른 연구자의 잠정적 답변이기 때문이며 또한 실질적으로 통계적 분석을 통해 검증될 수 있는 가설은 연구가설이 아니라 통계적 가설이기 때문이다.

그러나 현실적으로 학위논문에서 두 가지 가설 모두를 제시하고 있는 경우는 아주 드물다. 이는 대학이나 학과 혹은 지도교수에 따라 요구하는 논문의 체제가 다를 뿐만 아니라 두 가지 가설 모두를 기술하는 것이 마치 동의어 반복이라는 느낌을 주기 때문이다. 그러나 가능한 두 가지 모두를 제시하는 것이 바람직할 것이다.

없다' 또는 '관계가 없다' 라고 진술하는 가설의 형태를 말하는 것으로 이를 귀무가설 또는 원가설이라고도 한다. 예를 들면, '남녀 간의 논술능력에는 차이가 없다.' 등과 같은 것이다. 대립가설은 영가설에 상대적으로 대립시켜 설정한 가설로서 일반적으로 연구자가 표본조사를 통하여 긍정되기를 기대하는 예상이나 주장하려는 내용을 대립가설로 설정하게 된다. 일반적으로 이러한 통계적 가설은 증명하는 것이 아니라 확률적 추리에 의하여 그 가설을 확인 또는 수용하는 것이다.

(2) 기술적 가설과 관계적 가설

기술적 가설(descriptive hypothesis)은 변인 간의 관계 파악이 목적이 아니라 특정변인의 분포상태나 그 존재 양상을 확인하기 위한 목적으로 설정된 가설이다. 대개의 경우 하나의 현상에 대한 연구주제에 적용되는 가설이다. 예를 들면, '○○대학의 대학수학능력시험의 평균성적이 ○○대학의 대학수학능력시험의 평균성적보다 높다' 와 같은 것이다. 그러나 최근에는 기술적 가설은 거의 사용하지 않고 있다. 왜냐하면 이는 현상 간의 관계 파악을 위한 기초연구에 불과하기 때문이다.

관계적 가설(relational hypothesis)은 변인 간의 관계를 분석하고자 설정된 가설이다. 이는 인과관계를 파악하기 위한 실험연구에서 널리 사용되는 가설이다. 예를 들면, '아동이 폭력물에 접촉하는 횟수가 높을수록 폭력의식 수준이 높을 것이다.' 와 같이 '폭력물과의 접촉횟수' 라는 변인과 '아동의 폭력의식' 이라는 변인과의 관계를 표시한 것이다.

(3) 특정 가설과 보편적 가설

특정 가설(specific hypothesis)은 그 가설이 적용되는 경우가 적어도 한 가지가 있는 것을 말한다. 예를 들어, 연구자가 학교에 가서 둘러본 후 학생들 대부분이 공장 주변지역에 살고 있음을 보고 학교 주변의 이웃들이 가난할 것이라고 추론을 하게 된다. 수입 정도에 대한 자료가 없으므로 실제로 대다수의 사람들이 정말 가난한지를 알지 못하지만 그럴 것이라고 추측하는 것이다. 공장 주변지역에 살고 있는 학생들이 다니는 학교는 가난한 지역에 있다는 추측을 통해 연구자는 '거주지역' 과 '수입' 의 두 변인으로 특정 가설을 세우는 것이다.

보편적 가설(general hypothesis)은 언제 어디서나 보편적으로 적용되는 가설로 예언능력이 높고 일반화의 범위가 포괄적이다. 보편적 가설은 특정 가설의 일반화 형태이며, 관찰을 통해 검증되어야 한다. 관찰은 세부적이며, 사실에 바탕을 두어 이루어진다. 그러나 모든 가정들을 다 관찰하는 것이 불가능하고 비실용적이기 때문에 사례를 추출해서 가능한 결론에 도달하게 되는 것이다.

4. 가설의 진술방법

가설은 두 변인 간의 가능한 관계를 검증 가능하게 진술한 것으로 자료 및 경험적 관계에 비추어 검증될 수 있어야 한다. 가설의 진술은 일반적으로 선언적 형태의 문장과 가정법 형태의 문장이라는 두 가지 형태를 취할 수 있다. 예를 들어, 선언적 형태의 문장으로 변인관계를 진술하는 방식은 '학업성취와 자아개념에는 정적 상관이 있을 것이다.' 와 같은 것이다. 그리고 가정법 형태의 문장으로는 '자아개념이 긍정적이면 학업성취가 높을 것이다.' 와 같은 것이다. 이 경우 가설 진술문의 앞부분을 가설의 선행조건, 뒷부분을 귀결조건의 명제라고 한다. 가설 진술에서 유의할 사항을 몇 가지 살펴보면 다음과 같다(이종승, 1989; Borg et al., 1996).

1) 변인들과의 관계

가설은 두 개 혹은 그 이상의 변인들 사이의 관계로 진술해야 한다. 변인이란 연령, 성별, 교육수준, 학업성적, 지능 등과 같이 서로 구별되는 다양한 수준이나 가치를 지니고 있는 개념을 의미한다. 가설은 이러한 변인들 간의 관계로 진술되는 것이 바람직하다. 변인들 간의 관계는 상관관계와 인과관계로 구별한다. 따라서 가설의 설정은 이 관계가 명확하게 드러나도록 진술되어야 한다. 인과관계를 나타내는 가설의 진술에는 독립변인과 종속변인의 구별이 명확해야 하고, 그 관계 또한 분명해야 한다. 예를 들면, '부모애착이 높은 아동은 사회적 유능감이 높을 것이다.' 라는 진술은 '부모애착' 과 '사회적 유능감'이라는 두 변인 간의 관계를 나타낸 것이다.

2) 검증 가능성

가설은 검증이 가능하도록 진술해야 한다. 가설이 검증 가능하도록 진술되어야 한다는 말은 가설 속에 포함된 변인의 의미가 분명해야 한다는 것과 그러한 변인을 어떠한 방식으로든지 비교적 객관적으로 측정하거나 평가할 수 있어야 한다는 것을 의미한다. 만약 어느 가설이 검증할 수 없는 형태로 진술되었다면 그것은 과학적 연구가설이라 할 수 없다. 즉, 실험처치 또는 변인의 측정문제에 관하여 구체적인 방안을 제시하지 못한다면 이 가설은 타당하게 검증할 수 없으며 과학적 연구의 가설이 될 수 없다. 예를 들어, '학생들에게 극기 훈련을 실시하면 대담성이 높아질 것이다.'라는 가설을 설정했다 하자. 이 경우 극기훈련을 어떻게 또 어느 정도나 실시해야 하는가 그리고 대담성을 어떤 방식으로 측정할 것인가와 같은 실험처치나 변인의 측정문제에 대한 구체적인 방안을 제시하지 못하고 있다.

3) 간단명료성

가설은 간단명료하게 진술되어야 한다. 하나의 가설은 하나의 관계만을 검증하도록 진술하는 것이 바람직하며 복합적인 가설의 설정은 가급적 피해야 한다. 만약 하나의 가설에 두 가지 이상의 관계를 포함시키게 된다면, 복합적으로 가설을 세울 것이 아니라, 두 개의 독립된 가설을 설정하여 연구하는 것이 검증하기도 쉽고 분명한 결과를 얻을 수도 있을 것이다. 예를 들어, '협동적 교수방법은 학생들의 사회성과 학업성적을 향상시킬 것이다.'라는 가설은 '협동적 교수방법과 사회성'과의 관계, '협동적 교수방법과 학업성적'과의 관계와 같이 두 가지 관계를 동시에 설정하고 있는 경우다. 이때에는 두 개의 독립된 가설, 즉 '협동적 교수방법은 학생들의 사회성을 향상시킬 것이다.' '협동적 교수방법은 학생들의 학업성적을 향상시킬 것이다.'로 분리하는 것이 옳다.

4) 논리적 근거의 명시

가설설정의 근거는 기존의 이론이나 선행연구의 탐구, 경험의 분석, 직관 등의 세 가지를 들 수 있다. 경험에 의지하는 경우는 상식적인 수준에서 머물 가능성이 있으므로 가설 설정의 논리적 근거를 명시하도록 해야 한다. 과학적 연구에서 좋은 가설이란 하나의 이론체계를 구성하고 있는 법칙들 간의 논리적 연역을 통하여 도출된 가설을 의미한다. 이러한 가설일 경우 가설 도출의 논리적 사고 과정을 명시하는 것이 바람직하다. 만약 이런 과정을 명백히 진술할 수 없다면 그 가설은 엄밀한 의미에서 연구의 가설로서는 큰 가치가 없는 것이다. 가설을 진술할 때 어떤 종류의 가설이든 가능한 한 가설 도출의 근거나 과정을 명시하는 것이 바람직하다.

5) 사전 설정

양적연구의 경우에 가설은 연구자료를 수집하여 분석하기 이전에 설정하여 놓는다. 다시 말해 자료를 수집하고 분석하고 그 결과를 해석하는 일련의 연구활동 이전에 가설을 수립하는 것이다. 연구는 연구문제에 대한 연구자의 잠정적인 해답, 즉 가설을 미리 세워 놓고 자신이 설정한 가설의 타당성을 따지는 활동이라고 할 수 있다.

6) 선언적, 가정적 형식의 진술

가설은 선언적 또는 가정적 문장의 형식으로 진술한다. 즉, '~는 ~한다' 또는 '만약 ~이면, ~일 것이다' 라는 식으로 서술한다. 그리고 진술하는 문장의 시제는 연구자에 따라 미래형이나 현재형 중 어느 한쪽을 선택해 사용할 수 있을 것이다. 예를 들면, '주입식 교육은 아동에게 의타심을 조장한다.' '주입식 교육을 실시하면 아동에게 의타심이 조장될 것이다.' 등과 같다. 대개 기술적인 연구에서는 선언적 문장형태가 많고, 실험적인 연구에서는 가정법적인 문장형태가 많다.

5. 좋은 가설의 평가기준

연구자는 가설형성의 과정을 통해서 연구문제를 다각도로 분석해 보고, 탐구활동을 조직적으로 펼쳐 나가게 된다. 가설은 연구문제의 해결에 대한 잠정적 해답이며, 연구의 진행절차에 대한 개념적 지도체제의 역할을 한다. 또한 가설은 변인들 간의 관계에 대한 설명과 결과에 대한 유의미한 해석의 기초를 제공해 준다. 이처럼 가설은 사실과 이론 간의 교량역할을 담당하고 있는 것이다.

이러한 가설 가운데 더 중요하고 좋은 가설로 평가받는 것과 그렇지 못한 것이 있는데, 그 평가기준을 살펴보면 다음과 같다. 당연하겠지만 이는 곧 위에서 언급한 올바른 가설의 설정방법과도 상통한다.

1) 검증 가능성

가설은 검증 가능성 여하에 따라 평가된다. 만약 어떤 가설이 비록 논리적으로는 그럴듯하게 구성되어 있다고 하더라도 그 가설에 사용되는 변인들의 의미가 애매하고 변인들 간의 관계가 경험적으로 검증될 수 없다면 그것은 유용한 가설이 될 수 없다.

2) 일반화의 가능성

가설은 일반화의 정도 여하에 따라 평가된다. 법칙과 마찬가지로 가설도 설명하고 예언하는 역할을 한다. 다만 아직 검증 이전의 단계에 있거나 검증과정의 상태에 있는 잠정적인 것이라는 점에서만 차이가 있을 뿐이다. 하나의 가설이 더 많은 현상을 설명할 수 있고 일반화할 수 있다면, 그러한 가설은 중요한 것으로 간주된다.

3) 합리적 근거 및 일관성 유무

가설은 기존 지식체계와의 합리적 근거 및 일관성 유무에 따라 평가된다. 과학은 검증된 지식과 이론이 누적됨으로써 발전하는 것이다. 그러므로 유용한 가설이 되려면 기존 지식체계에 무엇인가 새로 첨가할 수 있어야 하며, 해당 분야의 주류가 되는 지식체계와 조화를 이루어야 한다.

4) 단순성

가설은 단순성 여하에 따라 평가된다. 만약 두 개의 가설이 어느 한 현상에 대하여 비슷한 정도의 설명력을 지니고 있다면, 이 두 가설 중에서 상대적으로 단순한 가설이 좀 더 좋은 가설이라고 본다. 여기에서 단순하다는 것은 같은 내용을 설명하더라도 덜 복잡한 이론체계와 비교적 적은 수의 가정으로 설명할 수 있음을 뜻한다. 그러나 지나치게 단순화된 가설은 다양한 현상을 설명하는 데에는 부적절할 수도 있다.

5) 기각된 가설의 유용성 여부

연구자들은 잘못된 가설을 하나씩 기각해 나감으로써 진리가 숨겨져 있을 범위를 좁혀 나가는 것이다. 후속연구를 위해서 기각된 가설, 잘못된 가설들도 매우 유용한 역할은 한다. 이러한 가설들을 통해 연구자들은 불필요한 낭비 없이 새로운 가설을 세워 검증할 수 있으므로, 어느 한 연구에서 세운 가설들이 모두 기각되었다 하더라도 결과적으로는 과학의 발전에 기여한 셈이 된다. 따라서 좋은 가설이라고 하는 것과 가설이 검증되었다고 하는 것은 별개의 문제인 것이다.

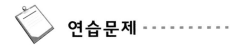

연습문제 ··········

1. 관심 주제가 있을 때 이를 양적연구로 접근할 것인지 혹은 질적연구로 접근할 것인 지를 판단할 수 있는 몇 가지 기준을 제시하여 보시오.

2. 다음의 연구주제는 양적연구와 질적연구 중 어느 방법이 보다 적합할 것인지를 판 단하여 보고 또 그렇게 생각하는 이유를 진술해 보시오.
   1) 인터넷 게시판 댓글의 의미론적 분석
   2) 대학생의 심리적 분화와 사회 적응력과의 관계
   3) 초등학교 학급 내 교우 간 갈등 양상
   4) 가사노동 사회화 관련 변인 연구

3. 자신의 관심 분야에서 반복연구의 주제로 적합할 것으로 생각되는 예시 주제를 2개 이상 들어 보고, 그렇게 생각하는 이유를 설명하시오.

4. 연구문제의 일반적인 진술방법을 서술하시오.

5. 다음을 상호 구분하여 설명하시오.
   1) 연구가설 - 통계적 가설
   2) 기술적 가설 - 관계적 가설
   3) 특정 가설 - 보편적 가설
   4) 영가설 - 대립가설

제3장

문헌고찰

연구주제의 탐색 및 선정과 연구문제의 확정, 나아가 효과적인 연구방법을 채택하여 실행에 옮기는 연구의 전 과정에서 문헌고찰은 아주 중요한 위치를 차지한다. 문헌고찰이란 어떤 문제와 관련하여 이미 발표된 논문, 학술 잡지, 서적 등의 문헌자료를 모으고 체계적으로 정리하여 자신의 연구수행의 기반으로 삼는 것을 말한다. 연구자가 연구의 실행 초기에 비록 나름대로 잠정적인 연구주제와 연구문제를 설정하였다 하더라도 이러한 연구주제가 합리적·이론적 근거가 있는 것인지, 연구주제로서의 충분한 가치가 있는지 충분히 검토해 보아야 한다. 또한 유사한 주제를 지닌 선행연구들이 얼마나 있는지 검토함으로써 이미 해결된 연구과제에 불필요하게 시간을 소모하는 일이 없어야 한다. 이를 위하여 연구자가 해야 할 일은 다른 연구자들의 연구물을 꼼꼼히 살펴보는 것이다. 문헌고찰을 통하여 연구자는 연구문제를 분석·검토하여 가설을 형성하는 근거를 마련하며, 연구문제와 관련된 다른 연구의 결과를 얻음으로써 연구문제의 방향을 설정하게 된다. 초보 연구자의 경우 어디서 어떤 자료로부터 문헌고찰을 시작해야 할지 어려움을 경험하는 경우가 많다. 이 장에서는 이러한 문헌고찰의 중요성과 절차, 자료의 출처 및 탐색방법 등을 알아보기로 한다.

1. 문헌고찰의 목적

연구자가 선정한 연구분야나 연구주제와 관련하여 이와 유사하거나 동일한 다른 연구자들의 연구결과가 있기 마련이다. 따라서 연구자는 연구문제와 관련된 이론이나 연구결과들을 탐색함으로써 자신의 연구문제를 해결하는 데 많은 도움을 얻을 수 있다. 관련 이론이나 선행연구 결과들을 토대로 하여 궁극적으로 연구자 자신만의 독특하고 참신한 연구를 수행하고 결과를 얻어 낼 때 비로소 연구의 의의가 커진다고 할 수 있다. 이렇게 볼 때 문헌고찰은 연구의 전체 과정에서 아주 중요한 과정에 속하지만 실제 연구과정에서 이 절차는 다른 절차보다 경시되고 있는 것이 사실이다. 문헌고찰을 통하여 연구자가 얻고자 하는 목적은 다음과 같다.

1) 새로운 연구주제의 발견

학위논문을 비롯한 연구보고서의 경우, 일반적으로 연구자들은 보고서 후반부에 해당 연구의 수행과정 및 산출된 결과에서 파생적으로 제기되었던 문제점을 지적하고 후속 연구자들이 해 주기를 바라는 몇 가지 연구과제를 제언함으로써 보고서를 마무리한다. 이러한 문제와 제언은 연구자들이 주어진 문제를 깊이 있게 연구한 후에 얻은 생각과 통찰이기 때문에 주의 깊게 읽어 볼

〈표 3-1〉 **문헌고찰의 의의**

연구수행의 과정에서 문헌고찰을 통하여 얻을 수 있는 이점을 연구계획 단계, 연구수행 단계, 연구산출 단계로 구분해 보면 다음과 같다.

연구계획 단계	→ 새로운 연구주제의 발견
	→ 연구문제의 한정
연구수행 단계	→ 비효율적인 접근의 예방
	→ 연구방법론에 대한 통찰
연구산출 단계	→ 결과에 대한 해석적 근거 마련
	→ 문헌분석을 통한 연구결과의 산출

필요가 있다. 때로 연구자들은 선행연구자가 제기한 문제점과 제언을 토대로 큰 고민이나 어려움 없이 그들 연구의 핵심 아이디어를 발견하고 연구하여 의미 있는 연구결과들을 제시하기도 한다.

2) 연구문제의 한정

연구자는 관련 문헌의 고찰을 통하여 연구문제를 한정하는 데 도움을 받을 수 있다. 많은 연구에서 연구문제 영역을 명확하게 한정하지 않았기 때문에 실패하게 되는 경우가 종종 발견된다. 한정된 문제를 선택하고 그것을 깊이 있게 조사하는 것은 광범위한 문제를 표면적으로 연구하는 것보다 훨씬 효과적이다. 문헌고찰에 의해서 다른 연구자들이 어떻게 연구문제의 영역을 한정하고 결과물을 산출했는지 발견할 수 있다. 예를 들어, 교육적 지도성에 대한 연구를 한다고 가정해 보자. 어떤 연구자는 '교육적 지도성'을 '관리자로서의 교장 혹은 교감의 역할 행동'으로 규정하고 연구를 수행하는 반면에, 다른 연구들은 '관리자로서 필요한 자질'에 초점을 맞추어 연구문제를 설정하기도 한다. 그러므로 연구자들은 문헌고찰을 통해 자신의 연구문제의 범위를 명확하게 한정하는 데 많은 도움을 얻을 수 있다.

3) 비효율적인 접근의 예방

문헌고찰을 하다 보면 연구자는 자신의 연구문제와 동일하거나 유사한 주제에서 다양한 비실험적 혹은 실험적 연구가 진행되어 왔음을 발견한다. 때로 이들 연구에서 실패로 여겨지거나 혹은 무의미한 것으로 보이는 결과를 산출하는 연구도 종종 접하게 되는데 이들 연구들이 대체로 동일한 접근 방법을 사용함으로써 비롯되었음을 발견하기도 한다. 예를 들어, 실험연구 접근법이 타당함에도 비실험적 절차에 의존한 단순상관연구만이 반복되어 왔다거나, 실험연구에서 실험·통제 집단을 구성한 반복측정 설계가 이루어져야 하나 단일집단 사전-사후 설계만으로 제한하여 시행된 경우 등이 이에 해당된다. 결과적으로 연구자들은 관련 영역의 문헌고찰을 통해 사전에 무의미한 접근법을 발견함으로써 불필요한 시간 낭비를 줄일 수 있다.

4) 연구방법론에 대한 통찰

연구자들이 다른 사람의 연구보고서를 읽어 볼 때 간과하는 것 중의 하나는 보고서에서 제시하고 있는 결과 이외의 다른 부분에는 주의를 기울이지 않는다는 점이다. 결과 이외의 다른 정보들 또한 연구를 계획하는 데 도움을 줄 수 있기 때문에 이러한 태도는 바람직하지 않다. 연구자는 선행연구를 검토함으로써 보다 구체적인 연구수행 절차에 대한 방법론적 통찰을 얻을 수 있다. 즉, 연구대상의 선정, 측정도구의 제작이나 선정, 조사면접 절차나 실험절차, 나아가 자료의 효과적인 분석방법에 이르기까지 다양한 측면에서 유용한 도움을 받을 수 있다. 특히 가장 최근의 선행연구를 검토할수록 이러한 방법론적 통찰을 얻을 수 있는 가능성이 크다.

5) 결과에 대한 해석적 근거 마련

문헌고찰의 또 다른 이유이자 목적은 자신의 연구결과에 대한 해석적 근거를 마련하기 위함이다. 연구자가 자신의 연구수행 결과, 의미 있어 보이는 그 어떤 결과를 산출하였다 하더라도 관련 선행이론이나 경험적 연구가 없다면 이를 독자들에게 납득시키기란 어려운 일이다. 즉, 연구자는 문헌고찰을 통하여 자신의 연구에서 산출된 결과에 대한 합리적 해석을 위한 근거를 찾을 수 있다. 이때 관련 선행이론이나 연구가 반드시 연구자의 관심 주제와 정면으로 일치하지 않을 수 있으며 동일한 결과를 보여 주지 않을 수도 있다. 그러나 이 경우에도 연구자는 자신의 연구결과가 어떤 점에서 선행연구와 차이가 있는지, 왜 그러한 차이가 생겨났는지, 차이 나는 결과에 대한 대안적 해석은 무엇인지를 기술해 나가야 한다. 깊이 있는 문헌고찰이 이를 가능하게 하며 결과해석이 자칫 연구자의 추측에만 그치지 않도록 해 준다.

6) 문헌분석을 통한 연구결과의 산출

연구에 따라서는 선행연구를 토대로 한 문헌분석 그 자체가 연구의 목적이 되는 경우가 있다. 이때 문헌고찰은 단순히 관심 연구를 위한 이론적 토대이

거나 방법론적 기초를 제공하는 것이 아닌 연구의 목적이자 연구결과 그 자체
가 된다. 양적연구에서 관심 주제하의 경험적 선행연구들을 수집하고 이를 통
합하는 메타분석 연구를 수행하거나, 질적연구에서 특정 역사적 사건에 관심
을 갖고 관련 자료들을 수집하여 이를 체계적으로 분석 · 기술하는 역사연구
가 여기에 해당된다. 예를 들어, 연구자가 '자기주도적 학습이 학업성취에 미
치는 영향'에 관심이 있어서 선행연구의 경향을 알아보려고 문헌탐색을 해
보았다고 하자. 최근 3년 이내에 이미 70여 편 이상의 직접적인 연구가 수행
되었음을 발견하고, 연구자는 효과에 대한 실험연구 대신 이들 연구를 종합함

〈표 3-2〉 메타분석의 목적과 의의

　　학문의 발달과 그 복잡성으로 말미암아 각 학문의 연구물이 축적되어 종합적인 연구가 필요
한 상황에서 메타분석(meta analysis)이라는 새로운 연구방법이 생겨나게 되었다. 메타분석이
란 분석결과들의 분석(analysis of analysis)을 위한 방법으로 선행연구의 결과를 통합하고 종
합하는 유용한 도구다.

　　Glass(1976)는 자료의 분석을 1차분석(primary analysis), 2차분석(secondary analysis), 메
타분석(meta analysis)으로 구분한 바 있다. 1차분석이란 연구에서 얻은 원자료를 분석하는 것
이며, 2차분석은 1차분석에서 제기되었던 연구문제를 보다 나은 통계적 방법을 사용하여 분석
하거나 새로운 연구문제를 설정하고 이에 답을 구하는 것이다. 그리고 메타분석이란 낱낱의
연구결과들을 통합함으로써 보다 포괄적이며 거시적인 결론을 이끌어 낼 목적으로 많은 수의
개별적 연구나 결과들을 통계적 기법을 사용하여 분석하는 것이다.

　　메타분석이 특히 유용할 수 있는 상황은 ① 특정 단일 주제에 대해 상반된 결론이나 논
쟁이 발생할 경우 해결을 위한 보다 신뢰할 수 있고 타당성 있는 대결론을 내려야 할 필요가
있을 때 ② 동일하거나 유사한 결과를 산출하고 있긴 하나 개별 연구들이 산발적으로 진행되
어 체계적으로 압축된 지식 또는 결과로 요약하고 싶을 때 등이다.

　　이를 위해 메타분석은 선행 결과를 통합하는 과정에서 각 연구의 원자료를 사용하는 것이
아니라 요약된 통계치를 효과의 크기(effect size)라는 단일의 수치로 환산하여 사용하게 된다.
메타분석의 강점은 무엇보다 국부적이고 제한적일 수밖에 없는 개별적인 연구를 종합하여 보
다 강력한 결론에 도달할 수 있다는 데 있다. 그러나 지나치게 결과에 초점을 두고 중재변수의
개입이나 상호작용 효과를 무시함으로써 연구결과를 지나치게 단순화할 우려가 있다는 제한점
을 갖기도 한다.

　　교육연구와 관련하여 메타분석이 수행될 수 있는 몇 가지 예시 주제는 다음과 같다.

　• 협동학습이 학업성취도에 미치는 효과에 대한 메타분석
　• 학교장의 지도성과와 교사의 직무성과의 관계에 대한 메타분석
　• 학업성취에 영향을 미치는 학생 특성변인에 대한 메타분석

으로써 '자기주도적 학습이 학업성취에 미치는 영향에 대한 메타분석'으로 연구결과를 산출할 수도 있다.

2. 자료의 종류

문헌고찰에서 찾아보게 되는 기록물, 서적, 연구 등을 총칭하여 자료라 표현한다. 자료는 다시 예비 자료, 1차 자료 그리고 2차 자료로 나누어 볼 수 있다. 이들 자료를 검색하고 찾는 방법은 뒤에서 다루기로 하고 여기서는 먼저 자료가 구분되는 특징만을 간략히 진술하기로 한다.

1) 예비 자료

예비 자료(preliminary sources)는 관련 문헌을 요약하여 출처를 알려 주는 자료로서 본격적인 문헌고찰을 하기 위한 자료라고 할 수 있다. 연구자들은 예비 자료를 통해 관심 연구주제와 관련된 연속 간행물, 학회논문이나 학위논문, 단행본 등의 출처를 알 수 있다.

대표적인 예비 자료에는 색인(index), 초록 모음집(abstract), 서지(bibliography) 등이 있다. 색인은 저자, 제목, 출판사 등에 대한 정보를 싣고 있다. 초록도 연구자가 꼭 살펴보아야 할 예비 자료다. 연구나 출판물의 초록만을 묶어 제시해 놓은 것으로서 이 자료를 통해서도 저자, 제목, 출판사 등 출판물에 대한 정보를 알 수 있다. 이외에 서지는 서명, 주제, 저자, 출판사, 출판연도 등에 대해 기록한 책으로 국공립도서관의 참고 열람실이나 수서과, 정기 간행물실 등에 비치되어 있는 경우가 많다. 최근에는 색인, 초록 모음집, 서지 모두를 인터넷으로도 검색할 수 있는 경우가 많아 연구가 보다 편리해졌다.

2) 1차 자료

1차 자료(primary sources)는 문헌 중 해당 연구자가 직접 연구에 참가하여 관찰한 결과들을 기록한 자료를 말한다. 교육연구에서 가장 흔한 1차 자료는 학회논문, 학위논문 등과 같이 연구자들이 직접 수행하고 작성한 연구보고서나 교육현상에 대한 자신의 이론이나 의견을 담은 저서를 말한다. 특정 연구자가 청소년 비행에 대하여 참여관찰법을 통해 연구한 결과를 담은 학위논문, Freud의 『정신분석학 입문』, Dewey의 『민주주의와 교육』 등과 같은 저서 등이 1차 자료의 전형적인 예라고 할 것이다. 1차 자료에 수록된 이론이나 연구결과들은 2차 자료에서 재고찰되거나 활용된다. 그러나 2차 자료의 저자는 자신의 관점에 따라 1차 자료에 해석을 달리하거나 특정 정보를 생략할 수도 있다. 따라서 문헌고찰을 할 경우 비록 포괄적이고 최근에 출판된 2차 자료라 할지라도 너무 얽매이지 않는 것이 좋다. 1차 자료를 살펴보는 것은 연구에 있어 가장 중요한 작업이다. 연구자는 나름대로 1차 자료를 해석하는 능력을 가져야 한다.

3) 2차 자료

2차 자료(secondary sources)는 연구에 직접 참가하거나 관찰하지 않은 연구자가 기록한 자료를 말한다. 여기에는 교과서, 백과사전, 안내서, 잡지의 평론기사 그리고 메타분석 연구 등이 있다. 예를 들어, 교육심리학 교과서는 인간 발달이나 동기, 학습, 학습방법, 심리측정 분야 등에서 고전적인 연구결과에서부터 최근의 경험적 연구에 이르기까지 다양한 내용들을 다루고 있으며 전형적인 2차 자료에 속한다. 2차 자료의 장점은 대체로 1차 자료에 근거한 많은 연구결과와 다양한 이론을 소개하고 있기 때문에 연구자가 관심 주제에 대한 기초 개념이나 지식을 쉽고도 광범위하게 얻을 수 있다는 점이다.

Gall 등(1999)은 연구의 수행 시 2차 자료의 이점을 다음과 같은 몇 가지로 제시하고 있다.

첫째, 자신이 설정한 연구문제와 유사한 주제하에서 행해진 기존의 연구들을 2차 자료로 활용하면 연구문제에 대한 친밀도를 높여 주어 낯설지 않게 만들어 준다.

둘째, 2차 자료는 선행연구 그 자체가 연구자가 수행해야 할 연구의 절차에 대한 힌트를 제공해 주기도 한다.

셋째, 2차 자료 중 특히 저자가 해당 분야에 아주 경험 많고 노련한 전문가라면 여기에서 연구결과를 도출하고 해석 및 조직화해 내는 방법, 측정방법, 통계처리 방법 등을 참고할 수 있다.

넷째, 2차 자료가 자료로서 권위를 충분히 갖추고 있다면 이러한 자료를 인용함으로써 자신의 연구문제도 더불어 한층 무게감을 더할 수 있다.

〈표 3-3〉 2차 자료의 양호성을 평가하는 준거

2차 자료가 자료로서 갖는 유용성이나 타당성을 가늠해 보기 위한 몇 가지 준거가 있다. Gall 등(1999)은 선행연구들을 리뷰하고 있는 2차 자료의 양호성을 판단하기 위한 6가지의 준거를 들고 있다. 이들 준거는 일반적인 의미에서 한 연구자가 연구의 이론적 근거를 제시하기 위해 선행연구들을 인용할 경우에도 참고할 수 있는 준거이기도 하다.

• 저자의 학문적 신임도   2차 자료를 읽을 때는 주제와 관련하여 글쓴이가 명성과 경험이 충분한 사람인지 검토해 보아야 한다.

• 자료 탐색 절차의 합리성   개관지(reviews)의 경우 인용한 자료들이 종합적인 탐색의 결과인지 아니면 별다른 비판 없이 그냥 손에 잡히는 것들로 우연히 선택된 것인지 따져 볼 필요가 있다.

• 인용 연구의 폭과 깊이   2차자료 중에는 포괄적인 탐색과정을 거친 것도 있으며, 협소한 탐색과정을 거친 것도 있다. 인용한 자료들의 저작연도를 살펴보아야 하며, 인용한 자료가 다수의 저널이나 학위논문 등에만 치우쳐 있는 것은 아닌지 살펴보아야 한다.

• 고찰한 선행연구들에 대한 정보 제공의 양   2차자료의 저자는 흔히 많은 선행연구를 인용하기에 이들을 간략하게 진술하는 경향이 있으나 경우에 따라 충분한 정도의 세부적인 정보를 제공할 필요도 있다.

• 선행연구에 대한 적절한 판단의 정도   비록 광범위한 자료를 참고하고 있다 하더라도 이를 무차별적이거나 무비판적으로 받아들여서 인용하고 있는 것은 아닌지 검토해 보아야 한다.

• 불일치한 연구결과들에 대한 해결책 제시   선행연구들을 인용하는 경우 어떤 연구와 어떤 연구는 서로 불일치한 결과를 보여 주더라는 단순한 진술로 끝내서는 안 된다. 이러한 불일치한 결과에 대한 연구자 나름대로의 적절한 해석이 있어야 한다.

　그럼에도 연구자가 2차 자료에 전적으로 매달려서는 안 된다. 앞서 언급한 것처럼 2차 자료들은 결국 1차 자료의 중요한 측면들을 놓치고 있을 수밖에 없기 때문이다.

3. 자료의 출처

　문헌고찰을 효율적으로 하기 위해서는 연구문제와 관련된 1차, 2차 자료들을 가능한 모두 수집하여 체계적으로 종합하는 기술이 필요하다. 문헌고찰에서 가장 중요한 것은 연구문제와 관련된 자료를 얼마나 빠짐없이 수집하였는가에 달려 있다. 연구자들이 문헌고찰에서 직면하게 되는 어려움은 정보의 부족에서 기인하는 것이 아니라 관련된 문헌을 찾는 능력이 부족하거나 효율적이지 못하기 때문이다. 관련 문헌자료들을 찾기 위해서 먼저 자료의 출처를 알아야 한다.

　다음은 교육연구에 많이 활용되고 있는 각종 자료의 출처다. 문서 자료원과 인터넷 자료원으로 구분하여 살펴본다. 오늘날 대부분의 문서 자료들은 인터넷 자료로 동시에 제공되고 있기도 하다.

1) 문서 자료원

(1) 색인과 초록집
정부간행 목록(국내)　　이 목록은 국회도서관 사서국에서 발간하며 정부 각 기관과 대학의 간행물을 조사하여 연간으로 발행하고 있다.

한국 석 · 박사 학위논문 총목록(국내)　　국회도서관에서 발간하며 해방 이후의 학위논문은 모두 싣고 있다. 연구주제와 관련하여 최근호부터 거슬러 검색하는 것이 효과적인 검색 방법이다.

한국 교육목록(국내)　　중앙대학교 교육학과에서 발행하며 제1집은 1945~1959년까지의 교육분야 연속 간행물, 단행본, 보고서를 수록하고 있으며, 1972~1973년까지 수록한 5집이 있다.

외국학술잡지 목차속보(국내)　　한국학술진흥재단에서 구입하고 있는 학술잡지의 목차를 실어 정기적으로 간행하고 있다. 특히 학술진흥재단에서는 희귀 잡지를 구입하고 있어서 쉽게 구할 수 없는 잡지를 참고하고자 할 때는 반드시 검색해 보아야 할 것이다.

교육 색인집(외국) 교육 색인집(Educational Index)은 월간으로 발간되며 저자 및 주제명 색인집이다. 여기에는 300여 개가 넘는 교육 전문잡지에 수록된 논문들, 교육관련 저서, 단행본, 보고서 등을 목록화하여 제시하고 있다.

정기간행물 안내서(외국) 정기간행물 안내서(Reader's Guide to Periodical Literature)는 초록을 싣지 않고 있고 서지 정보만을 다루고 있다는 점에서 교육 색인과 유사하다. 교육 색인보다 교육학에 관해서 깊이 있게 다루고 있지는 않지만 많은 자료들을 싣고 있는 것이 장점이다.

사회과학 인용색인(외국) 연구자는 사회과학 인용색인(SSCI)을 이용해서 같은 사설이나 저널을 인용한 다른 연구자의 이름을 알 수 있다. 이를 통해 다른 연구자들이 인용한 사설들을 파악할 수 있다. 그리하여 연구자는 빠트릴 수도 있는 관련 사설이나 문헌들에 대한 정보를 얻을 수 있다.

심리학 초록집(외국) 심리학 초록집(Psychological Abstracts)은 미국심리학회에서 월간으로 발간하고 있다. 여기에는 900개의 잡지, 보고서, 논문, 그외 관련문헌들을 싣고 있다. 심리학에 관한 주제들을 다루고 있기 때문에 교육학 분야에서 찾을 수 없는 문헌들을 참고하는 데 유용하게 사용할 수 있다.

사회학 초록집(외국) 1년에 5번 발간되는 사회학 초록집(Sociological Abstracts)은 심리학 초록집과 비슷한 형태를 띤다. 여기에는 초록뿐만 아니라 서지 정보도 다루고 있으며, 사회학과 사회심리학에 관련된 주제들을 조사하는 데 유용하다.

특수아동 연구자료(외국) 특수아동 연구자료(ECER)는 특수아동 위원회에서 분기별로 출판하고 있으며, 200개 이상의 저널에서 다루고 있는 특수아동에 대한 정보를 싣고 있다. 사용방법은 CIJE와 비슷하며, 저자, 주제, 제목에 대한 색인을 담고 있다. CIJE에서 찾지 못한 특수아동에 대한 주제들을 찾아보는 데 효과적이다.

학위논문 초록(외국) 학위논문 초록(DAI)은 논문을 작성하기 위해 가장 많이 이용하는 참고문헌으로 월간으로 출판된다. DAI에는 미국과 캐나다의 대학에서 인준된 박사 학위논문의 초록을 싣고 있다. 3개의 부분으로 나뉘는데, A부분은 교육학을 포함한 인문·사회과학 논문을 싣고 있으며, B부분에는 물리학·공학·심리학 분야 논문을 다루고 있다. C부분에는 유럽의 연구소에서 승인된 박사와 박사 후 학위논문이 수록되어 있다. A부분은 32개 주요 영역으로 편성되어 있고 그중 하나는 교육에 관한 논문을 싣고 있다. 교육영역 아래에 '성인' '예술' '고등교육' '교사훈련' 과 같은 35가지의 하위 주제가 있다.

(2) 서지

대한민국 출판물 총목록   이 목록집은 월간으로 출판되며 300여 개가 넘는 교육관련 전문 잡지에 실린 논문들, 단행본, 교육학 관련 보고서 등을 목록화해 놓고 있다. 최근호부터 찾아보는 것이 요령이며, 교육학 분야만 찾아보는 것보다 인접분야도 검색해 보는 것이 바람직하다.

한국출판연감   이 목록은 대한민국출판문화협회에서 1963년부터 출간하고 있다. 제1권은 1943~1963년까지 상업도서를 수록하고 있으며 그 후 연간으로 출판하고 있다.

한국고서 종합목록   국회도서관에서 출판하고 있다. 여기에는 고대에서 조선말까지 고서들 중에서 소재가 파악된 것을 수록하고 있다. 연구문제의 배경을 조선 및 고대에서 찾고자 할 경우에는 필히 조사해 보아야 할 목록이라 할 수 있다.

(3) 교육자료 정보센터

ERIC   ERIC(Educational Resources Information Center)는 미국 정부가 지원하는 교육정보체제로서 교육과 관련된 정보를 가장 많이 제공하고 있으며, 본부, 16개의 지점, 8개의 지소, 3개의 지원센터로 구성된 정보통신망이다. ERIC는 1966년 이후부터 현재까지 발간되는 모든 교육학 관련 자료의 서지정보를 온라인, 데이터베이스 혹은 CD-ROM으로 제공하고 있다. 16개의 각 지점은 하나의 특정 주제를 맡아 관련 문서들에 대한 목록, 초록, 색인의 출판을 책임지고 있다. 우리나라의 경우, ERIC 관련 자료들은 한국교육개발원의 도서관 정보자료 센터를 이용하면 얻을 수 있다. ERIC는 두 가지 형태의 자료를 발간하는데, 하나는 CIJE이며 또 하나는 RIE이다.

CIJE   CIJE(Current Index to Journals in Education)는 1966년부터 월간으로

발행되고 있다. 여기에는 거의 800여 개 교육 관련 잡지의 연속간행물 색인을 싣고 있으며, 1,000여 개 이상의 논문을 색인 수록하고 있다. CIJE를 활용하기 위해서는 ERIC 항목사전에서 항목을 선정하고, 이 항목을 가지고 주제 색인을 찾는다. 다음으로는 주제와 관련 있는 EJ(Educational Journal) 참고문헌 번호를 찾아서 기록하면 된다.

　　RIE　　RIE(Resources in Education)는 현재 진행 중인 중간보고서, 연방연구계획에 지원을 받는 기술보고서, 지역연구소에서 수행하는 연구보고서에 관한 서지 및 초록을 제공하고 있다. 가장 최근의 교육연구와 관련된 정보를 알기 위해서는 RIE를 이용하면 효과적일 것이다. RIE를 이용하는 과정도 CIJE와 같이 항목사전에서 항목을 선정하여 문헌의 제목과 ED(Educational Document)의 문헌 번호를 가지고 검색하면 된다. 구체적인 절차는 다음 절의 컴퓨터를 이용한 자료 검색에서 살펴볼 수 있을 것이다.

2) 인터넷 자료원

(1) 국가전자도서관 (http://www.dlibrary.go.kr)

국립중앙도서관, 국회도서관, 한국교육학술정보원 등 8개 기관에서 제공하는 단행본 자료, 연속간행 자료, 학위논문 자료, 국내외학술잡지목록 등을 통합적으로 검색할 수 있게 해 준다. 저자, 키워드, 주제어 등으로 검색할 수 있으며, 검색결과 자료를 클릭하면 제공기관 사이트로 이동하며 해당기관에서 유료 혹은 무료로 즉시 자료를 받을 수 있다.

(2) 국회도서관 (http://www.nanet.go.kr)

국회도서관의 전자도서관을 이용하여 단행본, 학위논문, 학술지 등을 통합적으로 검색할 수 있다. 특히 석·박사 학위논문 검색 시 가장 손쉽게 자료를 얻을 수 있는데, 특정 자료들은 집이나 연구실에서도 손쉽게 다운로드 받을 수 있는 반면, 어떤 자료들은 국회도서관과 직접 연계된 대학도서관이나 연구기관의 PC에서만 이용 가능하다.

(3) 한국교육학술정보원 (http://www.riss4u.net)

한국교육학술정보원(KERIS)에서 제공하는 학술연구정보서비스(Research Information Service System: RISS)는 국내 1,100개 학회의 학술지논문, 100여 개 대학의 학위논문, 단행본, 학술지를 광범위하게 통합 검색할 수 있게 해 준다. 또한 해외전자정보를 통하여 해외학술지논문, 해외석박사학위논문(PQDT), 해외eBook원문, 해외우수대학박사학위논문(DDOD), 해외학술지평가정보(JCR) 등을 제공하며, 해외논문 구매대행을 하기도 한다.

(4) 한국학술정보(주) (http://www.koreanstudies.net)

인문, 사회, 자연, 어문학 분야 등 9개 분야로 나누어 국내의 1,200개 학회의 80만 편의 학술지와 연구기관 보고서, 대학간행물, 학위논문, 전문상업지, 정부간행물 등의 학술문헌 및 학습과 연구에 필요한 원문 정보를 제공한다. 다수의 대학 도서관 및 연구기관과 협약을 맺고 있어 이를 통해 접속하면 무료로 자료를 받을 수 있다.

(5) 정책연구관리시스템 (http://www.prism.go.kr)

2014년 2월부터 지방자치단체가 수행한 정책연구 결과도 국민에게 공개된다. 안전행정부는 이 같은 내용의 '행정업무의 효율적 운영에 관한 규정' 개정안이 국무회의를 통과했다. 그동안 중앙 행정기관은 정책연구 결과를 '정책연구관리시스템'(www.prism.go.kr, '프리즘')을 통해 공개하는 데 반해, 지방자치단체는 규정 적용대상에서 제외되면서 대다수 정책연구 결과를 자체 시스템에만 등록하거나 책자 형태로 보존하고 있었다. 그러나 이번 규정 개정으로

앞으로는 지방자치단체에서 정책연구를 완료하는 즉시 프리즘에 등록하게 되어 모든 국민들이 정책연구 결과를 한눈에 볼 수 있게 되었다.

(6) 한국사회과학자료원 (http://www.Kossda.or.kr)

한국사회과학자료원은 한국연구자료와 문헌의 통합 데이터베이스를 제공한다. 연구자는 이 웹사이트를 이용하여 양적·질적자료와 연구문헌을 여러 가지 편리한 방법으로 이용가능하다. 양적자료는 시계열 및 국제비교 조사자료를 포함하는 많은 조사자료와 한국의 경제성장과 사회동향을 보여 주는 통계자료를 살펴볼 수 있다. 질적자료는 텍스트, 동영상, 녹음, 이미지 등 다양한 형태의 지역공동체, 빈곤, 가족, 해외동포, 정치 및 사회운동 관련 자료를 살펴볼 수 있다. 문헌자료는 국내외에서 발간한 한국과 한국관련 사회과학 연구 논문, 보고서, 단행본 및 학위논문을 살펴볼 수 있다.

(7) 누리미디어 DBPIA (http://www.dbpia.co.kr)

인문, 사회, 어문, 경제·경영, 교육, 행정 등 11개 분야의 총 285여 개 학회, 협회 및 출판사에서 발행되는 600여 종의 디지털 간행물에 대한 원문 정보를 제공한다. 마찬가지로 다수의 대학도서관 및 연구기관과 협약을 맺고 있어 대학이나 기관의 링크를 통해 접속하면 무료로 자료를 받을 수 있다.

(8) 학지사 학술논문원문서비스 (http://www.newnonmun.com)

심리학, 교육학, 유아교육학, 사회복지학 분야 논문을 중심으로 인문사회과학 전반에 걸쳐 다량의 논문을 제공한다. 학술논문뿐만 아니라 세미나 자료 등도 포함하고 있으며, 분야별 및 논문 학회별 디렉토리로 접속하면 보다 쉽게 해당 논문을 찾을 수 있다.

(9) EBSCOhost (http://ejournals.ebsco.com)

Academic Search Premier, Psycarticles 등 8개의 데이터베이스 중 관심 있는 한 개의 DB를 선택하거나, 여러 DB를 동시에 선택하여 학문전반에 걸친 원문 혹은 초록 자료들을 통합적으로 검색할 수 있다. 큰 규모의 학술기관이나 국내 여러 대학을 통해 손쉽게 접속할 수 있어 교육연구 분야에서도 상당히 많이 활용된다.

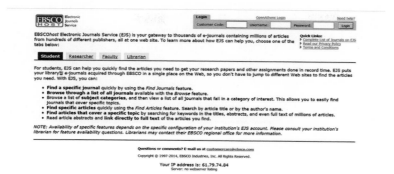

(10) Educational Resources Information Center(ERIC) (http://eric.ed.gov)

앞서 언급한 것처럼 미국 정부가 지원하는 교육정보체제로 교육분야와 관련된 가장 많은 논문 및 기사를 제공한다. ERIC에 수록된 자료 중 1993년부터 2004년 7월까지의 자료는 원문을 무료로 제공하며 그 이전 자료는 비용을 지불하고 자료를 다운받을 수 있다.

(11) University Microfilm International(UMI) (http://umi.com)

학위논문 외 다른 형태의 연구자료 또한 제공하나 특히 학위논문 탐색 시 가장 많이 이용되는 자료원이다. 미국과 캐나다의 대학에서 인준된 약 200만 편 이상의 학위논문을 구축해 놓고 있고 있다. 우리나라의 교육학술정보원에서도 DDOD(Digital Disertation on Demand)를 구축하여 1999년 이후의 북미와 유럽의 석·박사 학위논문을 제공하고 있으므로 병행하여 이용하면 보다 편리하다.

(12) AMAZON (http://www.amazon.com)

연구자는 필요에 따라 외국도서를 직접 구입할 필요도 있다. 이때는 Amazon (http://www.amazon.com), Academic Book Center(http://www.acbc.com), Bookwire(http://www.bookwire.com) 등을 이용할 수 있다. AMAZON의 경우 세계 최대의 온라인 서점으로, 2만여 개 이상의 출판사와 제휴하여 방대한 종류의 도서정보를 제공한다.

(13) 국내 각 대학의 도서관 홈페이지

서울대학교, 가톨릭대학교 등 국내의 몇 대학들은 해당 대학원 졸업생들의 학위논문에 대하여 계정 없이도 누구에게나 무료로 다운로드할 수 있도록 하고 있다. 국회도서관이나 여타 기관에서 논문을 구하기 어려운 경우 학위를 수여받은 대학교의 도서관 홈페이지를 직접 이용해 보는 것도 좋은 방법이다. 또한 대학의 도서관 계정이 있는 경우 위에서 제시한 한국학술정보(주), 누리미디어 DBPIA, EBSCOhost 등의 국내외 학술 데이터베이스 등을 무료로 이용

〈표 3-4〉　포털 사이트를 이용한 자료검색

　　학술 정보를 제공하는 전문적인 사이트 외에 Google, Naver, Daum, Yahoo 등과 같은 포털 사이트에서 제공하는 검색엔진을 이용하여 의외로 많은 자료를 얻을 수도 있다. 예를 들어, 연구자가 어떤 외국 저널을 읽다 참고문헌에서 자신의 연구에도 꼭 필요할 것 같은 연구를 발견하였다고 하자. 이 경우 연구자는 필요로 하는 저널의 저자와 제목까지도 알고 있는 셈이다. 그러나 EBSCO와 같은 학술 정보 사이트에서조차도 이 저널을 찾을 수 없었다면, Google 등과 같은 검색창에 큰따옴표(" ")를 써서 직접 논문제목을 그대로 입력해 보자. 의외로 pdf형식의 논문파일을 쉽게 구할 수도 있다. 혹은 저자의 홈페이지로 직접 방문하면 파일을 열람할 수 있도록 해 주는 경우도 있다. 국내의 포털 사이트의 경우 업체와 연계되어 유료로 운영되는 경우가 많으나, Google과 같은 외국 사이트의 경우 쉽게 구하기 어려운 심포지엄 자료나 각종 측정도구, 학위논문 등도 무료로 다운받을 수 있는 경우가 많이 있다.

할 수 있는 경우가 많다. 대부분의 도서관에서는 자체 내 학술지를 소장하고 있지 않는 경우 상호 대차를 이용하여 타 대학이나 학술기관에서 논문을 구해 주는 서비스도 제공하고 있다.

4. 문헌탐색의 절차

　　연구주제와 관련하여 문헌탐색을 하는 데 있어 시간을 절약하고 효율적으로 하기 위해서는 다음과 같은 절차를 따르는 것이 좋다. 이러한 절차는 불필요한 시간 낭비를 줄이는 한편 효율적인 자료정리를 위해서도 꼭 필요한 절차다.

1) 관심주제의 명료화

연구하고자 하는 주제와 연구문제에 대한 명확한 인식이 되어 있지 않으면 찾아야 할 자료가 너무 많거나 빈약할 수 있다. 연구자가 문헌탐색을 하고자 할 때 가장 먼저 할 일은 가능한 관심 주제를 명확하게 진술하는 것이다. 예를 들어, '효과적인 교수 학습법' 또는 '청소년 문제'와 같은 진술은 너무 광범위하여 문헌고찰을 할 때 어떻게 시작할 것인지 실마리를 잡기가 힘들다. 그래서 주제를 다소 구체적인 범위로 좁혀 나가야 할 필요가 있다. '초등학생의 수학 교과 교수방법'이나 '중도 퇴학 경험이 있는 고등학생을 위한 상담 프로그램' 등의 제목이라면 적절할 수 있다. 물론 관심 주제를 너무 지나치게 제한하는 경우 또한 곤란하다. 이는 결과적으로 고찰해 보아야 하는 많은 선행연구들을 간과하는 결과를 낳을 수 있기 때문이다.

2) 주제어 혹은 핵심어 목록 작성

관심 주제를 어느 정도 구체적으로 한정하고 나면 주제와 관련된 핵심어 (key words) 목록을 작성해야 한다. 핵심어 목록 작성은 필요한 문헌을 체계적으로 조사하고 참고문헌을 효율적으로 정리하는 데 많은 도움을 준다. 예를 들어, 연구주제가 '가족체계 유형과 대학생의 자아분화의 관계'라면 핵심어는 가족, 체계, 가족체계, 체계이론, 가족체계이론, 가족기능, 심리치료, 자아분화, 대학생의 부적응 등으로 정리할 수 있을 것이다.

3) 자료의 탐색

핵심어 목록 작성이 정리되면 1차 자료와 2차 자료를 구분하지 않고 연구문제와 관련된 서적 및 연구논문을 가능한 모두 찾아야 한다. 문헌고찰의 질은 연구문제와 관련된 자료를 얼마나 빠짐없이 수집하였는가에 달려 있다고 해도 과언이 아니다. 자료의 홍수라고 할 정도로 자료가 많기 때문에 연구자가 원하는 자료를 파악하고 정리하기에는 상당한 시간이 소모된다. 핵심어를 사용하여 도서관에서 서적이나 논문을 한 권씩 찾아 나가는 것은 효율성이 낮으로 해당 분야의 문헌이나 논문을 정리한 목록집을 탐색하거나 컴퓨터를 이용하는 것이 보다 효과적이다. 가능한 최근의 연구논문이나 연구문제와 관련된 학회에서 발간하는 학술지를 먼저 조사하는 것이 좋다. 보다 최근의 지식과 이론, 관련 분야의 연구 동향을 알 수 있어 연구자가 연구 방향에 대해 다시 한 번 살펴보는 계기가 될 수 있기 때문이다.

다음은 컴퓨터를 이용하여 자료를 탐색하는 일반적인 절차를 제시한다. 데이터베이스를 구축하고 있는 기관의 특징이나 검색 시스템에 따라 다소의 차이는 있겠으나 큰 틀에서는 차이가 없다.

(1) 핵심어 입력

작성된 핵심어 목록을 이용하여 자료검색을 위한 항목(descriptor)으로 사용한다. 앞선 예의 경우 '가족체계' '가족체계이론' '자아분화' 등의 단어가 자료검색을 위한 주제어나 항목으로 사용될 수 있다. 대부분의 자료검색 시스템은 두 항목 이상이 상호 결합된 단어를 허용하므로 '가족체계＋자아분화' 혹은 시스템에 따라 '가족체계 and 자아분화' '가족체계 or 자아분화' 등의 단어를 적절히 사용하는 것이 보다 효과적일 수 있다. 너무 광범위하고 일반적인 단어를 검색어나 주제어로 입력한다면 연구와 관련이 없는 문헌까지 포함하여 너무 많은 문헌이 제시될 것이며, 반대로 항목을 너무 좁게 잡으면 관련 문헌이 너무 적게 산출될 수 있기 때문이다.

(2) 검색 범위 결정

연구자는 검색을 원하는 자료의 수, 발행기간, 저자 등을 제한할 수도 있다. 전문 자료검색 시스템인 경우 단순히 주제어나 핵심어만을 이용하여 검색하는 일반검색 방법과 함께 상세 검색 방법을 함께 제공하고 있다. 이를 이용하여 저자나 자료의 발행연도 등을 설정할 수 있으므로 찾고자 하는 자료에 대한 보다 구체적인 정보가 있을 때 효과적인 방법이다.

(3) 데이터베이스 선택

국회전자도서관 검색 시스템이나 EBSCOhost와 같은 보다 큰 규모의 자료검색 시스템은 연구자의 편의를 위하여 학문분야나 자료의 유형에 따라 또는 하위 검색 시스템에 따라 다양한 형태로 데이터베이스를 구축해 두고 있다. 따라서 연구자는 적절한 핵심어 입력에 앞서 먼저 검색할 데이터베이스를 결정하거나 혹은 자료검색 수행 중 필요에 따라 데이터베이스를 변경할 수 있다. 학문분야별로 데이터베이스가 구축되어 있는 경우라면 연구자는 맨 처음 자신의 학문분야에만 관련된 데이터베이스만을, 그리고 점차 인접 분야나 보다 넓은 범위의 학문분야로 데이터베이스를 넓혀 나가며 자료를 검색하는 것이 바람직하다.

(4) 검색 수행

검색을 위한 제 항목이 모두 설정되면 실제 검색을 수행한다. 앞에서도 언급하였듯이 검색은 항목들과 연결자를 적절히 조합하여 수행하도록 한다. 처음에는 단일 항목으로 검색을 하고 차츰 연결자를 이용하여 복잡한 검색을 하는 것이 바람직하다. 마지막에는 모든 항목과 연결자를 다 사용하여 검색하도록 한다. 처음 검색 결과에서 관련 문헌이 적다면 보다 일반적인 항목이나 유사항목을 선택하여 사용하도록 한다. '가족체계이론' 보다는 '가족체계' 가 보다 일반적인 항목이 될 것이며, '가족체계+자아분화' 대신에 '가족체계+심리적 분리' 라는 항목을 사용해 볼 수도 있을 것이다.

(5) 자료의 저장 혹은 출력

검색한 자료는 파일로 저장하거나 직접 출력할 수도 있으며 검색 시스템에 따라 이메일로 보낼 수도 있다. 컴퓨터 모니터 상에서 파일 원문을 확인하거나 출력을 원하는 경우 원문을 보기 위한 특정 브라우저가 필요한 경우가 있는데, 대체로 자료검색을 제공하는 기관에서 필요한 프로그램을 다운로드 할 수 있도록 해 두고 있기 때문에 이를 설치하면 된다. 예를 들어, 국회전자도서관 내 논문은 [그림 3-1], [그림 3-2]처럼 Image Viewer나 Adobe Reader로 원문을 볼 수 있다.

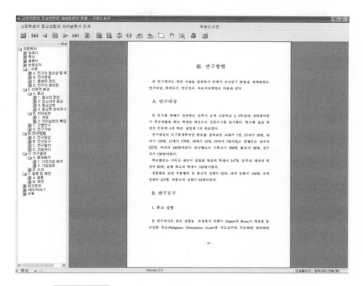

그림 3-1   Image Viewer를 이용한 원문 보기

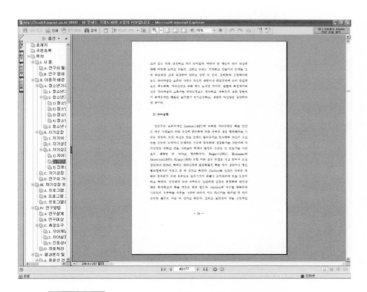

그림 3-2   Adobe Reader를 이용한 원문 보기

4) 자료 요약 카드 작성

자료를 검색한 결과 비록 연구 분야와 관련된 자료를 저장하거나 출력하였다 하더라도 모든 원문을 출력하지는 못하는 경우가 많으며, 또한 서적과 같은 단행본은 별도로 구해야 할 필요가 있다. 이때 이들 자료를 체계적으로 정리하기 위하여 필요하다면 자료 요약 카드 작성을 해 둘 필요가 있다. 자료 요약 카드에는 저자, 논문이나 책의 제목, 저널명 혹은 출판사명 그리고 자료를 구할 수 있는 장소나 인터넷 자료원 등을 기록하여 두는 것이 좋다. 이러한 자료 요약 카드 양식은 논문을 쓸 때나 참고문헌을 정리할 때도 효율적으로 이용할 수 있다.

〈표 3-5〉 **자료 요약 카드의 작성**

선행연구를 검토하고 이를 자료 요약 카드를 이용하여 정리할 때는 다음과 같이 연구의 주요 요소들을 중심으로 요약하는 것이 좋다. 조사연구냐 혹은 실험연구냐 하는 것에 따라 주요 요소에 대한 강조점이 다를 뿐 큰 차이는 없다. 저자명, 출처, 발행연도 등도 함께 기록해 두어야 한다.

예) 논문 제목 : Holland 진로유형에 따른 고등학생들의 진로의사결정 방식 분석

1. 연구목적 : 직업적 성격유형에 따른 진로의사결정의 차이와 특징을 분석하여 성격유형에 따른 다양한 진로지도 전략을 제공
2. 연구문제 : Holland 진로유형에 따라 진로의사결정의 특징은 어떤 차이를 보이는가?
3. 연구가설 : 진로유형에 따라 진로의사결정은 특징을 달리할 것이다.
4. 연구절차(방법) : 6가지 진로유형과 2가지 진로유형에 따라 일원변량분석을 실시하여 유형 간의 진로의사결정 방식의 차이를 비교한다.
5. 조사 결과 : Holland의 6가지 진로유형에 따라 진로의사결정 특징이 달리 나타난다.
6. 결론 : 고등학생들은 진로결정 상황에서 진로유형에 따라 진로의사결정 특징이 다르게 나타나며 진로유형별 특징적인 진로결정 방식이 있다고 볼 수 있다.
7. 특기사항, 장점, 단점 그리고 연구의 한계 : 결과를 산출한 대상은 지역적 한계

5) 핵심 내용의 읽기와 요약

필요한 자료를 구한 후 해야 할 것은 자료의 핵심 내용을 정독하고, 요약,

종합의 과정을 거쳐 문헌고찰을 해 나가는 것이다. 처음에는 연구문제와 보다 직접적으로 관련된 가장 최근의 자료부터 읽는 것이 좋다. 최근 자료는 그보다 앞선 선행연구들을 인용하고 있어서 이전의 연구들에 대한 경향마저 쉽게 이해할 수 있게 해 주기 때문이다. 또한 필요할 경우 최근의 자료에서 인용된 문헌들을 다시 추적하여 추가 자료를 보다 쉽게 구할 수 있다. 이때 자료의 초록 또는 요약을 먼저 읽는 것이 바람직하다.

　연구자는 관련 자료를 충분히 정독함으로써 얻은 정보들을 체계적으로 정리해 나가야 한다. 자료를 정리하는 방법으로는, 첫째, 각 자료를 기준으로 하여 논문이나 서적별로 자료 요약 카드를 만들어 주요 내용을 간단히 정리하는 방법이 있으며, 둘째, 연구자의 주제와 관련하여 보고서나 학위논문에 삽입할 내용을 기준으로 정리하는 방법이 있다. 후자의 경우 학위논문을 준비하는 과정이라면 연구의 필요성 목적에서 참고할 사항, 이론적 배경과 관련하여 독립 변인에 관한 기술 시 참고 사항, 종속변인에 관한 기술 시 참고사항, 주제와 관련하여 전반적인 연구의 동향에 관한 내용, 연구방법(설계모형, 연구대상, 표집방법, 측정도구, 자료분석방법)에 관한 사항, 논의 전개 시 인용하고 참고할 사항 등으로 구분하여 노트에 정리해 나가는 방법이다. 두터운 노트를 준비하여 적당한 간격으로 견출지를 붙여 페이지를 충분히 확보한 상태에 구성 요소별로 정리해 나가면 좋을 것이다.

6) 자료의 종합

　문헌고찰의 마지막 단계에서 연구자는 검토하고 요약한 모든 정보들을 종합해야 한다. 연구자가 문헌을 종합하고 고찰한 내용을 체계적으로 정리해 나가는 과정은 많은 시간이 소요될 뿐만 아니라 창의성과 인내가 요구되는 매우 복잡한 과정이다. 어떤 부분에서는 선행연구의 주제나 주요결과와 같은 큰 틀만이 참고가 될 뿐 세밀한 분석이 필요하지 않을 수도 있다. 반면 또 다른 부분에서는 자료의 꼼꼼하고도 섬세한 분석이 요구되는데, 자신의 연구결과를 선행연구의 결과와 관련하여 논의를 전개하는 과정에서는 더욱 그렇다. 일반적으로 어떤 부분에 초점을 맞출 것인지는 연구문제에 의해 결정된다. 자료를 종합할 때는 다음과 같은 사항에 주의해야 한다.

첫째, 선행연구들의 결과에 초점을 맞추기에 앞서 그러한 연구들이 설정했던 연구방법, 과정, 절차에 대해 먼저 충분히 고려해야 한다.

둘째, 문헌고찰의 절차를 꼭 설명하도록 한다. 그와 함께 연구자가 참고로 한 예비 자료와 1차 자료에 대해서도 언급해야 한다.

셋째, 각각의 선행연구들이 지니고 있던 상호 독립된 결과나 견해, 그리고 아이디어를 단순히 종합하는 데 그쳐서는 안 된다. 자칫 이것은 관련성이 없는 자료를 단순히 결합하는 실수를 범할 수 있다. 연구자는 발전된 이론적 틀속에서 정보, 의견, 아이디어들을 알맞게 정리하기 위해 치밀한 계획이 필요하다.

넷째, 일반적으로 학회지 논문을 위해서는 20~25편 정도의 최근 문헌을 중심으로 탐색하는 것이 바람직하며, 석사 학위논문과 같이 좀 더 자세한 문헌고찰이 필요한 경우에는 30~40편의 참고문헌이 적당하다. 박사 학위논문일 경우에는 100편 이상의 문헌을 참고로 할 것이 권장되기도 한다.

 연습문제 ⋅⋅⋅⋅⋅⋅⋅⋅⋅⋅

1. 문헌고찰의 목적을 제시하시오.

2. 국회전자도서관에 접속하여 다음의 핵심어를 이용하여 메타분석 연구를 탐색하고, 주어진 항목에 답하시오.

> 핵심어: (학업성취, 자아존중감, 학교장의 지도성, 집단상담 중 1가지)＋메타분석

  1) 연구주제명
  2) 저자가 메타분석을 수행한 주요 이유
  3) 메타분석에 특정 연구물을 포함시키거나 배제하는 기준
  4) 메타분석에 사용한 최종 연구물의 수

5) 메타분석 수행 절차

6) 연구자의 결론

3. 다음을 구분하시오.

1) 예비 자료

2) 1차 자료

3) 2차 자료

4. 다음의 절차를 수행하시오.

1) 자신이 관심을 두고 있는 주제와 관련하여 3개 이상의 핵심어를 설정하시오.

2) 3장에서 제시한 인터넷 자료원에 접속하여 핵심어를 입력하고 관련 연구를 검색하시오.

3) 각 사이트마다 검색 과정을 보여 주는 화면을 캡처하시오.

(컴퓨터 키보드의 Print Screen 키 이용)

4) HWP나 MS-Word 프로그램을 실행하여, 캡처한 내용을 차례대로 이어 붙이시오. (Ctrl＋V키 이용)

5) 파일을 프린트하여 제출하시오.

제4장

연구대상의 표집

　연구를 할 때 고려해야 할 중요한 것 중 하나가 연구대상 혹은 참여자나 피험자를 정하고 그 대상을 부분적으로 표집(sampling)해 내는 일이다. 연구의 성격에 따라 연구대상은 사건, 사람, 사물 등 어느 것이나 될 수 있다. 그러나 연구자들이 자신의 연구대상이 되는 모든 사례들을 다 조사하는 경우는 드물다. 이는 많은 경비와 시간, 인력이 요구될 뿐만 아니라 모든 사례를 다 조사한다는 것 자체가 불가능할 수도 있기 때문이다. 따라서 전체 모집단 중에서 일부분에 해당되는 표본을 선택해서 그 표본집단을 대상으로 연구를 진행해야 한다. 비록 모집단을 연구대상으로 하지 않더라도 체계적이고 과학적인 표본연구를 통해서 모집단을 대상으로 연구결과를 얻은 것과 유사한 결과를 얻을 수 있다.

　표본을 이용한 연구에서는 어떤 방법과 절차로서 표집을 하느냐 하는 것이 매우 중요하다. 만약 표집방법이 잘못되었다면 그 연구가 아무리 의의 있는 결과를 낳았다 하더라도 연구결과를 전체 대상으로 일반화하는 데 한계가 있을 수밖에 없다. 표집의 크기 문제도 매우 중요하다. 연구자의 사정과 여건만 고려해서 너무 적은 숫자의 표본만을 고집하거나 현실적, 경제적 여건의 고려 없이 무작정 큰 표집만 해서는 곤란하다.

　이 장에서는 표집의 의미와 함께 각 연구에서 사용되는 주요 표집의 종류를 알아보고, 표집 시 고려해야 할 사항 그리고 표본의 최적의 크기를 결정하는 방법에 대하여 살펴본다.

1. 표본의 의미와 표집방법

1) 표본과 표집의 의미

　교육분야를 포함하여 인문사회, 행동과학 분야의 경우 연구를 수행할 때 연구 대상의 전체 사례를 모두 다루지 못하고 그 전체 사례 중 일부분만을 다루게 되는 경우가 허다하다. 예를 들어, 어떤 교사가 새로운 교수방법을 개발하여 그 효과성을 검증하려고 할 때 전국의 모든 학습자에게 새로운 교수방법을 실험하기는 불가능하다. 따라서 몇몇의 학교 혹은 학급을 선택하여 이들 학생만을 대상으로 실험처치를 함으로써 교수방법의 효과성을 확인해 보게 된다.

　여기에서 '전국의 모든 학습자'와 같이 연구자가 관심을 갖는 목적 집단을 모집단 또는 전집(population)이라 하며, 실제 연구대상이 된 부분 집단을 표본(sample)이라 한다. 그리고 이러한 표본 추출 행위를 표집(sampling)이라 한다. 모집단에서 표본을 추출하는 데는 다양한 방법이 있다. 연구자의 궁극적인 관심은 표집을 통하여 산출한 결과를 전체 모집단에 걸쳐 일반화하는 것이기 때문에, 효과적인 연구수행을 위해서는 각각의 표집방법에 대하여 잘 알고 있어야 한다. 특히 다양한 표집방법들이 지닌 장단점에 대하여 충분히 숙지하고 있어야만 자신의 연구에 적합한 연구대상을 효과적으로 추출할 수 있다. 표집방법은 크게 확률적 표집방법과 비확률적 표집방법으로 구별된다.

　확률적 표집방법은 무작위 표집이라고도 하는데 단순히 확률적인 절차로 표본을 추출하는 방법을 말한다. 즉, 집단의 각 사례가 표본으로 추출될 기회가 동등하게 부여되는 표집방법이다. 이러한 방법은 표본이 표본으로서의 대표성을 지니도록 하며, 표집을 함으로써 발생되는 표집오차(sampling error)에 대하여 통계적인 추정이 가능하도록 해 준다는 장점이 있다. 확률적 표집방법에는 단순무선표집, 유층표집, 군집표집, 다단계 표집, 체계적 표집방법 등이 있다.

비확률적 표집방법은 집단의 각 요소가 표본으로 추출될 기회가 동등하지 않은 표집방법이다. 비록 확률적 표집방법이 바람직하긴 하나 연구의 수행 시에 현실적으로 확률표집이 불가능하거나 모집단 자체의 크기를 모르는 경우도 있다. 예를 들면, 모집단이 '서울의 초등학생'인 경우 범위와 크기는 분명하다. 그러나 '전국의 비행청소년' '권위주의적 양육방식을 가진 부모'와 같은 경우 모집단의 규모나 목록 작성은 불가능하다. 또한 확률적 원칙에 충실할수록 비용, 시간, 인력이 더 많이 필요하다는 제한점도 있다. 이러한 여러 가지 이유로 연구에서 때로는 비확률적 표집방법이 사용된다. 비확률적 표집방법에는 의도적 표집, 할당표집, 우연적 표집방법 등이 있다. 이하에서는 이들을 차례로 살펴본다.

2) 확률적 표집방법

(1) 단순무선표집

단순무선표집(simple random sampling)은 확률적 표집 가운데 가장 기본이 되는 것으로 아무런 의식적인 조작 없이 표본을 추출하는 것을 말한다. 이 방법은 확률적 표집방법에서 가장 널리 쓰이는 방법이며 다른 표집방법들의 기초가 된다. 이 방법에서 주의해야 할 점은 먼저 모집단의 모든 사례에게 동등하게 표집될 수 있는 기회가 주어져야 한다는 것이다. 즉, 모집단에서 개개 요소 모두는 동등한 독립된 기회를 가진 절차에 의해 표본의 구성원으로 선택될 수 있다. 여기서 '독립된'이라는 의미는 표본을 위한 한 요소의 선택이 다른 요소의 선택에 영향을 미치지 않음을 뜻한다. 그러나 실제로 정해진 모집단에서 각각의 요소는 표본으로 선택될 수 있는 동등한 기회를 가질 수는 없다. 예를 들어, 모집단에 1,000명의 6학년 학생들이 있고 그중 100명을 단순무선표집으로 선발한다고 가정해 보자. 이 경우 첫 번째로 추출되는 학생과 두 번째로 추출되는 학생, 그리고 마지막 100번째로 추출되는 학생은 표본으로 선택될 확률이 서로 다르다. 즉, 학생이 차례로 추출될 때마다 다음 학생은 선택될 가능성이 높아진다. 이는 모집단의 학생이 한 명씩 작아지기 때문이다. 따라서 단순무선표집을 사용하기 위해서는 한 사례를 표집하는 것이 다른 사례를 표집하는 데 확률적으로 영향을 미치지 않을 만큼 모집단의 사례가 충분히 커야 하며, 동시에 표집을 하는 동안 모집단 자체에 변동이 있어서는 안 된다.

단순무선표집은 환원표집(sampling with replacement)과 비환원표집(sampling without replacement)으로 구분할 수 있다. 환원표집은 표본으로 뽑힌 사례를 다시 모집단으로 되돌려 보낸 후 다시 표집하는 방법이고, 비환원표집은 한 번 뽑힌 표본은 다시 모집단으로 돌려보내지 않는 방법이다. 결국 환원표집이 단순무선표집이라는 기본 원칙에 적합한 경우라 할 수 있다.

단순무선표집을 얻기 위하여 다양한 기술이 사용될 수 있다. 한 가지 방법은 난수표를 이용한 방법이다. 난수표는 일반적으로 5자리 숫자로 구성되어 있는데 컴퓨터에 의해 무작위로 만들어진다. 〈표 4-1〉은 그 예로, 0에서부터 9까지의 숫자를 계속해서 뽑아내어 적고 정리한 표다.

주어진 난수표를 이용하여 한 학교 전교생 972명 모집단으로부터 100명의 학생을 임의 표본하여 얻어 내려 하는 경우를 생각해 보자.

모집단의 인원이 972명이며 3자리 숫자이기 때문에 난수표의 다섯 자리 숫자 중 뒤의 세 자리 숫자만 사용한다. 예를 들어, 1행 5열을 출발점으로 선택한 경우 제일 먼저 732번째 학생을 선택한다. 다음으로 983번째 학생은 제외하며(모집단에는 972의 경우만 있기 때문), 계속해서 970번, 554번, 152번 학생 등으로 100명의 학생이 표집될 때가지 계속 선택하게 된다. 이러한 과정이 난수표를 이용한 무선단순표집이다.

단순무선표집의 장점은 모집단에 대해 최소한의 것만 알고 있어도 된다는

〈표 4-1〉 **난수표**

행	열									
	1	2	3	4	5	6	7	8	9	10
1	32388	52390	16815	69298	82732	38480	73817	32523	41961	44437
2	05300	22164	24369	54224	35983	19687	11052	91491	60383	19746
3	66523	44133	00679	35552	35970	19124	63318	29686	03387	59846
4	44167	64486	64758	75366	76554	31601	12614	33072	60332	92325
5	47914	02584	37680	20801	72152	39339	34806	08930	85001	87820
6	63445	17361	62825	39908	05607	91284	68833	25570	38818	46920
7	89917	15665	52875	78323	73144	88662	88970	74492	51805	99378
8	92648	45454	09552	88815	16553	51125	79375	97596	16296	66092
9	20979	04508	64535	31355	86064	29472	47689	05974	52468	16834
10	81959	65642	74240	56302	00033	67107	77510	70625	28725	34191

것과 자료분석이나 오차 계산이 용이하다는 것이다. 반대로 단점으로는 연구자가 알고 있는 모집단에 대한 지식이 유용하게 활용되지 못한다는 것과 같은 표본 크기일 때 유층표집보다 큰 오차가 생길 수 있다는 점이다.

(2) 유층표집

유층표집(stratified sampling)은 모집단을 구성하고 있는 하위집단의 요소 중 일정 수를 처음부터 골고루 선택함으로써 표본과 모집단의 동질성을 확보하고, 따라서 표본의 대표성을 높이는 표집방법이다. 그 결과 모집단과 하위집단 간의 동질성을 확보함으로써 표본의 크기를 줄이는 이점이 있다. 이렇게 하기 위해서는 먼저 모집단에 대해 잘 알고 있어야 한다. 즉, 유층표집으로 선택된 표본은 하위집단을 적절하게 대변할 수 있어야 한다는 것이다. 여기에는 다시 비례유층표집(proportional stratified sampling)과 비비례유층표집(nonproportional stratified sampling)이 있다.

비례유층표집에서는 표본에서 각각의 하위집단의 비율이 모집단에서의 비율과 같도록 표집하는 방법이다. 이 방법은 전집을 중요한 특성(성별, 거주지역, 교육수준, 종교 등)에 따라 다양하게 유층화할 수 있다. 예를 들면, 연구자가 1,000명의 학생을 표집하여 부의 직업(1차, 2차, 3차 산업 종사자)에 따라 학생들의 직업의식에 차이가 있는지를 알고 싶어 한다고 하자. 이때 부의 직업은 하나의 독립된 유층으로 간주된다. 여기에서 우리나라 직업구조상 부의 직업들이 1차 산업 종사자는 15%, 2차 산업 종사자는 32%, 3차 산업 종사자는 53%로 알려져 있다고 한다면, 연구자는 부의 직업이 1차 산업인 학생을 150명, 2차 산업인 학생을 320명, 3차 산업인 학생을 530명을 무선표집하게 된다. 이러한 방법이 비례유층표집이다.

반면, 비비례유층표집은 모집단 내의 비율과 관계없이 동일한 비율로 유층별 사례를 무선표집하는 방법이다. 예를 들어, 위의 예에서 부의 직업이 1차, 2차, 3차 산업 종사자인 경우 각각에서 20%, 30%, 50%로 혹은 각기 33%로 균등하게 어림잡아 표집하는 경우가 이에 속한다. 모집단 내에서 각기 유층이 차지하는 비율을 정확하게 알 수 없거나 비율에는 특별히 관심이 없는 경우에 사용된다.

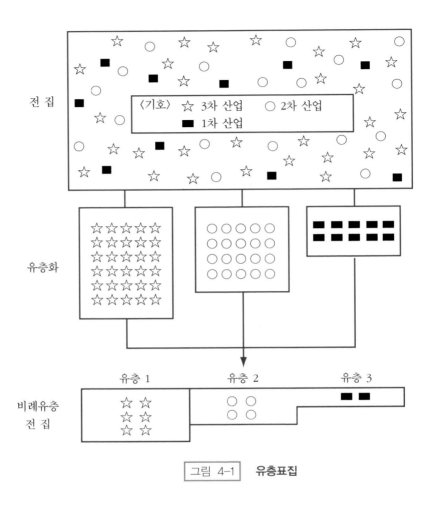

전 집

유층화

비례유층
전 집

<기호> ☆ 3차 산업   ○ 2차 산업
        ■ 1차 산업

유층 1   유층 2   유층 3

그림 4-1 **유층표집**

(3) 군집표집

군집표집(cluster sampling)은 이미 형성되어 있는 자연적 또는 행정적 집단을 표집단위로 하여 추출하는 방법이다. 예컨대, 공장, 학교, 행정구역 등이 군집의 단위가 된다. 따라서 앞의 표집방법과는 달리 표본 추출 단위가 사례가 아니라 집단이라는 점에 차이가 있다. 모집단을 군집이라는 많은 수의 집단으로 분류하여 그 군집들 가운데 표집의 대상이 될 군집을 무선적으로 추출하고 여기에서 추출된 군집에 속한 모든 사례를 표본집단으로 삼는 것이다. 따라서 군집표집방법은 어느 한정된 모집단으로부터 개인들을 추출하기보다는 집단을 추출하는 것이 보다 적절할 경우에 사용된다. 예를 들어, 제8학군에 있는 6학년 학생 6,000명 중 300명의 학생들을 표집하는 경우를 가정해 보

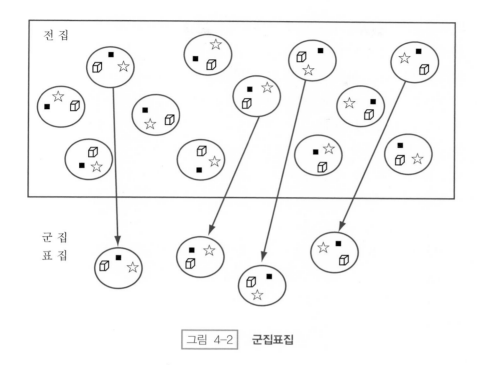

그림 4-2 **군집표집**

자. 이때 모집단을 6,000명의 학생으로 보는 것이 아니라, 200개의 학급(한 학급당 30명)으로 간주하고 이들 200개의 학급을 추출 단위로 10개 학급을 무선표집한다. 결과적으로 300명의 학생이 보다 수월하게 표집될 수 있다.

군집표집은 군집 속에서 조사대상자를 선정함으로써 조사과정이 간편하다는 점, 그리고 노력과 비용이 절감된다는 장점을 갖는다. 그러나 단순무선보다 표집오차가 크다는 점과 표집오차가 크게 난다는 단점이 있다. 이를 보완하기 위해서는 단순무선표집보다 최소한 2배 이상의 표본을 선정하는 것이 바람직하다.

(4) 다단계 표집

다단계 표집(multistage sampling)이란 먼저 전집에서 1차 표집 단위(primary sampling unit)를 추출한 다음, 여기서 다시 2차 표집 단위(secondary sampling unit)를 뽑는 등 최종 단위의 표집을 위하여 몇 단계를 거쳐서 표집하는 방법을 말한다. 표집의 단계를 몇 번 거치느냐에 따라 2단계, 3단계 등의 표집으로 불린다. 각 단계의 표집방법은 무선표집, 유층표집, 군집표집 등 여러 가지

방법을 이용할 수 있다. 다단계 표집방법은 대개 전집의 크기가 매우 큰 경우에 적용하며, 표집단계가 최소한 둘 또는 그 이상일 때 각 단계별로 무선표집의 한 형태를 사용하여 표집하는 기법이라고 할 수 있다.

예컨대, 부산시에서 고등학교 3학년 학생 500명을 뽑는다고 가정하자. 전집에서 무선적으로 뽑는다면 너무 번거롭고 복잡하기 때문에, 우선 1차로 학교라는 집단을 단위로 하여 군집표집방법을 사용하여 10개 학교를 추출하며, 그다음 학급을 표집단위로 하여 다시 5개의 학급을 다시 무선적으로 군집표집한다. 그리고 3차로 각 학급에서 10명씩 단순무선표집하면 500명($10 \times 5 \times 10$)의 학생을 표집하게 되는 것이다.

다단계 무선표집은 표집단위가 지리적으로 규정되면 시간과 경비를 줄일 수 있는 장점이 있는 반면 표본의 크기가 동일할 때 다른 표집기법들보다 표집오차가 크게 나타나기 쉽고, 표집단위의 수가 감소됨에 따라 표집오차가 증가한다는 단점이 있다.

(5) 체계적 표집

체계적 표집(systematic sampling)은 단순무선표집방법과는 원리를 달리한다. 우선 모집단의 전체 사례에 번호를 붙여 놓고 일정한 표집 간격(sampling interval)에 따라 표집하는 방법이다. 만약 선택될 표본이 매우 크고 모집단의 전체 명단을 이용할 수 있다면 체계적인 표집방법은 단순무선표집보다는 사용하기가 훨씬 쉬운 절차를 가지고 있다.

예를 들어서, 모집단이 100,000명의 구성원을 가지고 1,000명의 표본을 추출한다고 가정하여 보자. 이때 각 구성원들은 인명록에 일련번호로 기록되어 있다고 간주한다. 먼저 모집단을 표본을 구하는데 필요한 인원수로 나눈다($100,000 \div 1,000 = 100$). 그런 다음 몫의 수보다 더 작은 수 하나를 무선적으로 선택한다(여기에서는 100보다 작은 수를 선택하게 되며 가령 36번이 선택되었다 하자). 인명록에서 36번째 사례가 제일 먼저 선택되며 다음으로 100씩 더하여 100명의 사례가 선택된다. 즉, 136번, 236번, 336번, 436번 등의 사례가 차례로 선정될 것이다.

체계적 표집의 장점은 짧은 시간 내 효과적으로 표집을 해낼 수 있다는 것이다. 언급한 예처럼 인명록이 학년별 또는 지역별로 나누어져 있을 때에는 자연적으로 유층화가 이루어질 수 있다는 점 또한 장점이다. 그러나 이와는 반대로 인명록이 특정한 특성을 기준으로 일정한 간격을 두고 반복되어 있다면 편중된 사례만이 표본으로 추출될 우려가 있다.

3) 비확률적 표집방법

(1) 의도적 표집

의도적 표집(purposive sampling)은 연구자가 연구의 목적에 비추어 주관적 판단하에 사례들을 말 그대로 의도적으로 표집하는 방법이다. 이 방법은 연구자의 독자적인 판단과 적절한 전략에 따라 대표적인 사례만을 의도적으로 표집하는 것이 단순무선표집방법보다 오히려 더 대표성을 지닌 사례를 표집할 수 있다는 가정에 근거한다. 대부분 연구자의 경험이나 전문적 식견에 바탕을 두고 표집하게 된다.

예를 들어, 영재 고교생을 대상으로 연구를 수행하는 경우 ○○시에 소재하는 과학영재 고등학교 학생들이 영재 고교생을 대표할 수 있다는 생각하에 이들을 연구대상으로 선정하거나, 가출 청소년을 대상으로 연구를 수행하기 위하여 A청소년 쉼터, B청소년 쉼터에 거주하고 있는 청소년을 대상으로 삼는 경우가 이에 해당된다. 따라서 이 표집방법은 표집이 간편하고 비용을 절약할 수 있다는 장점이 있으나, 연구자의 주관적 판단이 잘못되었을 경우에 발생하는 오류를 수정할 수 없다는 것이 단점이다. 결국 의도적 표집은 연구자가 전집에 대한 충분한 사전 지식과 신뢰할 만한 판단을 내릴 수 있을 때나 확률적 표집이 불가능한 경우에 적용하는 것이 바람직하다.

(2) 할당표집

할당표집(quota sampling)은 전집의 여러 특성을 대표할 수 있는 여러 개의 하위집단을 구성하여 각 집단에 알맞은 표집 수를 할당한 후 그 범위 내에서 임의로 표집하는 방법이다. 유층표집과 유사하지만 비확률적 표집이라는 점에서 차이가 있다. 할당기준으로는 연령 · 성별 · 교육수준 · 직업 등을 들 수 있다. 예를 들면, 조사연구를 할 경우 각 조사자에게 부산시 산하 교육청에 있는 어떤 계열의 학생 중에 어느 학년의 학생을 몇 명 표집하라고 할당을 하면 각 조사자는 이러한 테두리 내에서 그 조건에 맞는 대상을 적당히 선정하며 조사하는 방법이다.

장점으로는 최종적으로 뽑는 표집의 단위를 각 조사자들에게 지리적으로 가깝게 할 수 있기 때문에 비용을 줄일 수 있고, 어느 정도의 유층화를 기대할 수 있다는 점이다. 그러나 할당을 하는 데 연구자의 편견이 작용할 가능성이 많으며, 비확률적 표집이기 때문에 대표성이 문제가 된다.

(3) 우연적 표집

우연적 표집(accidental sampling)은 말 그대로 특별한 표집계획 없이 연구자가 임의로 가장 손쉽게 구할 수 있는 대상들 중에서 표집하는 방법이다. 많은 사람들이 오고 가는 길거리나 대중이 모인 장소에서 대중매체 기자들이 아무나 선정하여 인터뷰하는 방식이 우연적 표집의 대표적인 예다. 초·중·고 학생들에 대한 접근이 용이하다는 이유로 자신이 근무하는 학교의 학생들을 연구대상으로 표집하는 경우가 종종 있는데 이러한 경우 역시 우연적 표집에 속한다.

우연적 표집방법은 표집의 대표성을 전혀 생각할 수 없는 표집방법으로서 어떤 전집(population)을 대표한다고 할 수 없으므로 그 결과를 일반화하기 어렵다. 과학적인 연구에서는 되도록 사용하지 않는 것이 바람직하다.

2. 표집 시 유의사항

표본을 대상으로 연구를 수행할 때 모집단의 특성에 대한 충분한 고려 없이 혹은 각 표집방법이 갖는 장단점을 숙지하지 않은 채 기계적으로 특정 표집방법만을 고집한다면 오히려 큰 표집오차를 초래할 수 있다. 표집오차란 모집단의 모수치와 표본에서 산출된 통계치 간의 차이로 모집단의 특성을 충분히 반영하는 대표성 있는 표집을 선택하지 못했을 때 발생한다. 결과적으로 잘못된 표집방법에 기인한 표집오차가 커지면 커질수록 연구의 결과는 의미를 상실하게 된다. 연구대상의 표집 시 여러 가지 유의점을 깊이 숙지하고 알맞은 절차에 따라 체계적으로 표집을 해 나가는 것이 중요하다. 표집 시 일반적으로 유의해야 할 사항을 제시하면 다음과 같다.

1) 모집단의 크기

표본집단을 구하기 전에 먼저 모집단의 크기를 고려해야 한다. 모집단의 크기가 아주 작을 경우에는 전집조사를 통해 연구결과를 산출하는 것이 타당하다. 이 경우 표집을 시도한다면 모집단의 특성이 표집에 모두 반영되지 않을 수 있다. 즉, 이 경우의 표집은 그 모집단의 대표성을 제대로 유지할 수가 없다는 의미다. 대체로 표본 연구를 하는 경우에는 모집단이 충분히 커야 한다.

2) 모집단의 동질성의 정도

연구에서 관심을 갖는 모집단이 어느 정도 동질성(homogeneity)을 유지하고 있는지를 살펴보아야 한다. 동질성이란 구성요소들의 특성이 어느 정도 비슷한가를 의미한다. 만약 모집단이 관심 갖는 변인의 속성에서뿐만 아니라, 관심 변인과 관련되는 것으로 보이는 제2, 제3의 변인에서 아주 이질적이라면 자칫 표본을 통해서 얻게 되는 결과는 전집치와 아주 동떨어진 결과일 수 있다. 모집단이 동질성을 충분히 유지하고 있지 못할 경우 상대적으로 보다 많은 수의 사례를 표집하는 것이 바람직하며 모집단의 동질성이 충분히 보장되는 경우라면 상대적으로 소표집만으로도 충분히 모집단의 특성을 나타낼 수 있다.

3) 표집방법의 특성에 대한 이해

연구자는 여러 가지 표집방법의 특성에 대하여 충분히 이해하고 표집에 들어가야 한다. 왜냐하면 어떠한 표집방법을 사용하느냐에 따라서 표본의 크기가 달라지기 때문이다. 앞서 살펴본 것처럼 갖가지 표집방법들은 제각기 표집절차와 장단점을 달리한다. 경우에 따라 확률적 표집방법인 단순무선표집보다 비확률적 표집방법인 의도적 표집이 연구에 보다 타당할 수도 있다. 그 외에도 장기적인 실험처치 절차가 필요한 실험연구의 경우 실험 참여자는 무선표집이 아닌 지원자를 대상으로 이루어질 수도 있다.

4) 현실적 문제 고려

표집 시 고려해야 할 사항 중의 하나는 연구자가 동원할 수 있는 인력과 비용, 시간 등의 현실적 문제다. 이러한 현실적 문제를 도외시하고 무작정 표집을 크게 할 경우 소요되는 비용와 인력, 시간으로 말미암아 체계적인 연구결과를 얻기 어렵다. 따라서 이러한 현실적 문제들은 연구에 들어가기에 앞서 사전 점검과 준비가 철저하게 이루어져야 한다.

5) 표집방법의 일관성

모집단에서의 표집방법은 그 연구가 진행되는 경우에는 동일해야 한다. 이 말은 대학생과 관련된 조사연구를 하는 경우, 부산에서는 무선표집방법을 사용하고, 서울에서는 군집표집방법을 사용하고, 제주도에서는 다단계 표집방법을 사용하는 식으로 해서는 안 된다는 것이다.

6) 표본의 대표성

연구자가 추출하고자 하는 표본집단이 고의적으로 모집단의 대표가 될 수 있도록 해서는 안 된다. 예를 들어, 초등학교 학생들의 학원수강 실태를 조사할 경우 연구자가 있는 학교가 생활수준이 높고 거리상으로 가깝다고 해서 자신이 몸담고 있는 학교의 학생들을 표본으로 사용한다면, 실제적으로 생활수준이 낮은 지역 학생들의 학원수강 실태는 누락되는 결과를 초래하여 연구결과의 오차를 발생시키게 된다.

7) 자료분석 시 사용할 분석 유목의 수

대체로 연구에 있어서 분석 유목의 수는 학년별, 성별, 지역별, 교육정도별 등으로 나뉘는데, 이 경우 분석 유목의 수가 많으면 많을수록 표본의 숫자도

〈표 4-2〉　연구에서 지원자 표본을 사용하는 경우

　　연구에 따라서는 연구대상의 선정이 지원자를 모집하여 이루어지는 경우가 있다. 예컨대, 실험연구에서 처치 기간이 상당히 길거나, 실험과정 중 참여자가 심리적으로 부담이 되는 여러 가지 과제를 수행해야 하는 절차가 포함되어 있는 경우를 생각해 보자. 이때 연구자가 관심 대상을 무선표집하여 실험집단과 통제집단으로 배정하는 경우 심각한 문제를 초래할 수 있다. 실험처치의 장기간화, 심리적 부담으로 말미암아 종종 실험집단에 배정된 참여자의 이탈이 일어날 수 있으며 이는 나중에 실험처치의 결과 자체에 의구심을 갖게 할 수 있다. 이러한 현상은 실험처치의 효과를 과도하게 부풀릴 수 있기 때문이다. 이탈하는 피험자들은 대체로 실험처치의 효과가 낮거나 심지어 부정적 효과마저 경험한 참여자들일 수 있다. 결과적으로 긍정적 효과를 경험한 참여자는 남고 부정적 효과를 경험한 참여자는 고스란히 제거되는 셈이다.
　　이러한 경우 연구자는 무선표집 대신 실험의 취지와 목적, 내용을 상세히 알림으로써 지원자를 모집하여 연구를 수행하는 것이 바람직하다. 다만 연구자는 지원자들은 비지원자들에 비해 동기수준에서 차이가 있으며 모집단에 대한 대표성이 거의 없음을 알아야 한다. 나아가 연구결과를 제시할 때 지원자를 대상으로 연구가 수행됨으로써 실험처치 효과에 어떤 영향을 미쳤을 수 있는지를 면밀하게 밝혀야 한다. 연구대상의 표집과정을 제시할 때 지원자를 모집한 이유와 함께 이들 지원자들의 특성 등에 대해서도 상세하게 기술해야 한다.

그만큼 늘어나야 한다. 만약 분석 유목의 숫자는 많은데 표집의 사례가 그만큼 충분하지 않으면 유의미한 결과를 얻기 힘들 뿐더러 때로는 통계적 분석이 불가능한 경우도 발생하게 된다.

3. 표본의 크기

　　이상에서 표집의 의미와 표집방법 그리고 표집 시 일반적인 유의사항을 차례로 살펴보았다. 그렇다면 연구에서 사용할 표본의 크기는 어떠해야 할 것인가. 사실상 표본의 크기를 어느 정도로 하는가 하는 문제는 연구결과의 신뢰성과도 직접적인 관계가 있다. 그렇다고 해서 무한대로 큰 표본을 추출할 수도 없다. 이는 곧 연구자의 경비, 시간, 인력 등과 관계되기 때문이다. 표집의 크기를 어느 정도로 하는 것이 좋은가에 대한 절대적인 기준은 없다. Gall 등(1999)은 대략 다음과 같은 기준을 제시하고 있다. 상관연구에서는 전통적으로 최소한 30명 이상의 피험자수를 사용해야 하며, 비교-실험연구의 경우 비교되는 각 집단마다 최소한 15명 이상의 피험자가 있어야 하고, 조사연구에서는 피험자수가 각 하위그룹별로 20~50명씩 최소한 100명 이상은 되어야 한다고 본다.

그러나 이 또한 어디까지나 대략적인 기준에 불과하며, 연구에서 실제로 표집의 크기를 결정할 때는 연구문제의 성격, 전집의 크기, 표집 당시의 여건 등에 알맞도록 해야 한다. 일반적으로 연구에 소요되는 경비, 시간, 노력 등 현실적 요인과 연구 변인의 신뢰도, 자료분석방법, 전집의 변산의 정도, 수용오차의 범위 등 통계적 요인을 종합적으로 고려하여 필요한 표집의 크기를 결정하게 된다. 최소의 표집으로 최대의 연구 효과를 얻도록 하는 것이 가장 경제적이며 능률적일 것이다.

표본의 크기를 결정하는 통계적인 방법 중의 하나는 표집의 크기, 신뢰한계, 수용오차의 관계를 고려하여 사례 수를 정하는 것이다. 즉, 이들 사이에는 함수관계가 있으므로 이 중의 어느 둘이 정해지면 나머지는 자연히 결정된다. 이를 위하여 먼저 표집분포와 표준오차의 개념을 살펴보고 이를 이용하여 표본의 크기를 결정하는 방법을 살펴본다.

1) 표집분포와 표준오차

표집분포(sampling distribution)란 어떤 모집단에서 일정한 크기의 사례 수로 추출한 각각의 표집에서 나온 통계치들(평균, 표준편차, 변량 등)의 분포를 말한다. 여기에서 표집 횟수가 아주 클 경우 이들 각 통계치들이 이루는 분포는 정상분포가 될 것이며 이들 통계치들의 평균은 전집의 모수치와 같아질 것으로 기대된다. 예를 들어, 어떤 모집단의 평균을 알려고 하는 경우에 일정한 크기의 표본(Sample$_1$, Sample$_2$, Sample$_3$, Sample$_4$, …… Sample$_k$)을 무한으로 추출하여 각각의 평균($\overline{X}_1$, $\overline{X}_2$, $\overline{X}_3$, $\overline{X}_4$, …… $\overline{X}_k$)을 구하고 이들 표본평균들의 평균($\overline{X}_0$)을 구하면 이는 곧 모집단의 평균으로 산출될 수 있다. 여기에서 각각의 표본에서 산출된 단일 통계치와 모집단의 모수치 간에는 차이가 있을 수밖에 없는데 이를 표집오차(sampling error)라 한다. 예를 들어, 평균이 μ인 모집단에서 일정 사례수로 K횟수만큼 표집하여 $\overline{X}_1$, $\overline{X}_2$, $\overline{X}_3$ … $\overline{X}_k$의 평균을 얻었다면 다음과 같이 나타낼 수 있다.

$$\overline{X}_1 - \mu = e_1$$
$$\overline{X}_2 - \mu = e_2$$
$$\overline{X}_3 - \mu = e_3$$
$$\vdots \qquad \vdots$$
$$\overline{X}_k - \mu = e_k$$

위 식에서 e는 평균의 표집오차가 된다. 즉, 표집의 과정에서 발생한 오차이기 때문이다. 여기에서 또 하나 알 수 있는 것은 표본들의 평균에 대한 표준편차는 곧 표집오차들의 표준편차와 같다는 것이다. 이는 표준편차에서 일정한 값을 더하거나 빼더라도 그 값은 변화하지 않기 때문이다. 따라서 평균들의 표준편차는 표집오차들의 표준편차와 같기 때문에 평균의 표집분포의 표준편차를 평균의 표준오차(standard error of mean: SEM)라 부른다.

추리통계에서 중요한 역할을 하는 표준오차(standard error)는 통계치의 표집분포에서 그 값들의 표준편차를 계산하여 얻게 되며, 이는 결국 표집에서 얻은 어떤 통계치를 얼마나 신뢰할 수 있는가 하는 정도를 뜻한다. 한편 평균의 표준오차는 사례 수의 크기에 따라 결정되며, 다음의 공식에서 알 수 있듯이 사례 수가 증가할수록 값이 감소하게 된다. 모집단의 표준편차(σ)를 아는 경우, 평균의 표준오차는 모집단의 표준편차를 표집 크기의 제곱근으로 나눈 것과 같다. 이를 계산공식으로 나타내면 다음과 같다.

$$\sigma_{\overline{X}} = \frac{\sigma}{\sqrt{N}}$$

그러나 실제로 모집단의 표준편차를 아는 경우는 거의 없기 때문에 표본의 표준편차(s)로서 모집단의 표준편차를 추정하게 된다. 따라서 모집단의 표준편차를 알 수 없는 경우, 평균의 표준오차는 표본의 표준편차를 표본의 사례 수에서 1을 뺀 값의 제곱근으로 나눈 것과 같다. 이를 계산공식으로 나타내면 다음과 같다.

$$S_{\bar{x}} = \frac{S}{\sqrt{n-1}}$$

2) 표본의 크기

위에서 표본의 크기는 표집의 크기, 신뢰한계, 수용 가능한 표준오차의 크기라는 관계 함수로 정해질 수 있음을 언급하였다. 이제 신뢰한계와 표본오차를 이용하여 적절한 표집의 크기를 산출하는 방법을 알아보자. 그 절차는 다음과 같다.

첫째, 최대한으로 허용할 수 있는 오차의 양을 어느 정도로 할 것인지를 결정한다. 이것은 곧 최대한으로 허용할 수 있는 표본평균과 모집단평균의 차이를 의미하며 E로 표시한다.

둘째, 신뢰한계(confidence limits)를 결정한다. 여기서 신뢰한계란 통계치를 가지고 전집치를 추정할 때, 그 추정이 어느 정도 맞을 것인가를 나타내는 확률의 범위를 의미한다. 본 예에서는 95%로 정하도록 하자.

셋째, 신뢰수준에 따른 Z값을 정한다. 95%의 신뢰수준에서의 Z값은 1.96이 된다. 이것은 경우에 따라 90% 혹은 98% 등으로 정할 수도 있다.

넷째, 모집단의 표준오차($\sigma_{\bar{x}}$)를 추정한다. 이 표준오차는 실제조사를 하기 이전이므로 사전조사(pilot test)를 통하여 추정하든지 직관에 의하여 추정하든지 한다. 이때 흔히 쓰이는 방법으로는 표본의 최대값과 최소값의 차이를 6으로 나누어 추정하는 방법이 있다. 이는 $\pm 3\sigma$의 구간에 전 표본의 99.7%가 들어간다는 가정에서 추론된 것이다.

다섯째, 계산식을 이용하여 표본의 크기를 결정한다.

최대허용오차 E는 Z값과 표준오차($\sigma_{\bar{x}}$)의 곱으로 표시되며 이는 다음과 같은 공식으로 나타낸다.

$$E = Z \cdot \sigma_{\bar{x}} = Z \cdot \frac{\sigma}{\sqrt{n}} \quad (\because \ \sigma_{\bar{x}} = \frac{\sigma}{\sqrt{n}})$$

그러므로 표집의 크기 $n = \left(\frac{Z}{E} \cdot \sigma\right)^2$이 된다.

예를 들어, 이러한 공식을 이용하여 부산에 거주하는 초등학교 교사들의 평균 나이를 알려고 할 때 필요한 표본의 크기를 얼마로 해야 할 것인지 생각해 보자. 임의로 교사 30명을 예비 표본으로 삼아 조사를 해 보니 가장 나이 많은 사람이 61세이고 가장 나이가 적은 사람이 25세이었다. 여기에서 최대값과 최소값의 차이는 36이며 이를 6으로 나누어 보면 6이 된다. 또한 허용 가능한 표본평균과 모집단평균 차이(E)를 1.0이라고 하고, 신뢰수준을 95%(Z=1.96)로 간주한다.

$$n = \left(\frac{Z}{E} \cdot \sigma \right)^2 = \left(\frac{1.96}{1} \cdot 6 \right)^2 = 136.8$$

그러므로 필요한 표본의 숫자는 약 137명이 된다.

아주 사례 수가 많은 전집으로부터 단순무선표집을 할 경우에는 다음의 〈표 4-3〉을 참고하여 적당한 표집크기를 간단하게 결정할 수 있다. 이 표는 전집이 대단히 큰 것을 전제로 하여 수용오차와 신뢰한계를 여러 수준으로 분류하고 각각의 조건에 알맞은 표집의 크기를 계산해 놓은 것이다.

이 표에서 신뢰한계란 앞에서 언급했듯이 통계치를 가지고 전집치를 추정할 때, 그 어떤 추정이 어느 정도 맞을 것인가를 나타내는 확률의 범위를 나타낸다. 신뢰한계는 다양하게 제시될 수 있지만 주로 95%, 99%의 두 가지 수준을 많이 사용하고 있다. 따라서 위의 표에 따라 표본의 크기를 결정한다고 할 때 오차의 범위를 5%로 잡을 경우에는 표본의 크기는 384명이 되며 이때

〈표 4-3〉 **수용오차와 신뢰한계에 따른 표집의 크기**

오차의 범위(tolerated error)	신뢰한계(confidence limits)	
	95% 수준	99% 수준
±1 %	9,604명	16,587명
±2 %	2,401명	4,147명
±3 %	1,607명	1,843명
±4 %	600명	1,037명
±5 %	384명	663명
±6 %	267명	461명
±7 %	196명	339명

신뢰한계는 95%가 된다. 마찬가지로 663명의 사례를 표집한다면 신뢰한계는 99%다.

수용오차의 범위는 일정하게 정해 놓을 수는 없다. 모수치의 추정값이 아주 클 경우에는 수용오차가 어느 정도 커도 상관없지만 추정할 모수치가 작을 경우에는 이에 따라 수용오차의 범위도 적어야 하기 때문이다. 예를 들어, 전국 고등학교 학생들의 평균 체중을 조사할 경우에는 수용오차를 약 2~3kg 정도 해도 타당하겠지만, 한 학교의 초등학교 학생들의 평균 체중을 조사하는 데 수용오차를 2~3kg으로 한다면 모수치와 크게 차이가 날 수 있기 때문이다.

 연습문제 · · · · · · · · · ·

1. 연구에서 모집단이 아닌 표본집단을 사용하는 의의를 서술하시오.

2. 다음의 표집방법을 간략히 설명하시오.
   1) 단순무선표집   2) 유층표집
   3) 군집표집   4) 체계적 표집
   5) 의도적 표집   6) 우연적 표집

3. 다음의 가상 주제를 이용하여 연구를 수행한다고 하였을 때, 가능할 수 있는 표집계획을 구체적으로 설정하여 보시오.
   1) 영재 고교생과 일반고교생 간의 자아존중감의 비교
   2) 학교장의 지도성이 교사의 직무성과에 미치는 영향
   3) 단기집중 명상 프로그램이 초등학생의 집중력 향상에 미치는 효과

4. 연구에서 지원자 표본을 사용해야 할 것으로 보이는 예시 주제를 2가지 제시해 보고 그 이유를 설명하시오.

5. 다음 용어를 설명하시오.

　1) 표집분포

　2) 표준오차

　3) 신뢰한계

자료수집방법

　선정된 표본집단을 대상으로 효과적인 자료수집방법을 채택하여 신뢰성 있고 타당한 자료를 수집해 내는 일은 의미 있는 연구결과를 산출하기 위한 필수요소다. 연구자가 관심 변인을 엄밀하고 체계적으로 정의하였다 하더라도 이를 뒷받침할 만한 측정도구나 혹은 자료수집방법이 올바르지 못했다면 부정확하거나 혹은 의도하지 않은 결과를 얻을 수 있다.

　교육분야에서 자료의 수집방법으로 가장 널리 사용되는 방법에는 검사법, 면접법, 관찰법 등이 있다. 조사연구에서 많이 사용되는 질문지 기법은 넓은 의미에서 검사법의 한 형태로 볼 수 있을 것이다. 양적연구나 질적연구에서 이들 3가지 방법은 독립적으로 혹은 상호보완적으로 채택되어 연구를 위한 효과적인 자료수집방법으로 이용된다. 각각의 방법은 나름대로 장점과 단점을 지니고 있기 때문에 연구자는 현재 자신이 수행하고자 하는 연구의 목적과 내용을 치밀히 검토하여 이에 적합한 자료수집방법을 선택하여야 한다. 검사법은 교육연구에서 자료수집의 방법으로 가장 널리 사용된다. 연구자는 양호한 검사가 되기 위해서 검사가 지녀야 할 조건, 검사의 유형 등에 익숙해야 할 것이며, 필요에 따라서는 자작검사를 구성하고 개발하는 절차도 충분히 알고 있어야 한다. 또한 종종 질적연구에서 널리 사용되고 있는 여러 가지 면접방법들과 관찰방법에 대해서도 그 절차와 유의점 및 장단점 등을 이해하여야 할 것이다. 이 장에서는 이들 3가지 방법에 대해서 차례로 살펴본다.

1. 검사법

오늘날 교육 및 심리측정에 있어서 검사의 활용도는 점점 더 높아지고 있다. 검사란 신체적인 특성이나 심리적인 특성의 양과 질을 측정할 목적으로 제시되는 특정한 과제나 문제 혹은 보다 넓은 의미로서는 이러한 과제나 문제를 통하여 피험자가 나타내는 반응과 행동을 표집하는 절차까지를 포함하여 일컫는 말이다. 물리적인 현상이 아닌 인간의 행동 및 심리적 속성을 연구하는 교육이나 심리분야의 연구에서 연구에 필요한 자료를 수집하기 위해 어떤 검사를 사용할 것인가 하는 문제는 매우 중요한 부분을 차지한다.

먼저 좋은 검사도구가 갖추어야 할 여러 조건들 타당도, 신뢰도, 객관도, 실용도를 살펴본 후, 다양한 분류준거에 의한 검사의 종류 및 검사제작 단계에 관하여 구체적으로 알아본다.

1) 검사가 갖추어야 할 조건

일반적으로 교육연구에서 사용될 수 있는 검사가 갖추어야 하는 조건으로는 타당도 · 신뢰도 · 객관도 · 실용도 등을 들 수 있다. 다시 말해, 검사가 측정하고자 하는 속성을 타당하게 재고 있는지, 측정 오차가 적게 신뢰할 만하게 측정하고 있는지, 검사의 채점에도 일관성이 있어서 객관적인 정보를 제공해 주는지, 사용하기에 실용적인지 등을 신중하게 검토해 보아야 한다. 대체로 대규모 집단을 사용하는 표준화된 검사의 경우 이러한 조건들을 비교적 잘 충족하고 있기 때문에 그다지 신경을 쓰지 않아도 되지만, 특정한 연구의 목적으로 제작된 측정도구이거나 연구자가 자신의 연구목적에 맞는 검사를 직접 제작하여 사용할 경우에는 이와 같은 조건들을 보다 면밀히 검토해 보아야 한다.

(1) 타당도

타당도(validity)란 검사가 측정하고자 하는 속성 또는 현상을 얼마나 충실하게 측정하고 있는지를 나타내는 것으로, 미국 심리학회의 교육 및 심리검사의 기준(Standards for Educational and Psychological Testing, 1999)에서는 '검사점수에 근거한 특정한 추론의 적절성 · 유의미성 · 유용성'으로 정의하고 있다. 따라서 타당도가 낮다는 것은 검사의 목적과 다른 속성을 재고 있으며, 그 검사점수로부터 추론한 것이 적절하지 않다는 것을 의미하므로, 타당도는 검사가 갖추어야 할 가장 중요한 조건이라 할 수 있다. 물체의 길이나 무게와 같은 물리적인 현상과는 달리 인간의 심리적 특성은 객관적인 도구에 의해 정확하게 측정할 수 없으며 간접적인 방법으로 측정할 수밖에 없기 때문에 항상 측정의 타당도가 문제시된다.

Gronlund와 Linn(1990)은 타당도를 이해하기 위해 주의할 점을 다음과 같이 제시하고 있다. 첫째, 타당도는 검사에 의해 얻어진 검사결과의 해석에 대한 적합성이지 검사 자체와 관련된 것은 아니다. 둘째, 타당도는 정도의 문제이기 때문에 타당도가 있다/없다로 말하는 것이 아니라 높다/적절하다/낮다 등으로 표현해야 한다. 셋째, 타당도는 특별한 목적이나 해석에 제한된다. 한 검사가 모든 목적에 부합될 수 없으므로 '이 검사는 무엇을 측정하는 데 타당하다.'라고 제한적으로 표현해야 한다. 넷째, 타당도는 단일개념이다. 그러나 검사점수로부터의 추론이 타당한지에 대한 증거를 수집하는 방법은 상이하다.

미국 심리학회의 교육 및 심리검사의 기준에 따르면 타당도는 크게 내용타당도, 준거관련타당도(예언타당도, 공인타당도), 구인타당도로 분류된다.

내용타당도   내용타당도(content validity)는 검사가 측정하고자 하는 내용을 잘 대표할 수 있는 문항표집으로 되어 있는지를 전문가의 체계적이고 논리적 사고에 입각하여 판단하는 주관적인 타당도로서, '검사에 포함되어 있는 내용의 대표성 또는 표집 적절성'이라 정의할 수 있다. 측정하고자 하는 모든 영역을 망라하는 문항을 제작하기란 실제로 거의 불가능하기 때문에 체계적인 분석을 통해 각 내용 영역을 적절한 비율로 검사에 포함시켜야 한다. 예를 들면, 학업성취도 검사의 내용타당도는 학교에서 배운 교육 내용에 근거하여 검사제작 전에 작성된 이원분류표에 의해 검사문항들이 제작되었는지를 확인함

으로써 검증할 수 있다.[2]

내용타당도와 유사하게 보이지만 혼동해서는 안 되는 것으로 안면타당도 (face validity)가 있는데, 이것은 검사문항을 전문가가 아닌 일반 사람들이 대략적이고 주관적으로 훑어보고 그 검사의 타당도를 평가하는 것이다. 따라서 안면타당도는 문항에 대한 체계적이고 논리적인 판단을 하는 내용타당도와는 다르다.

준거관련타당도   준거관련타당도(criterion-related validity)는 검사와 준거와의 관련성을 분석하는 것으로, 한 검사의 점수와 어떤 외적 준거와의 상관계수로 나타나는데, 이때 준거란 검사를 평가하기 위한 기준을 의미한다. 이를 '경험적 타당도(empirical validity)' 라고 부르기도 하고, 목표 및 내용을 준거로 하기 때문에 '목표지향적 타당도' 라고 부르기도 한다. 준거관련타당도는 준거가 가지는 특성, 즉 예측성과 일치성에 따라 다시 예언타당도와 공인타당도로 구분할 수 있다.

예언타당도(predictive validity)란 현재의 어떤 검사가 피험자의 미래의 행동을 정확하게 예언하는 정도를 의미하는 것으로, 이때의 준거는 미래의 행동특성(학업성취, 근무성적, 사회적 적응이나 성공 등)이 된다. 예를 들면, 대학수학능력시험이 대학 입학 후 학생들의 학업성적(준거)을 예언하는 타당도가 있다면, 대학수학능력시험에서 높은 점수를 받은 학생은 대학에서 학업을 성공적으로 수행할 것으로 추론할 수 있다. 혹은 입사 당시 실시한 신입사원의 적성검사와 입사 후 직무 수행 능력과의 상관계수를 내어 예언타당도를 살펴볼 수도 있다. 이처럼 예언 타당도의 추정 방법은 검사점수와 준거 간의 상관계수를 사용하며, 상관관계가 클수록 예언의 정확성이 커지는 반면 예언의 오차는 적어지게 된다. 그러나 예언타당도를 산출해 내기 위해서는 준거가 되는 미래의

---

2) 내용타당도는 주로 전문가의 주관적인 판단에 의존하기 때문에 엄격히 말해 내용타당도를 분석하는 통계치는 없다고 주장하는 사람들도 있지만, Lawshe(1975)는 문항의 내용타당도를 평가할 수 있는 방법으로 내용타당도 비율(content validity ratio)이라는 공식을 다음과 같이 제시하였다.

$$\text{내용타당도 비율} = \frac{N_e - N/2}{N/2}$$

N_e : 특정 문항이 내용영역을 잘 측정한다고 평가한 사람의 수
N : 전체 평가자의 수

행동특성을 측정할 수 있을 때까지 기다려야 하므로 비교적 오랜 시간이 걸린다는 단점이 있다.

공인타당도(concurrent validity)는 검사와 준거가 동시에 측정되면서 검증되는 타당도로서, 검사점수와 그 검사 이외의 현재 다른 어떤 준거점수 간의 상관관계로 판단된다. 예를 들면, 대학수학능력검사와 고등학교의 학업성적 간의 상관을 산출하는 경우를 들 수 있다. 공인타당도는 시간의 차원에서 타당성의 준거가 현재에 있으며, 준거의 성질면에서 검사와 준거 간의 일치성 혹은 공통성을 다룬다는 점에서 앞의 예언타당도와 차이가 있다. 공인타당도는 타당도계수를 얻는 데 오랜 시간이 걸리지 않는 것이 장점이어서, 예언타당도의 대용으로 사용되기도 하나, 이렇게 산출된 공인타당도계수가 모집단을 잘 대표한다고 보기 어렵기 때문에 적용할 때에는 세심한 주의가 필요하다.

구인타당도　최근에 개발되어 현대 측정이론과 실제에 커다란 영향을 끼친 구인타당도(construct validity)는 심리측정의 개념과 실제를 이론적 개념(구인)에 연관시켰다는 점에서 의미 있는 하나의 진보라고 할 수 있다.

구인타당도는 검사가 측정하고자 하는 어떤 특성의 개념이나 이론적 구인과 관련되는 것으로, Cronbach(1970)는 '검사의 결과로 산출된 점수의 의미를 심리학적 개념으로 분석하는 것'이라고 정의하였다. 이때 구인이란 자아개념·내향성·성취동기와 같이 관찰된 유기체의 행동을 조직하고 설명하기 위해 이론적으로 설정한 개념이다. 예를 들면, 창의력이라는 구인을 측정하기 위한 창의력 검사가 민감성·이해성·도전성·개방성·자발성·자신감 등의 하위요인으로 구성되어 있다면, 이 창의력 검사가 여러 하위요인들을 가진 창의력이라는 추상적 구성개념들을 제대로 측정하고 있는지를 밝히는 것이 곧 구인타당도를 검증하는 것이라고 할 수 있다.

Cronbach(1970)는 구인타당도를 검증하기 위한 일반적 절차를 다음과 같이 제시하고 있다. 첫째, 검사점수나 검사결과의 원인이 되는 구인이 무엇인지 확인한다. 둘째, 논리적인 사고과정을 통해 이 구인과 관련된 이론적 배경과 이론에서 연역적으로 도출될 수 있는 가설을 설정한다. 셋째, 가설을 검증하기 위해 귀납적이고 경험적 자료를 수집하여 연구를 실행한다. 이처럼 구인타당도는 이론을 종합·정리하고 새로운 가설을 설정하는 과학적이고 경험적인 연구과정이라고 할 수 있다.

〈표 5-1〉 **구인타당도를 확인하는 방법**

교육 및 심리분야에서 사용하는 수많은 개념들, 즉 지능, 적성, 자아존중감, 효능감, 애착, 지도성, 사회성, 불안, 공감능력 등은 이론적으로 구축된 구성개념(構成槪念)이다. 따라서 한 검사가 자아개념을 측정한다 혹은 사회성이나 불안을 측정한다 하였을 때 이 검사가 정말로 자아개념, 사회성, 불안을 측정하고 있는지를 판단하는 것은 지극히 어려운 일이다. 한 검사가 구인타당도를 갖고 있느냐를 판단하는 단일의 기법은 없으며 여러 가지 절차를 통하여 경험적 증거를 들어 보이는 방법밖에 없다. 널리 알려져 있는 수렴-변별타당도(Campbell과 Fiske, 1959) 방법 외에도 검사가 구인타당도를 지니고 있는지를 살펴보는 몇 가지 방법들이 제안되어 왔다. 다음은 구인타당도를 확인하기 위한 여러 방법들이다.

• 처치효과 분석방법

아동의 자아존중감 수준을 진단하는 목적의 A검사가 있다고 하자. 어떤 집단상담 프로그램이 아동의 자아존중감을 향상시키는 데 효과적이라고 알려져 있다고 한다면, 프로그램 처치 전후 검사를 실시하여 두 점수를 비교하였을 때 사후 검사점수가 사전 검사점수에 비하여 높게 나타난다면 이는 검사가 자아존중감을 측정하는 것으로 볼 수 있다.

• 발달적 변화 분석방법

Piaget의 이론에 의거하여 지적성숙의 정도를 4단계로 측정한다고 여겨지는 B검사가 있다고 하자. 유아에서부터 청소년에 이르기까지 검사를 실시하였을 때 평균적으로 단계별에 따른 점수변화를 보인다면 이는 지적성숙을 측정하는 검사로 볼 수 있다.

• 집단 대조법

사회적 관심의 정도를 측정하고자 하는 목적의 C검사가 있다고 하자. 또한 사회적 관심이 예를 들어, 수녀-기독교 신자-시민단체 회원의 순서로 높으며, 재소자-범죄자의 순서로 낮다고 알려져 있다 한다면, 이들 집단들에게 검사를 실시하였을 때 평균점수가 동일한 순으로 서열을 이룬다면 이는 사회적 관심의 정도를 측정하는 검사로 볼 수 있다.

• 요인분석방법

청소년을 대상으로 자아개념을 측정하고자 하는 목적의 D검사가 있다고 하자. 그런데 자아개념은 학업적 자아개념, 신체적 자아개념, 사회적 자아개념, 가족적 자아개념으로 구분된다 할 때, 검사를 실시하고 이를 요인분석하였을 때 전체 문항은 내용적으로 동일한 문항들끼리 묶여진다면 이는 자아개념을 측정하는 간접 증거로 볼 수 있을 것이다.

또한 Campbell과 Fiske(1959)는 구인타당도를 검토하기 위해 그 검사가 이론적으로 관계를 맺고 있는 변인들과는 높은 상관을 보여야 하며, 또한 이론적으로 관계가 없다고 생각되는 변인과는 유의미한 상관을 보여서는 안 된다는 것도 증명해야 한다고 주장하였다. 이때, 전자를 수렴타당도(convergent validity)라고 하고, 후자를 변별타당도(discriminant validity)라고 한다. 예를 들면, 수리력 검사는 수학성취와는 유의한 상관이 있어야 하고 독해력 검사와는 유의한 상관이 없어야 한다.

(2) 신뢰도

좋은 검사가 되기 위해서는 타당도뿐만 아니라 신뢰도 또한 갖추고 있어야 한다. 신뢰도란 측정점수의 안정성 혹은 일관성의 정도를 의미한다. 결과적으로 신뢰도는 측정하고자 하는 특성을 어느 정도로 측정의 오차가 없이 측정하느냐와 관계된다.[3] 따라서 타당도가 '무엇(what)을 측정하고 있느냐'의 문제라면, 신뢰도는 '어떻게(how) 측정하고 있느냐'의 문제라고 할 수 있다. Borg 등(1996)은 신뢰도에 영향을 미치는 측정의 오차를 유발하는 요인으로 전집이 아닌 표집에 의해 구성된 검사문항, 일관성 없는 검사실시, 일관성 없는 채점절차, 부적절한 검사상황(소음, 무더운 실내기온 등), 피험자의 다양한 정서상태 등을 들고 있다. 신뢰도를 살펴보는 방법으로는 검사-재검사 신뢰도, 동형검사 신뢰도, 반분검사 신뢰도, 문항 내적 합치도 등이 있다.

검사-재검사 신뢰도　　검사-재검사 신뢰도(test-retest reliability)는 검사의 신뢰도를 알아보기 위해 많이 사용되는 것으로, 동일한 검사를 동일한 집단에게 어느 정도의 시간차를 두고 두 번 실시하여 첫 번째 점수와 두 번째 점수 간의 상관계수를 산출하여 신뢰도를 계산하는 방법이다. 검사-재검사 신뢰도가 높다는 것은 검사점수가 일상적인 환경이나 피험자의 정서적 조건 등에 영향을 적게 받는 안정된 점수라는 것을 의미하기 때문에 이것을 안정성 계수(coefficient of stability)라고도 한다. 검사-재검사 신뢰도에서는 두 검사 간의 실시간격이 가장 문제가 된다. 일반적으로 두 검사의 실시간격을 너무 짧게 잡

---

3) 신뢰도는 측정도구에 의해 산출된 자료가 지니고 있는 전체변량에 대한 실제변량의 비율이며, 완전한 신뢰도 지수인 1에서 전체변량에 대한 오차변량의 비율을 뺀 것이다.

$$r_{tt} = \frac{V_t - V_e}{V_t} = 1 - \frac{V_e}{V_t}　(r_{tt} : 신뢰도 계수, V_t : 전체변량, V_e : 오차변량)$$

으면 첫 번째 검사에 대한 기억이나 연습의 효과에 의해 두 번째 검사가 영향을 받아 실제보다 신뢰도가 높아질 우려가 있고, 반대로 두 검사 간의 실시간격을 너무 길게 잡으면 발달이나 성숙의 효과에 의해 측정하고자 하는 피험자의 행동특성 자체가 그동안 변화될 가능성이 커지므로 신뢰도는 낮아질 것이다. 이와 같이 검사실시 중에 발생하는 측정의 오차는 실제의 점수 변화를 오염시키기 때문에 신뢰도 계수의 의미를 해석하는 데 어려움이 있을 수 있다.

따라서 검사의 실시간격은 검사의 목적이나 집단의 성격에 따라 달라져야 한다. 예를 들면, 유아나 어린 아동을 대상으로 하는 검사는 발달이 매우 신속히 일어나므로 하루 내지 일주일 정도가 적절하며, 성인의 직업적성과 같은 경우에는 비교적 안정적이므로 실시간격이 6개월 이상이라도 무방하지만 대부분의 경우 실시간격은 2주 내지 4주가 적당하다.

동형검사 신뢰도   동형검사 신뢰도(equivalent-form reliability)란 두 개의 동형 검사를 제작하여 두 검사를 동일 집단에게 실시하여 두 점수 간의 상관계수를 구해서 얻은 신뢰도이며, 이를 동형성 계수(coefficient of equivalence)라고도 한다. 이때, 동형검사는 표면적으로 내용은 서로 다르지만 두 검사가 측정이론에서 볼 때 동질적이라고 추정할 수 있는 문항들로 구성된 검사로서, 문항의 난이도 및 변별도뿐만 아니라 문항내용도 거의 비슷하게 구성되어야 한다. 동형검사 신뢰도는 검사-재검사 신뢰도가 가지는 연습의 효과 및 실시간격에 따른 문제점을 해결할 수 있지만, 검사를 두 번 제작하고 실시하는 데 따른 시간과 비용상의 문제 외에도 완벽하게 동질적인 동형검사를 제작하는 것이 현실적으로 매우 어렵다는 문제점이 있다.

반분검사 신뢰도   반분검사 신뢰도(split-half reliability)는 한 개의 검사를 한 피험자 집단에게 실시하되 그것을 적절한 방법에 의해 두 부분으로 분할하고 이렇게 반분된 검사점수들 간의 상관을 산출하여 얻은 신뢰도로서 동질성 계수(coefficient of homogeneity)라고도 한다. 검사-재검사 신뢰도와 동형검사 신뢰도가 모두 동일한 검사 혹은 동형의 검사를 두 번 실시해야 한다는 단점을 가지고 있는 반면, 반분검사 신뢰도는 시간과 비용 면에서 효율적이며 두 번 시행에 따른 기억이나 연습의 효과에 의한 측정오차의 문제를 극복할 수 있다는 장점이 있다. 반분검사 신뢰도에서는 두 부분으로 분할하는 방법이 가장 중요한 문제가 되는데, 주로 전후 반분과 기우 반분을 사용하고 있다. 전후 반

분의 경우 후반부의 문항에서는 연습의 효과, 심리적 안정감, 피로 등이 나타
날 가능성이 있으므로 주로 짝수 문항과 홀수 문항으로 나누는 기우 반분을
사용하나 이것 또한 검사를 완전히 동질적으로 양분한다고 할 수는 없으며,
또한 양분하는 방법에 따라 신뢰도 추정치가 달라진다는 단점도 가지고 있다.
그 밖에 임의로 문항들을 짝지어 양분하는 방법과 내용별로 짝지어 양분하는
방법 등이 있다.

일반적으로 검사의 신뢰도는 검사의 길이와 밀접한 관련이 있는데, 검사의
길이가 길어지면 신뢰도 계수도 증가하는 경향이 있다. 반분검사 신뢰도는 검
사 전체의 신뢰도가 아니라 반분된 부분검사의 신뢰도이므로, Spearman-
Brown 교정 공식(Spearman, 1910)을 사용하여 두 부분을 합친 검사 전체의 신
뢰도를 구해야 한다.

$$r_{tt} = \frac{2r_{hh}}{1 + r_{hh}}$$

r_{tt} : 전체 검사의 교정된 신뢰도계수
r_{hh} : 반분된 검사점수 간의 상관계수

문항 내적 합치도   문항 내적 합치도(inter-item consistency)는 검사에 포함
된 문항 하나하나를 모두 독립된 한 개의 검사로 생각하여 그들 간의 합치
도 · 동질성 · 일치성을 종합하는 신뢰도로서, 검사를 두 번 실시하지 않고 검
사의 신뢰도를 추정할 수 있다는 장점을 지니고 있다. 문항들이 동질적일 경
우 피험자들이 각 문항에 얼마나 일관성 있게 반응하였는지를 파악함으로써
검사의 신뢰도를 추정할 수 있다. 문항 내적 합치도를 계산하는 데 가장 보편
적으로 사용되는 공식으로는 Kuder와 Richardson(1937)이 개발한 K-R 20과
K-R 21이 있다. K-R 20은 이분 문항의 경우에 사용하고, K-R 21은 문항 점
수가 연속 점수일 때 사용한다.

$$KR\ 20 : r_{xx'} = \frac{n}{n-1}\left[1 - \frac{\sum pq}{S_X^2}\right]$$

$$\text{KR } 21 : r_{xx'} \;=\; \frac{n}{n-1}\left[1-\frac{\overline{X}(n-\overline{X})}{nS_X^2}\right]$$

n : 검사 내 문항의 수
p : 각 문항에 정답을 한 학생의 비율
q : 각 문항에 오답을 한 학생의 비율 (q＝1-p)
S_X^2 : 전체 검사점수의 변량
$\overline{X}$: 전체 검사점수의 평균

또한 일반적으로 검사점수의 신뢰도를 계산할 때 널리 사용되는 것으로 Cronbach-α계수가 있다. 계수는 이분 문항뿐만 아니라 한 개의 문항에 가중치를 부여하여 여러 단계의 점수로 채점되는 논문식 문항의 경우에도 사용할 수 있고 SAS나 SPSS와 같은 컴퓨터 프로그램을 이용하여 쉽게 구할 수 있다. Cronbach-α계수의 산출공식(1963)은 다음과 같다.

$$\alpha \;=\; \frac{n}{n-1}\left[1-\frac{\sum S_i^2}{S_X^2}\right]$$

n : 검사 내 문항의 수
S_i^2 : 각 단일 문항의 변량
S_X^2 : 전체 검사점수의 변량

검사를 제작할 때 신뢰도에 영향을 주는 요인으로는, 첫째, 검사의 길이, 즉 문항 수가 있다. 문항 수가 많은 검사는 측정의 오차를 줄일 수 있으므로 일반적으로 신뢰도 계수가 높아진다. 둘째, 문항의 난이도가 적절해야 한다. 검사가 너무 어렵거나 쉬우면 피험자의 실제 능력을 측정하기 어렵기 때문에 신뢰도는 낮아진다. 셋째, 문항의 변별도가 높아야 한다. 문항이 피험자를 능력에 따라 구분할 수 있는 변별력을 가지고 있어야 한다. 넷째, 검사도구의 내용이 보다 구체적이고 좁은 범위의 내용이어야 한다. 다섯째, 일부 속도검사를 제외한 대부분의 검사에서 검사의 실시시간이 충분해야 한다. 충분한 시간이 주어졌을 때 문항반응의 안정성을 보장받을 수 있기 때문이다.

(3) 객관도

검사의 객관도(objectivity)란 채점자 간 신뢰도라고도 할 수 있는데, 검사의 채점자가 편견 없이 얼마나 공정하고 신뢰성 있게 채점하느냐에 관한 것이다. 즉, 검사결과를 여러 채점자들이 채점하였을 경우 채점자들 간의 점수차이가 많이 난다면, 그것은 그 검사가 객관도가 낮다는 것을 의미한다. 예를 들어, Rorschach의 잉크 반점검사나 투사법에 의한 검사들, 논술식 검사 등은 실시

〈표 5-2〉　**검사의 신뢰도와 타당도의 관계**

검사의 신뢰도와 타당도를 상호 구분된 개념으로 생각하기 쉽다. 그러나 사실상 양자는 서로 밀접한 관계가 있다. 신뢰도와 타당도의 관계를 과녁에 비유해 보자. 과녁 한가운데를 검사가 측정하고자 하는 개념이라 하고 화살을 피검자, 활을 쏘는 궁수를 검사라 해 보자. 이 상적으로는 궁수는 모든 화살을 과녁의 한가운데에 정확히 맞출 수 있어야 한다. 즉, 모든 피검자를 완전하게 측정해 내어야 한다.

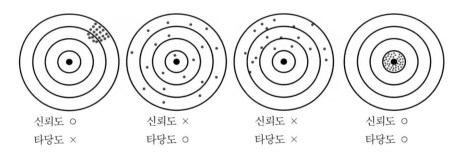

|신뢰도 ○|신뢰도 ×|신뢰도 ×|신뢰도 ○|
|타당도 ×|타당도 ○|타당도 ×|타당도 ○|

그러나 실제 상황에서는 4가지 장면이 있을 수 있다. 첫 번째 그림에서 궁수는 화살을 과녁에 일관성 있게 맞추고 있긴 하나 중앙부에서 멀어져 있다. 즉, 일관성 있게 개념을 측정하고 있으나 모든 피검자들을 잘못 측정하고 있는 셈이다. 이는 측정치는 신뢰할 수 있지만 전혀 타당하지 않은 경우다. 두 번째 그림에서는 화살은 과녁 전반에 걸쳐 무선적으로 흩어져 있다. 간혹 과녁의 중앙에 맞추기도 하나 평균적으로 중앙에서 많이 어긋나 있음을 알 수 있다. 피검자 전체로 본다면 대략 올바르게 측정하는 듯 보이나 개인 하나하나를 본다면 정확도가 떨어지는 셈이다. 이 경우 집단에 대해서는 어느 정도 타당한 추정치를 산출할 수 있으나 일관성은 없는 것으로 보아야 한다. 여기에서 우리는 신뢰도란 측정치의 변산도와 직접적으로 관계있음을 알 수 있다. 세 번째 그림을 보면 궁수는 활을 과녁의 위쪽으로 일관되게 맞추고 있긴 하나 여전히 중심부에서는 떨어져 있음을 알 수 있다. 이러한 경우 검사는 피검자들을 신뢰할 만하지도 않고 타당하지도 않게 측정하고 있는 셈이다. 마지막 네 번째 과녁의 경우 '로빈훗' 표적이다. 궁수는 모든 활들을 일관되게 표적의 중심부에 맞추고 있다. 즉, 검사는 측정하고자 하는 개념을 신뢰할 만한 동시에 타당하게 재고 있는 것이다.

조건과 채점이 유동적이어서 채점자의 편견이 쉽게 작용할 수 있으므로 객관도가 낮다고 할 수 있다. 반면에 선다형 검사들은 피검자의 반응들을 하나의 채점기준에 의해 객관적으로 채점하기 때문에 이것을 객관식 검사라고도 부른다. 일반적으로 객관도가 낮게 되는 원인은 크게 검사 자체의 문제와 채점자의 문제로 나누어 볼 수 있다. 주관식 검사와 같이 검사 자체가 객관성이 부족할 경우 당연히 그 검사의 객관도는 낮을 것이며, 또한 채점자 자신이 평가에 대한 소양이 부족할 경우 개인의 주관적인 요소들이 개입되어 객관도가 낮아질 가능성이 있다.

검사의 객관도를 높이기 위한 방법으로는 우선 검사실시 및 채점기준을 객관화·표준화해야 한다. 아울러 검사에 영향을 미칠 수 있는 다양한 상황—검사실시시간, 기타 지시사항, 피검자의 질문에 답하는 방법, 검사실시자와 피검자 간의 개인적 상호작용의 허용 정도 등—에 따른 여러 사항들을 검사요강에 자세히 설명해야 한다. 그 밖에도 채점자의 평가에 대한 소양을 높여야 하며, 가능하면 여러 사람이 공동으로 평가하여 그 결과를 종합하는 방법도 검사의 객관도를 높일 수 있는 한 방법이다. 자연 과학과는 달리 교육 및 심리 영역에서는 동일한 대상을 측정하더라도 측정하는 사람에 따라 상이한 결과가 나올 가능성이 많기 때문에 이 점을 충분히 고려해야 한다.

(4) 실용도

검사에 있어서 실용도(usability)는 어떤 검사를 실시하고 사용하는 데 소요되는 시간, 노력, 비용 등에 관한 문제다. 검사를 사용하고자 할 경우 검사의 실용성의 측면에서 연구자가 고려해 보아야 하는 것으로는 검사의 실시 및 해석의 용이성, 채점의 용이성, 저렴한 비용을 들 수 있다. 다시 말해, 아무리 좋은 검사라 하더라도 실시하고 해석하는 데 시간이 지나치게 많이 걸린다거나 너무 복잡하거나 혹은 전문적인 소양을 갖춘 사람들만 사용할 수 있다면 그 검사의 실용성은 낮다고 할 수 있다. 또한 검사의 채점방법이 복잡하고 까다롭다면 신속하고 정확한 채점이 어렵게 된다. 그리고 검사실시 비용이 너무 많이 든다면 현실적으로 그 검사를 사용하기가 어렵기 때문에 실용성, 즉 적은 비용으로 최대의 효과를 낼 수 있어야 좋은 검사라고 할 수 있다.

2) 검사의 종류

검사를 분류하는 방법은 그 준거에 따라 매우 다양하다. 검사의 수행양식, 검사받는 인원 수, 채점방식, 검사의 제작자, 검사의 문항형식, 검사의 목적, 피험자의 반응양식, 검사점수에 의미를 부여하는 참조체계, 검사의 내용 등에 따라 다양하게 분류할 수 있다. 예를 들어, 어떤 우울증 검사는 전형적 수행검사이면서 동시에 개인검사, 언어적 검사, 지필검사, 징후검사, 표준화검사, 규준지향검사, 정의적 검사일 수 있다.

(1) 검사의 수행양식에 따른 분류: 최대수행검사와 전형적수행검사

최대수행검사(maximum performance test)는 개인이 어떤 과제를 얼마나 잘 수행할 수 있는가를 알아보는 검사다. 즉, 한 사람의 최대 수행도를 알아보려는 검사로 능력 검사라고도 한다. 일정한 시간을 주고 피험자에게 주어진 시간 내 자신의 능력을 최대한으로 발휘하도록 요구하며, 각 문항마다 정답이 있고 거기에 따라 피험자의 점수가 계산되는데 지능검사, 성취검사, 적성검사 등이 대표적인 최대수행검사라고 할 수 있다. 전형적수행검사(typical perfor-mance test)는 개인이 주어진 상황에서 어떤 양태로 반응 또는 행동하는가를 알아보려는 검사다. 능력이 아니라 현재의 행동에 관심이 있기 때문에 주어진 과제에 대한 정답이 있을 수 없으며, 평소에 습관적으로 어떤 행동이나 반응을 하는지를 측정한다. 성격구조나 신념체계를 알아보기 위한 성격검사나 각종 태도검사 및 흥미검사 등이 여기에 속한다.

(2) 검사받는 인원에 따른 분류: 개인검사와 집단검사

개인검사(individual test)는 한 번에 한 사람에게 시행하도록 만든 검사로서 비네 지능검사와 일부 투사검사가 여기에 속한다. 이것은 피험자의 수행수준뿐만 아니라 피험자의 응답방식이나 응시태도 등에 대한 보다 자세하고 유용한 정보를 얻을 수 있으나, 반드시 충분히 훈련받은 전문가에 의해 실시되어야 하고 시간과 비용이 많이 든다는 단점이 있다. 주로 성격이나 태도를 알아보기 위해 사용되므로 개인의 생활에 대한 중요한 결정을 할 때 사용된다. 집단검사(group test)는 한 번에 여러 사람들에게 시행할 수 있도록 만든 검사다.

실시할 때 노력과 비용이 적게 들고 실시자의 전문성을 지나치게 엄격히 요구하지도 않기 때문에 학교현장이나 산업체 등 여러 기관에서 집단적으로 성취, 지능, 적성, 성격 등을 조사할 때 많이 사용된다.

(3) 검사의 채점방식에 따른 분류: 객관식 검사와 주관식 검사

객관식 검사(objective test)는 검사의 채점 준거가 명확하여 누가 채점하더라도 같은 결과가 나오도록 제작된 검사로서, 진위형 검사와 선다형 검사가 대표적인 예라고 할 수 있다. 주관식 검사(subjective test)는 채점자에 따라 그 결과가 다소 달라질 가능성이 있는 검사로서, 논술식 혹은 수필식 검사가 여기에 속한다. 이 경우 가능한 한 객관성이 보장될 수 있도록 상세한 채점기준을 마련해야 한다.

(4) 검사의 측정방법에 따른 분류: 역량검사와 속도검사

역량검사(power test)는 피험자의 역량·능력을 주로 재는 것으로 대부분의 학생들이 모든 문항에 반응할 수 있도록 충분한 시간을 주어 실시한다. 문항 자체가 다양한 난이도를 가지고 구성되어 있으므로 개인이 얼마나 많은 지식이나 능력을 가지고 있는지를 확인하고자 하는 목적으로 실시된다. 속도검사(speed test)는 반응 속도를 주로 재는 것으로 엄격한 시간제한을 두고 실시되며, 타자속도검사나 독서속도검사 등이 여기에 속한다. 주로 쉬운 문항들로 구성되어 있고 문항 수가 매우 많아 소수의 피험자만이 모두 반응할 수 있도록 제작되어 있다.

(5) 문항형식에 따른 분류: 언어적 검사와 비언어적 검사

언어적 검사(verbal test)는 언어적 형식, 즉 말이나 문자를 통한 의사소통에 의해 자료를 수집하며 현재 대부분의 표준화검사들이 여기에 속한다. 비언어적 검사(nonverbal test)는 그림이나 숫자, 퍼즐, 블록, 그림, 기타 상징적 재료를 사용하여 실시되고 있으나, 유아나 문맹자의 지능을 측정하기 위해 또는 지능검사 중 공간지각과 같은 비언어적 요인을 측정하기 위해 사용된다. 그러나 비언어적 검사도 지시사항 등이 언어로 전달되므로 완전히 언어사용이 배제된 것은 아니다.

(6) 피험자의 반응양식에 따른 분류: 지필검사와 실기검사

지필검사(pencil-and-paper test)는 말 그대로 문항이 검사용지에 인쇄되어 있어 필기구를 사용하여 응답하는 검사로 대부분의 검사들이 이에 속한다. 검사비용이 적게 들고 단시간에 많은 사람들을 검사할 수 있기 때문에 가장 많이 사용된다. 반면 실기검사(performance test)는 일종의 비언어적 검사로서 피험자가 질문에 응답하는 것이 아니라 어떤 과제를 수행하는 검사로서 주로 개인검사로 많이 사용된다.

(7) 문항(과제)의 대표성/특수성에 따른 분류: 표집검사와 징후검사

표집검사(sample test)는 어떤 피험자의 능력이나 특성을 측정하기 위하여 해당되는 넓은 영역의 문항 중에 대표문항을 선정하여 검사를 구성하고 그 검사의 결과에 따라 전체 행동을 평가하는 검사를 말한다. 능력수준을 알아보기 위한 거의 모든 성취도검사가 여기에 해당된다. 징후검사(sign test)는 특정한 과제에 대한 반응을 통해 피험자가 어떤 심리적 문제점을 가지고 있는지의 여부를 알아볼 진단적 목적으로 수행하는 검사로서 임상적 목적으로 사용되는 표준화심리검사가 대부분 이에 해당한다. 예를 들어, 덧셈 문제를 여러 개 제시하여 그 학생의 덧셈 능력을 알아보는 것은 표집검사이며 색채 블록을 사용하여 두뇌의 손상을 확인해 보는 것은 징후검사다.

(8) 검사제작자에 따른 분류: 표준화검사와 자작검사

표준화검사(standardized test)는 검사 전문가에 의해 엄격한 표준화 과정을 거쳐 실시, 채점, 해석이 이루어지는 검사다. 대체로 신뢰도와 타당도가 높고 규준이 잘 설정되어 있으므로 다른 집단 간의 비교가 용이하다는 장점 때문에 널리 사용된다. 현재 국내에서 많이 사용되고 있는 표준화검사의 종류에 대해서는 〈부록 1〉을 참고하기 바란다. 반면 자작검사(locally constructed test)는 연구에 적합한 표준화검사를 발견하지 못할 경우 그 대안으로 연구자가 자신의 연구목적에 맞추어 직접 제작한 검사를 말한다. 자작검사는 표준화된 규준이 없으므로 해석시 유의해야 하며 타당도와 신뢰도의 문제를 신중히 고려해야 한다.

(9) 검사점수에 의미를 부여하는 참조 체제에 따른 분류: 규준지향검사와
준거지향검사

규준지향검사(norm-referenced test)는 대규모의 집단을 사용하여 어떠한 특
성을 재고 그러한 수행 정도에 비추어 한 개인이 받은 점수를 비교하여 해석
하는 검사다. 대부분의 심리검사가 이에 속한다. 반면, 준거지향검사(criterion-
referenced test)는 개인의 점수를 이미 설정해 둔 수행수준과 비교해서 해석하
는 검사다. 전자는 학생이 가지고 있는 개인적인 강점이나 약점에 대해서는
거의 정보를 제공해 주지 못한다는 단점을 가지고 있으나 연구에서 집단의 평
균적인 수행정도를 비교한다거나 할 때 가장 많이 사용된다. 준거지향검사의
경우 주된 목적은 한 개인의 수행수준과 특정한 결함을 정확하게 측정하는 것
이며, 합격-불합격과 같이 검사점수에 근거한 절대적인 결정을 내리는 데 합
리적인 근거를 제공하기 위한 것이다.

(10) 검사내용에 따른 분류: 인지적 검사와 정의적 검사

① 인지적 검사

지능검사   지능검사는 다양한 지적 과제에 대한 수행을 표집하여 개인의
일반적인 지적 수준을 측정한다. 주로 지능검사는 어휘선택, 수학적 문제해
결, 독해, 숫자의 단기기억과 같은 과제에 대한 문항들로 이루어져 있다. 대부
분의 지능검사는 지능지수(IQ)라는 지적 수행에 대한 하나의 전체점수를 산출
한다. 일부 지능검사들은 언어 IQ, 수학 IQ와 같이 하위점수까지 산출하기도
한다.

적성검사   적성검사는 어떤 특수한 유형의 기술이나 특수한 분야에 있어
서의 성취에 관해 개인의 미래 수행 정도를 예측하려는 목적으로 학교나 산업
체 등 기타 기관에서 많이 사용되고 있다. 적성검사는 크게 일반 적성검사와
특수 적성검사로 나눌 수 있는데, 전자는 다양한 직무를 수행하는 데 요구되
는 기본적이고 포괄적인 능력을 측정하는 것이며, 후자는 특정한 분야 혹은
직무에 요구되는 적성의 소유 유무를 측정한다. 적성검사는 일차적으로 미래
의 행동에 대한 예측과 관련되므로 예언타당도가 특히 중요하다.

성취도검사   성취도검사는 일반적 혹은 특수한 지식 영역에 대한 현재의

능력이나 숙달도 및 이해도를 측정하는 검사다. 비교적 한정된 영역의 특수한 성취를 측정하기 위해 교사에 의해 개발된 성취검사도 있고, 이해와 문제해결 능력을 측정하기 위해 공통적인 일반적 교육내용에 근거하여 표준화된 성취 검사도 있다. 또한 성취검사의 실시시간이나 내용영역도 매우 다양하여 실시 시간이 30분도 채 되지 않는 것도 있는 반면, Metropolitan 성취검사처럼 10시 간이나 소요되는 것도 있다. 성취검사에서는 내용타당도가 매우 중요한 문제 로서 각 문항의 내용이 교수계획이나 목표와 일치하는지의 여부를 잘 점검해 보아야 한다.

창의성검사　　창의성검사는 유창성, 독창성, 융통성 등으로 정의하거나 혹 은 수렴적 사고와 대비되는 확산적 사고로 정의하여 그 능력을 측정하는 검사 들이 이에 해당된다. 그러나 많은 창의성검사들은 사실상 창의성을 직접 측정 한다기보다는 창의적 성취와 관계되는 적성과 성격 특성을 측정하는 경우가 많으며, 대표적인 것으로 Torrance의 창의성검사 등이 있다.

학습진단검사　　학습진단검사는 특정 프로그램의 효과를 검증하기 위해 또 는 특정 교과에 있어서 학생의 강점과 약점을 확인하여 적절한 지도를 하기 위해 사용되는 일종의 성취검사다. 선행 학습에 대한 읽기검사, 산수계산문 제, 받아쓰기검사 등이 여기에 속한다.

② 정의적 검사

성격검사　　성격검사는 개인이 가지고 있는 성향이나 기질을 측정하는 검 사로 투사식 성격검사도 있으나 표준화된 자기 보고식의 지필식 검사가 훨씬 많다. 후자의 경우 문항은 주로 객관적인 형태로 컴퓨터나 채점판에 의해 채 점될 수 있도록 진위형 혹은 리커트 형식으로 이루어져 있다. 성격검사는 자 기보고의 진실성과 성실성에 의존한다는 약점이 있으나, 다양한 성격 측면을 측정하는 수많은 검사들이 개발되어 있기 때문에 다양한 심리적 변인 간의 관 계를 알아보는 목적으로 연구에서 많이 사용된다. 대표적인 성격유형검사로는 MBTI 검사를 들 수 있으며, 성격특성검사로는 5요인 성격검사를 들 수 있다.

자아개념검사　　자아개념은 각 개인이 자기 자신에 대해 가지는 일련의 인 지와 감정으로 정의되며, 자아개념검사들은 대부분 자아존중감에 대한 평가를 포함하고 있다. 자아존중감이란 신체적 존재로서의 자아, 사회적 존재로서의 자아, 학생으로서의 자아와 같이 자아에 대한 특수한 측면과 아울러 일반적으로 자신에 대해 얼마나 긍정적으로 생각하는가를 의미한다. 자기 보고식 검사가 대부분이며 아동용, 청소년용, 성인용 등과 같이 세분화되어 있는 경우가 많다.

태도검사   태도란 특정한 대상(사람, 사물, 생각 등)에 대한 개인의 관점이나 성향으로 정의적 요소, 인지적 요소, 행동적 요소를 가진다. 즉, 대상에 대한 태도는 개인의 감정으로 구성되는 정의적 요소, 그것에 대한 개인의 믿음과 지식을 의미하는 인지적 요소, 그것에 대해 특정한 방식으로 행동하는 개인의 성향인 행동적 요소를 내포하고 있다. 주로 Thurstone 척도, Likert 척도, 양극 형용사 체크양식 등을 이용하여 태도를 측정하며 연구장면에서는 특정한 대상이나 사물, 현상에 대한 태도를 측정하고자 연구자의 자작검사로 개발되어 사용되는 경우가 보다 많다.

직업흥미검사   직업흥미검사는 어떻게 특수한 직업적 흥미를 개발하게 되는지를 조사하기 위해 사용될 뿐만 아니라 성격특성을 간접적으로 평가하기 위해 사용되기도 한다. 직업흥미검사를 통해 여러 유형의 활동, 가치관, 직업 등에 대한 개인의 관심의 정도 혹은 선호도를 측정하며, 다양한 검사가 개발되어 있으나 표준화된 검사로는 최근에 Holland 자기탐색검사가 가장 많이 사용되고 있다.

3) 검사의 제작

측정도구를 사용하는 연구자는 일반적인 검사의 제작절차를 어느 정도 이해하고 있어야 한다. 이는 비록 연구자 스스로 검사를 직접 제작하지 않더라도 올바른 검사를 선택하는 데 있어 안목을 지닐 수 있도록 해 주기 때문이다. 검사의 제작절차는 표준화검사냐 자작검사냐에 따라 그 규모 면이나 제작의 정교성 면에서 큰 차이가 있다. 보통의 자작검사와는 달리 표준화검사는 언제, 어디서, 누가 검사를 실시하더라도 동일한 수행과정을 거치도록 하기 위하여 검사의 시행과정, 채점방법, 해석방법을 일정하게 정하고 있으며, 전국적인 대규모 표본을 사용하여 규준집단(norm group)과 규준표를 제시하고 있는 경우가 많다. 또한 검사의 신뢰도와 타당도를 확보하기 위한 절차가 보다 정교하며 까다로운 방법들을 사용하는 경향이 있다.

검사를 제작하는 단계를 크게 계획, 문항제작, 문항작성, 문항검토, 예비검사 실시, 본 검사실시, 문항분석, 검사의 양호도 분석 및 표준화, 발행 단계의 9단계로 나누어 살펴본다.

(1) 검사의 계획 단계

검사를 개발하고자 하는 목적을 명료화하는 단계로, 측정하고자 하는 구성개념을 대표하는 행동을 파악해야 하며 기타 검사개발과 관련된 청사진을 구축하는 단계다.

검사의 사용목적의 구체화　　검사를 개발할 때 검사의 사용목적이 무엇인가를 최우선적으로 고려해야 한다. 검사의 사용목적에 따라서 검사를 개발하는 기본 방향이 결정되기 때문이다. 그 검사가 검사받을 사람의 현재의 상태를 있는 그대로 진단하기 위한 것인지 혹은 이를 통하여 선발, 배치, 분류를 위한 것인지 아니면 미래의 어떤 행동을 예측하기 위한 것인지를 명확히 해야 한다. 중간고사, 기말고사, 학력검사 등과 같은 대부분의 학업성취검사는 현재의 상태를 있는 그대로 드러내려는 성격이 강하며, 입학시험, 지능검사, 적성검사 등은 피험자의 미래 행동을 예측하려는 성격이 강하다고 할 수 있다.

구성개념을 대표하는 행동 파악　　검사의 사용목적이 구체화되면 검사가 측정하려고 하는 심리적 구성개념(psychological construct)을 표현하는 하나 또는 그 이상의 행동유형을 생각하고 이러한 행동을 나타내는 대표행동을 파악해야 한다. 무엇이 대표행동인지를 판단하는 데는 자칫 연구자의 주관적 요소가 많이 포함될 수 있기 때문에 주의할 필요가 있다. Crocker와 Algina(1986)는 대표행동을 파악하기 위한 몇 가지 방법을 다음과 같이 제시하고 있다.

첫째, 내용분석방법이다. 이는 개방형 질문을 통해서 사람들로부터 측정하려는 구성개념과 관련이 있다고 생각하는 행동들을 자유롭게 쓰게 한 후, 그 반응들을 몇 개의 범주로 구분하는 방법을 의미한다. 둘째, 선행연구를 검토한다. 현재 측정하려는 심리적 구성개념과 관련된 내용을 다루는 과거의 문헌을 참고하여 검사의 주요 행동 범주에 관한 정보를 획득한다. 셋째, 중요한 사건을 찾는다. 행동목록에 구성개념에 대한 극단적 특징들을 찾아 이를 명시해 보는 것이다. 넷째, 직접적인 관찰을 시도한다. 검사 개발자가 직접 관찰을 통해서 심리적 구성개념과 관련 있는 행동을 파악하는 방법이다. 다섯째, 전문가의 판단을 구한다. 검사개발자는 사람들을 통해 구성개념에 대한 직접적인 경험에 관한 정보를 얻는다. 질문지나 개인 인터뷰를 이용하여 정보를 얻을 수 있다. 검사 개발자는 이들 여러 방법 가운데 한 가지 또는 그 이상의 방법을 병행하여 측정하려는 심리적 구성개념의 주요 행동 범주를 파악하는 데 충분한 정보를 가지도록 해야 한다.

기타 검사 도구제작을 위한 청사진 작성　검사도구를 제작하기 위한 청사진을 작성할 때, 검사제작자는 이외에도 우선 목표대상을 분명히 정의해야 한다. 즉, 검사를 받을 집단의 구성이나 특징을 정의하고, 검사를 받을 사람들의 연령, 지적수준, 교육수준, 사회적 · 경제적 · 문화적 배경 등을 고려해야만 한다. 또한 검사 개발자는 관련된 검사나 혹은 비슷한 구성개념들을 측정한 다른 검사들을 검토해 보아야 한다. 만약 표준화검사를 구상하고 있다면 검사에 필요한 이원 분류표, 문항의 유형, 검사 소요시간, 문항 수, 문항난이도 수준, 지시사항, 시행절차, 채점방법 등이 포함된 검사요강까지도 함께 준비해야 한다. 따라서 이에 대한 계획안도 마련해야 한다.

(2) 문항제작 단계

검사의 목적이 명료화되고 측정하고자 하는 개념에 대한 대표 행동목록이 충분히 구축되면 문항제작 단계에 들어간다. 검사 개발자는 좋은 문항이 되기 위한 조건, 가능할 수 있는 여러 가지 형태의 문항 제시방식에 충분히 익숙해져야 한다.

좋은 문항의 기준　좋은 문항은 좋은 검사가 되기 위한 필요 조건이다. 좋은 문항이 되기 위한 기준으로는 다음과 같은 사항들을 들 수 있다(성태제, 1995).

첫째, 문항의 내용이 측정하고자 하는 내용과 얼마나 일치하느냐 하는 점을 고려해야 한다. 둘째, 문항내용은 분석, 종합, 평가 등을 측정할 수 있는 복합성(complexity)을 지녀야 한다. 셋째, 문항은 열거된 사실들을 요약하고 일반화하여 나아가 추상화할 수 있는 내용을 포함하여야 한다. 넷째, 문항이 참신해야 한다. 다섯째, 문항이 구조화되어야 한다. 여섯째, 문항의 난이도가 적절하여야 한다. 일곱째, 문항은 학습동기를 유발할 수 있어야 한다. 여덟째, 문항은 검사의 사용목적에 부합하여야 한다. 아홉째, 문항제작의 미숙으로 말미암은 측정오차를 유발하지 않아야 한다. 열째, 문항의 형식면에서 각 문항유형에 따른 제작지침에 근거하여야 한다. 열한째, 문항이 윤리적, 도덕적으로 문제를 지니고 있지 않아야 한다. 열두째, 특정 집단에 유리하게 제작되어서는 안 된다.

문항형식   문항을 구성하는 형식은 실로 다양하다. 개발자나 검사자는 각 문항형식이 취할 수 있는 장단점을 충분히 고려하여 문항형식을 취해야 한다. 대표적인 몇 가지 유형을 소개하면 다음과 같다.

① 진위형: 하나의 문항에 대해 두 가지 선택이 주어지고 피험자가 두 선택(예-아니요, 혹은 ○, ×) 가운데 하나를 선택하게 하는 방법이다.
   예) 주위에 친한 친구가 많다(예, 아니요)

② 선다형: 하나의 문항에 대해 2가지 이상의 선택사항이 주어지고 그 가운데 하나를 선택한다.
   예) 학교상담의 활성화를 위해 가장 시급한 과제는 무엇이라 생각합니까? (   )
   ㉠ 전문상담교사 양성   ㉡ 상담에 대한 인식 전환
   ㉢ 상담실 설치   ㉣ 재정 지원

③ 연결형: 일련의 문제군과 답지군을 배열하여 문제군의 질문의 정답을 답지군에서 찾아 연결하는 문항형태다.
   예) 각 나라와 그 수도를 연결하시오.
   ㉠ 한국   ㉮ 북경
   ㉡ 일본   ㉯ 도쿄
   ㉢ 중국   ㉰ 서울

④ 동의-부동의 양식: 태도나 성격을 알아보기 위한 질문을 주고 그 질문에 동의하는지 동의하지 않는지를 알아보는 것이다.
   예) ㉠ 친구와 싸우면 내가 먼저 사과한다. 동의 - 부동의

ⓛ 나는 기분이 나쁘면 즉시 표현한다. 동의 – 부동의

⑤ Likert 양식: Likert(1932)가 제안한 방법으로서 측정하려는 구성개념에 관한 긍정 또는 부정의 내용을 담은 문항을 제시하고 반응자들은 이 문항에 대해서 어느 정도나 동의하는지를 5점 또는 7점 척도를 이용해서 응답하게 하는 방식이다. 대개의 심리검사에서 가장 많이 사용되는 형식이다.

	전혀 동의하지 않는다	동의하지 않는 편 이다	그저 그렇다	동의하는 편이다	전적으로 동의한다
예) ㉠ 친구와 싸우면 내가 먼저 사과한다.	1	2	3	4	5
㉡ 나는 기분이 나쁘면 즉시 표현한다.	1	2	3	4	5

⑥ 양극 형용사 체크 양식: Osgood 등(1957)이 처음으로 사용한 것으로서 의미가 서로 반대되는 형용사를 양극단에 제시하고 이 사이에 5단계 혹은 7단계의 연속점수를 부여하여 피검자가 적당한 곳에 표시를 하도록 하는 방법이다.

예) 다음은 선생님에 대하여 여러분이 지니고 있는 이미지를 알아보기 위한 것입니다. 각 문항마다 양 끝에 주어진 형용사를 잘 읽고 선생님의 이미지가 어느 형용사와 더 부합되는지 그 정도에 따라 적당한 곳에 ∨표시를 해 주십시오.

	1	2	3	4	5	
㉠ 차갑다	—	—	—	—	—	따뜻하다
㉡ 엄격하다	—	—	—	—	—	허용적이다

(3) 문항작성 단계

문항을 작성할 때에는 기본적으로 지켜야 할 몇 가지 유의 사항이 있다. 가장 널리 사용되는 Likert 문항형식에 초점을 두고 문항작성 시 고려해야 할 점을 제시하면 다음과 같다.

첫째, 문항이나 문장은 현재시제로 작성하고 이해하기 쉬운 문장을 사용해야 한다. 둘째, 불변의 사실이나 보편적인 진리로 해석될 수 있는 문장을 사용

하지 말아야 한다. 예를 들어, '규칙적인 운동은 몸에 좋다.' 와 같은 진술문은 모두가 예라고 응답할 수 있다. 셋째, 한 가지 의미 이상으로 해석될 수 있는 문장은 피해야 한다. 넷째, 불변의 사실이나 진리와 같은 문항은 아닐지라도 문항의 내용상 거의 모든 사람이 '예' 또는 '아니요' 라고 답할 가능성이 많은 문장 역시 피해야 한다. 예를 들어, '나는 가끔 화가 날 때가 있다.' 와 같은 문장이다. 다섯째, 긍정적인 감정과 부정적인 감정을 표현하는 문항의 비율을 상호 적절하게 조절해야 한다. 여섯째, 가능한 한 문장의 길이를 짧게 해야 하며 문법상의 오류가 없는 문장을 사용해야 한다. 일곱째, 모두/항상/전혀/결코와 같이 전체 긍정이나 전체 부정을 나타내는 낱말과 단지/거의/많은 등의 형용사 사용은 가능한 피하는 것이 좋다. 여덟째, '만약 ~한다면' 또는 '~하기 때문에' 와 같은 조건절을 포함하는 형태의 문장을 피하고 단순하게 할 것 등을 들 수 있다.

　문항의 수는 처음에 최소 1.5~2배수 이상의 많은 수의 문항을 만든 후 나중에 문항분석을 통하여 줄여 나가는 방법을 사용하는 것이 바람직하다. 그러나 실제 검사에서는 문항의 수가 너무 많을 경우 피험자들이 성의껏 반응하지 않는 경향이 있기 때문에 어떤 피험자들은 문항을 제대로 읽어 보지 않고 적당히 반응하는 경우가 있으므로 이 또한 유의해야 할 필요가 있다. 이외에도 가치관 검사나 태도 검사와 같은 경우 피험자는 문항에 대하여 사회적으로 바람직한 방향으로 답하는 경향이 있으므로 필요하다면 거짓말 척도를 마련하여 검사의 신뢰성을 높일 필요도 있다. 피험자들에게 검사실시 전에 솔직하게 답하는지의 여부를 알 수 있는 문항들이 포함되어 있다고 말해 줌으로써 피험자들의 솔직한 반응을 이끌어 낼 수 있을 것이다.

(4) 문항검토 단계

　문항을 다 작성했으면 전문적인 지식이 있는 교수나 전문가들에게 문항이 정확한지, 적절한 낱말을 사용했는지, 문법적으로 문제가 없는지, 애매모호한 점이 있는지, 다른 기술적 결점은 없는지 등을 검토해 보도록 요청하는 것이 좋다. 만약 문제가 있는 문항이 발견되면 사전에 수정해야 한다. Crocker와 Algina(1986)는 작성된 문항들을 검토할 때 고려해 보아야 할 점으로 문항의 정확성, 검사요강과의 관련성, 문항제작 시 기술적 결함, 문법, 편기문항의 존재여부, 읽기 능력 수준 등을 들고 있다.

(5) 예비검사실시 단계

문항에 대한 검토가 끝났으면 전체 문항들을 소수의 사람들에게 실시하여 어떠한 문제점이 있나를 파악하는 과정이 필요하다. 보통의 경우에는 20~30명 정도의 인원이면 충분하나 상업적 용도로 사용할 표준화검사라면 약 100~200명 정도 이상의 인원이 필요하다. 문항이 많은 경우는 문항을 나누어서 여러 집단에 실시해도 무방하다. 예비검사를 실시하는 도중에는 검사 개발자는 응답자들이 검사에 어떠한 반응을 보이는지 자세히 관찰할 필요가 있다. 또한 검사를 실시한 후에는 피험자들로부터 검사에 관한 전반적인 피드백을 받는 절차를 거치는 것이 바람직하다. 예비검사의 결과 일차적인 문항분석을 통하여 각 문항에 대한 간단한 기술통계량을 산출하여 특정 문항을 제거할 것인지의 여부를 결정할 수 있으며, 필요하다면 문항에 대한 대폭 수정한 후 자료를 다시 모으는 것이 바람직하다.

(6) 본 검사실시 단계

예비검사의 실시 및 일차적인 문항분석을 거치고 전문가들로부터 예비검사에 대한 비평적인 검토를 얻고 나면, 본격적으로 검사가 잘 만들어졌는지를 알아보기 위하여 많은 사람들을 대상으로 본 검사(field-test)를 실시한다.

(7) 문항분석 단계

본 검사의 결과를 가지고 문항을 분석한다. 문항분석은 검사의 제작 단계에서 가장 중요한 활동으로서 각 문항에 대한 난이도, 타당도, 신뢰도 등을 검토해 보는 단계다. 이는 검사의 타당도, 신뢰도를 검토하는 과정과는 다르다. 자작검사의 경우 문항분석 단계가 끝나면 일차적으로 검사가 완성된다.

(8) 검사의 양호도 분석 및 표준화 단계

충분한 문항을 지닌 것으로 검사가 완성되고 나면 검사의 양호도를 검토·확인한다. 앞서 언급한 것처럼 검사-재검사 신뢰도, 반분 신뢰도, 문항 내적 합치도 등으로 검사의 신뢰도를 확인하는 과정 및 적당한 준거 검사를 이용하여 공인타당도나 예언타당도를 확인하는 과정이 필요하다.

　검사가 제한된 목적으로 만들어진 연구 용도의 자작검사 수준이 아니라, 상업적인 목적으로까지 활용하고자 하는 검사라면 보다 엄격한 표준화 단계를 거칠 필요가 있다. 표준화 과정에서 가장 중요한 절차는 검사를 규준화하는 작업이다. 검사 규준화 과정이란, 검사를 실시하게 될 대상(모집단)을 대표할 수 있는 집단(규준집단)을 선택하여 여기에서 얻은 자료를 토대로 규준표(norm table)를 작성하는 것이다. 규준표는 사람들의 점수를 가장 낮은 점수에서 가장 높은 점수순으로 나열하고, 각 점수가 전체 모집단 중에서 어느 정도의 위치에 있는 점수인가를 나타내는 지표를 표시해 놓은 표를 말한다. 대부분의 심리검사는 규준지향검사이며 한 개인이 얻는 점수는 이러한 규준표에 기초하여 점수수준이 해석되기 때문에 다양한 규준집단을 토대로 여러 형태의 규준을 미리 만들어 놓는 것은 매우 중요하다. 한편, 처음에 작성한 규준표는 시대가 변화함에 따라 시대변화에 맞게 다시 새로운 규준집단으로부터 자료를 얻어서 수정되어야 한다.

(9) 발행 단계

　표준화검사의 경우 규준표의 작성까지 끝이 나면 검사요강(test manual)을 작성한다. 요강에는 검사목적, 검사개발 과정, 검사실시, 채점 및 해석 방법, 신뢰도 및 타당도, 규준화 과정 및 규준표 등의 내용뿐만 아니라 검사시간, 채점방법, 검사실시 과정 등에 대한 설명도 포함되어야 한다. 검사는 피험자의 특성을 고려하여 다양한 형태나 색채 등으로 만들어질 필요가 있다.

4) 심리검사 자료원

　연구자가 연구에 필요한 검사를 매번 직접 제작하는 것은 지극히 어려운 일이다. 검사제작 과정이란 많은 비용과 에너지가 요구되는 과정일 뿐만 아니라 숙련된 기술 또한 요구되기 때문이다. 교육분야의 경우 사실상 연구자가 필요로 하는 심리검사는 이미 개발되어 있다고 말할 수 있을 정도로 수많은 심리검사들이 개발되어 있다. 따라서 연구자 자신이 직접 검사를 개발하기보다는 기존의 양호한 검사가 있다면 이를 활용하는 것도 좋은 방법이다. 교육·심리 분야와 관련하여 검사를 참조할 수 있는 몇 가지 자료원만을 간략히 소개한다.

(1) 심리 척도 핸드북 I, II

고려대학교 행동과학 연구소(1998, 1999)에서 국내 논문에서 사용된 적이 있는 교육학 및 심리학 분야의 검사들을 모아 놓은 책이다. 『심리척도 핸드북 I』에서는 심리학 박사 학위논문에 사용된 180여 개의 척도를, 『심리척도 핸드북 II』에서는 한국심리학회의 『일반심리학회지』와 분과학회지 그리고 한국교육심리학회의 『교육심리연구』에 실린 125개의 척도를 제시하고 있다. 각각의 검사에 대해서 검사의 목적, 개발과정, 내용 및 채점방법, 신뢰도, 타당도, 척도의 출처 등을 중심으로 소개하고 있다.

(2) 한국교육심리검사총람

서울대학교 사범대학 교육연구소(1991)에서 출판한 책이며, 지능, 적성, 흥미, 성격 등의 교육·심리검사에 대해서 다루고 있다. 1부에서는 검사제작과 활용에 관련된 기본원리와 검사의 종류별로 검사 내용과 활용지침들을 소개하고 있으며, 2부에서는 국내에서 출판되고 있는 많은 검사를 요약하여 검사의 목적, 구성 내용, 표준화 과정, 타당도, 신뢰도, 검사실시 시 유의사항 등 검사를 이해하는 데 필요한 기본 내용을 요약하여 제시하고 있다.

(3) Mental Measurement Yearbook(MMY)

미국의 대표적인 심리측정 연구소인 Buros Institute for Mental Measurement가 발행하고 있다. 2005년에 제16판을 발간하였으며 성격, 발달, 행동 평가, 신경심리, 성취도, 지능, 적성 등의 범주에 따라 약 2,200개 이상의 표준화검사를 수록하고 있다. 검사를 알파벳 순으로 배열하고 있으며 각 검사마다 개발자와 발행자에 대한 인적 사항과 함께 검사제목, 검사의 목적, 검사대상, 발행연도, 검사의 하위척도 및 문항수와 문항형식 등을 소개하고 있다. 타당도, 신뢰도 등의 검사 양호도에 대한 정보 또한 함께 소개된다. 관련 인터넷 사이트는 http://www.unl.edu/buros이며 여기에서는 1985년도 9판 이후 수록된 검사들을 영역 별로 혹은 알파벳 순으로 검색할 수 있다.

(4) Test in Print(TIP)

역시 미국의 Buros Institute for Mental Measurement가 발행하고 있으며, 현재 상업적으로 통용되고 있는 검사에 대한 정보를 총합적으로 다루고 있다. 2002년에 출간된 6판에서는 4,000개 이상의 검사에 대한 정보를 수록하고 있으며, 검사의 목적, 개발자, 검사 가능 대상자, 수행 시간, 발행인과 출판연도 등을 소개하고 있다. 관련 사이트는 역시 http://www.unl.edu/buros이며 이곳에 접속하면 보다 자세한 정보를 얻을 수 있다.

(5) ETS Test Collection

ETS Test Collection은 연구자, 대학원생, 교사가 사용할 수 있는 25,000개 이상의 표준화검사 및 측정도구에 대해 소개하고 있다. 미국 내 다양한 출판사 및 개인적으로 발행한 검사들로 구성되어 있으며 1~6권에 따라 성취도검사, 직업 관련 검사, 특수 집단을 위한 검사, 적성과 지능검사, 태도검사, 정의적 특성 검사와 인성검사로 나누어져 있다. http://www.ets.org의 데이터베이스에 접속하면 주제별 혹은 검사제작자나 검사명으로 관심분야의 검사를 검색할 수 있다.

이외에도 연구자가 가장 손쉽게 검사를 찾을 수 있는 방법으로 학위논문을 이용하는 방법이 있다. 학술지 논문의 경우 연구에서 사용한 검사를 부록으로 첨가하고 있는 경우가 비교적 드물지만 석박사 학위논문에서는 거의 대부분 연구에 사용한 검사지를 부록으로 첨부하고 있다. 자세한 검색 방법은 '제3장 문헌고찰' 부분을 참고할 수 있을 것이다.

2. 면접법

면접법은 검사법과 더불어 양적·질적연구의 목적으로 자료를 수집하는 주요 방법 중의 하나다. 원래는 의사나 심리학자들에 의해 임상적인 목적으로 특수 방법으로 사용되어 왔지만, 최근에는 연구자와 연구대상으로서의 피면접자와의 직접적인 언어적 상호작용을 통해 연구목적에 부합되는 여러 가지 정보를 수집할 수 있으며 융통성이 있다는 측면에서 연구를 위한 자료수집방법으로도 널리 사용되고 있다. 특히 면접의 중요한 특성 중의 하나가 객관적 검사로서는 알 수 없는 질문에 응답한 이유와 응답의 맥락을 구체적으로 알아낼 수 있다는 측면인데, 이러한 이유로 양적연구보다는 질적사례연구나 문화기술지와 같이 질적연구에서 자료수집방법으로 많이 사용된다. 다만 면접법은 주관적 판단에 기초하여 피면접자를 평가할 가능성 그리고 증거의 진실성을 확인할 척도가 없다는 이유로 과학성이 결핍되어 있다는 지적을 받기도 한다. 그러나 이 또한 정교하게 제작된 면접조사표를 활용하면 어느 정도 극복할 수 있다. 면접법은 뒤에서 설명할 관찰법과 병행하여 사용되는 것이 일반적이다.

1) 면접법의 유형

면접법은 면접의 목적, 참여하는 인원수, 면접 계획이나 내용 혹은 문항이 사전에 구조화된 정도, 응답의 기술, 접촉시간 등에 따라 여러 가지 유형으로 분류할 수 있다. 면접의 목적이 일반인이 아니라 특정 지식을 지닌 피면접자를 선별하여 지식과 지각을 얻고자 하는 경우 표적집단면접(focus group interview)이 보다 많이 사용된다. 면접의 목적에 따라서는 진단적 면접과 조사 면접으로 구분할 수 있으며, 참여하는 인원수에 따라서는 집단면접과 개인면접으로 구분할 수 있다.

가장 일반적인 분류는 면접의 구조화 정도에 따라 분류되는 유형이다.

첫째, 구조화된 면접(structured interview) 혹은 표준화 면접, 지시적 면접으로도 불리는 방법으로 미리 준비된 질문지에 따라 질문의 내용과 순서를 지키면서 진행되는 면접이다. 질문의 형식과 내용, 제시방식이 사전에 치밀하게 준비되어 면접 계획에 따라 일관성 있는 면접이 이루어진다. 모든 응답자에 동일한 절차로 면접이 반복되며 또한 모든 질문과 예상되는 답변이 준비되어 있어야 한다. 이러한 면접법은 자료를 분류하고 코딩하는 데 편리하며, 동일한 질문을 하기 때문에 응답자 간 비교가 가능하며, 반복적인 연구가 가능하다는 등 여러 가지 장점이 있다. 또한 질문 시 오류를 최소화할 수 있으며 비교적 높은 신뢰도를 보장할 수 있다. 그러나 일정한 면접조사표를 가지고 피면접자에게 일률적으로 적용하기가 불가능하다는 점은 단점이다. 규격화된 조사표에 따르기 때문에 융통성 있는 질문을 할 수 없어서 응답자의 보다 심층적인 답변, 지식을 파악하기 어려울 수 있다.

　둘째, 비구조화된 면접(unstructured interview)은 비표준화 비지시적 면접기법으로 면접 계획을 세울 때 면접 목적만 명시하고 내용이나 방법은 면접자에게 전적으로 일임하는 방법이다. 면접 상황에 따라 융통성을 발휘할 수 있으며 상황에 따라서 계획에 없던 질문을 첨가하거나 때로는 준비한 질문을 생략하고 질문순서를 바꿀 수도 있다. 비구조화된 면접은 결과의 타당도가 높고, 면접자와 피험자 간의 공감대 형성으로 정확한 자료를 얻을 수 있다는 장점이 있다. 그러나 면접자는 자신이 수집해야 할 자료가 무엇인지를 분명히 알고 있어야 하며 고도의 기술을 필요로 할 뿐만 아니라, 면접 결과 수집된 자료는 부호화하기 어렵다는 문제점이 있다.

　셋째, 반구조화된 면접(semi-structured interview)은 구조화된 면접과 비구조화된 면접의 장단점을 보완하고자 하는 방법으로 일정한 중요한 수의 질문은 구조화하되 그 외의 질문은 비구조화하는 방법이다. 사전에 면접에 관해 치밀한 계획을 세우되 실제 면접 상황에서는 융통성 있게 진행하며 실제 면접 장면에서 가장 많이 사용되고 있다. 고도의 훈련된 면접자가 필요하며 면접자는 피험자들의 속성, 경험을 충분히 알고 있어야 한다.

　위와 같이 구조화된 면접, 비구조화된 면접, 반구조화된 면접법의 구분이 주로 양적연구를 지향하는 면접 방식이라 한다면 질적연구에서의 면접형식은 보다 개방형 면접으로 역시 세 가지 접근법을 통해 질적자료를 수집한다.

　첫째, 비형식적 회화 면접(informal conversational interview)으로 이 면접은 전적으로 자연스런 상호작용에서 자연 발생적인 질문으로 이루어진다.

　둘째, 일반 면접 지침 접근(general interview guide approach)으로 주제와 질문의 표현 방식을 사전에 정하지 않고 각 피험자와 주제를 탐색한다.

　셋째, 표준화된 개방형 면접(standardized open-ended interview)으로 동일한 질문의 계열과 표현이 사전에 결정되어 있어 편의(bias)의 가능성을 최소화해 준다. 특히 몇몇의 질문자가 자료를 수집할 때 적절하다.

　면접법의 또 다른 형태로는 전화 면접이 있다. 전화를 통하여 이루어지는 전화 면접은 면대면 면접보다 비용이 적게 들고 편리하며 표본이 지리적으로 분산되어 있을 때 유용하다. 특히 직접 면접보다 응답의 왜곡 가능성이 적으며 위험 지역이나 제한 지역에도 접근이 가능하다. 반면 전화 번호를 모르거나 전화가 없는 경우를 제외한 편중된 표집이 되지 않도록 유의해야 한다. 때로는 컴퓨터 보조 전화 면접법을 사용하는데 이 방법은 면접에서 발생 가능한 두 가지 주요 오류, 즉 응답을 잘못 기입할 오류와 잘못된 질문을 할 오류를 제거해 준다.

2) 면접법의 절차

면접법의 절차는 기본 형식면에서 조사연구에서 많이 사용되는 질문지법의 절차와 거의 유사하다. 면접법의 절차는 연구목적의 정의, 면접대상의 표집, 면접형식의 설계, 면접 질문 개발, 면접자의 선별과 훈련, 예비검증, 본 면접의 실시와 기록 그리고 자료분석의 8단계로 구분해 볼 수 있다. Borg 등(1996)이 제안하고 있는 절차를 참고하여 각 단계를 살펴보면 다음과 같다.

(1) 연구목적의 정의 단계

연구목적에 따라 효과적으로 사용될 수 있는 면접법의 형태, 면접의 수준, 질문유형, 면접자의 자질 등이 달라지기 때문에 먼저 연구자는 연구목적을 명확히 정의할 필요가 있다. 예를 들어, 일반인들을 대상으로 어떤 대상이나 사상(事象)에 대한 정보나 인식, 태도 등을 조사하거나, 질문지나 검사와 같은 다른 방법으로 수집하였던 자료를 보충하는 데 목적이 있다면 표준화 면접 기법과 집단면접법을 채택해도 무방하다. 이 경우 대규모 조사가 필요하므로 면접의 수준과 질문 유형은 보다 구조화되어야 할 것이며 면접자의 자질은 간단한 훈련이나 시범, 연습만으로도 숙달시킬 수가 있을 것이다. 이와는 달리 연구의 목적이 대상이나 사상에 대한 전문적인 지식을 얻거나 심층적인 조사를 하는 것이라면 표적집단 면접법을 가장 유효한 면접법으로 사용할 수 있다. 사례연구나 문화기술지와 같은 질적연구를 목적으로 한다면 비구조화된 면접, 장기 면접, 개인면접이 가장 효과적이다.

〈표 5-3〉　표적집단 면접법

　표적집단 면접법(focus group interview)은 일대일 개인면접과는 달리 특정한 사람들의 관점이나 이들이 공유하고 있는 태도, 인식에 관한 자료를 수집하기 위하여 특정 목적을 가진 집단의 개인들에게 질문을 하는 면접 기법으로 집중 집단면접 혹은 간단히 포커스 그룹 면접이라고도 한다.

　연구자는 전형적으로 4~6명으로 구성된 2개 이상의 집단을 대상으로 차례대로 몇 가지의 면접 질문을 함으로써 자료를 수집하게 된다. Morgan(1988)은 포커스 그룹에서 한 집단은 6명 이내, 주요 질문의 수는 8개 이내가 적당하며, 그룹의 수는 대규모 연구를 제외하고는 전형적으로 3개에서 5개가 바람직하다고 제안하였다. 실제 연구에서는 대체로 연구자 외 1인 이상의 진행 보조자를 동행하거나 2~3명의 공동 연구자로 진행되는 경우가 많다.

　포커스 그룹을 사용하는 것이 보다 효과적인 장면은 다음과 같다(Krueger, 1988; Morgan, 1988). 첫째, 새로운 영역에 대한 오리엔테이션이나 정보 제공자의 통찰력에 근거한 가설을 일반화할 때, 둘째, 다른 연구 사이트나 연구대상들을 평가할 때, 셋째, 초기 연구의 결론에 대해 참여자의 해석을 얻고자 할 때다. 따라서 포커스 그룹은 장애 아동을 둔 부모 그룹, 신규교사 그룹, 인터넷 중독자 그룹, 흡연 학생 그룹 등과 같이 연구목적에 따라 다양하게 구성될 수 있다.

　포커스 그룹 면접을 진행할 때에는 먼저 참여자에게는 연구의 목적과 취지를 충분히 설명하고 동의를 받아야 하며, 연구 수행 시간에 대해 설명하며, 본인이 희망하면 언제든지 연구의 참여와 탈퇴가 가능함을 알려 주어야 한다. 그룹에서 진술된 내용에 대해 비밀유지와 익명성을 보장해야 하는 것은 물론이다. 면접 질문은 대체로 반구조화된 질문지를 사용하여 도입 질문, 전환 질문, 주요 질문, 마무리 질문 등의 순서로 진행된다. 각 질문에 대하여 모든 참여자들이 차례대로 응답하도록 하며, 어느 한 사람이 대화를 지배하지 않도록 유의해야 한다. 대체로 집단면접 중에 이루어진 대화는 참여자의 동의하에 녹음을 하는 것이 통례이며 나중에 녹음 내용을 필사하여 내용분석 방법을 사용함으로써 자료를 분석하게 된다.

　연구 시작 시기, 포커스 그룹 도중, 포커스 그룹 직후, 전체 포커스 그룹 종료 후의 4단계별 주요 활동은 다음과 같다(Morgan, 1988).

① 연구 시작 시기: 연구팀원의 역할을 분담하며, 제시될 질문을 도출하고 합의한다.
② 포커스 그룹 면접 진행 도중: 연구팀원이 모두 참석한 가운데 토론 내용을 주의 깊게 경청하고, 진행자는 토론 과정에서 모호한 부분이나 논리가 맞지 않는 내용 등을 재확인하기 위한 추가 질문을 한다.
③ 한 그룹을 마칠 때마다 토론 내용에 대한 연구 참여자들로부터 동의를 받는다.
④ 포커스 그룹 면접 직후: 중요한 주제로 인식한 것, 기대와 달랐던 내용, 특이 사항 등에 대해 브리핑하며 노트를 정리한다. 자료 내용을 분석할 때는 단어, 맥락, 내적인 일관성과 빈도, 포괄성, 강도, 특이성에 초점을 둔다. 그룹 종료 후 개별적으로 확인할 사항이 있는 경우에는 추가로 개별 면접을 하거나 e-메일을 통해 추가 자료 수집할 수도 있다.

(2) 면접대상의 표집 단계

면접대상의 표집 역시 연구의 목적과 연구 형태에 따라 양적 또는 질적 표집 기법 중에서 하나를 선별하여 사용한다. 조사연구라면 면접대상은 다수의 사례가 될 것이며, 표적집단 면접의 경우 대등한 입장의 4~6명 내지 많아도 7~10명 정도로 선정하는 것이 가장 효과적이다. 다만 개인별 약속을 통한 개인면접이 아닌 표적집단 면접이거나 집단면접인 경우 모든 피험자가 동시에 같은 장소에서 모인다는 것이 쉬운 일은 아니므로 이 또한 고려하여 면접대상을 설정해야 한다.

(3) 면접형식의 설계 단계

면접에 관해 전반적인 계획을 세우고 질문할 구체적 문항의 구조, 내용, 순서를 결정하는 일은 면접에서 매우 중요한 부분이다. 특히 양적연구일 경우 모든 피험자는 거의 동일한 경험을 하게 되기 때문에 사전에 세심하게 면접지나 질문을 구체화해야 한다. 반면에 질적연구에서 양적연구에 비해 여러 상황에서 융통성이 허용된다.

(4) 면접 질문 개발 단계

면접 유형에 따라 질문의 사전 개발 여부가 달라질 수 있다. 양적연구에서 비구조화된 면접인 경우와 질적연구에서 비형식 회화 면접의 경우 질문형식은 즉석에서 이루어지는 경우가 많으나 그 외의 경우는 폐쇄형, 개방형 질문으로 사전에 결정하는 것이 바람직하다. 면접 과정에서 좋은 질문은 면접자의 능력에 달려 있는데 구조화된 면접의 경우 면접조사표를 사용한다. 면접 조사표의 각 질문들은 논리적인 순서로 일관성 있게 배열해야 한다.

(5) 면접자의 선별과 훈련 단계

면접자는 면접을 통한 조사에서 가장 중요한 존재다. 면접자를 선별하는 가장 중요한 준거는 피면접자와 긍정적으로 관련짓는 면접자의 능력이다. 즉, 근본적으로 면접자와 피면접자와의 관계는 상하관계가 아니라 협동적 관계에 있다고 생각해야 한다. 면접자의 훈련은 두 가지 측면에서 행해진다. 하나는 면접조사표를 연구하고 면접 조건에 관해 가르치는 것이고, 다른 하나는 실제 면접을 통해 면접자의 수행이 적정 수준의 표준화, 신뢰성, 객관성 등에 이를 때까지 정확한 피드백을 제공하는 것이다.

(6) 면접의 예비검증 단계

면접이 유용한 자료를 제공한다 할지라도 사용되는 기술이 주관적임을 항상 염두에 두어야 한다. 따라서 편견의 제거와 객관성을 보장하기 위하여 면접 조사표의 내용, 면접 절차에 대하여 예비검증을 해야 한다. 예비검증을 통하여 의사 전달상의 문제는 없는지 혹은 질문을 고치거나 절차를 수정할 필요는 없는지를 면밀히 살펴보아야 한다.

(7) 본 면접의 실시와 기록 단계

면접자의 행동에 따라 피면접자가 나타내는 자료에는 질적 차이가 있다. 면접은 대개의 경우 사람과 사람이 접촉하는 것이므로 첫인상이 중요하다. 기본적으로 면접자는 중립적인 태도를 견지해야 하며, 공평함을 유지하고, 평범한 인상을 주며, 우호적이어야 한다. 면접 시 면접자가 유의해야 할 사항은, 첫째, 면접을 시작하기 전에 피험자의 익명성을 보장하고 연구의 잠정적인 이점을 설명하는 것이다. 둘째, 충분한 라포(rapport)를 형성하며 복잡하거나 논쟁적인 질문은 면접의 후반으로 돌린다. 셋째, 질문은 구체적으로 한 번에 하나씩 하는 것이다. 넷째, 피면접자와의 논박은 피하는 것이다. 다섯째, 피험자의 언어적 정보뿐만 아니라 비언어적 정보에도 민감해야 하는 것이다.

면접내용의 기록은 면접조사표에 직접 기입하는 경우와 녹음기와 같은 기기를 사용하는 경우가 있다. 면접자료는 가급적 정확하게 기록해야 하며, 면접과 동시에 이루어지는 것이 좋다. 그러나 피면접자가 기록하는 것에 대해 불안해하거나 거부감을 느낄 경우에는 면접이 끝난 후에 즉시 기록한다. 글씨는 바르게 쓰며 수정해서는 아니 되며 응답 이외에 제안이나 의견도 기록해야 한다.

(8) 면접자료의 분석

기본적으로 폐쇄형 면접에 대한 결과분석은 각 항목에 응답한 자료를 백분율로 환산하여 간단하게 할 수 있으며, 개방형 질문인 경우에는 몇 종류의 범주체계를 만들어서 분석한다. 사례연구나 문화기술지 등과 같은 질적연구에서 면접자료를 분석하는 구체적인 절차는 제2부의 해당 장에서 상세히 다룰 것이다.

3) 면접법의 장단점

면접법은 검사법 혹은 질문지법과 구별되는 여러 가지의 장점이 있다. 첫째, 적절한 면접기술이 뒷받침된다면 검사나 질문지를 통해 수집할 수 없는 심도 있는 자료를 수집할 수 있다. 특히 개인면접의 경우 얻어진 자료가 다른 조사방법에 의해서 얻어진 것보다 정확할 수 있다. 둘째, 문장 독해력이 없는 사람에게서도 자료를 수집할 수 있다. 셋째, 면접과정에서 반응의 진실성 여부를 알 수 있다. 넷째, 피험자를 확인할 수 있다. 다섯째, 융통성이 있다. 즉, 면접과정에서 피면접자의 표정이나 태도에 따라 질문을 변경할 수도 있다. 여섯째, 연구와 직접적인 관련이 없는 다른 자료들을 수집할 수 있다. 일곱째, 회수율이 높다. 여덟째, 자료수집의 환경을 통제·표준화할 수 있다.

그러나 면접법 또한 단점을 지닌다. 첫째, 절차가 검사나 질문지법에 비하여 한층 복잡하며 면접자는 고도의 기술을 필요로 한다. 둘째, 개인면접인 경우 특히 시간과 경비가 많이 들 수 있다. 셋째, 원천적으로 익명성이 불가능하며 특히 지극히 사적인 내용에 대해서는 정확한 응답을 얻기 어렵다. 넷째, 면접기술이 미숙하면 편견이나 연구자의 그릇된 판단이 작용하기 쉽다. 다섯째, 면접자에 따라 융통성이 있기 때문에 피면접자의 응답내용이 면접자에 따라서 달라질 가능성이 있다.

3. 관찰법

관찰은 인간의 감각 기관을 매개로 하여 사상(事象)들에 대한 지식이나 정보 등을 얻는 가장 기초적인 방법이다. 관찰법을 정의하면 '도구를 사용하지 않는 측정'이며, 만약 도구를 사용해도 그것을 측정하는 사람에게 영향을 미치지만 측정받는 대상에게는 영향을 미치지 않는 측정이라고 할 수 있다(황정규, 1998). 관찰은 비언어적 행동에 대한 자료를 수집하는 것에 일차적 목표를 두고 있으며 이를 위해서는 시각뿐만 아니라 가능한 모든 감각을 동원할 필요가 있다. 또 정밀한 관찰을 위해서 필요하다면 기꺼이 측정도구를 이용하기도 한다. 관찰법 역시 자료수집의 한 방법이기 때문에 타당하고, 신뢰할 수 있게 객관적으로 이루어져야 함은 당연하다.

1) 관찰법의 유형

관찰법의 분류기준에 따라 여러 가지 유형으로 구분해 볼 수 있다. 관찰하려는 행동장면을 인위적으로 통제해서 조작하느냐 않느냐에 따라 통제적 관찰과 비통제적 관찰로, 관찰을 어느 정도 조직적으로 하느냐에 따라 우발적 혹은 자연적 관찰과 조직적 관찰로 나눌 수 있다. 또한 관찰상황의 통제 여하에 따라 자연적 관찰과 통제적 관찰로, 관찰자와 피관찰자 간의 참여 여하에 따라 참여 관찰과 비참여 관찰로 구분할 수도 있다(이종승, 1989; 황정규, 1998).

먼저 일반적인 관찰법의 여러 형태를 살펴보고 양적연구와 질적연구에서의 관찰법의 수행절차를 구분하여 고찰해 보기로 한다.

(1) 비통제적 관찰

말 그대로 일상생활에서 자연히 발생하는 사상(事象)이나 행동을 있는 그대로 관찰하는 것이다. 자연적 관찰, 즉 단순 관찰이라고도 부르며 어떤 행동이나 현상이 자연적으로 발생한 그대로를 관찰하는 방법이다. 인위적인 통제나 조작이 가해지지 않기 때문에 연구대상의 자연스러운 모습을 밝혀낼 수 있다는 장점이 있는 반면 자칫 관찰의 신뢰도가 떨어질 우려가 있다. 비통제적 관찰하에 수집된 자료의 신뢰성과 우수성은 관찰자가 훈련받은 정도와 그가 발휘하는 통찰력에 따라 달라진다. 비통제적 관찰하에서 참여 관찰 혹은 비참여 관찰이 이루어질 수 있으며 주로 질적연구에서 많이 사용된다.

(2) 통제적 관찰

관찰의 시간, 장면, 행동 등을 의도적으로 설정해 놓고 이러한 조건하에서 나타나는 행동을 관찰하려는 방법이다. 계통적 관찰이라고 하며 인위적인 조건, 즉 독립변인을 통제할 수 있기 때문에 종속변인으로서의 피험자의 행동을 분석하기 쉽다. 이 방법은 어떤 행동이 언제나 일어날 것 같은 특정한 환경적 조건을 설정하고, 필요한 만큼의 같은 행동을 반복시켜 정확한 관찰을 되풀이할 수 있도록 하는 것이다. 따라서 통제적 관찰의 경우 실험 전후의 결과를 비교할 수 있을 뿐만 아니라 다른 관찰자와의 결과비교도 가능하다. 다만 비록 독립변인을 통제하더라도 오차변인 때문에 판단 및 해석에 오류가 발생할 수 있으며, 실험조건의 인위성으로 말미암은 실제 생활장면에 대한 적용에는 한계가 있기 때문에 제한적인 일반화만이 가능하다.

(3) 참여 관찰

관찰 대상자나 그들의 행동에 대해서 아무런 통제를 가하지 않고 관찰자가 공동 생활자의 위치에 서서 그들의 자연스러운 행동을 관찰하는 방법이다. 즉, 관찰자가 피관찰자와 함께 생활하면서 피관찰자의 자연스러운 행동을 관찰하는 것이다. 참여 관찰의 경우 피관찰자가 의식하지 못한 상태에서 관찰하는 것이 최상의 방법이지만 이것이 불가능한 경우에는 아예 관찰자임을 알릴 필요가 있다. 참여 관찰은 관찰 대상자의 생활 속에 파고들수록 관찰하는 경험 범위는 좁혀져 관찰자가 정서적으로 개입되는 정도에 따라서 관찰의 객관성을 잃을 우려가 있다.

(4) 비참여 관찰

관찰대상과의 공동생활에는 참여하지 않고 외부인으로서 객관적으로 관찰하는 방법이다. 대부분의 관찰은 비참여 관찰로 이루어진다고 볼 수 있다. 이것은 통제적 관찰일 수도 있고 자연적 관찰일 수도 있다. 참여적 관찰보다는 객관성을 확보할 확률이 크지만, 조사 대상이 관찰하는 것을 의식하게 되어 관찰자 간에 긴장감이 생기고 처음에는 행동에 경직성이 생긴다는 것이 결함이다.

2) 양적연구에서의 관찰

(1) 관찰 변인의 규정

실제 관찰을 실시하기 전에 먼저 관찰할 변인들을 명확히 정해야 한다. 관찰 시 행동과 언어를 같이 포함해야 할지, 행동 발생을 가능하게 한 주위환경이나 조건도 포함해야 할지, 또 특정 사상(事象)만을 취해서 관찰할지, 일어난 모든 행동을 관찰할지를 결정한다. 관찰 변인의 유형에는 기술적, 추론적, 평가적 관찰 변인의 세 가지가 있다. 기술적 관찰 변인은 관찰자의 추론을 그다지 필요로 하지 않는 변인으로 일반적으로 신뢰성 있는 자료를 얻을 수 있으며, 추론적 관찰 변인은 행동으로부터 구성개념을 추론해야 하는 변인으로, 예를 들어, 자신감, 혼란, 불안 등이 있다. 평가적 관찰 변인은 행동에서 추론할 뿐만 아니라 평가적 판단까지 이루어지는 변인으로 특정 개념 설명에 대한 연구자의 질(質)이 여기에 해당된다.

(2) 관찰기록의 종류

관찰을 기록하는 방법에는 여러 가지가 있다. 여기서는 비교적 자주 사용되는 일화기록, 표본기록, 시간표집, 사건표집의 방법에 관해 설명하고자 한다. 기록의 정확성을 보장하기 위하여 관찰자는 한 번에 하나의 관찰 변인을 기록하도록 한다.

일화기록법   일화기록법(anecdotal record)은 개인의 특성을 이해하기 위하여 그 개인이 나타낸 구체적인 행동 사례나 어떤 사건에 관련된 관찰기록을 상세히 기록하는 방법으로 직접적인 관찰방법 중에서 가장 실시하기 쉬운 방법이다. 학생들의 사회정서적 특성이나 한 집단 내에서의 인간관계를 연구할 때 유용하게 사용할 수 있는 방법이다. 특히 예기치 않은 행동이나 사건을 관찰하여 기록하고자 할 때 유용하다. 일화기록법을 사용할 때 유의해야 할 점은 다음과 같다(이종승, 1989).

첫째, 어떤 행동 또는 사건이 언제, 어떤 상황에서 발생되었는지를 사실적으로 진술한다. 따라서 일화가 발생한 후 될 수 있는 한 즉시 기록해 두는 것이 좋다.

둘째, 객관적 사실과 이에 관한 관찰자의 해석이나 처리 방안을 명확히 구분하여 기록한다. 구체적인 특수한 사건을 기록하고, 일반적이거나 평가적인 서술은 피하는 것이 좋다.

셋째, 여러 시기에 일어난 서로 다른 일화들은 총괄적으로 기록하지 말고 각각의 일화를 독립적으로 기록하도록 한다. 그리고 일화는 그것이 일어난 순서대로 기록하는 것이 바람직하다.

표본기록법   표본기록(specimen description) 역시 일화기록처럼 발생한 어떤 사건이나 행동특성을 서술적으로 기록하는 것이지만, 표본기록은 미리 정해 놓은 준거(시간, 인물, 상황 등)에 따라 관찰된 행동이나 사건내용을 기록하고, 그것이 일어나게 된 환경적 배경을 상세하게 이야기식으로 서술하는 것이다. 표본기록은 수집된 정보들을 서로 비교할 수 있고, 진행 상황을 도표화하거나 변화양상을 검토하고 평가할 수 있어 어떤 계획을 수립하고 문제를 해결하기 위한 정보를 수집하는 방법으로 특히 가치가 있다.

일화기록 시 유의해야 할 사항 외에 피관찰자의 행동에 영향을 미치는 상황적 요인을 자세하게 기록하며, 관찰자의 의견이나 해석은 모두 괄호를 사용하여 직접 관찰한 내용과 구별하도록 한다. 이 기록법은 기록을 하고 평가하는 데 시간이 많이 소요되며, 주관적인 해석이나 추론이 이루어질 수 있으며, 한 번에 적은 수(대개는 한 명)의 대상만을 관찰한다.

시간표집법   시간표집법(time sampling)은 정해진 관찰기간 동안 계속 관찰하는 것이 아니라 일정한 시간 간격을 두고 행동을 관찰하여 그 결과를 기록하는 방법이다. 즉, 시간표집은 관찰하는 시간을 통제하는 방법이며 관찰 기간 및 관찰 회수를 어느 정도로 할 것인지는 연구자의 필요와 관찰 목적에 따라 정해진다. 대체로 시간 간격은 5분 이하로 하는 것이 일반적이나 관찰하려는 행동의 발생 빈도와 행동 유형에 따라 달라질 수 있다. 특히 시간표집법은 특정 행동이나 사건의 발생빈도를 파악함으로써 행동수정 프로그램을 작성하거나 평정척도 같은 측정도구를 만드는 데 기초 자료를 제공할 목적으로 많이 사용된다.

장점으로는 관찰하려는 행동이나 사건에 초점을 맞춤으로써 관찰상황을 통제하기 쉽고, 서술적인 관찰방법에 비해 시간과 노력이 덜 들고 효율적으로 관찰할 수 있다는 점이다. 반면에 관찰된 내용이 적당한 시간표집에 맞추어 부호화되어 있지 않을 경우 시간표집으로 얻은 자료는 질적인 분석을 할 수 없다는 단점이 있다. 또한 관찰이 특정한 행동에만 맞추어 이루어지기 때문에 행동과 행동사이의 상호관계를 파악하기 어려우며 자료가 단편적일 수 있다.

사건표집법   사건표집(event sampling)의 방법은 시간표집과는 달리 관찰의 단위가 시간 간격이 아니라 어떤 행동이나 사건 그 자체다. 따라서 사건표집에서는 관찰하고자 하는 특정 행동이나 사건이 발생할 때만 관찰한다. 사건표집방법을 사용할 때에는 우선 관찰하고자 하는 행동이나 사건을 명확히 정하고 이를 조작적으로 정의해 둘 필요가 있다. 정의에는 언제 어디서 어떠한 행동을 관찰할 것인지가 분명히 밝혀져야 한다. 사건표집법에는 문제행동 전후의 사건을 서술하여 행동의 원인을 밝히는 데 도움을 주는 서술식 사건표집과 문제행동이 얼마나 자주 일어나는지를 알 수 있는 빈도 사건표집이 있다(이정환, 박은혜, 1995). 이 표집법은 특정 행동이 발생할 관찰 시간을 예측하기 어려우며 관찰된 자료를 곧바로 양화하기 어렵다는 점이 있다.[4]

(3) 관찰기록 도구의 선택과 개발

관찰 변인과 행동 지표가 정해지면 관찰기록에 필요한 도구를 선택하거나 새롭게 개발해야 한다. 만약 관찰기록양식을 개발했을 경우 그것을 실제 상황과 유사한 상황에서 예비적으로 검증해 볼 필요가 있다. 표준관찰양식은 각 발달 단계에 적합한 관찰 양식을 제공해 주고, 개발에 소요되는 시간을 절약해 주며, 자신의 연구결과와 타 연구결과를 비교할 수 있는 이점이 있다. 반면에 표준화된 관찰 양식이 종종 관찰하고자 하는 모든 변인을 다 포함하지 않은 경우가 있다.

실제 관찰에서 오디오나 비디오의 사용은 관찰하고자 하는 행동을 여러 번

---

4) Borg 외(1996)는 관찰한 정보의 기록방식으로 4가지를 설명하고 있다. 목표행동이 발생하는 동안 경과한 시간을 측정하는 지속 시간 기록(duration recording), 목표 행동이 발생하는 빈도를 기록하는 빈도 기록(frequence-count recording), 일정한 간격을 정해 두고 이때 일어나는 목표 행동을 기록하는 간격 기록(interval recording), 특정한 관찰 간격 동안 목표 피험자의 모든 행동을 기록하는 연속 기록(continuous recording)이 있다. 특히, 연속 기록은 어떤 구체적인 관찰 변인에 초점을 두지 않으므로 관찰자는 개인이 행동하는 모든 것이나 특정 상황에서 일어나는 모든 것을 연대기적 서술로 기록하는 프로토콜(protocol)을 작성한다.

반복하여 볼 수 있으며, 직접 관찰하지 않고도 얻고자 하는 자료를 얻을 수 있다는 점에서 유용하나 가격이 너무 비싸다는 것을 단점으로 지적할 수 있다. 컴퓨터와 관련된 다양한 기기는 관찰 자료를 코딩, 통계적 분석과 해석을 하는 데 유용하다.

(4) 관찰자 선정 및 훈련

관찰법에서 관찰자의 선정은 무엇보다 중요하다. 박도순(1995)은 경험상으로 볼 때, 대학 교육을 받고 학교에 다니는 아동이 있는 부모의 입장에 있으며, 또한 연구문제에 관심을 가진 30~35세의 여성인 경우에 훌륭한 관찰자가 될 수 있다고 제안한다. 관찰자가 선정되면 관찰을 수행할 개개인을 훈련시켜야 한다.

훈련의 첫 단계는 훈련생들 상호 간에 관찰유형에 관해 논의하도록 하는 것이다. 둘째 단계는 관찰에 있어서 기초적인 정보에 대해 시험을 실시한 다음, 동기가 부족하거나 그 검사에서 나쁜 검사결과를 보여 준 사람을 제외해야 하는 것이다. 셋째 단계는 관찰할 상황과 유사한 관찰기록(보통 비디오테이프를 통한 기록)을 통해 개개의 행동 관찰을 수행하도록 하는 것이다. 이러한 훈련의 목적은 보다 신뢰할 수 있는 자료의 수집과 함께 관찰자 간의 일치도를 높이고자 하는 것이다.

(5) 관찰자 영향 줄이기

관찰자의 행위는 수집된 자료의 타당도나 신뢰도에 부정적인 영향을 미칠 수 있으므로 연구자는 가능한 관찰자 영향을 사전에 탐지하여 최소화하도록 하여야 한다. 관찰 시 예상되는 관찰자의 영향과 그 해결책으로 다음의 몇 가지를 지적할 수 있다(Borg et al., 1996).

첫째, 관찰자의 존재가 관찰상황의 분위기를 변화시키거나 피관찰자의 행동을 변화시킬 수 있으므로 관찰상황을 구조화하고, 피관찰자들과 사전에 접촉하여 자연스러운 분위기를 만든다.

둘째, 관찰하는 내용에 대해 관찰자 자신이 편견을 가질 수 있으므로 편견의 원인을 찾아 제거한다.

셋째, 관찰자에 따라 평정 분포가 달라질 수 있다. 즉, 대부분을 좋은 쪽으로 평정하는 경우, 평균 주변에 하는 경우, 또는 피관찰자에 대한 초기 인상이 평가에 영향을 주는 경우(halo effect)가 있을 수 있다. 이러한 문제가 발생했을 때에는 평정척도를 재구성하거나 좀 더 숙련된 관찰자를 구해야 한다.

넷째, 사전에 얻은 자료에 대한 지식으로 형성된 관찰자의 기대가 다른 변인의 기록에 영향을 줄 수 있으므로 가능한 한 이런 정보를 접하지 않도록 사전에 조치를 취해야 한다.

다섯째, 관찰 변인이 너무 빠르게 또는 동시에 발생해서 제대로 기록하지 못하는 경우가 있는데 이때는 관찰 변인을 단순화하거나 관찰자의 수를 증가시켜야 한다.

여섯째, 관찰 기간이 길어지면 관찰자가 관찰 변인을 재정의하여 최초의 변인을 반영하지 못할 수 있으므로 필요하다면 관찰 기간 중에라도 관찰자를 재교육시켜야 한다.

일곱째, 점차 관찰 동기가 약화되어 자료의 신뢰도가 낮아질 수 있는데 이때는 관찰자들에게 연구의 목적과 관찰이 가지는 중요성을 다시 일깨워 주고, 관찰자료의 신뢰성 여부에 대하여 자주 피드백을 제공해 주어야 한다.

3) 질적연구에서의 관찰

질적연구에서의 관찰은 양적연구에서의 관찰과 세 가지 면에서 차이가 있다(Borg et al., 1996). 첫째, 관찰하는 현상에 대해 중립적이거나 객관적일 필요가 없으며 연구자는 자신의 감정과 경험에 비추어 해석할 수 있다. 둘째, 관찰의 초점은 보다 즉각적인 것으로 만약 새로운 연구문제가 발견되면 자유롭게 그 문제에 주의를 집중할 수 있다. 셋째, 일반적으로 관찰의 초점은 양적연구에 비해 광범위하며 관찰하고자 하는 행동 그 자체뿐만 아니라 행동이 일어나는 상황적 맥락을 중시한다.

이하에서는 질적연구에서의 관찰과 관련하여 일반적인 사항만을 간략히 제시한다. 보다 구체적인 절차는 '제2부 제14장 문화기술지'에서 상세히 다룰 것이다.

(1) 관찰의 목적

질적연구의 두 가지 일반적인 자료수집방법(면접, 담화분석)은 자연스런 상황에서 참여자가 말하거나 기록한 내용과 관련이 있기 때문에 이를 통해 얻은 정보는 참여자의 지식, 기억, 정보를 분명하고 정확하게 전달하는 능력 등에 제한된다. 반면 질적연구에서의 관찰에 의한 자료는 진술이나 문헌에 의한 것보다 현상을 더욱 완벽하게 기술한다. 특히 중요한 것은 관찰은 다른 방법으로 수집된 정보를 증명하기 위한 대안을 제공한다는 것이다.

(2) 관찰자의 역할

질적연구에서 관찰자의 참여 정도는 상당히 다양하다. Gold(1969)는 연구자의 역할을 객관적 관찰자의 입장에서부터 완전한 참여자의 입장에 이르는 연속선상에 따라서 4가지 형태로 설명한다. 즉, 객관적 관찰자인 경우에는 연구되는 상황에서 분리되어야 하며, 완전한 참여자인 경우에는 그 상황의 일원이 되어야 한다. 이 양극단 가운데에는 관찰자-참여자 역할과 참여자-관찰자 역할이 있다. 관찰자-참여자 역할은 연구자가 기본적으로 관찰자로서 행동하되 개인이나 집단과 우연적, 비간접적으로만 상호작용하며 단지 자료수집을 위한 경우에만 상황에 참여한다. 반면, 참여자-관찰자 역할은 연구자가 집단 내에서 어느 정도의 유의미한 정체성(identity)을 형성하기 위해 개인들과 밀접하게 상호작용하며 관찰한다.

(3) 관찰 준비

관찰자의 훈련은 양적연구에서와는 달리 도제식으로 이루어진다. 즉, 전문가와 함께 관찰함으로써 초보 관찰자는 점차적으로 관찰에 초점을 맞추는 방법, 세 단계(기술관찰-집중관찰-선별관찰)에 걸쳐 초점을 변화시키는 방법에 대한 이해를 높이게 된다.

(4) 관찰 초점의 결정

관찰의 초점은 연구가 진행됨에 따라 달라진다. Spradley(1980)에 의하면 이런 변화의 과정은 전형적으로 세 가지 단계를 포함한다.

첫째, 기술관찰 단계(descriptive stage)는 관찰이 어느 한곳에 중점을 두는 것이 아니라 일반적이며 포괄적으로 이루어지는 단계로 연구자가 차후 특정한 방향으로 관찰하기 위한 토대를 제공한다.

둘째, 집중관찰 단계(focused stage)는 관찰자가 어떤 현상의 특징들을 파악하는 단계로 현상에 관한 보다 알찬 정보를 수집하기 위한 주의를 집중하기 시작한다.

셋째, 마지막 단계인 선별관찰 단계(selected stage)는 연구에 관한 의문이나 문제가 발생하는 단계로, 관찰을 통해 이론적 혹은 경험적으로 가장 근본적으로 밝혀진 특정 요소에 대한 자신들의 이해를 높이는 쪽으로 관찰자의 초점이 바뀐다.

(5) 현장 투입

관찰자는 현장과 구성원이 가지는 특징, 사전에 설정한 관찰자의 역할에 근거하여 현장에 들어갈 절차를 생각해 두는 것이 필요하다. 이때 전문가와 의논을 하거나 전문가들의 연구보고서를 읽어 보는 것이 절차를 개발하는 데 도움이 된다. 현장 투입의 결과 기술관찰, 집중관찰, 선별관찰이 실제로 이루어지는 단계다.

(6) 관찰기록

질적연구에서 관찰기록은 양적연구자들이 영구적인 기록을 하기 위해 사용한 방법과 거의 동일하다. 현장 노트에 필기를 하거나 노트북 컴퓨터, 녹음기 등을 사용한다. 때로는 참여자의 산만함을 막기 위해 은밀하게 기록하는 경우도 있다. 질적연구에서 바람직한 현장기록의 특징으로는 기술적이고 반성적[5]이어야 하며, 구체적으로 기록해야 하고, 적절한 경우 그림과 같은 시각적인 부분도 포함해야 한다.

---

5) 기술적 정보(descriptive information)에는 연구 참여자의 언어적 진술, 대화의 재구성, 물리적 환경의 설명, 특정 사건에 대한 설명, 관찰자 행동에 대한 설명 등이 있으며, 반성적 정보(reflective information)에는 자료수집과 분석방법, 윤리적인 딜레마와 갈등, 관찰자의 마음가짐과 즉각적인 해석 등이 반영된다.

(7) 관찰자 영향에 대한 조치

양적연구는 관찰이 특정 개인과 독립적이어야 한다는 전제하에서 이루어지지만, 질적연구는 관찰되는 현상에 미치는 관찰자에 대해 다른 입장을 취한다. 즉, 관찰자는 그들의 편견과 개인적 반응을 관찰되는 '장면'의 일부로 생각한다. 대신에 제기될 수 있는 타당도 문제는 다음과 같이 해결한다.

첫째, 관찰자의 출현으로 인한 참여자의 반응과 조사과정 동안 미치는 관찰자의 영향에 대한 것으로 질적연구자들은 관찰에 미치는 그들의 영향을 과대평가 또는 과소평가하지 않는다. 대신에 이들 영향을 연구 프로젝트의 일부로서 기술하고 분석한다.

둘째, 관찰자의 개인적 선입견과 편견에 대한 것으로 연구자는 자료분석이 타당함을 증명하기 위하여 어떤 수단적 조처를 감수한다. 예를 들어, 관찰자나 다수의 연구자로 하여금 다양한 이론적 견해로 연구결과를 검토해 보도록 함으로써 연구자의 선입견에 의해 야기되었을지도 모르는 왜곡을 줄인다.

셋째, 관찰자의 능력 부족과 관련하는 것으로 현장에서 자료를 수집하기에 앞서 관찰자로서 갖추어야 할 조건을 완전하게 훈련시키도록 한다.

(8) 질적연구자료의 분석

질적연구의 현장 작업이 모두 이루어졌을 때, 연구자는 광범위한 현장기록과 시각자료를 갖게 된다. 이 모든 자료는 분석, 해석, 기록될 필요가 있다. 문서자료의 분석방법은 '제12장 내용분석'에서, 면접 및 관찰자료의 분석방법은 '제14장 문화기술지'에 상세히 다루고 있으므로 여기에서는 구체적인 분석방법에 대한 설명은 생략하기로 한다.

연습문제 · · · · · · · · · ·

1. 다음 타당도의 종류를 서로 구분하시오.
   1) 내용타당도
   2) 예언타당도
   3) 공인타당도
   4) 구인타당도

2. 다음 신뢰도의 종류를 서로 구분하시오.
   1) 검사-재검사 신뢰도
   2) 동형검사 신뢰도
   3) 반분검사 신뢰도
   4) 문항내적 합치도

3. 일반적인 검사제작 절차를 서술하시오.

4. 표적집단 면접법의 특징을 설명하고, 표적집단 면접기법이 수행될 수 있는 주요 연구장면에 대한 예를 2가지 이상 들어 보시오.

5. 구조화된 면접과 비구조화된 면접, 반구조화된 면접의 차이점을 설명하시오.

6. 검사법과 비교하여 면접법이 지닐 수 있는 장점과 단점을 서술하시오.

7. 관찰법의 종류를 간단히 제시하고, 검사법과 비교하여 지닐 수 있는 장점과 단점을 서술하시오.

통계적 분석

연구문제에 대한 구체적인 해답을 얻고, 연구결과를 정확하게 파악하기 위해서는 수집한 자료를 통계적으로 분석하여 의미가 드러나도록 해야 한다. 특히 수집된 자료의 양이 크면 클수록 통계적 조작을 가하지 않고 자료 속의 정보를 끄집어내기란 거의 불가능하다. 교육연구에서 통계적 분석을 사용하는 목적은 다양한 수리적 절차와 공식을 사용하여 양적자료를 요약·정리하고 변인들 간의 인과법칙을 발견하려는 데 있다. 다만 이러한 의미가 반드시 양적연구에서만 통계적 분석이 수행될 수 있음을 의미하지는 않는다. 질적연구에서도 비록 통계분석방법의 사용의 정도와 수준은 달라도 여전히 사용될 수 있다. 통계분석은 사용하는 목적에 따라 기술통계와 추리통계로 구분된다.

여기서는 먼저 자료를 정량화하고 분석하기 위한 기본개념인 척도의 종류 및 특징을 살펴보고, 수집된 자료의 특성을 요약·기술하는 기술통계적 방법에 대하여 소개한다. 이어서 표본의 특성으로 전집의 특성을 추정함으로써 얻은 결과를 일반화하려는 다양한 추리통계적 방법을 제시할 것이다. 마지막으로 이러한 추리통계적 방법 적용의 기반을 이루고 있는 통계적 가설검증의 절차에 대하여 살펴본다.

1. 척도의 종류 및 특징

연구에서 분석하고자 하는 특정 변인들은 반드시 측정의 과정을 거치게 된다. 측정(measurement)이란 일반적으로 어떤 사물이나 대상의 속성을 재기 위하여 수치를 부여하는 절차를 의미하며, 측정결과를 수치로 표시한 것을 측정치라고 한다. 수치를 부여하기 위해서 이들 수치를 부여하는 규칙이 필요하다. 이를 위해서는 척도(scale)를 사용한다. 즉, 척도란 사물의 속성을 구체화하기 위한 측정의 단위를 의미한다. 여기에는 명명척도, 서열척도, 동간척도, 비율척도의 네 가지가 있다. 연구에서 변인을 측정할 때 어떤 척도를 사용하는가 하는 것은 아주 중요하다. 이는 어느 수준의 척도를 사용하느냐에 따라 수여된 수치의 특성과 의미를 달리하며 또한 이러한 수치의 특성에 따라 적용가능한 통계적 분석방법이 다르기 때문이다. 명명척도, 서열척도, 동간척도, 비율척도를 가리켜 측정의 수준이라고도 한다.

1) 명명척도

명명척도(nominal scale)란 부여된 수치의 의미가 사물이나 속성이 질적으로 구분되거나 서로 다르다는 것을 의미할 뿐 더 이상의 다른 의미는 없는 경우를 말한다. 즉, 부여된 수치는 요소나 대상 간에 서로 다르다는 것만을 의미할 뿐 위계가 있다거나 양적인 측면에서 서로 다름을 의미하지는 않는다. 차량번호, 색깔, 인종, 운동선수의 등번호 등이 명명척도에 속한다. 예를 들어, 운동선수의 등번호는 사람이 서로 다르다는 것을 나타낼 뿐이다. 연구에서는 전형적으로 성별을 표시하기 위하여 남자＝1, 여자＝2와 같이 수치를 부여하는 경우가 이에 해당된다. 따라서 명명척도로 측정된 자료는 유목에 따라 빈도를 산출할 수는 있으나 산술연산이 불가능하다.

2) 서열척도

서열척도(ordinal scale)는 부여된 수치가 사물이나 속성이 서로 구별되는 동시에 상대적인 서열적 위치까지 함께 의미하는 경우를 말한다. 서열척도의 예로는 성적 등위, 키 순서 등을 들 수 있다. 성적 등위에 따라 1, 2, 3 … 등으로 수치를 부여하는 경우 1등과 2등이라는 등위를 얻은 학생이 서로 다르며 또한 서열적으로 차이가 있음을 나타내는 것이다. 다만, 서열척도는 각 수치 간 양적인 대소나 서열은 성립되지만 서열 간의 간격이 같지 않아 동간성이라는 의미는 없다. 예를 들어, 1등과 2등, 7등과 8등은 동일하게 등위에서 1등의 차이가 있으나 실제 점수에서 차이 정도는 동일하지 않다. 서열척도로 수집된 자료 또한 기본적으로 산술 연산은 불가능하다.

3) 동간척도

동간척도(interval scale)는 수치가 구별성, 서열성뿐만 아니라 동일 간격성의 의미까지 함께 포함하고 있는 경우를 말한다. 동간척도의 예로는 섭씨온도, 시험점수, IQ 등을 들 수 있다. 예를 들어, 세 명의 학생의 시험점수가 각각 80점, 90점, 100점인 경우 이들 간에는 서로 성적이 다르며(구별성), 성적에서 대소의 차이가 있으며(서열성), 차이 점수 10점이란 동일한 의미를 지니고 있다(동간성)는 것을 나타낸다. 다만, 동간척도에는 상대적인 의미를 지니는 임의영점(arbitrary zero)은 존재하지만 절대영점(absolute zero)은 존재하지 않는다. 임의영점이란 온도의 0℃나 검사의 0점이 아무것도 없는 것이 아니라 무엇이 있을지라도 임의적으로 어떤 수준을 정하여 0이라고 합의하였다는 것이다. 예컨대, 국어 시험에서 0점을 받은 학생이라고 해서 국어 능력이 전혀 없는 것은 아니다. 동간척도로 수집된 자료는 덧셈이나 뺄셈은 가능하나 원칙적으로 곱셈과 나눗셈은 의미가 없다.

4) 비율척도

비율척도(ratio scale)란 구별성, 서열성, 동간성과 함께 0이라는 수치가 절대영점이라는 의미를 함께 의미하는 경우를 말한다. 영(零)이라는 것은 그 특성이 전혀 없는, 아무것도 존재하지 않는 절대영점을 의미한다. 비율척도의 예로는 무게, 길이, 시간 등을 들 수 있다. 무게가 0이라 하였을 때는 그야말로 무게가 전혀 없는 절대영점을 의미한다. 따라서 비율척도는 사물의 분류, 서열, 동간성 및 비율을 나타낼 수 있는 절대영점을 지니고 있다는 점에서 4가지 척도 중 가장 완전하다고 볼 수 있다. 다만 자연과학과는 달리 행동과학 영역에서는 비율척도를 사용하여 사물이나 속성을 측정할 수 있는 경우가 거의 없다. 비율척도로 수집된 자료는 사칙연산의 적용이 가능하다.

〈표 6-1〉 연구에서 측정의 수준이 갖는 중요성

　연구에서 어떤 측정의 수준으로 변인을 측정할 것인가, 즉 명명척도, 서열척도, 동간척도, 비율척도 중 어느 척도를 사용하여 변인을 측정하고 수치를 부여할 것인가 하는 것은 아주 중요한 문제다. 왜 이러한 문제가 중요한지를 생각해 보자.

　우리는 연구란 일차적으로 현상에 대한 요약과 기술, 설명, 예언, 통제에 그 목적이 있음을 이미 고찰한 바 있다. 마찬가지로 통계적 분석 기법 또한 주어진 현상을 요약·기술하기 위하여 사용하는 통계적 기법이 있으며, 변인 간의 관계에 대한 설명, 변인 간의 영향관계나 인과관계를 밝혀내는 데 적용할 수 있는 통계적 기법이 있다. 여기서 한 연구자가 자신의 연구목적을 하나 혹은 두 개의 변인에 대한 요약·기술이 아닌, 두 개 변인 간의 인과관계를 설명·예측하고자 하는 연구목적을 설정하였다고 가정해 보자. 이 경우 변인 간의 인과관계를 설명할 수 있고 예측할 수 있는 통계적 기법을 적용해야 한다.

　예를 들어, 통계적 기법의 하나인 회귀분석(regression analysis)을 생각해 보자. 회귀분석은 한 개 이상의 변인이 다른 한 변인에 영향을 미치는 정도를 분석하는 데 사용될 수 있는 통계적 분석방법이다. 그런데 회귀분석에서 변인 간의 영향의 정도를 나타내는 회귀계수(β)를 산출하기 위해서는 공식상 집단 내 사례들의 평균점수와 표준편차를 필요로 한다. 여기에서 한 변인에 대한 평균점수나 표준편차가 의미를 가지기 위해서는 최소한 동간척도나 비율척도로 측정되어야만 가능하다는 것을 상기해 보자. 결과적으로 예측목적의 연구를 수행하고자 한다면 그러한 통계적 기법이 적용될 수 있는 수준으로 변인이 측정되어야 하는 것이다.

　많은 변인은 연구자의 측정방법에 따라 측정의 수준을 달리하여 측정될 수 있다. 한 연구자가 '교직경력, 교사의 연령과 교직 만족도와의 관계'를 연구한다고 해 보자. 이 경우 교직경력과 연령은 다음과 같은 두 가지 방법으로 측정할 수 있다.

　　방법 1 - 귀하의 교직경력은?
　　　　　① 10년 미만　　② 20년 미만　　③ 30년 미만　　④ 30년 이상
　　　　- 귀하의 연령은?
　　　　　① 20대　　　　② 30대　　　　③ 40대　　　　④ 50대　　　　⑤ 60대
　　방법 2 - 귀하의 교직경력은?　□□년 □□개월
　　　　- 귀하의 연령은?　□□세

　　방법 1은 교직경력과 연령을 서열척도 수준에서 측정하는 경우다. 따라서 서열척도의 특성상 평균 교직경력과 평균 연령, 표준편차 등을 산출할 수 없게 되며, 그 결과 평균이나 표준 편차를 이용하는 통계적 분석을 수행할 수 없게 된다. 궁극적으로 제한된 통계적 분석과 한정된 결과해석으로만 그치게 된 것이다. 이와는 달리 방법 2는 교직경력과 연령을 비율척도 수준에서 측정하는 경우다. 따라서 평균, 표준편차를 산출할 수 있으며, 그 결과 보다 다양하거나 정밀한 통계적 분석방법을 사용할 수 있게 된다. 궁극적으로 보다 효과적으로 연구목적의 달성에 기여할 수 있게 되는 것이다.

　　변인에 따라서는 그 자체가 본질적으로 자연적 질적 변수이기 때문에 명명척도 등으로 측정할 수밖에 없는 경우도 있다. 예컨대, 성별은 전형적으로 명명척도 수준에서 측정된다. 그러나 방금의 예와 같이 어떤 변인들은 문항형식에 따라 얼마든지 명명척도나 서열척도가 아닌 동간척도나 비율척도로 측정될 수 있다. 사회경제적 지위, 학력, 학업성취도 등과 같은 변인이 대표적이다. 연구자는 효과적인 연구 수행을 위하여 가능한 측정의 수준을 높여 측정할 필요가 있음을 인식하고 있어야 한다.

2. 기술통계

　　기술통계(descriptive statistics) 방법은 수집된 자료를 쉽게 이해할 수 있도록 간결하게 요약·기술하고자 하는 목적으로 사용되는 통계적 분석방법을 말한다. 즉, 어떤 자료에서 얻은 결과를 그 대상 이외의 다른 대상들에 적용하지 않고 해석의 의미를 국한하는 분석방법이다. 따라서 모집단 대상의 양적연구에서는 반드시 수행되어야 하는 통계적 분석이며, 모집단이 아닌 표본을 대상으로 이루어지는 양적연구(상관연구, 인과비교연구, 실험연구 등)에서도 추리통계 분석에 앞서 표본의 특성을 제시하기 위하여 기술통계 분석이 수행된다. 다만 질적연구의 경우에도 수량화된 자료를 포함되어 있다면 이를 위해서도 기술통계는 사용될 수 있다.

　　기술통계치로는 여러 가지의 방법이 사용되고 있지만 여기에서는 빈도분포, 집중경향치, 변산도, 상관계수를 간단하게 설명한다. 앞서 언급한 것처럼 통계 분석은 자료가 갖는 측정의 수준에 따라 달리하므로 연구자는 연구의 성격뿐만 아니라 수집된 자료의 특성을 잘 파악하여 기술통계적 분석을 수행하고 제시할 필요가 있다.

1) 빈도분포

빈도분포(frequency distribution)란 연구에서 수집된 자료의 전체적인 분포를 쉽게 파악하기 위하여 측정치를 크기의 순서 혹은 질적 유목에 따라 나열한 다음 각 측정치에 해당하는 대상의 수를 빈도(frequency: f)로 나타낸 것을 말한다. 따라서 연구에서 명명척도 자료를 수집한 경우에 가장 빈번하게 사용하며, 서열, 동간·비율척도로 수집된 자료의 경우 급간으로 나누어 유목화함으로써 빈도분포로 제시되기도 한다. 빈도분포는 질적자료인 경우 유목수를 어떻게 할 것인가, 어떻게 누가적으로 변화하고 있느냐에 따라 단순빈도분포, 묶음빈도분포 및 누가빈도분포로 구분된다.

(1) 단순빈도분포

단순빈도분포표를 작성하는 과정은 우선 점수의 크기에 따라 가장 높은 것에서부터 가장 낮은 점수까지 차례로 정리한 후에 그 점수와 관련된 빈도를 그 옆에 적는 순서로 진행된다. 어떤 검사에서 학생 70명의 점수에 대한 단순빈도분포의 예는 〈표 6-2〉와 같다.

특히, 단순빈도분포표를 만들 때에는 빈도가 하나도 없는 점수를 포함하여 최고점과 최하점 사이의 모든 점수들을 순서대로 정리해야 하는 것에 유의해

〈표 6-2〉 **단순빈도분포의 예**

점 수	빈 도(f)	점 수	빈 도(f)	점 수	빈 도(f)
30	1	20	4	10	4
29	2	19	1	9	2
28	1	18	2	8	1
27	3	17	1	7	2
26	3	16	3	6	3
25	0	15	4	5	0
24	4	14	5	4	4
23	2	13	2	3	2
22	3	12	0	2	0
21	7	11	3	1	1

야 한다. 이렇게 단순빈도분포표를 작성함으로써 최고점, 최하점 그리고 가장 빈도가 높은 점수 등의 학생 70명에 대한 점수분포를 쉽게 파악할 수 있다. 그러나 각각의 점수만큼 유목의 수가 많기 때문에 자료를 보다 간결하게 요약하기 위하여 흔히 유목의 수를 줄인 묶음빈도분포를 많이 활용한다.

(2) 묶음빈도분포 및 누가빈도분포

묶음빈도분포표에서는 광범위하게 분포되어 있는 점수를 급간(class interval: i)을 사용하여 묶음으로써 단순하게 요약한다. 앞의 단순빈도분포 자료를 사용하여 묶음 빈도분포 및 누가빈도분포로 나타내어 보면 〈표 6-3〉과 같다.

〈표 6-3〉 **묶음빈도분포 및 누가빈도분포의 예**

급 간(i)	빈 도(f)	백분율(p)	누가빈도(cf)	누가백분율(cp)
26~30	10	14	70	100
21~25	16	23	60	86
16~20	11	16	44	63
11~15	14	20	33	47
6~10	12	17	19	27
1~5	7	10	7	10

〈표 6-3〉에서 첫째, 둘째 열은 전체 급간과 그 급간에 해당되는 빈도를 나타내고 있으며 셋째 열은 전체 사례에 대한 백분율(percentage: %)을 나타내고 있다. 백분율의 계산은 특정 급간의 빈도를 전체 사례수(N)로 나누고 곱하기 100을 하여 계산한다. 또한 누가빈도(cumulative frequency: cf)는 제일 아래의 급간에서 시작하여 그 급간의 모든 빈도를 더하여 얻게 되며, 누가백분율 (cumulative percentage: cp)은 각 급간의 누가빈도를 전체 사례수(N)로 나눈 다음 곱하기 100을 하여 계산한다.

급간을 사용하여 묶음빈도분포를 작성할 때는 급간의 크기와 수를 결정하는 것이 매우 중요하다. 급간의 크기와 급간의 수는 상호 의존적인 관계에 있다. 즉, 급간의 크기가 늘어나면 급간의 수는 줄어들고 반대로 급간의 크기가 줄어들면 급간의 수는 늘어나게 된다. 급간의 수를 결정하는 원칙은 없으나 대체로

5~20개의 급간을 많이 사용한다. 급간의 크기는 홀수로 정하는 것이 바람직한
데 이는 묶음자료인 경우 통계적 분석은 모두 급간의 중간치(midpoint)를 평균
으로 사용하기 때문이다. 예를 들어, 급간 11~15에서의 중간치는 13으로 정수
가 되는데, 이는 급간의 크기가 홀수이기 때문에 정수가 되지만 짝수가 되면
중간치가 소수점이 되어 수작업으로 후속 계산을 할 경우 불편하다.

2) 집중경향치

빈도분포표로 점수들을 배열함으로써 수집된 자료의 특성에 대하여 전반적
이고 대략적인 이해를 할 수 있으나 전체 점수분포를 대표하는 하나의 수치로
요약하는 것 또한 자료의 특성을 이해하는 데 도움이 될 수 있다. 이를 위하
여 사용되는 지수가 집중경향치다. 집중경향치(central tendency)에는 최빈치,
중앙치 그리고 평균이 있다. 집중경향치를 나타내는 방법 또한 자료가 갖는
측정의 수준에 따라 차이가 있으므로 연구에서 수집한 자료의 성격을 파악할
필요가 있다.

(1) 최빈치

최빈치(mode)란 집중경향치를 나타내는 방법 중 가장 간단한 방법으로 측
정치의 분포에서 가장 자주 나타나는 수치를 말한다. 유의해야 할 것은 최빈
치는 어떤 분포에서 가장 많이 나타나는 점수를 가리키는 것이지 그 점수의
빈도가 아니라는 점이다. 최빈치는 명명척도 자료일 때 분포의 대표치로 용이
하게 사용된다. 앞선 〈표 6-2〉에서는 가장 많은 사례수인 7에 해당되는 점수
21이 최빈치다. 급간을 이용하는 묶음빈도분포의 경우에는 가장 많은 빈도가
있는 급간의 중간치가 최빈치가 된다. 한편 〈표 6-3〉의 묶음빈도분포에서는
급간 21~25에서 사례수가 16으로 가장 빈도가 높게 나타난다. 따라서 최빈치
는 이 급간의 중간치인 23이 된다.

(2) 중앙치

중앙치(median)란 측정치 분포의 가장 중간에 있는 점수로서 측정치의 50%
를 상하로 나누는 점수를 말한다. 따라서 중앙치의 위에 전체 사례수의 50%,

그 아래에 나머지 50%가 각각 놓이게 되며, 누가백분율 50%에 해당되는 점수가 중앙치다. 중앙치는 양이 많은 서열척도의 자료에서 적당하다.

중앙치는 전체 사례수(N)가 홀수이면 (N+1)/2번째의 점수가 되며, 만약 N이 짝수이면 (N/2) 및 (N/2)+1번째인 가운데 두 점수를 합하여 2로 나누면 된다. 예를 들어, 54, 68, 73, 86, 97의 자료에서 (5+1)/2=3번째인 73이 중앙치가 되며, 만약 54, 68, 73, 75, 86, 97의 자료가 주어졌다면 (6/2)=3번째인 73과 (6/2)+1=4번째인 75의 중간 점수인 74가 중앙치가 된다.

(3) 평균

평균(mean, $\overline{X}$, m) 혹은 산술평균(arithmetic mean)은 중앙치나 최빈치에 비하여 가장 안정성이 있으며 또한 가장 흔하게 사용되는 집중경향치다. 이는 평균은 분포 내의 모든 점수의 영향을 받으며 모든 점수의 무게중심이라는 의미를 지니기 때문이다. 평균은 동간척도나 비율척도의 자료에서만 계산이 가능하며 후속적인 통계분석이 요구되는 경우 많이 사용된다. 평균은 각 사례의 측정치들을 모두 더한 후 그 합을 전체 사례수로 나누어 구한다. 각 사례의 점수를 X_i, 전체 사례수를 N이라고 하면 평균($\overline{X}$)은 다음과 같다.

$$\overline{X} = \frac{\sum_{i=1}^{N} X_i}{N}$$

급간을 사용한 묶음 빈도분포에서의 평균은 각 급간의 중간치에다 그 급간에 속하는 사례수를 곱한 다음 전체 사례수로 나누어 구한다.

3) 변산도

연구에서 일련의 집단을 대상으로 자료를 수집하였을 때, 수집된 자료의 점수분포의 특성을 요약·기술하는 또 하나의 방법은 각 점수들이 집중경향치를 중심으로 어느 정도 서로 흩어져 있느냐를 나타내는 방법이다. 이를 위해 변산도(variability) 지수가 사용된다. 변산도는 어떤 분포에서 점수들이 흩어져 있는 정도, 즉 점수들이 집중경향치로부터 얼마만큼 떨어져 있느냐의 정도를 나타낸다. 어떤 분포에서 점수들이 집중경향치로부터 많이 떨어져 있으면 있을수록 변산도는 커지는 반면에 점수들이 가깝게 모여 있으면 변산도는 작아진다. 따라서 변산도가 커질수록 분포 내의 구성원들이 이질적(heterogenous)이며 변산도가 작아질수록 동질적(homogeneous)이라 할 수 있다.

예를 들어, [그림 6-1]을 보자. 이 그림은 평균은 같지만 변산도가 서로 다른 두 집단의 분포를 나타낸 것이다.

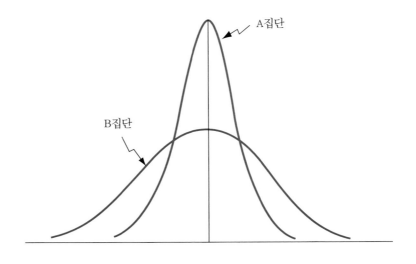

그림 6-1 평균은 같으나 변산도가 다른 두 분포

여기에서 A집단이 B집단에 비하여 훨씬 동질적이라는 점을 쉽게 알 수 있다. 변산도의 종류로 범위, 사분편차, 표준편차로 나누어 설명하고 여러 분포의 측정치들을 서로 비교할 수 있는 표준점수를 함께 살펴본다.

(1) 범위

범위(range: R)는 어떤 자료에서의 최대치와 최소치의 차이를 말한다. 범위는 한 분포의 최소치와 최대치의 두 측정치만으로 계산할 수 있다는 점에서 변산도 지수 중 가장 계산이 간단하다는 장점이 있다. 그러나 범위는 적어도 변산도 지수로서는 신뢰성이 없다. 이는 범위를 통하여 분포의 양쪽 끝에 있는 두 측정치 간의 간격을 알 수 있지만 그 사이에 놓여 있는 대부분의 측정치들이 어떻게 흩어져 있는가에 대해서는 전혀 알 수가 없기 때문이다. 따라서 범위는 분포에서 점수들의 변산 정도를 대략 짐작해 볼 경우에 주로 사용된다. 측정치가 정수의 자료일 경우에는 범위＝최대치－최소치＋1의 공식으로 계산되는데, 공식의 끝부분에 1을 더하는 이유는 점수의 정확한계를 고려하기 때문이다. 정확한계(exact limit)란 어떤 측정치가 갖는 범위로서 측정치의 단위를 반으로 나누어 측정치에다 각각 더하기 및 빼기를 해서 구한다. 예를 들어, 측정치 25의 정확한계는 24.5~25.5다.

(2) 사분편차

사분편차(quartile deviation: Q)는 중앙치를 기준으로 한 변산도로서, 어떤 분포의 중앙에서 사례의 50%가 차지하는 점수범위의 절반을 의미한다. 사분편차의 계산은 전체 사례의 25%에 해당하는 점수(Q_1)와 75%에 해당하는 점수(Q_3)를 구하여 두 점수 간의 간격을 반으로 나누면 계산할 수 있다. 이는 다음과 같은 공식으로 나타낼 수 있다.

$$Q = \frac{Q_3 - Q_1}{2}$$

사분편차는 분포 양쪽 끝 점수들의 영향을 받지 않기 때문에 범위에 비하여 보다 정확한 변산도를 측정한다는 장점이 있다. 그러나 각 점수들 간의 실제 간격을 계산하지 못하기 때문에 점수들이 얼마나 흩어져 있는가에 대하여 정확히 알 수는 없다.

(3) 표준편차

편차(deviation: d)란 어떤 점수가 그 점수 분포의 평균으로부터 얼마나 떨어져 있는가를 나타내는 수치다. 즉, $d = X_i - \overline{X}$다. 표준편차(standard deviation: SD, S)는 편차를 제곱하여 모두 합한 값을 전체 사례수로 나눈 다음 제곱근을 하여 구한다. 표준편차의 제곱, 즉 S를 변량(variance: V)이라고 한다. 표준편차를 구하는 공식은 다음과 같다.

$$S = \sqrt{\frac{\sum(X_i - \overline{X})^2}{N}} = \sqrt{\frac{\sum d^2}{N}}$$

표준편차는 범위나 사분편차보다 안정성이 있고 신뢰성 있는 변산도 지수이므로 평균과 더불어 다른 후속적인 통계적 분석을 하는 데 가장 많이 사용된다. 예를 들어, 다음에 설명할 표준점수나 상관계수를 계산할 경우에 평균과 표준편차가 요구된다.

4) 표준점수

표준점수(standard score)는 어떤 점수와 평균 간의 차이인 편차를 표준편차로 나누어서 변환시킨 점수를 의미한다. 표준점수를 사용하게 되면 능력의 상대적 수준을 비교할 수 있을 뿐만 아니라 여러 검사에서 나온 결과를 동일 척도상에서 비교할 수 있게 해 준다는 장점이 있다. 또한 정상분포와 관련하여 특정한 표준 점수 사이에 해당되는 면적 비율을 정확하게 계산할 수 있도록 해 준다.

표준점수에는 여러 종류가 있지만 여기서는 가장 널리 쓰이고 있는 Z점수와 T점수를 살펴본다. 다음의 [그림 6-2]는 표준편차를 분포의 단위로 했을 때, 각 단위 사이의 면적 비율을 나타낸 것으로 정상분포와 백분율 및 표준점수들 간의 관계를 제시한 것이다.

Z점수   표준점수 Z의 계산 공식은 다음과 같다.

$$Z = \frac{X - \overline{X}}{S} = \frac{d}{S}$$

어떤 분포의 원점수(raw score)를 표준점수 Z로 바꾸면 평균이 0, 표준편차가 1인 단위 정상분포가 되기 때문에 산술적 조작을 쉽게 할 수 있고, 분포가 다른 점수들을 서로 비교할 수 있다. 단위정상분포곡선하에서 주어진 Z점수

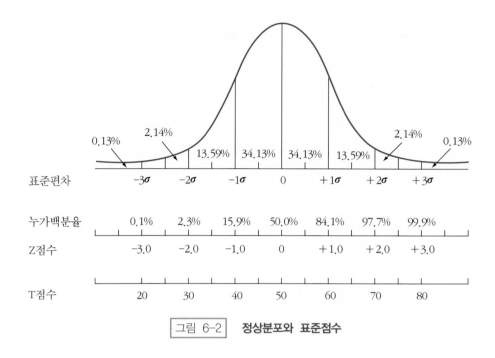

그림 6-2   정상분포와 표준점수

에 대한 구체적인 면적 비율은 〈부록 2〉에 제시되어 있다. 예를 들어, 어떤 학생이 국어시험에서 60점, 수학시험에서 60점을 각각 받았다 하자. 이들 성적은 서로 비슷하게 보이지만 실제 원점수들 간의 비교는 적절하지 않다. 따라서 그 학생이 속한 학급의 국어, 수학시험의 평균 및 표준편차를 고려하여 이를 Z점수로 변환시켜 능력을 상대적으로 비교할 수 있다. 더불어 학급 내에서 국어성적 및 수학성적이 위치하는 백분위를 정확하게 찾아낼 수 있다.

과 목	평 균	표준편차	
국 어	68	8	$Z점수_{국어} = (60-68)/8 = -1.0$
수 학	56	4	$Z점수_{수학} = (60-56)/4 = +1.0$

따라서, 이 학생의 국어 60점에 해당되는 Z점수는 -1.0, 수학 60점에 해당되는 Z점수는 +1.0이므로, [그림 6-2]에서 보듯이 +1.0이 -1.0보다 분포의 위쪽에 있음을 알 수 있다. 그러므로 이 학생의 경우에는 국어점수보다는 수학점수가 더 높다고 말할 수 있다. 또한 〈부록 2〉에서 Z=+1.0, Z=-1.0에

해당되는 면적비율을 찾아보면 수학성적은 상위 84.13%에 해당되며, 국어성적은 상위 13.87%에 해당됨을 알 수 있다.

T점수　T점수 또한 표준편차를 단위로 하고 있다는 점에서 다른 종류의 표준점수다. 그러나 Z점수는 원점수가 평균보다 작을 경우에는 모두 음수로 표시되며, 대부분의 Z점수가 소수점을 지닌다는 단점이 있다. 이러한 단점을 보완하기 위한 T점수는 Z점수를 평균 50, 표준편차 10의 분포로 전환한 표준점수다. T점수의 계산 공식은 다음과 같다.

$$T = 10 \times Z + 50$$

앞에서 예로 제시된 Z점수를 T점수로 바꾸면 다음과 같다.

〈표 6-4〉　**연구에서 T점수의 활용**

　연구에서 T점수가 가장 많이 활용되는 경우는 실험연구에서다. 교육·심리 영역에서 이루어지는 실험연구의 경우 연구자는 실험집단을 대상으로 어떤 교육 프로그램이나 처치를 실시하고 프로그램 처치 이전 및 처치 이후에 측정된 변인의 점수를 상호비교함으로써 프로그램의 효과성 여부를 확인하게 된다. 이때 프로그램의 효과성을 검증하기 위해 측정되는 변인이 사전-사후에 걸쳐 동일한 측정도구가 사용된다면 사전검사와 사후검사는 문항수와 점수범위, 문항형식, 문항 난이도 등이 동일하게 된다. 따라서 사전-사후검사 평균점수 간 차이 검증은 곧바로 검사간 원점수 분포를 그대로 사용하여 평균을 비교할 수 있다. 대체로 불안검사, 자아개념검사, 자아존중감검사, 태도검사 등과 같이 정의적 영역의 검사인 경우 사전-사후 간 동일한 검사가 사용된다.

　그러나 경우에 따라서는 실험연구에서 프로그램 처치 전후에 동일 검사를 사용할 수 없는 경우가 종종 발생한다. 예를 들어, 학업성취도나 창의성 증진 프로그램 효과 연구의 경우 사전검사와 사후검사에서 동일한 성취도검사 혹은 동일한 창의성검사를 사용하게 된다면 사후검사점수에는 사전검사로 인한 연습의 효과까지 함께 반영되게 된다. 따라서 연구자는 사전검사로 A창의성 검사, 사후검사로 B창의성 검사를 사용하거나, 혹은 사전검사로 1학기 시험성적, 사후검사로 2학기 시험성적 등과 같이 서로 다른 문항수나 난이도를 지닌 검사를 사용하게 된다. 이 경우 사전검사와 사후검사 모두는 표준점수로 변환하여 동일 척도상에서 비교하는 절차가 반드시 필요하다. 지적한 것처럼 Z점수로 변환할 경우 음수 부호와 소수점이 산출되기 때문에 대체로 T점수로 변환하여 비교하는 것이 바람직하다. T점수로 변환한 결과 두 개의 검사점수 모두는 동일한 분포에 놓이게 되며 마침내 평균점수 간의 차이가 효과적으로 비교될 수 있게 된다.

$$T점수_{국어} = 10(-1.0) + 50 = 40$$
$$T점수_{수학} = 10(+1.0) + 50 = 60$$

Z점수와 T점수는 이론적으로 정교하고 유용한 척도임에는 분명하지만 두 점수 분포에서 평균점수가 동일한지 비교를 하기 위해서는 두 검사의 점수분포가 정상분포에 가까운 서로 비슷한 모양을 이룰 때만 보다 적절한 비교가 가능하다는 단점이 있다.

5) 상관

상관(correlation)이란 두 개의 변인 간의 관계를 의미하며 상관계수(correlation coefficient)는 두 가지 변인들이 서로 관계되어 있는 정도를 나타내는 지수다. 즉, 어떤 변인의 값이 변해 감에 따라서 다른 변인의 값이 얼마만큼 동일한 방향이나 역의 방향으로 함께 변하는지 그 정도를 나타낸다.

예를 들어, 지능지수를 한 변인으로 하고 학업성적을 다른 한 변인으로 보았을 때, 지능지수와 학업성적 간의 관계는 상관계수를 산출함으로써 알아볼 수 있다. 만약 지능지수가 높은 학생이 학업성적이 높거나 또는 지능지수가 낮은 학생이 학업성적이 낮은 경향이 있다면, 이 두 변인은 비례적인 관계로서 +부호를 가지는 정적(positive) 상관이 있다고 말한다. 반대로 지능지수가 높은 학생이 학업성적이 낮거나 지능지수가 낮은 학생이 학업성적이 높다면 이들은 반비례적인 관계로서 -부호를 지니는 부적(negative) 상관이 있다고 한다. 이와는 달리 지능지수가 높은 학생의 학업성적이 높거나 낮거나 혹은 중간일 수도 있다면 두 변인 간의 상관은 0에 가까운 낮은 상관을 나타낸다고 할 것이다.

상관계수는 -1.00부터 +1.00 사이의 값을 가지며 일반적으로 정적 상관인 경우 +부호는 표시하지 않는다. 상관계수의 절댓값이 크면 클수록 그만큼 상관의 정도가 큰 것을 의미하며 절댓값이 0에 가까워질수록 상관의 정도가 작아진다. 이들 두 변인 X, Y 간의 상관관계를 산포도(scatterplot)를 통하여 나타낼 수 있는데 이런 산포도를 그려보면 상관계수를 계산하지 않아도 상관의 방향과 상관계수의 크기를 짐작할 수 있다. 개략적인 산포도를 통해서 상관계수

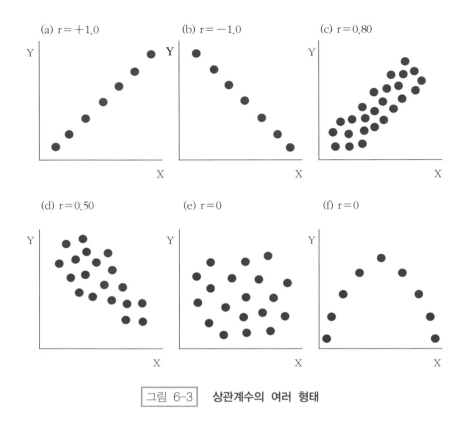

그림 6-3 **상관계수의 여러 형태**

의 다양한 형태를 그려 보면 [그림 6-3]과 같다.

상관계수의 종류에는 여러 가지가 있지만, 여기서는 일반적으로 많이 쓰이는 적률상관계수(product moment correlation coefficient)를 알아보고자 한다. 적률상관계수는 보통 r로 표시하며 이를 구하는 공식은 다음과 같다.

$$r_{xy} = \frac{N\,\Sigma XY - (\Sigma X)(\Sigma Y)}{N\,\Sigma X^2 - (\Sigma X^2)\sqrt{N\,(\Sigma Y^2) - (\Sigma Y^2)}}$$

연구에서 자료를 수집하고 두 변인 간 적률상관계수를 사용하고자 할 경우, 두 변인 모두 연속적인 특성을 지녀야 하며 동간척도나 비율척도에 의하여 측정되어야 한다는 전제조건이 있다. 만약, 두 변인 모두가 연속변인이 아니라면 자료의 성질에 따라 특수상관계수라고 불리는 여타의 다른 상관계수를 산출해야 한다. 특수상관계수에는 양류상관계수(point-biserial correlation coeffi-

〈표 6-5〉　특수상관계수의 종류

- 등위상관계수(rank difference correlation)　　스피어먼(Spearman)이 발전시킨 것으로 스피어먼 등위상관계수라고 부른다. 사례수가 적고, 사용되는 변인이 등위로 표시된 서열변인인 경우에 사용된다. 보통 ρ(로)로 표시한다.
- 캔달의 등위상관계수 타우(Kendall's tau: τ)　　캔달의 등위 상관계수는 스피어먼의 등위상관계수와 같이 변인의 점수가 등위로 표시된 경우에 사용되는 것으로, 특히 사례수가 10 이하인 경우에 사용하면 편리하다. 보통 τ(타우)로 나타낸다.
- 양분상관계수(biserial correlation)　　측정되고 있는 변인의 특성이 연속적이면서도 하나의 변인이 두 개의 유목으로 나뉜 경우에 사용하며 보통 Y_b로 표시한다. 예를 들면, 시험에서 합격-불합격이나 성공-실패와 같이 인위적으로 한 변인을 양분하는 경우에 사용한다.
- 양류상관계수(point-biserial correlation)　　두 변인 중에서 한 변인은 연속적이고 다른 변인은 질적으로 양분되는 경우에 사용된다. 연속적인 특성을 가진 변인이 연구자에 의하여 인위적으로 양분될 필요가 있을 때에는 양분상관계수를 사용하나 완전히 비연속적인 변인이 양분되는 경우에 사용할 수 있다. 보통 r_{pb}로 표시한다.
- 사분상관계수(tetrachoric correlation)　　연속적인 두 변인을 인위적으로 각각 양분하여 피어슨의 적률상관계수를 빨리 추정하고자 할 때 사용한다. 그러나 이것은 정확성이 떨어지므로 적률상관계수를 사용하는 것이 좋다. 보통 Y_t로 표시한다.
- 파이계수(phi coefficient)　　양류상관계수의 연장으로 두 변인이 질적으로 양분되는 경우에 사용한다. 예를 들면, 정-오 문항으로 구성된 검사에서 문항간의 상관을 측정하고자 할 때 사용한다. 보통 Ψ로 표시한다.
- 유관계수(contigency coefficient)　　사분상관계수가 두 변인이 두 개의 유목으로 나뉜 경우에 적용하는 것에 비하여, 이것은 두 변인을 나눈 유목의 수가 두 개 이상인 경우에 사용한다. 보통 원어의 첫 머리 글자를 따서 C계수라고 한다.
- 상관비(correlation ratio)　　두 변인의 관계가 직선적인 관계를 가정하고 있는 피어슨의 적률상관계수에 비하여 두 변인 사이에 비직선적인 관계가 존재할 때 사용하는 것으로 적률상관계수로 계산할 경우에 과소 평가될 가능성을 줄이기 위하여 사용된다. 보통 η로 표시한다.

cient), 사분상관계수(tetrachoric correlation coefficient), 사류상관계수(four-fold point correlation coefficient), 유관계수(contigency coefficient) 등이 있다. 상관계수를 해석할 경우에 유의할 점은 상관계수에는 동간성이나 비율성이 존재하지 않는다는 것이다. 예컨대, r=.20과 r=.30 간의 차이가 r=.40과 r=.50 간의 차이와 같다고 볼 수 없으며 r=.40이 r=.20의 두 배라고 할 수 없다.

3. 추리통계

　연구자가 어떤 연구를 수행하는 경우에 여러 가지 이유로 연구대상의 전체 사례를 다루지 못하고 그 일부만을 뽑아서 연구하게 되는데 연구대상의 전체 대상을 모집단(population)이라고 하며, 실제 연구대상으로 뽑힌 일부를 표본(sample)이라 부른다. 이는 '제4장 연구대상의 표집'에서 설명한 바 있다. 추리통계(inferential statistics) 방법은 이렇듯 모집단에서 추출된 표본을 분석하여 이를 기초로 모집단의 특성을 추정하는 통계적 방법들을 말한다. 추리통계의 목적은 표본의 특성인 통계치(statistic)로부터 모집단의 특성을 나타내는 모수치(parameter)를 확률적으로 추정하는 데 있다. 추리통계에서는 사례수가 아주 많은 모집단 전체를 분석하기에는 거의 불가능하거나 실용적이기 못하기 때문에 추출이 가능한 표본의 사례만을 사용하게 된다. 예를 들어, 우리나라 초등학교 5학년 학생들의 몸무게 평균을 알고자 할 때 현실적으로 모든 학생들의 몸무게를 조사할 수는 없다. 이런 경우에는 5학년 학생들을 대표할 수 있는 표본을 추출하여 그 표본을 대상으로 우리나라 초등학교 5학년 학생들의 몸무게 평균을 추정하는 것이 바람직하다.

　특히 추리통계적 방법은 모집단의 분포에 따른 가정 여부에 따라 모수적 통계법과 비모수적 통계법으로 구분된다. 모수적 통계(parametric statistics)란 모집단의 분포에 관한 어떤 가정에 입각한 통계적 방법인 반면에 비모수적 통계(nonparametric statistics)는 모집단의 분포에 관하여 특정한 가정을 필요로 하지 않는 방법을 말한다. 모수적 통계방법으로는 Z검증법, t검증법, F검증법이 널리 사용되며, 비모수적 통계방법으로는 x^2검증법이 많이 활용된다. 공통적인 점은 이들 방법들은 모두 궁극적으로 표본을 통하여 모집단의 특성을 추리하는 가설검증의 한 절차로 사용된다는 것이다.

　따라서 다음에서는 가설검증의 절차에서 중요한 몇 가지 개념을 먼저 살펴본 다음 이들 가설검증절차에서 사용되는 추리통계적 방법을 차례로 살펴본다. 이후 이러한 몇 가지 개념이 통계적 기법과 결합하여 어떠한 절차로 가설검증이 이루어지는지 구체적으로 살펴볼 것이다.

1) 통계적 오류

우리는 '제2장 연구주제 및 연구문제와 가설'에서 가설의 의미와 종류를 차례로 살펴본 바 있다. 가설이란 두 개의 변인이나 그 이상의 변인들 사이의 관계에 대한 추측적 또는 가정적 서술문이다. 연구가설은 통계적 가설로 변환되며 수집된 자료를 토대로 통계적 분석을 수행함으로써 가설검증의 절차를 밟게 된다. 결과적으로 가설검증의 마지막 단계에서 설정한 가설을 긍정하거나 부정하는 양자택일의 결정을 하게 된다. 그런데 만약 그 가설이 사실인데 부정하거나 반대로 거짓인데도 그것을 긍정하게 된다면 판단의 오류를 범하게 된다. 이는 가설검증에 대한 확률적 판단에 따른 오류이며 이를 일컬어 통계적 오류(statistical error)라 한다.

가설검증의 결과 일어날 수 있는 경우의 수는 4가지다. 이는 영가설의 실제가 참이냐 거짓이냐에 따라 이를 수용하느냐 혹은 기각하느냐에 따라 구별된다. 〈표 6-6〉과 같은 4가지 경우다.

〈표 6-6〉 **가설검증 결과의 4가지 경우**

		영가설의 실제	
		참(眞)	거짓(僞)
영가설에 대한 가설검증 결과	기각	제1종 오류(α)	올바른 결정
	수용	올바른 결정	제2종 오류(β)

여기에서 두 가지 종류의 통계적 오류가 있음을 알 수 있다. 첫째, 영가설이 참인데도 이를 기각함으로써 발생하는 통계적 오류로 이를 제1종 오류(Type I error) 혹은 α(alpha)라고 부른다. 이것이 흔히 연구에서 제시되는 유의도 수준(significance level)으로 α 혹은 p로 나타낸다. 연구자는 연구에서 제1종 오류의 정도를 적당한 수준에서 임의로 설정할 수도 있다. 그러나 대체로 사회과학분야 연구에서는 유의도 수준을 .05 혹은 .01로 고정적으로 사용하는 경우가 대부분이다. 결과적으로 이는 가설검증 결과 영가설이 참인데도 이를 잘못하여 기각하였을 확률을 각각 5% 혹은, 1%로 설정한다는 의미다. 둘째, 영가설이 거짓 혹은 틀릴 경우에 이것을 수용할 때 발생하는 오류로서 제2종

오류(Type II error) 혹은 β(beta)라 한다.

가설을 검증할 때 제1종 오류와 제2종 오류 모두를 최소화시키는 것이 가장 바람직하겠지만 사실상 이는 불가능하다. 왜냐하면 이들 두 가지 종류의 오류는 상호 반비례 관계에 있기 때문에 어느 하나가 낮아지면 다른 하나는 높아지기 때문이다. 따라서 연구자는 이들 두 종류의 오류가 균형을 이루는 적당한 수준에서 오류의 수준을 결정하는 것이 바람직하다.

연구자는 대개 영가설을 기각하고 대립가설을 수용하기를 바란다. 이는 대립가설이 연구자가 주장하는 내용이나 기대를 담고 있는 가설이기 때문이다. 통계적 검증력(statistical power)은 영가설이 위일 때 영가설을 기각하고 대립가설을 수용하여 올바른 결정을 할 수 있는 정도를 의미한다. 통계적 검증력은 $1-\beta$의 수식으로 나타낸다. 통계적 검증력을 높이기 위해서는 여러 방법이 있다. 첫째, 유의도 수준 α를 증가시켜야 하고, 둘째, 표본의 크기를 증가시키며, 셋째, 통계적 검증력이 있는 방법들을 활용하는 것이다.

2) 수용역과 기각역

이제 위에서 언급한 유의도 수준이란 말을 통계적 분포와 관련하여 수용역과 기각역이라는 용어로 설명해 볼 필요가 있다. 뒤에서 살펴보겠으나 대부분의 통계적 가설은 Z분포, t분포, F분포, x^2 등에 근거하여 Z검증, t검증, F검증, x^2검증법으로 이루어진다. 여기에서 수용역(region of acceptance)이란 검증 통계치가 수용역에 속하는 영역으로 영가설을 채택하는 반면에 기각역(region of rejection)은 검증 통계치가 수용역을 벗어나서 기각역에 속하므로 영가설을 기각하고 대립 가설을 수용하는 영역을 말한다. 달리 말해 통계적 검증을 통하여 산출된 통계치가 특정 분포 내에서 기각역에 속한다면 연구자는 영가설을 기각하고 대립가설을 수용한다. 그러나 산출된 통계치가 수용역에 속한다면 영가설을 수용해야 한다.

영가설의 수용역과 기각역은 결정치(critical value)를 기준으로 나뉘는데, 주어진 유의도 수준에서 영가설의 수용과 기각에 관련된 의사결정을 할 때 그 기준이 되는 점을 결정치라고 한다. 따라서 통계적 검증에서 얻은 통계치의 절대치가 결정치보다 같거나 크면 기각역에 속하게 되며 영가설을 기각하고,

통계치의 절대치가 결정치보다 작으면 수용역에 속하게 되므로 영가설을 수용하게 된다. 유의도 수준에 따른 수용역과 기각역은 Z, t, F, x^2분포 중에서 어느 분포를 이용하느냐, 집단의 수가 몇 개이냐, 각 집단의 사례수는 얼마나 되는가 등에 따라 다르기 때문에 연구자는 각 검증법의 해당 수표를 확인하여야 한다. 여기에 따라 연구자는 표본에서 얻은 통계치가 수용역에 속하는지 아니면 기각역에 속하는지를 확률에 따라 판단하게 되며, 몇 %의 수준에서 통계적으로 유의하게 다르다 혹은 다르지 않다고 결론을 내리게 된다.

예를 들어, Z분포에서 5%의 유의도 수준($\alpha = .05$)에서 수용역과 기각역을 그림으로 나타내면 [그림 6-4]와 같다.

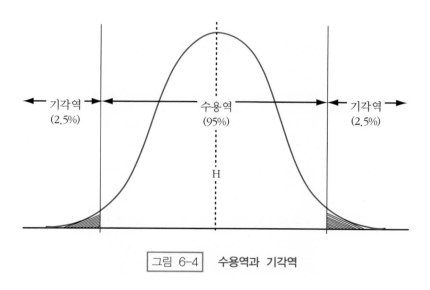

| 그림 6-4 | **수용역과 기각역** |

3) 양측검증과 단측검증

가설검증을 위해서는 유의도 수준, 수용역과 기각역의 개념과 함께 양측검증 및 단측검증이라는 개념을 알아 두어야 한다. 연구자가 대립가설을 어떻게 설정하는가에 따라서 가설검증의 기준이 되는 기각역이 달라지며 이에 따라 각각 양측검증 혹은 단측검증이 수행된다.

양측검증(two-tailed test)이란 Z분포, t분포 등에서 분포의 양쪽을 모두 고려하여 기각역을 정하여 가설검증을 하는 것으로, 분포에서 어느 한 방향을 규정하지 않고 기각역이 설정되므로 무방향 가설검증(undirectional test)이라고 한다. 이에 비하여 단측검증(one-tailed test)은 분포의 한쪽만을 고려하여 기각역을 정하여 가설검증을 하는 것으로 방향 가설검증(directional test)이라고도 한다.

예를 들어, 연구에서 '남자 고등학생과 여자 고등학생 간에는 사회성에서 차이가 없을 것이다.' 라는 영가설을 통계적 가설로 표현하면, 영가설은 H_0 : $\mu_1 = \mu_2$가 된다. 즉, 두 모집단 간의 평균의 차이가 없다는 것이다. 이 경우 연구자가 설정한 대립가설은 다음의 A, B, C 중 어느 하나의 형식을 취할 수 있다. [그림 6-5]는 이와 같은 대립가설의 형태에 따라 기각역이 어떻게 결정되는지를 보여 준다.

A. H_1 : $\mu_1 \neq \mu_2$, 두 모집단 간에는 평균이 같지 않다.
  (남자 고등학생과 여자 고등학생은 사회성 수준에서 차이가 있을 것이다.)
B. H_1 : $\mu_1 > \mu_2$, 모집단 1의 평균이 모집단 2의 평균보다 크다.
  (남자 고등학생은 여자 고등학생에 비하여 사회성 수준이 높을 것이다.)
C. H_1 : $\mu_1 < \mu_2$, 모집단 1의 평균이 모집단 2의 평균보다 작다.
  (남자 고등학생은 여자 고등학생에 비하여 사회성 수준이 낮을 것이다.)

대립가설 A는 두 모집단의 평균 중 어느 쪽이 크든 작든 관계없이 단순히 같지 않다고 진술하는 경우다. 이런 경우는 [그림 6-5]의 (a)처럼 분포의 양쪽 끝에 있는 모든 기각역을 고려해야 한다. 그러므로 만약 유의도 수준을 α로

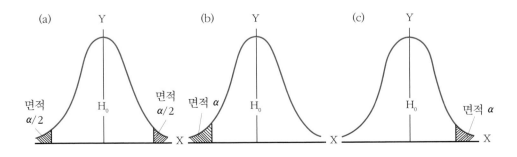

그림 6-5 3가지 대립가설에 따른 기각역

한다면 양쪽의 모든 기각역을 고려해야 하므로 각각의 면적은 $\alpha/2$가 된다. 그러나 대립가설 B와 C는 어느 쪽의 모집단평균이 큰지 혹은 작은지에만 관심이 있으므로 만약 유의도 수준을 α로 하였다면 α의 면적이 한쪽에만 놓이게 된다. 즉, 한쪽의 α만으로 기각역을 설정하고 가설을 검증하게 된다. 대립가설 B와 C의 기각역은 [그림 6-5]의 (b)와 (c)에 각각 해당된다.

결과적으로 연구자는 수집한 자료의 통계적 검증 과정에서 항상 자신이 설정한 유의도 수준, 가설검증의 방향을 염두에 두고 기각역과 수용역을 채택해야 한다.

4. 통계분석방법

이하에서는 연구문제나 가설에 따른 자료분석과정에서 가장 빈번하게 사용되는 몇 가지 통계분석방법을 간략히 제시한다. 각 통계분석방법에서 사용되는 공식에 대한 수리적 유도 과정 등을 알고자 한다면 통계분석만을 다루고 있는 별도의 통계학 책을 찾아볼 것을 권한다.

연구자는 통계적 분석방법의 적용에 앞서 자신이 설정한 연구문제나 가설, 독립변인과 종속변인의 수, 변인을 측정하여 수집된 자료들의 측정의 수준 그리고 앞서 언급한 것처럼 유의도 수준과 검증의 방향 등을 항상 염두에 두고 있어야 한다.

1) Z검증 방법

Z검증은 Z분포에 의하여 가설을 검증하는 통계적 방법으로 연구에서는 첫째, 어떤 단일 표본에서 산출한 평균치가 그 표본이 속한 모집단의 평균치와 과연 차이가 있는가를 검증하고자 할 때, 둘째, 어떤 두 표본에 대한 평균치를 토대로 그 두 표본이 각각 두 개의 모집단 간 평균치가 차이가 있는지를 알아보고자 할 때 가장 빈번하게 사용된다. 특히 Z검증의 과정에서는 모집단의 평균과 표본의 평균 간의 차이를 표준오차의 비율로 계산하기 때문에 CR (critical ratio) 검증이라고도 한다.

Z검증법의 토대가 되는 것은 Z분포 혹은 정상분포곡선(normal distribution curve)이다. 이에 대해서는 앞에서도 간략히 언급한 바 있다. 정상분포곡선은 하나의 꼭지점을 가진 종 모양의 좌우대칭적인 분포로서 평균과 표준편차라는 두 가지 수치에 의해서 규정되는 분포다. 어떤 분포의 원점수를 표준점수 Z로 바꾸면 이 Z점수의 분포는 평균이 0이고 표준편차가 1인 단위정상분포(unit normal distribution)를 이루게 된다.

어떤 표본에서 나온 평균치와 그 표본이 속한 모집단의 평균치 간의 차이에 대한 유의성 검증, 즉 평균의 표집분포가 정상분포를 이룰 경우 모집단의 μ를 알고 있을 때는 전집의 단일평균에 대한 모수치의 추정을 위한 통계적 가설 및 계산 공식은 다음과 같다.

$$H_0 : \mu = \text{모집단의 평균으로 알려진 어떤 수치}$$
$$H_1 : \mu_1 \neq \text{모집단의 평균으로 알려진 어떤 수치}$$

$$Z = \frac{\overline{X} - \mu}{\sigma_{\overline{X}}} = \frac{\overline{X} - \mu}{\sigma / \sqrt{n}}$$

단, 모집단의 σ를 모르는 경우에는 분모에서 $\sigma / \sqrt{n}$ 대신에 표본에서의 표준편차를 이용하여 $s / \sqrt{n}$을 사용하게 된다.

예를 들어, 연구자가 어느 고등학교의 학생들의 IQ가 전국 고등학생의 IQ와 유의한 차이가 있는지의 여부에 관심이 있다고 하자. 이를 위하여 연구대상 고등학생들 중에서 100명을 무선표집하여 지능검사를 실시한 후 평균을 계산하였더니 105점이 산출되었다. 단, 지능검사요강에 따르면 전국 고등학생의 IQ의 평균과 표준편차는 각각 100, 16이었다 한다. 이 경우 Z검증 결과는 다음과 같다.

$$H_0 : \mu = 100$$
$$H_1 : \mu \neq 100$$

$$Z = \frac{\overline{X} - \mu}{\delta / \sqrt{n}} = \frac{105 - 100}{16 \sqrt{100}} = 3.13$$

만약 .05의 유의도 수준에 따라 통계적 검증을 한다면 〈부록 2〉의 표준정규분포표에서 알 수 있듯이 Z결정치는 ±1.96이며, 따라서 Z통계치인 3.13은 기각역에 속함을 알 수 있다. 따라서 연구자는 영가설을 기각해야 하며, 연구대상 학교의 고등학생들의 IQ는 전국 고등학생들의 IQ와는 유의미한 차이가 있다는 결론을 내리게 된다.

연구에서 Z검증법이 보다 빈번하게 사용되는 경우는 두 집단 간 평균차 검증을 수행하는 경우다. 예를 들어, 연구자는 남녀 학생 간에 사회성 점수에서 차이가 있는지 또는 두 가지의 서로 다른 학습방법을 적용한 두 집단 간에 학업성취도 점수에서 차이가 있는지 등에 관심이 있을 수 있다. 이런 경우 표본이 대표본이라면 역시 Z검증법이 사용될 수 있다. 예를 들어, 두 표본이 독립표집이고 모집단의 μ를 아는 경우 다음과 같은 공식에 의해서 Z값이 산출될 수 있다.

$$H_0 : \mu_1 = \mu_2$$
$$H_1 : \mu_1 \neq \mu_2$$

$$Z = \frac{(\overline{X}_1 - \overline{X}_2) - (\mu_1 - \mu_2)}{\sigma_{\bar{x}1 - \bar{x}2}} = \frac{\overline{X}_1 - \overline{X}_2}{\sqrt{\sigma_1^2/N_1 + \sigma_2^2/N_2}}$$

산출된 Z값은 앞에서 살펴본 방법과 동일한 방식으로 특정한 유의도 수준하의 Z값과 비교하여 영가설의 수용 혹은 기각을 판정하게 된다. Z검증을 위해서는 분석될 측정치가 당연히 동간척도 또는 비율척도로 측정되어 얻은 값이어야 한다. 명명척도나 서열척도의 자료의 경우 평균이나 표준편차를 산출할 수 없기 때문이다.

2) t검증 방법

t검증은 여러 면에서 Z검증과 유사하다. 다만 t검증법은 모집단의 표준편차(σ)를 알지 못하며 소표본인 경우에 사용되며 정상분포가 아닌 t분포를 근거로 통계적 추리를 하게 된다는 점에서 차이가 있다. t분포는 Student의 t분포라고도 불리며 종 모양으로 t=0에서 좌우대칭을 이루는 분포로서 단일 모양으로 고정된 Z분포와는 달리 자유도(degree of freedom: df, V)에 의해서 모양

이 바뀌는 가족분포다.

자유도란 어느 집단의 측정치 중에서 자유롭게 선택될 수 있는 측정치의 수로서 표본의 사례수(n)에서 1을 뺀, 즉 (n-1)을 의미한다. 다시 말해서 자유도란 자료에 의해서 주어진 조건하에서 독립적으로 자유롭게 변화할 수 있는 점수의 수를 뜻한다. 예를 들어, 사례수가 10인 자료에서 그 평균을 구하였을 경우에는 10개의 측정치 중 9개만 정해지면 나머지 1개는 자동적으로 정해지므로 이 경우의 자유도는 n-1＝9가 된다.

t분포의 형태는 자유도에 따라서 달라지게 되며, 자유도가 점차 커질수록 정상분포에 가깝게 된다. 예를 들어, 자유도가 2, 5 및 무한대인 경우의 t분포는 다음의 [그림 6-6]과 같다.

[그림 6-6]에서 보듯이 t분포는 정상분포에 비하여 분포의 양쪽 꼬리부분은 약간 올라간 반면에 분포의 중앙부는 정상분포보다 다소 낮은 모양을 나타낸다. 특히 자유도가 적을수록 중앙부가 평평해지는 반면 자유도가 점차 커져 무한대에 이를수록 t분포는 정상분포에 근접하게 된다. 대체적으로 자유도가 100 이상이면 t분포와 정상분포는 커다란 차이가 없는 반면에 100 이하가 되면 어느 정도 차이가 나타나게 되며, 특히 자유도가 30 이하인 소표집 이하인

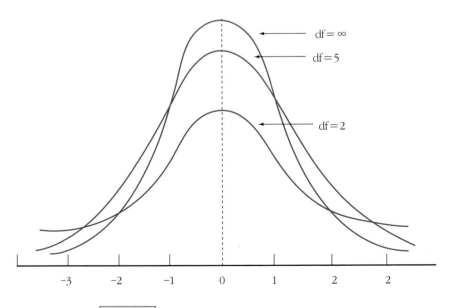

그림 6-6   사례수가 다른 3가지 경우의 t분포

경우 확연한 차이가 발생하게 된다. 따라서 연구에서는 대체로 표본의 수가 30 이하이면 t검증을, 30 이상이면 Z검증을 하게 된다.

표본의 수에 따른 차이를 제외한다면 연구에서 t검증이 사용될 수 있는 장면은 Z검증과 동일하다. 첫째, 어떤 단일 표본에서 산출한 평균치가 그 표본이 속한 모집단의 평균치와 과연 차이가 있는가를 검증하고자 할 때, 둘째, 어떤 두 표본에 대한 평균치를 토대로 그 두 표본이 각각 두 개의 모집단 간 평균치가 차이가 있는지를 알아보고자 할 때 t검증방법을 적용할 수 있다.

평균의 표집 분포가 t분포를 이룰 경우 어떤 표본에서 나온 평균치와 그 표본이 속한 모집단의 평균치 간의 차이에 대한 유의성 검증, 즉 단일 평균에 대한 모수치의 추정을 위한 계산공식은 다음과 같다.

$$t = \frac{\overline{X}-\mu}{s_{\overline{x}}} = \frac{\overline{X}-\mu}{s/\sqrt{n-1}}$$

예를 들어, 어떤 표준화 적성검사의 모집단평균이 50점인 경우에 한 학교에서 20명의 학생을 표집하여 조사하였더니 이들의 평균이 48점이고 표준편차가 5점이었다고 한다. 유의도 수준 .05에서 이 학생들의 평균이 모집단의 평균과 차이가 있는지를 검증한 결과는 다음과 같다.

$$H_0 : \mu = 50$$
$$H_1 : \mu \neq 50$$

$$t = \frac{\overline{X}-\mu}{s/\sqrt{n-1}} = \frac{48-50}{5/\sqrt{20-1}} = -1.74$$

〈부록 3〉에 있는 t분포표에서 알 수 있듯이 자유도가 19일 때 유의도 수준 .05에서의 t결정치는 2.09이므로 t통계치인 -1.74는 수용역에 속한다. 따라서 영가설을 수용해야 한다. 결과적으로 학생들의 적성수준은 전국 학생들의 적성수준과 차이가 없다는 결론을 내릴 수 있다.

t검증 역시 연구에서 보다 빈번하게 사용되는 경우는 두 집단 간 평균차 검증을 수행하는 경우다. 모집단 1과 모집단 2의 평균이 각각 μ_1과 μ_2라고 가

정했을 때, 모집단 1에서 n_1개의 표본을 추출하여 평균 X_1을, 모집단 2에서 n_2개의 표본을 추출하여 평균 X_2를 얻었다고 하자(단, n_1, $n_2 - 30$). 이때 두 표본 평균 간의 차이의 표집분포 또한 $(n_1 + n_2 - 2)$개의 자유도를 지닌 t분포를 따르게 된다. 여기에서 평균의 차이에 대한 모수치 추정을 위한 통계적 가설 및 계산공식은 다음과 같다.

$$H_0 : \mu_1 = \mu_2$$
$$H_1 : \mu_1 \neq \mu_2$$

$$t = \frac{\overline{X}_2 - \overline{X}_1}{s_{\overline{X}_2 - \overline{X}_1}} = \frac{\overline{X}_2 - \overline{X}_1}{\sqrt{\frac{s_1^2}{n_1 - 1} + \frac{s_2^2}{n_2 - 1}}}$$

예를 들어, 어느 초등학교 4학년 남학생과 여학생을 각각 20명씩 추출하여 산수시험을 치른 결과 남학생의 평균 및 표준편차가 70, 12 그리고 여학생의 평균 및 표준편차가 60, 15이었다고 하자. 유의도 수준 .05에서 남여학생 간 산수검사 평균이 유의미한 차이가 있는지를 알기 위하여 t값을 산출한 결과는 다음과 같다.

$$t = \frac{60 - 70}{\sqrt{\frac{12^2}{20 - 1} + \frac{15^2}{20 - 1}}} = \frac{-10}{4.41} = -2.27$$

〈부록 3〉의 t분포표를 참고하면 유의도 수준 .05, 자유도 38에서의 t결정치는 2.02이므로 산출된 t통계치인 −2.27은 기각역에 속하게 된다. 따라서 영가설은 기각되며 남여학생 간에는 산수시험 평균점수에서 차이가 있다고 결론을 내리게 된다.

t검증법을 적용하기 위해서는 다음의 세 가지 가정을 충족시켜야 한다. 첫째, 측정치가 적어도 동간척도 혹은 비율척도로 측정되어 얻은 값이어야 한다. 둘째, 표집한 모집단이 정상분포를 이루어야 하며, 셋째는 평균들의 차이를 검증할 경우에는 이들 두 모집단들이 서로 동일한 변량(homogeneity of variance)을 지녀야 한다는 것이다.

3) F검증 방법

어떤 연구에서는 두 집단 간의 차이에 대한 비교뿐만 아니라 여러 집단의 차이를 동시에 비교해야 할 필요가 생긴다. 이러한 경우 변량분석(analysis of variance: ANOVA) 방법을 이용하여 F검정을 수행할 수 있다. F검정은 F분포에 비추어 통계량을 검증한다. 가령 평균 μ, 변량 σ^2인 정상분포의 모집단에서 두 개의 표본을 n_1, n_2의 사례수로 각각 추출하였다고 했을 때 얻어지는 두 표본의 변량을 각각 s_1^2, s_2^2라고 하자. 이들의 변량비와 그 분포를 각각 F치 및 F분포라고 하는데 F검증은 집단 간 변량과 집단 내 변량을 비교하는 과정을 통하여 이루어진다.

F분포는 두 개의 자유도 $(n_1 - 1) = V_1$과 $(n_2 - 2) = V_2$에 의하여 결정되는 가족분포로서 V_1과 V_2는 각각 변량비의 분자와 분모의 자유도를 나타낸다. 다음의 [그림 6-7]은 자유도가 다른 여러 경우의 F분포를 제시한 것이다.

변량분석은 독립변인의 수에 따라 분석방법이 달라진다. 특히 한 개의 독립변인이 두 가지 이상의 수준을 가질 때, 종속변인의 평균들 간의 유의한 차이

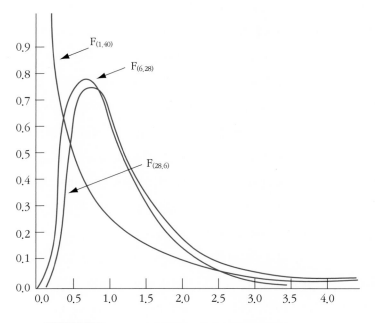

그림 6-7   자유도가 다른 3가지 경우의 F분포

가 있는지를 검증하려는 방법을 일원변량분석(one-way ANOVA)이라고 한다. 일원변량분석에서 만약 J개의 표본 평균들 간의 차이가 없고 이들 평균이 모집단의 평균과 같다는 영가설과 표본평균과 모집단의 평균 간에는 차이가 있다는 대립가설을 통계적 가설로 나타내면 다음과 같다.

$$H_0 : \mu_1 = \mu_2 = \mu_3 = \cdots = \mu_j = \mu$$

$$H_1 : \mu_j = \mu_{j'} \text{ (어떤 j 와 j' 표본에 대하여)}$$

J개 집단에서 각 집단의 사례수를 각각 $n_1, n_2, \cdots, n_j$로 표기한다면 $n_1 + n_2 + \cdots + n_j = N$(전체 사례수)이 될 것이다. 따라서 X_{ij}는 j번째 집단의 i번째 사례의 측정치를 나타낸다. 예컨대, X_{34}는 네째 집단의 세 번째 사람에 대한 측정치를 의미한다.

변량분석은 각각 산출된 두 모집단의 추정 변량들 간의 비교에 근거를 두고 있다. 첫 번째 변량은 집단 내(within group) 각각의 측정치가 개별 집단의 평균으로부터의 변량을 의미하며 두 번째 변량은 집단 간(between group) 평균들이 모든 측정치들의 전체평균($\bar{X}$)에 대하여 가지는 변량을 나타낸다. 첫 번째 변량은 각 측정치가 소속 집단의 평균으로부터 가지는 편차를 제곱하여 합한 것으로 이를 집단 내 자승(within group sum of squares: SS_w)이라고 부른다. 여기에서 각 집단마다 (n-1)개의 자유도를 가진다면 J개 집단의 자유도는 J(n-1)=nJ-J=N-J가 된다. 그리고 집단 내 자승화를 J개 집단의 합한 자유도(df_w)인 (N-J)로 나누게 되면 집단 내 평균자승(within group mean square: MS_w)을 구할 수 있다. 두 번째 변량은 각 집단의 평균과 전체평균 간의 편차를 제곱하여 합한 것으로 이를 집단 간 자승(between group sum of suqares: SS_b)이라고 한다. 마찬가지로 J개의 집단이 있다면 (J-1)개의 자유도가 생기므로 집단 간 자승화를 (J-1)의 자유도(df_b)로 나눈 것이 집단 간 평균자승(between group mean square: MS_b)이 된다.

앞의 첫 번째 변량과 두 번째 변량, 즉 집단 내 변량과 집단 간 변량을 합하게 되면 전체 변량을 구할 수 있다. 다시 말해서 모든 측정치와 전체평균 간의 편차를 제곱하여 더함으로써 전체 자승화(total sum of squares: SS_t)가 된다. 전체 자승화를 (N-1)의 자유도(df_t)로 나누면 전체변량(total variance)을 얻게 된다.

전체, 집단 간, 집단 내 자승화 및 자유도 간에는 다음과 같은 관계를 가지며, 이들 자승화를 계산하는 공식은 다음과 같다.

$$SS_t \ = \ SS_w \ + \ SS_b, \qquad df_t \ = \ df_w \ + \ df_b$$

$$SS_t = \sum_j \sum_i (X_{ij} - \overline{X})^2, \ SS_w = \sum_j \sum_i (X_{ij} - \overline{X}_j)^2, \ SS_b = \sum_j \sum_i (\overline{X}_j - \overline{X})^2$$

그러나 실제 계산에 있어서는 원점수를 직접 이용하는 공식을 사용하는 것이 편리하며 이는 다음과 같다.

$$SS_t = \sum_j \sum_i X_{ij}^2 \ + \ \frac{(\sum_j \sum_i X_{ij}^2)^2}{N}$$

$$SS_b = \sum \frac{(\sum_i X_{ij})^2}{n_j} \ + \ \frac{(\sum_j \sum_i X_{ij})^2}{N}$$

$$SS_w = \sum_j \sum_i X_{ij}^2 \ - \ \sum_j \frac{(\sum_i X_{ij})^2}{n_j}$$

만약 $\sum_j \sum_i X_{ij}^2 = (1), \ \dfrac{(\sum_j \sum_i X_{ij})^2}{N} = (2), \ \sum_j \dfrac{(\sum_i X_{ij})^2}{n_j} = (3)$이라 한다면

원점수를 이용하여 자승화를 구하는 공식은 (1), (2), (3)에 의해서 다음과 같이 간단하게 나타낼 수 있다.

$$SS_t \ = \ (1) - (2), \ \ SS_b \ = \ (3) - (2), \ SS_w \ = \ (1) - (3)$$

그 결과 F검증 통계치의 값은 다음과 같이 구할 수 있으며, 주어진 유의도 수준에서 두 개의 자유도에 근거한 결정치를 찾아 이들 값을 비교함으로써 가설검증을 하면 된다.

$$F \ = \ \frac{MS_b}{MS_w}$$

예를 들어, 어떤 연구에서 3가지 수업방법에 대한 학업성취의 효과성을 알아보기 위해 각각 5명의 학생들을 무선 표집하였다고 하자. 그 결과 〈표 6-7〉과 같은 자료를 구하였다 할 때 .05의 유의도 수준에서 이들 세 집단 간 학업성취에 대한 차이 검증을 F검증 방법을 사용하여 분석한다면 그 결과는 다음과 같다.

〈표 6-7〉 3가지 수업방법에 따른 학업점수

사례	수업방법 1(집단 1)	수업방법 2(집단 2)	수업방법 3(집단 3)
1	20	24	27
2	18	22	35
3	21	30	28
4	26	32	31
5	19	28	33
n = 5	$\sum X_{i1} = 104$	$\sum X_{i2} = 136$	$\sum X_{i3} = 154$

$$\sum_j \sum_i X_{ij}^2 = 20^2 + 18^2 + \cdots + 31^2 + 33^2 = 10758 \quad\cdots\cdots\cdots\cdots\cdots\cdots (1)$$

$$\frac{\sum_j \sum_i X_{ij}^2}{N} = \frac{(20 + 18 + \cdots + 31 + 33)^2}{15} = 10349.1 \quad\cdots\cdots\cdots (2)$$

$$\sum_j \frac{(\sum_j X_{ij})^2}{n_j} = \frac{(104)^2}{5} + \frac{(136)^2}{5} + \frac{(154)^2}{5} = 10605.6 \quad\cdots\cdots\cdots (3)$$

산출된 값을 이용하여 각 변량원의 값을 구하고 자유도를 포함하여 변량분석표로 나타내면 〈표 6-8〉과 같다.

〈표 6-8〉 변량분석표

변량원	전체자승(SS)	자유도(df)	평균자승(MS)	F
집단 간	$SS_b = (3)-(2) = 256.5$	$df_b = (J-1) = 2$	$MS_b = 256.5/2 = 128.1$	$MS_b/MS_w = 10.09^*$
집단 내	$SS_w = (1)-(3) = 152.4$	$df_w = (N-J) = 12$	$MS_w = 152.4/12 = 12.7$	
전 체	$SS_t = (1)-(2) = 408.9$	$df_t = (N-1) = 14$		

* $p < .05$

산출된 F통계치는 10.09이며, 이는 $df_b = 2$, $df_w = 12$일 때 유의도 수준 .05에 해당되는 F결정치와 비교하게 된다. 〈부록 4〉를 참고하여 해당값을 찾아보면 결정치는 3.88이 되며 이는 기각역에 해당되는 것이다. 따라서 연구자는 수업방법에 따라 세 집단 간의 학업성취에는 차이가 없다는 영가설을 기각하고 수업방법에 따른 세 집단 간에는 학업성취에 차이가 있다고 결론을 내릴 수 있다.

변량분석을 수행하기 위해서는 다음과 같은 가정이 먼저 충족되어야 한다. 첫째, J개의 수준을 나타내는 각각의 모집단은 정상분포를 이루고 있어야 한다. 둘째, 표본들이 속한 각 모집단의 변량이 같아야 하는, 즉 동변량성이어야 하는데 이는 각 집단이 동일한 사례수를 갖도록 하여 효과적으로 통제할 수 있다. 셋째, 모든 표집은 무선적이고 상호 독립적이어야 한다. 만약 이 가정을 위반하면 앞의 두 가정보다도 변량분석에 심각한 오류가 발생할 수 있다.

4) x^2 검증 방법

앞에서 설명한 Z검증, t검증이나 F검증은 모집단의 분포에 관한 어떤 가정에 입각한 통계적 방법으로 모수 통계적 방법이라 부르는 반면, x^2(chi-square) 검증은 모집단의 분포에 관해 특정한 가정을 하지 않기 때문에 비모수 통계적 방법이라고 한다.

x^2검증은 수집된 자료가 빈도로 주어졌을 때 적용할 수 있는 통계적 검증 방법으로, 분포에 기초한 통계적 방법이다. x^2검증에서는 통계적 분석을 위하여 교차표를 이용한다. 교차표란 연구대상 전체를 두 가지 분류기준에 의하여 구분하고 각 칸에 해당되는 빈도를 조사하여 기록한 표다. r×c 교차표라 하면 한 분류기준에 의하여 r개의 행(row)으로 구분하고, 다른 분류기준에 대하여 c개의 열(column)로 구분한 표를 의미한다.

x^2분포는 t분포와 마찬가지로 하나의 자유도에 의하여 결정되는 가족분포이며, 자유도는 분할표 칸의 수에 따라 결정된다. 자유도 산출 공식은 다음과 같다.

$$df = (r - 1) \times (c - 1)$$

r : 행(row)의 수

c : 열(column)의 수

x^2분포는 자유도가 작을수록 왼쪽으로 크게 편포되는 비대칭의 모양을 이루며 오른쪽으로 긴 꼬리를 갖고 항상 양수의 값만을 가진다. 또한 자유도가 증가할수록 x^2분포는 대칭적인 종 모양의 분포에 가깝게 된다. 특히 자유도가 30 이상이면 정상분포의 형태를 취하게 된다. 다섯 가지의 다른 자유도하에서 x^2분포의 모양은 [그림 6-8]과 같다.

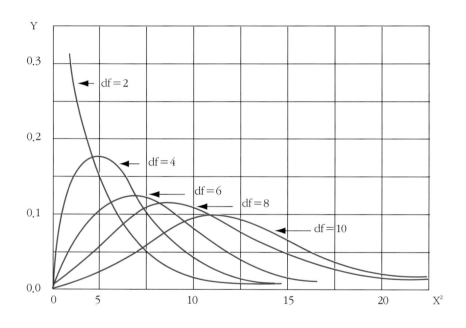

그림 6-8 여러 가지 자유도에 따른 분포

자유도가 2 이상일 경우의 x^2통계치의 계산공식은 다음과 같다.

$$x^2 = \sum \frac{(O_i - E_i)^2}{E_i}$$

O_i : i번째 교차 부분에 있어서의 관찰빈도(observed frequency)

E_i : i번째 교차 부분에 있어서의 기대빈도(expected frequency)

그러나 자유도가 1인 경우에는 x^2분포의 연속성을 위한 교정을 해야 하며, 이를 위한 계산공식은 다음과 같다.

$$x^2 = \sum \frac{(\mid O_i - E_i \mid - \frac{1}{2})^2}{E_i}$$

공식에서 보듯이 x^2은 관찰빈도(O)와 기대빈도(E)의 차이를 제곱한 것을 각각의 기대빈도로 나누어서 합한 것이다. 관찰빈도는 각각의 칸(cell)에 해당되는 실제 빈도이며, 기대빈도는 그 칸이 속하는 행의 합과 열의 합을 곱하여 전체 빈도로 나누어 구하면 된다. 관찰빈도와 기대빈도의 차이가 많으면 많을수록 x^2값은 커지는 반면에 두 빈도 간의 차이가 작으면 작을수록 x^2값은 작아지게 된다.

특히 x^2검증은 두 유목변인들 간의 독립성에 대한 검증하는 데 흔하게 사용된다. 즉, 두 유목변인들이 서로 의미가 있는 상관관계에 있는지 혹은 관계가 없는 독립적인지를 검증한다. 따라서 이런 경우의 영가설과 대립가설은 다음과 같이 진술한다.

H_0 : 두 변인은 서로 독립적으로 상관이 없다.

H_1 : 두 변인은 서로 독립적이 아닌 상관이 있다.

예를 들어, 200명의 대학생들을 대상으로 성별과 전공계열 간의 관계를 조사하여 〈표 6-9〉와 같은 교차표를 얻었다 하자. 이때 x^2값은 다음과 같이 계산된다.

〈표 6-9〉 **성별 · 전공계열에 대한 관찰 및 기대빈도**

	인문계	자연계	예능계	합 계
남 자	25(27)	73(60)	22(33)	120
여 자	20(18)	27(40)	33(22)	80
합 계	45	100	55	200

$$x^2 = \sum \frac{(O_i - E_i)^2}{E_i} = \frac{(25-27)^2}{27} + \frac{(20-18)^2}{18} + \cdots + \frac{(33-22)^2}{22}$$

$$= 0.15 + 0.22 + \cdots + 5.5 = 16.59$$

또한 자유도는 산출 공식에 따라 $(2-1) \times (3-1) = 2$가 된다. 〈부록 5〉를 참고하여 .05의 유의도 수준하에서 결정치를 찾아보면 5.99임을 알 수 있다. 따라서 산출된 통계치는 결정치인 5.99보다 크기 때문에 기각역에 속하므로 영가설을 기각하게 된다. 그러므로 연구자는 성별과 전공계열 간에는 서로 상관이 있다라고 결론을 내릴 수 있다.

2×2 교차표로서 자유도가 1인 경우의 예를 들어 보자. 가령, 200명의 초등학교 학생 중에서 무선표집한 100명을 대상으로 독감 예방접종을 한 후에 독감에 걸린 학생과 걸리지 않은 학생들의 수를 조사한 결과가 〈표 6-10〉과 같다고 하자. 연구자가 독감 예방접종과 독감 감염 여부는 서로 관계가 있는지 혹은 없는지를 검증하고자 한다. 이때 x^2값은 다음과 같이 산출된다.

〈표 6-10〉 예방접종과 감염 여부의 관찰 및 기대 빈도

	접 종	미접종	합 계
감 염	22(44)	66(44)	88
미 감 염	78(56)	34(56)	112
합 계	100	100	200

$$x^2 = \sum \frac{(|O_i - E_i| - \frac{1}{2})^2}{E_i} = \frac{(|22-44| - \frac{1}{2})^2}{44} + \frac{(|66-44| - \frac{1}{2})^2}{44}$$

$$+ \frac{(|78-56| - \frac{1}{2})^2}{56} + \frac{(|34-56| - \frac{1}{2})^2}{56}$$

$$= 10.51 + 10.51 + 8.25 + 8.25 = 37.52$$

마찬가지로 〈부록 5〉를 참고하면, x^2통계치 37.52는 자유도가 1이고 유의도 수준 0.05에서의 x^2결정치인 3.84보다 크기 때문에 기각역에 속하므로 영가설을 기각하게 된다. 따라서 연구자는 독감 예방접종과 독감 감염 여부 간에 서

로 상관이 있다고 결론을 내릴 수 있다. 즉, 독감예방에 대한 독감접종의 효과성을 인정할 수 있다.

x^2검증의 제한점으로는, 첫째, 아무리 적은 기대빈도라 하더라도 기대빈도는 모든 칸에서 적어도 5 이상이어야 한다. 따라서 기대빈도의 수가 5보다 적으면 표본의 사례수를 증가시켜야 한다. 둘째, 각 칸에 있는 관찰빈도는 다른 칸의 관찰빈도와는 서로 독립적이어야 한다. 즉, 동일 대상을 여러 칸에 반복적으로 분류해서는 안 된다는 것이다.

5. 통계적 가설검증 절차

이제 이상에서 살펴보았던 통계적 오류, 수용역과 기각역의 개념 그리고 통계 분석방법을 바탕으로 연구에서 설정한 가설을 검증하는 절차를 구체적으로 정리해 보자. 연구에 따라 탐색적인 연구주제인 경우 연구문제만 설정되고 가설은 설정되지 않을 수도 있다. 그러나 별도의 가설이 설정되지 않은 경우에라도 기본절차는 가설검증 절차의 과정을 따른다. 여기서는 통계적 검증의 절차를 다섯 단계로 나누어 설명한다.

1) 단계 1: 가설의 설정 및 진술

연구가설을 통계적 가설로 재설정하여 통계적 검증이 가능한 형식으로 영가설과 대립가설을 진술한다. 연구가설과 통계적 가설의 차이 및 가설의 일반적인 진술 방법은 이 책의 '제2장 4절과 5절'을 참고할 수 있을 것이다. 통계적 가설의 구체적인 진술 방식은 상관연구인가, 조사연구인가 혹은 실험연구인가에 따라 차이가 있다. 또한 실제 연구보고서에서는 영가설은 진술되지 않으며 대립가설만 진술된다. 다음의 예를 참고하자.

- 중학생의 자아개념과 시험불안 간에는 정적 상관이 있을 것이다. (상관연구)
- 교직경력이 높은 교사는 교직경력이 낮은 교사에 비하여 체벌을 찬성하

는 비율이 높을 것이다. (조사연구)

- A교수 방법을 적용한 집단은 B교수 방법을 적용한 집단에 비하여 학업성 적이 높을 것이다. (실험연구)

2) 단계 2: 통계적 방법의 선택

연구자는 가설검증을 위하여 적절한 통계적 방법을 선택한다. 앞선 통계적 분석방법에서 살펴본 것처럼 자료가 연속적 변인의 자료인 동시에 모집단의 특성이 정상분포라는 가정이 충족되는 경우 모수적 통계방법을 사용하며, 그렇지 않는 경우에는 비모수적 통계방법을 선택한다. 더불어 동일하게 모수적 통계방법을 사용한다 하더라도 구체적으로 표본의 크기, 변인의 측정수준, 독립변인이 지닌 하위 유목의 수 등에 따라 각기 다른 통계적 방법이 사용된다. 앞서 살펴본 Z검증, t검증, F검증, x^2검증법 등이 연구에서 가장 많이 사용되는 통계적 방법이다.

3) 단계 3: 유의도 수준의 결정

검증을 위한 통계적 방법이 정해지면 유의도 수준을 결정한다. 연구문제의 성격에 따라 유의도 수준(α 혹은 p)은 정해지며 이에 따라 특정 분포하에서의 영가설의 기각역도 정해진다. 언급한 것처럼 사회과학 분야에서는 일반적으로 $\alpha = .05$ 또는 $\alpha = .01$의 유의도 수준을 사용한다. 물론 연구의 이론적 배경이 강하면 유의도 수준을 더 낮출 수는 있다. 다만 유의도 수준은 연구가 시작되기 전에 미리 결정되어야 한다. 그리고 일단 유의도 수준이 정해지면 가설검증에 있어 결정치를 중심으로 영가설의 기각역과 수용역을 결정한다. 가설에 따라 단측검증을 할 것인지 양측검증을 할 것인지도 이 단계에서 결정해야 한다.

4) 단계 4: 검증통계치의 계산

수집된 자료 및 가설에 따라 적합한 통계적 방법을 적용하여 검증 통계치를 실제로 계산하는 단계다. 표본의 표집분포가 표본의 크기, 변인의 측정수준,

독립변인이 지닌 하위 유목의 수 등을 고려하여 어떤 분포(Z · t · F · x^2 등)를 따르느냐에 따라 그에 알맞은 검증 통계치를 계산한다. 특히, 두 평균의 차이에 대한 유의도 검증을 할 경우에는 표집한 표본들이 상호 독립적인가 또는 종속적인가 등과 같이 부가적인 조건들도 함께 고려하여 적절한 검증 통계치를 계산해야 한다. 표본들 간의 독립성 여부에 따라 두 평균 간의 차이에 대한 표준오차를 계산하는 공식이 서로 다르기 때문이다.

5) 단계 5: 가설의 검증 및 해석

표본에서 산출한 검증 통계치가 설정해 놓은 기각역에 속하면 영가설을 기각하고 대립가설을 수용하며, 수용역에 속하면 영가설을 수용한다. 그 결과 연구자는 '몇 %의 유의도 수준에서 통계적으로 유의하게 다르다 또는 다르지 않다.'라고 보고하게 된다.

여기에서 유의해야 할 점은 통계적 유의성(statistical significance)과 실제적 유의성(practical significance)은 반드시 일치하지 않는다는 사실이다. 통계적 유의성이란 연구자가 얻은 어떤 검증 통계치가 자신이 설정한 유의도 수준에 입각하여 판단해 볼 때, 영가설을 기각할 만큼 유의한 것을 뜻한다. 이에 반해 실제적 유의성이란 실제적 상황에서 얻은 통계치가 의미가 있는지를 말한다. 즉, 통계적으로 유의한 차이란 표본에서 얻은 통계치의 차이가 표집오차로 인한 것이 아니라는 것이지 반드시 실제적으로 유의하다는 것을 의미하지는 않는다. 그러므로 연구자가 통계적 검증에서 얻은 검증 통계치를 가지고 영가설을 기각하였다고 해서 반드시 실제적으로도 그 검증 통계치가 의미가 있다고는 할 수 없음을 알아야 한다. 예를 들어, 어떤 연구결과가 통계적으로 매우 유의하더라도 실제적으로는 아무런 가치가 없을 수도 있으며 또는 그 반대의 경우가 발생할 수 있다. 어떤 결과가 통계적으로나 실제적으로 모두 유의할 경우 이를 의미 있는 차이(meaningful difference)라고 부른다.

〈표 6-11〉 **통계 프로그램을 이용한 가설검증 절차**

실제 연구에서 가설검증을 위한 통계분석은 SPSS(Statistical Packages for Social Science)
나 SAS(Statiscal Analysis System) 등과 같은 통계 패키지 프로그램을 활용하여 수행된다.
따라서 연구자가 직접 통계분석 공식을 적용하여 통계치를 산출하거나 가설의 수용 혹은 기
각을 위하여 특정 분포(예를 들면, Z분포, t분포, F분포 등)에서의 수용역과 기각역을 일일이
확인할 필요는 없다. 그럼에도 연구자는 우선 일반적인 가설검증의 절차를 충분히 숙지하고
있어야 한다. 그래야만 자료에 대한 분석이 어떤 논리와 근거하에 이루어지는지 알 수 있기
때문이다.

다음의 표는 SPSS 통계 프로그램을 이용하여 가설검증을 수행할 때의 절차의 예를 제시한
것이다. 가설검증의 일반절차와 실제 연구에서 행해지는 절차를 비교하여 숙지하기 바란다.

가설 검증의 일반 절차	SPSS 통계 프로그램을 이용한 가설검증의 절차	
	연구의 실제 단계	연구자의 고려 사항
1. 가설의 설정 및 진술	통계적 가설 진술 ⬇	대립가설로 연구가설(통계적 가설)을 진술한다. 특히 방향 가설로 할 것인지 무방향 가설로 할 것인지를 고려하여 진술해야 한다.
2. 통계적 방법의 선택	t검증, F검증, x^2검증 등 어떤 통계분석방법을 적 용할 것인지를 결정 ⬇	1) 집단의 수, 독립변인이나 종속변인의 척 도의 속성(연속이냐 불연속이냐/명명척도냐, 동간척도냐) 2) 독립변인의 개수와 종속 변 인의 개수 3) 소표집이냐 대표집이냐 등을 고려한다.
3. 유의도 수준 결정	대체로, $\alpha = .05$의 유의 도 수준 적용 ⬇	$\alpha = .05$의 유의도 수준이란, 가설검증 결과 '영가설이 참인데도 거짓이라고 잘못 판정하 여, 대립가설을 채택하였을 확률이 5%임'을 의미한다.
4. 검증 통계치의 계산	SPSS를 수행하여 해당 통계 분석 실시 ⬇	SPSS의 수행 결과 검증 통계치(즉, t값, F값, x^2값 등)뿐만 아니라, 이러한 값을 지닐 확률 (p)까지 함께 계산되어 산출되므로 수용역과 기각역을 확인하는 과정은 불필요하다. 연구 자는 확률값을 관찰하기만 하면 된다.
5. 가설의 검증 및 해석	결과 출력물을 보고 가 설의 판정 ⬇	확률값이 .05보다 크느냐 적느냐에 따라 영가 설의 수용/기각 여부를 확인한다.
6. 연구문제와 관련된 일반적 결론 제시	판정 결과에 따른 결론 진술	"~따라서 〈가설 1〉은 수용(기각)되었다. 이러 한 결과는 ○○○○ 프로그램이 □□□□을 증진시키는 데 효과가 있음을 의미한다." 등 과 같이 연구문제와 관련된 결론을 진술한다.

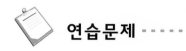 **연습문제** · · · · · · · · · ·

1. 다음 척도의 종류를 설명하고 연구에서 측정의 수준이 갖는 중요성을 설명하시오.
   1) 명명척도　　　　　2) 서열척도
   3) 동간척도　　　　　4) 비율척도

2. 자료의 기술통계치로 집중 경향치 중에서는 평균, 변산도 중에서는 표준편차가 가장 널리 사용되는 이유를 설명하시오.

3. 다음의 표준점수를 설명하시오.
   1) Z점수　　　2) T점수

4. 다음 용어를 설명하시오.
   1) 상관계수　　2) 정적 상관　　　3) 부적 상관

5. 기술통계와 추리통계의 차이점을 설명하시오.

6. 다음 각 용어를 설명하시오.
   1) 통계적 오류　　　　2) 수용역과 기각역　　　　3) 단측검증과 양측검증

7. 다음의 각 예시에서 사용될 수 있는 통계분석 방법을 들어 보라.
   1) 남학생 집단(n=40)과 여학생 집단(n=40) 간의 사회성 점수 간 차이
   2) 의사소통능력 증진 프로그램을 실시한 실험집단의 전후 검사의 점수 간 차이
   3) 창의성 수준에 따른 3집단(상위, 중위, 하위) 간 문제 해결력 점수 간 차이
   4) 직업적 성격유형에 따른 6개 집단(RIASEC) 간 의사결정유형(합리형, 직관형, 의존형)에서의 차이

8. 통계적 가설검증절차를 서술하시오.

제7장

연구계획서와 보고서

연구계획서는 본격적인 연구수행에 앞서 연구가 보다 효율적이고 과학적으로 이루어질 수 있도록 하기 위하여 만든 청사진이다. 계획서에는 연구를 위한 이론적·경험적 근거와 함께 연구의 목적, 구체적인 연구문제 그리고 연구방법 등이 차례로 기술되게 된다. 계획서를 작성하지 않는다고 해서 연구가 이루어질 수 없는 것은 아니다. 그러나 계획서를 작성하면 그만큼 연구의 질이 높아질 수 있다. 연구자는 계획서를 통해서 다른 사람들로부터 향후 수행될 연구의 가치를 평가받을 수 있으며, 연구의 향상을 위한 여러 가지 조언을 들을 수 있기 때문이다.

연구보고서는 연구자가 실제 연구를 시작해서부터 끝마칠 때까지 거친 사고과정 및 연구내용과 그 결과를 다른 사람에게 전달하기 위해 진술한 글이다. 학술 연구기관에서 발행한 연구물, 학회지에 게재된 논문, 석·박사 학위논문 모두가 연구보고서에 해당된다. 연구자는 자기의 연구결과를 다른 사람들에게 발표하거나 글로 보고함으로써 그 연구결과에 대해 공적을 인정받거나 혹은 비평을 받게 된다. 다른 한편으로는 후속 연구자들에게 참조가 되어 또 다른 연구의 기초가 되기도 한다.

연구자는 계획서와 보고서를 작성하는 데 심혈을 기울여야 한다. 연구역량이란 가치 있는 연구문제를 발견하고 이를 체계적인 연구로 옮기는 능력뿐만 아니라 연구의 전체과정을 얼마나 적절히 잘 기술해 내고 전달해 낼 수 있느냐 하는 능력 또한 포함하는 것이다.

이 장에서는 먼저 일반적인 연구계획서와 최종보고서 작성과 관련한 몇 가지 일반적인 사항만을 제한적으로 살펴보기로 한다. 특히 학위논문과 관련하여 계획서나 보고서를 작성하는 절차와 방법은 제8장에서 상세하게 다룰 것이다.

1. 연구계획서

연구자가 나름대로 연구의 틀을 생각하고 있다 하더라도 이에 대한 구체적이고도 분명한 계획안이 없다면 다른 사람들에게 구체적인 조언을 기대할 수 없다. 무엇보다도 체계적이며 주의 깊게 작성된 연구계획서는 막연했던 연구주제를 명확히 해 주며, 애초에 의도하지 않았거나 미처 깨닫지 못한 문제점을 해결하기 위해 무엇을 해야 하는지를 분명하게 해 줄 수 있다. 계획서를 통하여 연구자는 관련 분야의 전문가나 지도교수의 도움으로 자칫 부적절한 변인을 선정했거나, 실험결과에 영향을 미칠 수 있는 가외변인을 미처 발견하지 못하는 등의 치명적인 실수나 오류를 사전에 발견할 수 있다. 결과적으로 연구계획서를 쓰는 작업은 연구의 한 과정일 뿐 아니라 의미 있는 연구가 되기 위한 필수적인 절차다.

1) 연구계획서의 기능

연구계획서는 연구자가 의도하고 있는 연구의 목적과 방법을 구체적으로 진술했을 경우에는 연구자 자신뿐만 아니라 공동연구자나 전문가들로부터 도움을 받는 데 유익하다. 연구계획서의 중요성은 세 가지 기능으로 세분화해 볼 수 있다.

첫째, 연구계획서는 의사소통의 기능을 가진다. 학생들의 경우, 지도교수나 또는 다른 논문 지원인사들로부터 연구에 대한 의견이나 조언을 얻는다. 이때 연구계획서는 구체적인 자문을 얻는 데 필요한 자료가 된다. 구체적이고 명백한 연구계획서 없이는 다른 사람들로부터 연구에 대한 구체적인 조언을 얻을 수 없다.

둘째, 연구계획서를 통한 체계적인 점검은 연구의 과정에서 야기될 수 있는 문제들을 미리 검토해 볼 수 있는 기회를 제공한다. 석사논문이나 박사논문에서는 학문의 과학적 탐구방법이 중요하므로 연구에 사용된 방법, 연구과정의 객관성, 정확성 등이 더욱 중요시된다. 따라서 이러한 과정을 검토해 볼 수 있게 하는 작업이 연구계획서다.

셋째, 연구계획서는 연구를 사전에 승인받기 위한 하나의 문서가 된다. 논문 지도교수 또는 논문지도위원들이 연구계획서를 승인한다는 것은 연구자의 연구를 승인한다는 것이다. 이것은 연구에 대한 승인을 서류상으로 표기해 둔다는 행정적 의미도 있지만, 연구자의 입장에서 보면 연구의 내용을 확정하는 것이 된다. 이처럼 승인을 받는다는 것은 연구의 객관성을 높여 준다.

2) 연구계획서 작성기준

연구자는 계획서를 작성할 때 실제 연구활동과 마찬가지로 윤리적 지침에 위반되지 않는 범위 내에서 작성해야 한다. 계획서를 작성할 때에는 다음과 같은 기준을 만족시키는 것이 바람직하다.

첫째, 연구계획서는 논리성을 지녀야 한다. 이는 연구자가 밟은 논리적인 사고 과정을 논리적이고 체계적인 순서로 처음부터 끝까지 아주 상세하게 전달해야 함을 의미한다. 이러한 논리성은 뒤에서 언급하게 될 계획서의 논리적 구성과도 관련이 있다.

둘째, 연구계획서에서는 정확성을 요한다. 정확성은 연구결과의 해석에 중요한 영향을 미치는 기준이 된다. 정확성을 결정하는 요소는 수집된 자료의 정확성, 자료처리과정과 자료분석과정의 적절성 등이다. 이외에도 자주 정확성을 저해하는 요소로는 보고서 내용상 오자나, 탈자, 문법에 어긋나는 표현 등이 있다.

셋째, 연구계획서는 명확성을 확보해야 한다. 명확성은 보고서의 표현이 이해하기 쉽고 뜻이 모호한 단어나 어구가 없다는 것을 말한다. 사실 연구라는 것이 한 분야에 대한 전문성을 바탕으로 하는 것이기 때문에 이러한 명확성은 쉽게 간과될 수 있는데 그 분야에 대해 전문적인 지식이 없는 사람도 쉽게 이해할 수 있도록 명확성을 지킬 필요가 있다. 따라서 작성자는 쓰려는 내용에 대해 올바른 논리 및 이해를 가지고 있어야 하고 이를 명확한 문장으로 표현할 수 있어야 한다.

넷째, 연구계획서는 그 내용을 효과적으로 전달해야 한다. 효과적인 전달이란 곧 계획서가 가진 주요한 목적이며 역할이라 할 수 있다. 계획서를 읽는 사람들의 주의를 집중시킬 수 있어야 하며, 어떠한 오해나 논리적 비약이 없어야 한다. 따라서 계획서는 장황하고 난해한 표현을 지양해야 하며, 독자가 쉽게 이해할 수 있도록 간단명료하게 표현해야 한다.

다섯째, 연구계획서는 간결해야 한다. 간결성은 계획서에 반드시 필요한 것들만이 요약되어 있어야 한다는 것이다. 즉, 필요한 모든 정보를 최소한의 문장이나 단어로 완벽하게 표현하는 것을 의미한다.

3) 연구계획서 작성단계

좋은 연구계획서인지 아닌지는 계획서에 들어 있는 아이디어가 얼마나 논리적이며 객관성이 있느냐에 달려 있다. 아래 [그림 7-1]에 제시되는 20단계는 좋은 계획서가 되기 위해 어떤 과정을 거쳐야 할 것인지를 흐름도로 제시한 것이다. 초보 연구자들에게 많은 도움이 될 것으로 기대한다. 물론 이 도표에는 여러 가지 다른 요소(단계)들이 빠진 것도 있고 또 연구자에 따라 더 첨가할 것도 있다. 그림에서, □는 단계, ○는 질문을 의미하며, 실선은 단계에서 필요한 질문으로 가는 표시이고, 점선은 질문에 대한 '예' 또는 '아니요'의 응답을 의미한다.

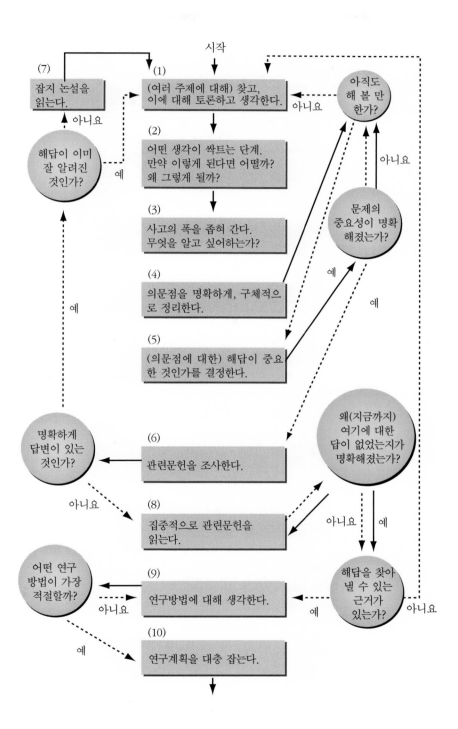

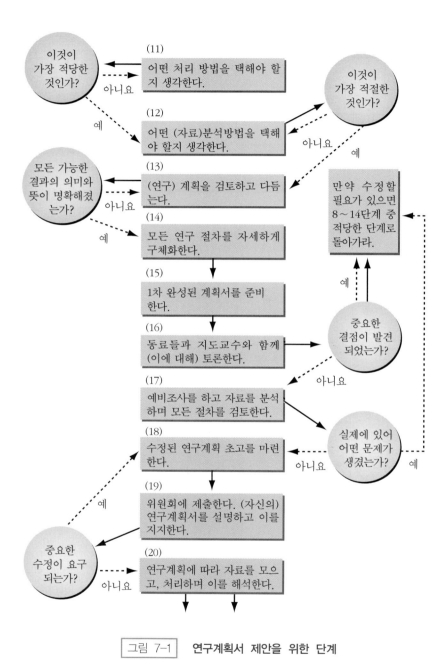

이것이 가장 적당한 것인가?

(11) 어떤 처리 방법을 택해야 할지 생각한다.

아니요

예

이것이 가장 적절한 것인가?

(12) 어떤 (자료)분석방법을 택해야 할지 생각한다.

아니요

예

모든 가능한 결과의 의미와 뜻이 명확해졌는가?

(13) (연구) 계획을 검토하고 다듬는다.

아니요

예

만약 수정할 필요가 있으면 8~14단계 중 적당한 단계로 돌아가라.

(14) 모든 연구 절차를 자세하게 구체화한다.

(15) 1차 완성된 계획서를 준비한다.

예

(16) 동료들과 지도교수와 함께 (이에 대해) 토론한다.

중요한 결점이 발견되었는가?

아니요

(17) 예비조사를 하고 자료를 분석하며 모든 절차를 검토한다.

(18) 수정된 연구계획 초고를 마련한다.

실제에 있어 어떤 문제가 생겼는가?

아니요

예

(19) 위원회에 제출한다. (자신의) 연구계획서를 설명하고 이를 지지한다.

중요한 수정이 요구되는가?

예

(20) 연구계획에 따라 자료를 모으고, 처리하며 이를 해석한다.

아니요

그림 7-1 **연구계획서 제안을 위한 단계**

출처: Lawrence F. Locke and Waneen Spirduso, *Proposal that Work*, Teachers College Press, Teachers College, Columbia University, N.Y. 1976, pp. 14-15.

4) 연구계획서에 포함되어야 하는 요소

연구계획서에 포함되어야 하는 각 요소에 대한 구체적인 명칭은 연구의 유형이 어떠하냐에 따라 혹은 학위논문이냐 비학위논문이냐 등에 따라 차이가 있을 수 있다. 그러나 어떠한 연구든지 간에 연구계획서에는 기본적으로 연구의 목적과 내용 등을 진술하는 서론 부분, 수행하고자 하는 연구의 이론적·경험적 근거를 기술하는 배경 부분, 구체적인 연구수행방법 및 절차와 관련된 사항 등이 포함되어야 한다. 예를 들면 〈표 7-1〉과 같은 내용 요소다. 만약 연구가 석·박사 학위취득을 위한 논문일 경우 〈표 7-1〉의 각 요소는 차례로 I. 서론(연구의 필요성 및 목적, 연구문제와 가설, 용어에 대한 정의, 연구의 제한점), II. 이론적 배경, III. 연구방법(연구설계, 연구대상, 측정도구, 연구절차, 자료분석방법) 등의 명칭으로 진술되는 것이 일반적이다.

연구계획서가 최종보고서와 다른 점은 연구결과 부분, 결과에 대한 논의 부분, 연구에 대한 요약이나 결론 부분 등이 빠져 있다는 점이다. 큰 틀에서 본

〈표 7-1〉 **연구계획서에 포함되어야 하는 요소**

-서론
  • 연구의 필요성과 목적 혹은 문제 제기와 연구내용에 관한 진술
  • 구체적인 연구문제의 진술 또는 가설의 진술
  • 필요한 경우 연구에서 다루는 주요 용어들에 대한 정의
  • 연구의 범위 혹은 제한점

-이론적 배경
  • 연구의 근거가 되는 이론적 및 경험적 배경

-연구방법
  • 연구의 모형 혹은 실험설계에 관한 진술
  • 연구대상이나 참여자 혹은 피험자 선정에 관한 진술
  • 연구에서 사용하고자 하는 측정도구에 관한 진술
  • 자료수집의 절차 혹은 실험절차
  • 수집된 자료의 분석방법과 관련된 진술

-참고문헌

다면 서론 부분이나, 이론적 배경, 연구방법에 관한 진술 등은 최종보고서의 형식과 동일하다. 다만 연구계획서에서는 계획이라는 특성상 문장의 진술에서 필요에 따라 미래형이 종종 사용된다. 예를 들어, 연구대상에서 '본 연구의 연구대상은 중등학교 교사다. 이를 위하여 ○○시에 소재하는 중학교와 일반계 고등학교에서 7개 과목군별로 ○○○명을 ~할당표집할 것이다' 등이다. 이러한 진술방식은 자료분석에서도 마찬가지다. '가설 1의 검증을 위하여 ~평균차 검증을 수행할 것이다'라는 표현을 사용한다. 최종보고서에서는 '~하였다'라는 식으로 과거형으로 진술된다.

형식뿐만 아니라 내용적으로도 계획서에 진술된 서론이나, 이론적 배경, 연구방법의 내용은 최종보고서의 내용과 원칙적으로 동일하다. 그러나 실제상에서는 종종 연구의 진행과정에 따라 내용이 첨가되거나 수정되기도 한다. 이러한 내용 첨가나 수정은 바람직하다고도 볼 수 있으나 다른 한편으로 계획서와 최종보고서 간의 차이가 크다는 것은 애초에 연구계획서가 제대로 작성되지 못하였거나 미비하였음을 의미하는 것일 수도 있다. 따라서 연구자는 사전에 보다 치밀하게 계획서를 작성할 필요가 있다.

특히 학위논문인 경우 계획서에 포함되는 각 요소와 명칭 및 각 요소별로 내용을 기술하는 구체적인 방법은 '제8장 논문의 체제 및 작성법'에서 살펴볼 것이다.

2. 연구보고서

연구의 수행 결과 연구자는 보고서를 작성하며 이는 학술단체의 학회지로 혹은 석·박사 학위논문 등으로 발간된다. 연구보고서를 잘 쓰는 일은 분명 쉬운 작업은 아니다. 대부분의 연구자들이 초안을 쓰고 난 이후에도 몇 번의 수정작업을 거쳐 완성하게 된다. 보고서 작성 시 처음부터 일부분이나마 완벽하게 작성하고 싶은 마음을 가질 수 있으나 이보다는 부족하더라도 처음부터 끝까지 일차적으로 원고를 쓴 후 반복해서 다듬어 나가는 것이 보다 효율적이다. 연구계획서가 체계적으로 작성되어 있다면 최종보고서를 작성하는 일이 보다 쉬울 수도 있으나 역시 많은 수정·보완 작업을 거치게 된다.

연구보고서 또한 연구계획서와 마찬가지로 연구자의 생각을 논리적으로 전개하고, 그 보고서를 읽는 독자들의 이해를 도울 수 있도록 기술하는 일 그리고 연구과정이 명확하고 건전한 근거를 가진다는 사실을 제시하도록 해야 한다.

1) 연구보고서에 포함되어야 하는 요소

연구보고서는 연구의 전체과정을 명료하고도 체계적으로 정리하여 독자들이 한눈에 볼 수 있도록 정리해야 한다. 애초 연구계획서 속에 포함되었던 문제의 발견에서부터 문제의 선정, 연구전략의 수립, 설계의 구상, 자료의 수집, 자료의 처리과정뿐만 아니라, 연구의 수행결과 산출된 결과에 대한 분석 및 해석과 더불어 논의, 연구의 결론 등이 함께 포함된다. 연구계획서와 마찬가지로 최종보고서 또한 양적·질적연구의 형태에 따라, 학술지에 게재된 논문인가 아니면 석·박사 학위논문인가에 따라 형식과 구조는 다를 수 있다. 그러나 대체로 〈표 7-2〉와 같은 내용요소를 포함해야 한다.

〈표 7-2〉 연구보고서에 포함되어야 하는 요소

- (연구제목을 포함한 표지)
- (내용목차, 표목차, 그림목차)
- (국문초록)
- 서론
  - 연구의 필요성과 목적 혹은 문제제기와 연구내용에 관한 진술
  - 구체적인 연구문제의 진술 또는 가설의 진술
  - 필요한 경우 연구에서 다루는 주요 용어들에 대한 정의
  - 연구의 범위 혹은 제한점

- 이론적 배경
  - 연구의 근거가 되는 이론적 및 경험적 배경

- 연구방법
  - 연구의 모형 혹은 실험설계에 관한 진술
  - 연구대상이나 참여자 혹은 피험자 선정에 관한 진술
  - 연구에서 사용하고자 하는 측정도구에 관한 진술
  - 자료수집의 절차 혹은 실험절차
  - 수집된 자료의 분석방법과 관련된 진술

계획서에
포함

- 연구결과에 대한 분석과 해석
  • 연구문제에 대한 결과 혹은 통계분석결과
  • 결과에 대한 분석과 해석

- 연구결과에 대한 논의
  • 연구결과와 선행 연구결과와의 비교
  • 연구자의 관점에 기초한 논의

- 연구의 요약 및 결론
  • 전체 연구과정에 대한 요약
  • 연구의 결론
  • 연구가 갖는 시사점과 제한점
  • 후속 연구를 위한 제언

보고서에
포함

- 참고문헌
- (영문초록)
- (부록)

2) 연구보고서 작성요령

앞의 〈표 7-2〉의 연구보고서에 포함되어야 할 요소를 기준으로 보고서 작성 시 유념해야 할 몇 가지 일반적인 사항을 간략히 살펴보면 다음과 같다. 보다 구체적인 논문작성법은 제8장에서 상세하게 다룬다.

첫째, 연구 기관의 보고서나 학위논문의 경우 일반적으로 연구논문의 주제, 연구자, 소속기관(대학 및 전공명) 명칭이 기재된 표지를 포함한다. 하찮은 일로 여겨질 수도 있으나 보고서를 제출할 기관 혹은 대학에서 요구하는 형식으로 깔끔하게 정리할 필요가 있다. 학술지 게재 논문의 경우 대체로 표지를 요구하진 않는다. 중요한 것은 연구주제명을 적절히 설정하는 일이다. 당연한 말이겠지만 연구자가 수행하고자 하는 관심 연구문제 모두를 포괄할 수 있는 제목이어야 하며, 간략하면서도 적절한 용어로 명쾌하게 설정하여야 한다. 연구주제명을 진술하는 일반요령은 '제2장 연구주제 및 연구문제와 가설'에서 언급한 바 있으니 이를 참고하기 바란다.

둘째, 학술지 게재 논문과는 달리 비교적 두터운 분량으로 작성되는 학위논

문의 경우 논문을 구성하고 있는 내용에 대한 목차와 표 목차, 그림목차를 제
시하고 있다. 연구자가 행한 연구가 얼마나 논리적이고 체계적으로 잘 구성되
어 있는가는 보고서의 구조와 형태를 한눈에 볼 수 있도록 제시해 놓은 이러
한 목차에 의해서 확인할 수 있다. 따라서 목차를 완전하게 구성하는 것은 독
자를 위한 배려다. 이러한 목차는 보통 단행본 이외에는 20행 정도가 바람직
하며, 많아도 50행이 넘지 않는 것이 좋다(김재은, 1984). 도표의 목차는 본문
속에 나오는 순서대로 표와 그림의 순서를 분리하여 작성하되 일련번호를 붙
여야 한다. 도표의 목차는 본문 목차 다음에 넣는 것이 일반적이며, 내용목차
처럼 해당 페이지를 표기해야 한다. 본문 속에서 도표를 나타낼 경우 그 표의
제목은 표의 윗부분에 기술하는 것이 일반적이다.

셋째, 연구보고서에서 많은 분량을 차지하는 것이 연구결과에 대한 분석과
해석부분이다. 수집된 자료를 계획한 분석방법에 따라 산출된 결과를 분석하
며 해석한 내용을 제시한다. 연구의 결과는 연구의 목적이나 가설의 순서에
따라서 통계적 자료와 더불어 제시하게 된다. 결과는 객관적이며 공정하게 기
술되어야 하며 미사여구를 붙여 주관적인 설명을 가하는 것은 지양되어야 할
것이다. 또한 한 가지 중요한 것은 연구결과가 처음 가설에서 예상한 대로 나
오면 연구자는 만족스러워하겠지만, 그 결과가 연구가설을 부정하거나 예상과
어긋나면 이를 수용하기보다는 낙담에 빠지게 되는 경우가 많다는 것이다. 그
러나 연구결과가 설령 처음의 의도와 상반되게 나왔더라도, 연구자는 그 결과
를 그대로 해석하고 수용하는 자세를 가져야 한다. 그 대신 보고서 논의 부분
에서 예기치 않았던 결과에 대하여 또 다른 관점에서 해석을 내려 보고 대안
이론을 탐색해 보는 절차를 가져야 할 것이다. 물론 연구과정에서 특정한 오
류가 발생한 것으로 여겨진다면 연구 자체를 다시 수행해야 할 것이며 적어도
잘못된 결과를 보고해서는 안 될 것이다.

연구결과를 제시할 때나 자료를 분석할 때는 보통 도표 등이 많이 사용된
다. 도표의 사용상 유의해야 할 점으로는 해석의 편의를 위해서 도표는 한 페
이지에 하나 정도가 좋고, 다루기 힘든 표는 두 면에 걸쳐서 나타내도 좋으나
너무 긴 것은 부록으로 처리하는 것이 바람직하다(김재은, 1984). 도표를 제시
하는 방식이나 부록으로 처리하는 방식은 8장에서 살펴볼 것이다.

넷째, 연구결과에 대한 논의 또한 계획서에는 없으나 최종보고서에 새롭게

첨가되는 부분이다. 연구결과 및 논의 부분에는 보통 연구결과의 주요 특징들의 요약, 선행연구와의 관련성에 대한 진술, 제언 등이 포함된다. 연구결과에 대한 논의의 구체적인 방법 또한 8장에서 상세히 다루기로 하고 요점만 제시하면 다음과 같다.

연구결과의 요약은 보고서를 읽는 독자에게 편의를 제공하고 또한 연구자 자신도 자신의 연구를 정리해 본다는 측면에서 의미를 가진다. 이러한 요약은 독자의 편의를 위해 혹은 연구결과를 되짚어 본다는 의미에서 보고서상에 반드시 기술하는 것이 바람직하며 간단히 정리하는 식으로 진술하면 된다. 진술하는 위치는 논문의 마지막 부분에 있는 참고문헌 앞에 두는 것이 관례이나 경우에 따라서는 논문의 맨 처음에 두기도 한다. 또한 요약 부분에는 참고문헌을 인용하지 않는 것이 통례다. 구체적으로 기술될 수 있는 내용은 연구의 동기, 연구문제와 가설의 항목, 연구방법과 그 절차 등이 있을 수 있다.

제언은 연구의 결과와 그 결론을 바탕으로 앞으로의 후속연구를 위해 연구자가 할 수 있는 하나의 제안을 말한다. 이러한 제언은 해당 논문과 관련하여 많은 연구가 나올 수 있기를 바라는 하나의 기대이며, 또 다른 연구를 자극할 수 있는 아이디어의 원천이 될 수 있다. 보통 이것은 연구상의 제한점이나 제약점을 근거로 하여 기술된다.

다섯째, 최종보고서에는 대체로 부록과 함께 연구보고서를 제출할 기관의 요구여하에 따라 영문초록이 포함되기도 한다. 학술지 연구논문이나 학위논문의 경우에는 거의 항상 영문초록을 요구한다.

부록은 참고자료를 본문 속에 넣기에는 흐름과 해석상에 지장이 있을 정도로 장황한 경우에 주로 사용한다. 따라서 부록은 필요한 경우에만 선택적으로 제시될 수 있다. 사용 시 적당하게 묶어서 번호를 붙이고, 제목도 붙여서 그 목록을 목차에 밝혀야 할 것이며 필요하면 중간 목차에 더 상세한 내용을 기술할 수도 있다. 보통 부록에 들어갈 수 있는 내용으로는 긴 도표, 연구자가 사용한 검사도구, 기타 논문 내용으로 삼지는 않았으나 타연구자에게 도움을 줄 것으로 생각되는 자료 등을 들 수 있다.

그 외 연구논문의 마지막 부분에 첨부되는 것으로 영문초록이 있는데, 이는 국문 논문의 내용을 간단하게 요약하여 영작한 것으로 보통 1~2페이지 정도 작성하면 된다. 보통 국문요약 내용을 참조하여 동일하게 작성한다.

이상에서 연구보고서의 일반 형식을 살펴보았으나 반드시 이러한 형태에 고정될 필요는 없다. 좀 더 다른 형태의 보고서 형식을 갖춘다 하더라도 타당성, 신뢰성, 효율성, 객관성 등과 같은 연구의 과학성을 따지는 지표가 잘 나타나 있다면 일정한 틀에 얽매일 필요는 없기 때문이다. 커뮤니케이션의 정확성을 확보할 수만 있다면 일정한 순서가 꼭 필요한 것은 아니다(김재은, 1984).

3) 연구보고서의 출판

연구보고서를 최종적으로 작성한 다음에는 연구물을 대학을 포함한 특정 기관에 제출하거나 혹은 별도로 출판할 계획을 세우게 된다. 연구보고서가 학위논문의 목적으로 작성되었다면 당연히 해당 대학원에 제출하게 되며, 연구보고서가 특정 연구기관의 자체 계획에 따라 수행된 경우라면 역시 별다른 추가 조치 없이 그대로 출판이 이루어질 것이다. 그러나 연구자가 개인적으로 연구를 수행하였거나 혹은 한국학술진흥재단 등과 같은 기관에서 연구비를 지원받아 연구가 수행된 경우에는 종종 연구주제와 관련된 학회에 논문을 게재 · 출판하게 된다.

연구보고서를 학위논문으로 대학에 제출하여 승인받는 경우와 학회지를 선택하여 출판하게 되는 경우를 살펴본다.

(1) 학위논문

학위논문의 경우 논문의 작성과 심사과정 및 절차, 그리고 학위논문으로서 승인받는 절차가 각 대학 및 학과마다 상이하기 때문에 일률적으로 제시할 수는 없다. 따라서 학위논문을 준비하는 지원자는 각 대학에서 발행하는 학위논문의 작성 및 제출과 관련한 제 규정을 꼼꼼히 살펴보아야 한다. 대학에 따라서는 학교의 홈페이지에 학위논문과 관련하여 계획서 작성에서부터 논문의 심사와 제출과정까지를 차례로 다루고 있으므로 참고할 필요가 있다.

학위논문의 제출과 심사에서 승인, 인쇄까지 이루어지는 일반적인 과정은 다음과 같다.

학위청구논문의 제출   일차로 작성된 학위청구논문은 심사를 위하여 규정된 시한까지 대학원에 제출하게 된다. 대체로 이때 제출되는 논문은 개별 대학에서 규정하는 논문의 형식과 일치되어야 하며 제본까지 된 완전한 논문이어야 한다. 석사학위청구논문이냐 박사학위청구논문이냐에 따라 논문 심사위원의 수가 다르므로 여기에 맞추어 해당 부수를 제출한다. 대학원에서는 학위논문의 심사일정에 맞추어 7~15일 전에 심사위원으로 선정된 교수에게 논문을 송부한다. 이는 심사위원들이 청구논문을 충분히 검토할 시간을 주기 위함이다.

논문 심사   제출된 논문에 대해서는 규정된 기간 내에 심사과정이 이어진다. 학위논문의 심사절차는 대학에 따라 차이가 있으나 심사위원으로 위촉된 교수들만이 참여한 가운데 지원자의 발표와 심사가 이루어지기도 하며, 심사자인 교수와 해당 학과의 학생들이 모두 참여한 가운데 논문에 대한 공개발표가 이루어지는 식으로 진행되기도 한다. 후자의 경우 지원자는 프레젠테이션 자료와 요약 유인물을 충분히 준비하여 발표에 임해야 한다. 지원자는 공개발표와 심사를 통해서 자신의 연구성과를 평가받게 되는데, 이러한 과정을 통하여 자신이 수행한 연구의 부족한 점, 수정해야 할 사항, 미비점 등을 지적받게 된다. 심사결과는 별다른 수정 없이 승인되는 경우, 일부 수정이나 보완 후 승인되는 경우, 재심사 등으로 판정받게 된다.

승인 혹은 재심사   논문은 심사 결과에 따라 인쇄 혹은 재심사 과정으로 이어진다. 학위 청구논문이 심사자들에 의해 승인되는 경우 지원자는 심사위원들에게 학위논문으로서 인준을 받고 논문 인쇄에 들어가게 된다. 그러나 일부 사항에 대한 수정 · 보완 혹은 전반적으로 다시 재심사를 받아야 한다는 통보가 내려질 경우 일정 기간이 지난 후 재심사 과정이 이어진다. 석사학위 청구논문의 경우 재심사 과정을 포함해도 2~3회 정도로 심사가 끝나지만, 박사학위 청구논문은 본심사 자체만으로도 5심 정도까지 이어지기 때문에 연구자는 지속적으로 논문에 대한 수정 작업을 취해 나가야 한다.

인쇄 및 도서관 비치   논문에 대한 승인절차가 완전히 끝나면 지원자는 심사위원들로부터 인준서에 사인을 받아 논문에 대한 인쇄 작업에 들어간다. 대체로 몇 부의 인쇄본은 대학의 도서관 등에 제출되어 다른 사람들이 열람할 수 있도록 비치되며 타 기관이나 대학으로 보내지기도 한다. 최근에는 대학에서 논문의 원문파일을 요청하기도 하는데, 지원자가 동의할 경우 파일은 pdf

파일 등의 형식인 전자문서로 보관하여 다른 사람들이 인쇄하거나 다운로드 할 수 있도록 허용해 주기도 한다. 학위를 취득하고 난 후 일정 시기가 지나면 연구자는 자신의 논문 원본을 해당 대학 도서관 및 국회도서관에서 컴퓨터 파일로 볼 수 있을 것이다.

(2) 학회논문

연구자는 연구에 대한 개인적인 관심에 따라, 혹은 기관에 의해 연구를 위탁받거나 박사학위 취득을 위한 예비조건으로서 연구를 수행, 논문을 작성하여 각종 학회에 투고하거나 게재하게 된다. 학회논문의 투고와 출판까지의 일반적인 과정은 다음과 같다.

학회지 선택과 편집　논문 혹은 연구물을 출판하기 위해서 가장 먼저 해야 할 일은 적합한 학회지를 선택하는 것이다. 지도교수가 적합한 학회지를 제안해 줄 수도 있고, 유명한 학회지 한두 개에 원고를 투고할 수 있다. 이때 학회지마다 형식과 규정이 조금씩 다르므로 잘 고려하여 작성하여야 한다. 예를 들어, 미국의 APA 저널인 경우 수많은 연구논문이 기고되지만 80% 이상이 되돌아온다고 한다. 만일 원고가 되돌아오면, 학회 쪽의 수정안을 받아들여 다시 보낼 수도 있고 그렇지 않을 경우 다른 학회지에 기고할 수도 있다.

적절한 학회지가 정해지면 그 학회에서 요구하는 양식과 의뢰서에 갖추어야 될 사항에 따라 논문을 손질하도록 한다. 예를 들어, 학회에 따라 논문의 구성을 I. 서론, II. 이론적 배경, III. 연구방법, IV. 결과해석, V. 종합 논의 등으로 구성할 것을 요구하기도 하며, 문제제기와 연구목적, 연구문제(제목 없이 시작), 연구방법, 결과, 논의 등으로 구성할 것을 요구하기도 한다. 사회과학 분야 학회의 경우, 원고내용의 편집양식은 대체로 미국 심리학회의 출판지침서(The Publication Manual of the American Psychological Association; APA, 2001)와 비슷하게 규정하는 경향이 있다. 일차 완성한 논문은 동료나 전문가에 의해 미리 검토를 받아 보는 것이 좋다.

논문의 저작권 결정　연구에 관여한 사람이 다수일 경우 투고에 앞서 주저자와 공동 연구자, 교신저자 등을 결정할 필요가 있다. APA 출판 매뉴얼(2001)에는 저자를 단순히 글을 쓴 사람이 아니라 실질적으로 기여한 사람으로 규정하고 있다. 실질적으로 기여한다는 것은 문제와 가설을 제기하고 논문의 중요한 부분을 쓰고, 통계적 분석을 하고, 연구설계를 제안하는 등의 활동을 말한다. 그 외 준비하고 자료를 수집하고 통계분석 방안을 제시한 활동들에 대해서는 각주로 처리하고 보조 연구원에 대한 감사의 말을 하는 것이 예의로 되어 있다.

때로는 연구자들 사이의 서열을 가린다든가 기여도를 따지는 것이 어려울 때가 많다. 그리고 이러한 과정은 그다지 유쾌하지 않을 수도 있다. 따라서 이를 피하기 위해서는 공동연구의 경우 연구초기에 연구를 위해 각자가 어떠한 일을 할 것이며 어떻게 협동할 것인가를 미리 정하는 것이 좋다. 이때 주제를 정하고 연구를 위해 세부 일정들이 나오며, 논문이 완성될 시기가 정해지는데 이러한 사전 협의는 앞으로의 논문을 쓰는 것에도 상당한 도움이 될 것이다.

논문 제출   원고 준비가 끝나면 원고를 제출해야 한다. 학회지는 3~5년마다 편집하는 곳이 바뀔 수도 있으므로 최근의 주소를 찾아서 다시 한 번 학회지의 기준을 검토하고 전자메일이나 우편으로 발송한다. 원고를 우편으로 보낼 때는 학회에서 원하는 복사본 수에 맞추어 준비하고 원고를 묶을 때는 스테이플러보다 바인드나 클립을 이용하는 것이 좋다. 최근에는 거의 모든 학회에서 전자메일로 원문파일만을 요구하기 때문에 복사본을 보낼 필요가 없는 경우가 많다. 검토가 끝나면 게재 신청서에 연구자의 전화번호와 주소, 관심분야 등 몇 가지 기재사항을 적어 원고와 함께 발송한다.

논문 심사 및 심사결과 통보   논문을 받은 기관에서는 일정 기일 내에 논문심사를 하게 되는데, 학술기관의 편집위원회가 있어 이곳에서 투고된 논문의 주제와 관련된 전문가들에게 원고를 보내서 심사를 하게 한다. 이때 심사자들은 논문의 강점과 약점을 지적하고 비평 사항을 적어 주게 된다. 연구자는 어느 정도 기일이 지난 후 원고 심사결과를 받게 되는데, 심사결과는 대체로 네 가지 정도로 구분할 수 있다. 아주 드물지만 무수정 게재, 수정 후 게재가(본인이 수정할 의사가 있다는 전제하에서), 수정 후 재심사 혹은 게재 불가(논문에 익명으로 전문가들의 논평이 있음) 등이다. '수정 후 게재가'인 경우, 해당 논문이 심각한 결함은 없으나 몇 사항에 대해서는 수정하거나 보완해야 할 필요성이 있음을 의미하며, '수정 후 재심사'의 경우 더욱 심각한 문제가 있어 수정한 이후 다시 재심사를 해야 함을 의미한다. 타당한 연구절차를 거친 연구라면 '게재 불가' 의 경우는 흔하지 않으나, 간혹 지극히 치명적인 결함이 상당히 있어 수정조차 불가능하다고 판단되는 경우이거나 혹은 투고된 논문이 학회의 성격과 달라 반려되는 경우가 여기에 속한다. 연구자는 필요에 따라 논문을 수정하며 또한 심사의견에 대한 자신의 답변 및 견해를 적어 재투고하게 된다.

논문의 게재 및 출판   수정·보완을 거친 논문이 최종적으로 '게재가' 로 판정받게 되면 학회지에 수록되어 출판된다. 학회지에 따라 논문의 분량을 제한하는 경우가 많기 때문에 최종원고는 분량을 적절히 조절해야 하며, 기관에 따라서는 일정한 논문 게재료를 요청하기 때문에 이를 납입해야 한다. 학회지가 발행되면 연구자는 우편으로 자신의 논문이 실린 학회지와 함께 별쇄본을 받게 된다.

연구자가 학회지에 논문을 투고하고자 하는 경우 학회의 회원일 것을 요구하는 경우가 많기 때문에 관련 규정을 꼼꼼히 살펴보고 필요에 따라 회원으로 가입해야 한다. 또한 대부분의 학회지는 1년에 2회 혹은 많아야 4회 정도 발행되기 때문에 학회지에 논문을 투고하고자 하는 경우 논문의 모집시기, 발행시기 등에 대해서도 알아 두어야 한다.

4) 연구보고서 작성 시 윤리적 지침

연구보고서를 대외적으로 공개할 때는 연구대상 및 연구 의뢰자에게 지켜야 할 다음과 같은 최소한의 윤리가 있다.

첫째, 조사대상자와의 관계다. 보고서를 작성할 때에는 일반적으로 응답자의 개인적인 신상과 응답에 대해 공개하지 않는 것이 조사의 기본적 윤리라고 할 수 있다.

연구자가 일반적으로 지켜야 할 규정에는 사전동의, 익명성, 비밀보장 등이 있다. 사전동의는 응답자가 자신의 태도나 행동이 알려지는 정도를 알고 있으며, 그 정도를 선택할 수 있게 해 주는 것이다. 익명성은 각 개인의 응답이 전혀 구분이 안 되어 그 응답이 알려지지 않는 것이고, 비밀보장은 개개인의 응답이 연구자 외에 외부에는 공개되지 않는 것을 말한다.

둘째, 일반 대중 및 학자들과의 관계다. 자신의 연구결과를 전문 학술지 혹은 일반 대중에게 발표할 경우 이들에게 받아들여지지 않는다고 해서 연구결과를 왜곡해서는 안 된다. 즉, 검증이 안 되는 내용을 무리하게 검증되었다고 발표한다든지 연구과정에서 자신이 원하는 결과가 나오도록 특수한 연구방법을 선택하는 것은 윤리에 어긋나는 일이다.

셋째, 의뢰자와의 관계다. 사회과학의 많은 연구들은 주로 정부, 언론계, 회사, 정당, 기타 이익단체, 학교 등의 의뢰로 이루어지는 경우가 많다. 이 중에서 대다수는 연구내용을 별로 상관하지 않으나 때로는 특별히 연구 의뢰나 주문이 있을 수도 있다. 이러한 경우에도 연구의 공정성을 잃지 말아야 하고 의뢰 기관을 밝히지 않는다든가 기밀을 보장해 주어야 한다.

 연습문제 · · · · · · · · · ·

1. 연구계획서를 작성하는 의의를 서술해 보시오.

2. 석 · 박사학위청구를 위한 논문계획서 발표회장에 참여하여 보고 발표자들의 계획서를 비판적으로 경청하여 보자.

3. 연구계획서와 연구보고서의 차이점을 서술하시오.

4. 동일하거나 유사한 주제를 다루고 있는 다음의 보고서 각 1편을 찾아 그 형식을 서로 비교하고 차이점을 서술해 보시오.
   1) 기관의 연구보고서
   2) 학술지 게재 논문
   3) 석사 학위논문
   4) 박사 학위논문

논문의 체제 및 작성법

이 장에서는 교육·심리분야의 학위논문을 중심으로 일반적인 체제와 더불어 논문의 각 내용 요소별 작성법을 구체적으로 살펴본다. 또한 자신이 작성한 양적·질적 논문에 대하여 스스로 평가를 해 보거나 타인의 논문에 대하여 비평해 볼 수 있는 몇 가지 기준들을 제시할 것이다.

학위논문이란 개인적인 측면에서 본다면 학위과정을 마무리하는 최종 과제에 불과할 수도 있으나 학문의 세계에서 본다면 또 다른 지식의 축적이며 확장이다. 따라서 연구자는 연구과정 내내 자신의 연구가 가져올지도 모르는 학문세계와 현실세계에서의 영향에 대해 진지하고도 두려운 마음으로 연구에 임해야 한다. 이러한 태도가 신뢰성과 타당성 그리고 과학성을 갖춘 연구 성과물을 낳게 할 수 있을 것이다. 동시에 학위논문은 비단 그 내용에서뿐만 아니라 체제와 구조면에서도 어느 정도의 형식을 갖출 것이 요구된다. 이러한 형식은 곧 연구의 수행과정 전체를 효과적으로 드러내는 절차이기도 하거니와 한편으로는 다른 연구자들이나 독자들과 의사소통을 원활하게 하기 위한 최소한의 장치라는 의미도 함께 지니고 있다.

학위논문이 취하고 있는 일반적인 체제, 각 구성요소별 작성방법, 논문의 편집양식 그리고 학위논문의 평가의 순으로 살펴보기로 한다.

1. 논문의 체제

학위논문의 체제라 하여 명확하게 규정된 단일의 틀이 있는 것은 아니다. 이는 연구가 양적연구이냐 질적연구이냐에 따라 다를 수 있으며 또 학위논문이라는 특성상 대학에서 요구하는 형식이 상이할 수 있기 때문이다. 무엇보다도 각 논문은 서로 다른 주제와 연구내용을 다루고 있으므로 각각의 독특한 주제와 내용을 효과적으로 표현하는 방법은 다를 수 있기 때문이다. 특히 질적연구의 경우 더욱 그러하다. 중요한 것은 연구의 신뢰성과 타당성 그리고 효율적인 의사소통이 가능하도록 체제가 갖추어져 있느냐에 달려 있다고 보아야 한다. 결과적으로 다음에 제시하는 논문의 체제 또한 비교적 널리 수용되고 있는 하나의 예시로 보아야 할 것이다.

실험연구와 조사연구 그리고 상관연구 등에서 널리 채택되고 있는 체제는 다음과 같다. 제7장에서 일반적인 연구보고서에 포함되어야 할 요소로 제시한 〈표 7-2〉와 비교하면 도움이 될 것이다.

학위논문이 갖추어야 할 바람직한 요건이라는 측면에서 몇 가지 일반적인 사항을 제시해 보면 다음과 같다.

첫째, 전체적으로 볼 때 학위논문 또한 일반적인 연구보고서가 지니고 있는 내용요소를 모두 포함하고 있지만 각 구성요소에 대한 명칭에서 보다 격식을 갖추고 있다. '연구의 필요성과 목적' '용어의 정의' '실험설계' 등의 명칭은 대체로 정형화되어 있다고 보아도 무방하다.

둘째, 다음의 '2절 논문의 구성요소별 작성법'에서 보다 자세히 고찰할 것이나 학위논문의 경우 일반적인 연구보고서와는 달리 거의 언제나 비교적 많은 분량으로 구성된 '이론적 배경'을 포함한다. 사실상 이론적 배경이 빠져 있는 연구보고서의 경우 학술 연구로서 인정조차 받지 못할 수도 있다. 예를 들어, 일반 기업의 인력개발센터나 대학의 학생생활연구소에서 사원 혹은 대학신입생을 대상으로 실태연구를 수행한다고 하자. 이러한 경우 연구를 위한 이론적 배경은 굳이 필요치 않다. 그러나 학위논문의 경우 조사연구라 할지라도 그러한 조사연구의 필요성과 연구의 가치, 의미, 방법론 등을 보여 주는 이론적 배경이 반드시 포함된다.

실험연구 논문	조사연구 · 상관연구 논문
I. 서 론	I. 서 론
1. 연구의 필요성 및 목적	1. 연구의 필요성 및 목적
2. 연구문제	2. 연구문제
3. 연구가설	3. 연구가설
4. 용어의 정의	4. 용어의 정의
5. 연구상의 제한점	5. 연구상의 제한점
II. 이론적 배경	II. 이론적 배경
연구문제에 대한 연구현황	연구문제에 대한 연구현황
III. 연구방법	III. 연구방법
1. 실험설계 또는 실험 방법의 개관	1. 연구설계
2. 피험자의 표집방법 및 속성	2. 표집절차
3. 실험처치 방법 및 자료	3. 자료수집방법
4. 측정 또는 검사도구	4. 조사기간
5. 실험절차	5. 자료분석방법
6. 자료분석방법	
IV. 연구결과의 논의	IV. 연구결과의 논의
1. 실험결과에 대한 해석	1. 연구결과에 대한 해석
2. 논의	2. 논의
V. 요약 및 결론	V. 요약 및 결론
1. 연구 전체에 대한 요약	1. 연구 전체에 대한 요약
2. 연구문제에 대한 결론	2. 연구문제에 대한 결론
3. 앞으로의 다른 연구를 위한 제언	3. 앞으로의 다른 연구를 위한 제언
참고문헌	참고문헌
부록	부록
영문 초록	영문 초록

셋째, 학위논문은 연구방법론에서 보다 높은 수준이 요구된다. 예를 들어, 연구대상의 선정 시 다른 연구와 비교하여 보다 체계적인 표집방법—예를 들면, 비례유층표집과 같은 확률적 표집방법—을 사용할 것이 기대된다. 또한 측정도구의 제작이나 선정 그리고 수집된 자료의 분석방법에서도 높은 질적 수준을 지녀야 한다. 교육분야에서 초·중등학교 교사들이 수행하는 현장연구와 비교해 보자. 현장연구의 경우 연구대상은 종종 교사가 소속되어 있는 학교의 학생을 대상으로 임의표집하여 이루어진다. 또한 측정도구는 교사 자작 검사인 경우가 많으며, 자료의 분석은 비교적 간단하거나 단순한 통계분석 방법을 사용하여 이루어지는 경우가 많다.

넷째, 학위논문은 연구결과에 대한 보다 심도 있는 논의를 필요로 한다. 어떤 연구에서건 연구를 수행하면 결과에 대한 논의를 전개하긴 하나 학위논문의 경우 이러한 논의가 보다 심도 있게 이루어진다. 이러한 논의는 연구결과에 대한 단순한 해석 이상의 것으로 당해 연구의 결과와 선행 관련 연구들이 보였던 연구결과와의 관련성에 대한 체계적인 진술을 포함해야 한다. 특히 결과에서 나타난 중요한 특징이나 선행이론과 불일치되거나 기대치 않았던 결과 등에 대해서는 연구자 나름대로의 관점에서 이러한 이유를 찾아 몇 가지 가능한 대안적 해석을 제시하여야 한다. 연구란 단순히 객관적인 자료의 수집과 분석에 그치는 것이 아니라 연구자의 주관적 관점 또한 함께 반영되어야 하는 것이기 때문이다. 어떤 의미에서는 연구결과에 대한 논의야말로 학위논문의 핵심으로 받아들여진다.

다섯째, 학위논문은 참고문헌이나, 부록, 초록을 기술하고 제시하는 방법 등과 같이 얼핏 보기에 특별한 중요성이 없어 보이는 사항에 대해서도 일정한 형식과 구조를 요구하는 경우가 많다. 이에 대해서는 다음에서 자세히 살펴볼 것이다.

〈표 8-1〉 **학위논문과 현장논문의 체제의 차이**

전문성 신장에 대한 욕구가 높아지면서 많은 초·중등 교사가 대학원에서 석사·박사 학위과정을 이수하고 있다. 교사들의 학위논문은 '연구'라는 활동이 자칫 이론에 치우쳐 교육현실과 괴리될 수 있는 간극을 훌륭하게 매워 주는 것으로 보인다. 그러나 한편으로 학위과정에 있는 많은 교사들이 학위논문의 작성 시 전혀 다른 이유로 어려움을 겪기도 하는데 이는 엉뚱하게도 '현장연구'의 수행 경험 때문이다. 많은 교사들이 학교 현장에서 현장연구를 수행한다. 교사들이 수행하는 현장연구란 학술적인 연구의 성격보다는 보다 직접적으로 교수-학습 방법 개선, 생활지도 방안의 구축 등의 목적을 지닌 것으로 실천 지향적 성격이 강하다. 따라서 현장연구 논문은 체제 또한 달리하게 되는데 결과적으로 이러한 것이 오히려 학위논문을 작성할 때 혼란을 가져오게 하는 것이다.

　현장연구 논문의 체제는 여러 가지 형식으로 상당히 다양하나 아래의 두 형식을 예로 살펴보자.

I. 연구주제 (연구제목)
II. 서론
　1. 연구의 필요성
　2. 연구의 목적
　3. 연구문제 (또는 연구의 내용)
　4. (가설)
　5. 용어의 정의
　6. 연구의 한계
III. 이론적 배경
IV. 기초조사 및 문제 분석(실태분석)
V. 실천가설의 설정 (실행목표, 실행중점)
VI. 연구의 방법 및 절차(또는 연구설계)
　1. 연구의 대상
　2. 연구기간과 절차
　3. 측정도구
　4. 자료수집 및 분석방법
　5. 가설의 실천계획
　6. 가설의 검증계획
VII. 연구의 실행(또는 실행목표의 실천)
VIII. 결과 및 논의
IX. 요약, 결론 및 제언
　참고문헌
　부록

I. 연구의 취지와 목적
　1. 연구의 취지
　2. 연구의 목적
II. 이론적 배경
　1. 선행연구
　2. 이론적 고찰
　3. 용어의 정의
III. 실천과제
IV. 연구의 설계
　1. 가설의 실천계획
　2. 실천계획
　3. 평가계획
　4. 연구의 절차
V. 연구의 실제
　1. 실천과제1의 실행
　2. 실천과제2의 실행
　3. 실천과제3의 실행
VI. 결과 및 논의
　1. 결과 및 해석
　2. 논의
VII. 요약, 결론 및 제언
　참고문헌
　부록

　학위논문과의 여러 차이점 중 대표적인 것은 '실천가설'에 있다. 이는 학위논문에서 인과비교연구나 실험연구를 수행하면서 설정하는 '연구가설'과는 전혀 다른 성질의 것이다. 현장연구에서 말하는 실천가설이란, 연구를 수행함으로써 실제로 달성하려는 구체적이고 행동적인 목표를 의미하며, '가설의 실행계획'과 '검증계획'은 제기된 문제에 대한 해결 방안, 즉 문제를 해결하는 데 실제로 사용하게 될 절차나 방법을 말한다. 따라서 이 또한 학위논문에서 말하는 통계적 가설의 검증과는 전혀 다른 의미다. 결과적으로 현장논문에서는 위의 예의 경우 VII. 연구의 실행 혹은 V. 연구의 실제가 가장 중요한 위치를 차지하게 된다.

　요컨대, 현장연구와 학위논문 간에는 보기에 따라서는 커다란 차이점이 있음을 알 수 있다. 현장연구에 익숙하다 하더라도 학위논문을 위해서는 별도의 연구방법론을, 마찬가지로 학위논문의 체제와 틀에 익숙하다 하더라도 현장연구를 위한 별도의 연구방법론을 익혀야 할 것이다.

2. 논문의 구성요소별 작성법

다음에서는 앞에서 살펴본 학위논문의 체제를 중심으로 각 구성요소별 구체적인 논문 작성법을 제시하기로 한다. 여기서 제시하는 내용들은 일종의 권고 사항이라 할 수 있다. 앞서 언급한 것처럼 그 형식이 어떠하든 연구의 타당성과 신뢰성 그리고 객관성과 의사소통의 수월성을 보증할 수 있다면 학위논문으로서의 기본적인 조건은 훌륭히 갖추고 있는 셈이기 때문이다. 논문의 각 구성요소별로 기술방법을 소개한다는 의미에서 여기에서는 양적연구에 초점을 두고 살펴본다. 질적연구의 경우 그 특성상 논문의 구성요소를 일반화하여 제시하고 이에 따라 작성법을 소개한다는 것은 곤란하기 때문이다.

1) 연구주제명

연구주제를 선정하고 이를 제목으로 설정하는 방법은 '제2장 연구주제 및 연구문제와 가설'에서 구체적으로 다룬 바 있으므로 이를 참고하기 바란다. 다만 여기에서는 학위논문의 준비 혹은 작성이라는 현실적인 과제에 직면하고 있는 대학원생들을 위한 권고라는 입장에서 보다 직접적인 표현으로 몇 가지 사항을 더 살펴보면 다음과 같다.

첫째, 학위논문의 주제로서 간혹 '직관'에 의한 연구주제 선정도 훌륭할 수 있으나 이에 의존하지는 않아야 한다. 어느 정도 학문적 배경 지식이 축적되고 선행연구 경험이 충분한 경우 직관이라는 방법 또한 새로운 아이디어를 얻거나 창의적인 문제해결 방식을 찾아내는 데 유용한 방법이 될 수도 있다. 그러나 학위논문을 준비하는 데 있어 직관에 의한 연구주제의 설정이란 현실적으로 연구를 수행하기 위한 이론적·경험적 근거가 부재하는 경우가 많으며, 설령 연구가 수행된다 하더라도 산출된 결과에 대한 해석 또한 지극히 어려울 수 있기 때문이다.

둘째, 주제를 설정함에 있어 나의 연구가 참신하고, 기발하며, 독창적이어야만 한다는 생각에 너무 강박적으로 매달리지 않도록 해야 한다. 2장에서 제시한 것처럼 반복연구(replication study) 또한 훌륭한 논문이 될 수 있기 때문이다.

셋째, 연구주제의 설정을 위하여 관련된 최근의 선행연구의 제언 부분을 적극 검토할 필요가 있다. 국내외 학술지에 실린 최근의 논문이나 최근 학위논문의 제언 부분은 초보 연구자가 연구를 위한 아이디어를 얻는 데 좋은 자료가 된다.

넷째, 연구주제를 설정하였다면 이를 통하여 달성코자 하는 연구의 궁극적인 목적(기술, 설명, 예언, 통제)이 무엇인지를 항상 염두에 두어야 한다. 연구가 지향하는 목적수준에 따라 연구방법(연구설계, 표집, 자료분석방법 등)이 달리 채택되어야 하기 때문이다.

다섯째, 기본적으로 연구의 제목을 기술하는 표현방법에 익숙해야 한다. 예컨대, 동일하게 두 개 이상의 변인을 다루는 연구라 하더라도 이들 변인 간의 관계를 단순한 상관관계로 보는지, 영향관계로 보는지 아니면 효과관계로 보는지에 따라 ~와의 관계(relationship), ~에 미치는 영향(influence), ~에 미치는 효과(effect)와 같이 적절한 표현을 사용하여 연구의 제목을 설정하여야 한다. 흔히 많이 쓰이는 '연구'라는 문구 또한 반드시 붙여야 하는 것은 아니다.

2) 서론

서론 부분은 자신의 연구주제를 선행연구들과 관련하면서 연구할 필요성이 있음을 논리적으로 정당화하고 그 목적을 진술하는 부분, 연구주제와 관련된 구체적인 연구문제 또는 연구가설을 제시하는 부분, 연구주제와 관련된 변인들의 개념을 명확하게 정의하는 부분, 그리고 연구의 범위를 정하는 부분으로 구성된다.

(1) 연구의 필요성 및 목적

논문의 서론부 중에서도 가장 앞부분을 차지한다. 연구자는 자신이 설정한 연구주제의 필요성과 연구의 목적을 분명하게 밝혀야 한다. 연구의 필요성을 먼저 제시하고, 마지막에 결론적으로 연구의 목적을 논리적으로 추론하여 제시하는 것이 좋다. 기본적으로 연구의 전체적인 윤곽 및 그 방향을 이해할 수 있도록 쉽게 진술해야 하며, 이론적이고 학술적인 틀 안에서 연구의 필요성과 중요성을 서술해야 할 것이다. 이를 위해 연구자는 우선 주제와 관련된 1차, 2차자료를 충분히 고찰할 필요가 있다. 선행연구의 검토를 통하여 동일 주제 혹은 유사 주제가 어떠한 변인을 설정하여 어떠한 방법으로 연구되어 왔는지를 진술해야 한다. 또한 이들 연구들이 공통적으로 보여 주는 결과는 무엇이었으며 나아가 이들 선행연구들이 갖는 제한점이나 혹은 한계는 무엇이었는지를 논리적으로 지적하여야 한다. 결과적으로 이러한 고찰을 통하여 추론할 수 있는 바는 무엇이며 자신의 연구는 선행연구와 어떻게 차별성이 있으며 기존 연구의 한계를 적절히 극복하는지도 설득력 있게 제시해야 한다. 마지막 부분에는 자신의 연구목적이 무엇인지를 제시하고 이러한 연구가 갖는 학문적·실재적 의의와 기여점 등을 제시해야 한다.

연구의 필요성 및 목적의 진술 시 유념해야 할 몇 가지 사항을 제시하면 다음과 같다.

첫째, 도입말의 진술 시 사념적(思念的) 표현, 근거 없는 표현을 삼가야 한다.

둘째, 명확한 용어로 진술하며, 독자의 흥미를 적절히 자극하도록 하라. 수필식 문체나 만연체의 문장을 지양하고 간결체를 사용해야 한다.

셋째, 자신의 주제와 관련된 변인들을 각각 분리하여 차례대로 선행연구의 경향 및 방법들을 간단히 제시해야 한다.

넷째, 선행연구들의 특징을 비교, 요약하면서 본 연구가 선행연구들과 어떻게 다르고, 선행연구의 어떤 점을 보완하는지를 제시하라.

다섯째, 자신의 연구가 갖는 관련 학문 분야에서의 의의, 실재에서의 기여 및 시사점을 '반드시' 제시해야 한다.

(2) 연구문제와 가설

다소 폭넓게 진술된 연구의 목적을 명료화하기 위하여, 연구주제를 하위주제로 구분하여 진술하는 부분이다. 연구자는 필요에 따라 연구문제와 연구가설을 둘 다 제시할 수도 있고 어느 하나만을 제시할 수도 있다. 이론적·경험적 연구가 충분히 뒷받침된 경우라면 이에 근거하여 가설을 설정할 수 있을 것이며, 탐색적 연구의 성격이 강하다면 연구문제의 진술만으로도 충분할 것이다.

연구문제는 의문문 형식으로 명확하고 분명하게 진술해야 하며 설정된 연구가설과는 논리적으로 연관되도록 해야 한다. 독립변인과 종속변인의 관계가 있는 연구문제의 경우는 독립변인을 먼저 진술하고 종속변인을 나중에 진술하는 것이 좋다. 연구가설은 연구의 초점을 분명하게 하는 기능을 한다. 연구문제에서 제기한 변인들 사이의 관계에 대한 잠정적 결론 또는 추측이며 예상된 해답이라고 할 수 있다. 가설은 긍정문 형식으로 진술하며 분명하고 정확하며 이해될 수 있는 말로 서술하여야 할 것이다.

연구문제와 가설의 진술 시 유념해야 할 몇 가지 사항과 예를 제시하면 다음과 같다.

첫째, 연구문제를 남발하지 말아야 한다. 간혹 연구결과에 대한 조바심으로 필요 이상의 연구문제를 설정하여 연구의 초점을 흐리는 경우가 있다. 연구문제는 연구목적에 초점을 두어야 하며 3~5개 정도로 설정하는 것이 바람직하다.

둘째, 가설의 진술 시 연구가설과 통계적 가설을 분명히 구별해야 한다.

셋째, 통계적 가설의 경우 방향 가설로 진술할 것인지 무방향 가설로 진술할 것인지를 생각해야 한다.

연구문제의 예

- 또래 협력에 의한 추론능력 발달은 개별적 문제해결에 의한 추론능력 발달보다 더 높은가?
- 초보자와 또래와 협력한 숙련자의 추론능력은 발달하는가?
- 또래 협력과정에 나타나는 대화의 차이는 상호주관성 형성 및 추론능력 발달에 영향을 주는가?

연구가설의 예

〈가설 1〉 또래 협력에 의한 추론능력 발달은 개별적 문제해결에 의한 추론능력 발달보다 더 높을 것이다.

〈가설 2〉 추론능력이 낮은 초보자와 또래와 협력한 숙련자의 추론능력은 발달할 것이다.

〈가설 3〉 추론능력이 발달한 아동들의 또래 협력과정과 추론능력이 발달하지 않은 아동들의 또래 협력과정에 나타나는 대화와 상호주관성에는 차이가 있을 것이다.

(3) 용어의 정의

연구자는 연구와 관련된 주요 변인 중에서 그 뜻이 애매하거나 그 개념이 다양하게 사용되고 있는 경우 독자들에게 그 뜻을 분명히 전달해야 할 필요가 있다. 용어의 정의는 이러한 변인의 정의를 진술하는 부분이다. '대학수학능력시험'과 같이 이미 그 의미가 분명히 알려져 있는 단어는 별다른 정의 절차가 필요치 않다. 그러나 예를 들어, '지능'이라는 변인은 일반적으로 사용할 때 그 뜻이 아주 넓으며 학자마다 그 정의가 다르기 때문에 연구자는 해당 연구에서 말하는 지능의 의미를 명확히 밝혀 두어야 한다. 용어의 정의 작업은 계속되는 연구의 계획과 안내에서 연구자와 다른 사람들 사이에 일어날 수 있는 충돌을 사전에 방지해 주는 역할을 해 주기도 한다.

특히, 논문에서 지칭하는 용어의 정의란 '조작적 정의'임을 함께 알아 두어야 한다. 즉, 용어는 단순히 개념적 수준에서 정의되는 것만이 아니라 해당 변인에 대한 측정방법까지 포함하여 제한적으로 정의되는 것을 말한다. 예컨대, '창의성'에 대한 조작적 정의의 예를 들면, '창의성이란 일반적으로 ～로 정의된다. 본 연구에서는 이를 언어와 도형을 사용하여 추상화할 수 있는 능력으로 정의하며, 토랜스의 언어창의성검사를 통해 산출된 점수를 의미한다.'로 정의한다.

용어의 정의 진술 시 유념해야 할 몇 가지 사항을 제시하면 다음과 같다.

첫째, 용어의 정의가 반드시 필요한 것은 아니며 필요 이상으로 용어의 정의를 많이 하는 것은 피해야 한다.

둘째, 사전적 정의와 조작적 정의가 어떻게 다른지 분명히 구별해야 한다.

셋째, 용어의 정의를 제시하는 목적과 그 이유를 분명히 이해해야 한다.

(4) 연구의 제한점

연구자의 연구의 한계를 기술하는 부분이다. 논문의 서론 부분에서 진술되는 연구의 제한점이란 연구결과를 진술할 때 사용하는 연구결과가 갖는 제한점이라는 것과는 전혀 다른 것임을 알아야 한다. 여기에서 말하는 연구의 제한점이라는 것은 연구의 범위(scope)를 의미한다. 즉, 자신의 연구가 정확히 어느 집단, 어느 변인을 대상으로 하는지 그 한계를 분명히 밝히는 것이 연구의 범위를 진술하는 방법이 된다. 흔히 연구의 제한점을 '본 연구는 도시에 거주하는 중학생들을 대상으로 하였기 때문에 그 결과를 전체 중학생으로 일반화하는 데는 한계가 있다.'라는 식으로 진술하는 경우를 보게 되는데, 연구대상을 도시 중학생만을 대상으로 한다는 것은 연구의 범위에 포함될 수 있겠으나, 그 결과를 일반화할 수 있다 없다는 식의 표현은 연구결과가 산출된 후제시할 수 있는 결과의 제한점에 속하는 것이다.

연구의 범위를 충분히 진술함으로써 독자들은 연구자의 연구범위가 어디까지인지를 이해한 채 논문을 읽게 되며, 또 연구결과가 왜 그렇게 나왔는지를 이해할 수 있게 된다. 이는 독자들이나 후속 연구자들과 불필요한 논쟁을 줄일 수 있는 방법이기도 하다. 때로는 이러한 진술이 연구를 진행하는 데 있어서 연구자 자신이 지닌 한계를 명시하는 것이 되므로 후속연구를 위한 지침도될 수 있다.

연구의 제한점 진술 시 유념해야 할 몇 가지 사항을 제시하면 다음과 같다.

첫째, 연구에 분명한 초점을 둘 필요성 그리고 자신의 역량에 비추어 연구의 범위를 제한할 필요성이 있음을 인식해야 한다.

둘째, 연구의 제한점은 주로 연구대상의 선정, 변인의 측정방법 혹은 자료수집방법에 관한 것들을 제시한다.

3) 이론적 배경

이론적 배경 부분은 연구의 주제 또는 구체적인 연구문제와 가설을 설정하게 된 이론적·경험적 근거로서의 기존 이론과 선행연구 자료들을 개관하는 부분이다. 이를 통하여 연구자는 자신의 연구주제와 관련한 변인, 연구방법, 최근의 연구 경향 등을 제시하고 나아가 자신의 연구가 갖는 이론적 구조를 논리적으로 제시하게 된다. 이론적 배경 부분에 진술되어야 하는 내용은 전체적인 틀에서 본다면 서론부의 연구의 필요성 및 목적에서 진술한 내용과 동일하다. 즉, 연구자가 한정된 분량의 연구의 필요성과 목적에 대한 진술만으로 연구의 필요성과 그 근거를 충분히 제시하기에는 부족하기 때문에 이를 별도의 장으로 두어 보다 상세히 제시하고자 하는 것이다.

조사연구나 상관연구 혹은 실험연구의 경우 일반적으로 다음과 같은 내용들이 순서대로 포함되는 것이 일반적이다.

- 연구에서 독립(예언)변인으로 삼고자 하는 주요 변인들에 대한 이론적 고찰
- 연구에서 종속(기준)변인으로 삼고자 하는 주요 변인들에 대한 이론적 고찰
- 연구자의 관심이 되는 독립변인과 종속변인을 관계 짓는 다양한 관점들에 대한 이론적 고찰
- 관심 주제와 관련된 선행연구의 동향

이론적 배경의 작성 시 유념해야 할 몇 가지 사항을 제시하면 다음과 같다.

첫째, 이론적 배경을 기술하는 목적을 분명히 알아 두어야 한다. 이론적 배경은 연구에서 제시된 주요 개념을 나열하는 것이 아니다. 이를 통하여 연구문제의 한계를 정하고, 새로운 방법적 접근을 발견하며, 진부한 방법을 피하고자 하며, 기존의 연구결과 및 제시한 제언을 찾아봄으로써 새로운 통찰을 하며, 관련 주제에 관한 최근의 여러 견해들을 살펴보고자 하는 것이다.

둘째, 모자이크식 서술을 하지 않도록 하며, 목차나 제목 등에서 교과서적인 접근을 피해야 한다.

셋째, 필요 이상의 하위절을 만들지 않도록 하며, 1), (1), 가), (가), ① 등으로 내용을 파편화시키지 않도록 해야 한다.

넷째, 이론적 배경에서 선행연구를 인용하는 경우 인용 형식에 주의를 해야 하며 가능한 최신의 자료를 참고하여 인용해야 한다. 자료 탐색을 위해서는 '제3장 문헌고찰'을 참고할 수 있을 것이다.

4) 연구방법

연구방법 부분은 이론적 배경에서 제시된 이론과 선행연구를 근거로 하여 서론에서 제시하였던 연구문제 혹은 가설에 대하여 실제로 연구를 진행하기 위한 구체적인 방법과 절차를 제시하는 것이다. 연구설계(실험설계, 연구모형), 연구대상, 측정도구, 연구 혹은 실험절차, 자료분석방법 등의 내용이 포함된다.

(1) 연구/실험설계

적절한 연구설계는 경험적 혹은 상호 관련적 연구에서 중요한 위치를 차지

하므로 설계에 대하여 자세히 기술해야 한다. 특히 연구에서 사용된 특별한 연구설계방법이나 연구자가 특히 주의를 기울인 점, 새로운 착안이나 방법은 자세히 기술하여 그것이 어떻게 적용되는지를 확인해야 한다. 조사연구, 인과비교연구와 같이 변인과 변인들의 관계를 연구하는 경우 변인들 간의 관계를 도식화하여 그림으로 제시하며 실험연구의 경우 실험설계모형을 제시하는 것이 일반적이다. 필요에 따라서는 연구의 전체적인 흐름을 순서도로 표현하는 방법도 있을 것이다.

연구/실험설계의 진술 시 유념해야 할 몇 가지 사항을 제시하면 다음과 같다.

첫째, 연구의 핵심 내용을 알 수 있도록 연구/실험설계를 구축해야 한다.

둘째, 실험연구인 경우 다양한 형태의 실험설계 및 이를 도식화하는 방법을 충분히 알아야 한다.

셋째, 전형적인 실험설계 모형에만 너무 의존하지 말고 자신의 연구목적에 부합하도록 실험설계를 구축해야 한다. 이를 위해서는 '제11장 실험연구'를 참고할 수 있을 것이다.

(2) 연구대상

연구대상이나 실험에 참여한 피험자 표본을 어떻게 선정하였는지 상세하게 나타내어야 한다. 가능하다면 무작위 표본이 사용되어야 하고, 그렇지 못하고 지원자 표집이나 혹은 비확률적 표집을 사용할 경우에는 표본의 인구 통계학적 특성(성, 민족, 직업, 지능 등)을 구체적으로 기술하여야 한다. 연구대상을 제시할 때에는 배경특성 변인에 따라 도표화하고 사례수, 백분율을 함께 제시하는 것이 좋다. 특히, 실험연구인 경우 피험자 선정절차와 그 이유 등을 자세하게 제시하여야 한다. 이는 독자나 후속 연구자들이 논문을 읽을 때 실험대상자의 특성과 관련하여 결과를 읽을 수 있도록 해 주며 특이한 결과들에 대한 해석을 도울 수 있기 때문이다.

연구대상의 진술 시 유념해야 할 몇 가지 사항을 제시하면 다음과 같다.

첫째, 비확률적 표집방법, 즉 임의표집이나 할당표집, 지원자표집을 사용하였다면 그 이유를 충분히 기술해야 한다.

둘째, 실험연구인 경우 실험집단과 통제집단 간에 관심 특성 및 배경적 특

성에서 가능한 한 동질성이 확보되도록 어떻게 유의하였는지를 상세히 나타
내야 한다.

셋째, 대규모 연구대상을 포함하는 조사연구인 경우 불성실한 응답 등의 사
유로 조사대상자 모두의 자료가 곧 분석자료로 사용되지는 않는다. 따라서 자
료의 스크리닝 과정을 자세하게 기술해야 한다.

(3) 측정도구

연구에 사용한 측정도구가 있다면 이를 밝히는 부분이다. 연구자가 사용하
는 측정도구는 현재 잘 알려진 기존의 도구를 쓰는 경우와 직접 제작하여 쓰
는 경우가 있다. 여러 가지 이유로 기존의 측정도구를 쓰는 경우에는 제작 연
도와 개정 여부를 반드시 검토하여야 하며, 특히 외국 검사를 번안하여 쓸 때
에는 새로운 도구와 마찬가지로 타당도와 신뢰도를 따져 보아야 한다. 연구자
의 목적에 맞는 측정도구가 개발되어 있지 않을 경우에는 연구자가 측정도구
를 직접 제작해야 하며 이러한 과정을 상세히 진술해야 한다. 연구 자체가 측
정도구를 개발하는 것이 목적이라면 신뢰도와 타당도를 입증하기 위하여 몇
가지 하위연구를 해야 하며, 단순히 연구의 일부분으로 측정도구를 제작할 때
에는 최대한 측정도구의 타당도와 신뢰도를 높이는 작업을 해야 한다.

측정도구를 제시할 때에는 도구의 목적, 개발자, 문항형식과 채점방법 등에
대한 상세한 설명과 함께 하위 척도별 문항수, 문항번호, 신뢰도 계수 등을
표로 만들어 제시하는 것이 좋다.

측정도구의 선정 및 이에 대한 진술 시 유념해야 할 몇 가지 사항을 제시하
면 다음과 같다.

첫째, 기존의 검사를 사용할 경우 절대로 검사의 명칭만 보고 선택해서는
안 된다. 검사가 측정하는 것은 검사명칭에 달려 있는 것이 아니기 때문이다.

둘째, 본 검사에 앞서 연구대상자와 동일한 소수의 표본을 사용하여 예비검
사를 수행함으로써 있을 수도 있는 문제점을 미리 예방하라. 또한 외국의 측
정도구를 번안하여 사용할 경우 반드시 역번역 과정을 거쳐 의미가 제대로 전
달되는지를 확인해야 한다.

셋째, 비록 기존 연구에서 신뢰도, 타당도가 높게 산출되었다 하더라도 대
상이 변하면 양호도 또한 변할 수 있다. 반드시 양호도를 점검해야 한다. 이를

위해서는 '제5장 12절 검사법'을 참고할 수 있을 것이다.

넷째, 무엇보다 연구에서 설정한 변인에 토대를 두고 개발된 측정도구를 선정해야 한다. 그렇지 않으면 연구결과는 연구가 근거한 이론이 아니라 척도에 종속되게 된다.

(4) 연구절차

조사연구나 상관연구, 인과비교연구 등의 경우라면 자료수집절차를, 실험연구라면 실험처치와 사전 · 사후 · 추후검사 등의 절차를 자세히 기술해야 한다. 연구설계나 실험설계모형을 통하여 전반적으로 연구가 어떻게 진행되었는지 그 윤곽이 제시되었다 하더라도 보다 상세한 설명이 필요할 수 있다. 연구절차를 상세히 기술해 봄으로써 연구자 자신은 연구의 과정을 전체적으로 재점검해 볼 수 있는 기회가 되며, 후속연구자들에게는 반복연구의 가능성을 보여주게 된다.

연구절차의 진술 시 유념해야 할 몇 가지 사항을 제시하면 다음과 같다.

첫째, 자료수집이 언제, 어디서, 어떻게 이루어졌는지 기술해야 한다. 집단검사 혹은 집단면접으로 자료가 수집되었는지 아니면 개별검사나 개별면접으로 자료가 수집되었는지를 자세히 기술해야 한다.

둘째, 신뢰성 있는 자료의 수집을 위하여 참여자나 피험자들과 어떻게 라포를 형성하고 또 안내하였는지 그 내용을 기술해야 한다.

셋째, 실험연구의 경우 실험처치 과정 혹은 프로그램 수행절차를 상세히 기술하며, 사전 · 사후 · 추후 검사의 시기와 절차를 명시해야 한다.

(5) 자료분석

자료가 수집된 뒤 연구자가 어떻게 자료를 조직하고 분석하였는지를 기술하는 것이다. 통계적 분석을 위주로 하는 양적연구의 경우 연구문제 혹은 가설별 통계분석 방법을 기술하는 것이 바람직하다. 또한 질적연구라면 자료의 분석단위, 코딩방법, 분석 및 유목화 방법 등을 보다 자세하게 기술해야 한다.

자료분석방법의 진술 시 유념해야 할 몇 가지 사항을 제시하면 다음과 같다.

첫째, 통계적 분석방법을 사용하는 경우 유의도 수준을 반드시 명시해야 한다. 사회과학 분야에서는 통상 $\alpha = .05$ 혹은 .01수준으로 설정하는 것이 일반적이다.

둘째, 특정한 통계적 분석을 수행하기 위한 전제조건(예를 들어, 정규성, 등분산성)을 확인한 절차가 있다면 이 또한 기술해야 한다.

셋째, 질적연구의 경우 분석방법의 타당성, 신뢰성을 확인하기 위한 절차를 상세히 기술해야 한다.

5) 결과해석

연구문제 혹은 가설에 따라 분석결과를 제시하고 해석이 진술되는 부분이다. 분석이란 연구설계 과정에서 계획된 분석의 틀에 따라 수집된 자료들을 배치하는 기계적인 작업을 의미하며, 해석이란 분석결과를 가지고 연구하고자하는 변인들의 관계를 추리해서 그 관계에 대한 결론을 도출하는 것을 의미한다. 즉, 분석결과에서 변인들이 지닌 의미와 변인들 간의 관계성을 찾아내는 것이 결과에 대한 해석인 것이다. 양적연구에서는 결과분석 시 통상 다수의 표와 그림을 함께 싣게 되며 해석은 이들 표와 그림을 위주로 이루어진다. 해석은 학술지 논문의 경우 비교적 간략하게 이루어지는 반면 학위논문에서는 비교적 상세하게 진술되는 경향이 있다.

결과해석의 진술 시 유념해야 할 몇 가지 사항을 제시하면 다음과 같다.

첫째, 분석결과의 통계적 유의미성 찾기에만 초점을 두어서는 안 된다. 초심자들의 경우 집단 간 평균점수는 통계적으로 유의미한 차이가 있는가, 상관계수의 크기는 통계적으로 유의미한가 여부에만 초점을 두는 경향이 있다. 결과적으로 실재적 유의성(practical significance) 여부는 간과하게 되는 경우가 많다.

둘째, 기대했던 결과가 산출되지 않았을 경우라 하더라도 실망하지 말고 그 결과를 그대로 진술해야 한다. 이론적 근거와 합리적인 절차에 따라 수행된 연구라면 그 자체로도 훌륭할 수 있다. 'A변인과 B변인 간에는 유의미한 정적 상관이 없다.' 'C집단과 D집단 간에는 차이가 없다.' 라는 것을 밝혀내는 것 또한 학술적 기여를 하는 것이며 불필요한 후속연구를 줄여 줄 수도 있다.

셋째, 표와 그림으로 결과를 제시할 때에는 일정한 형식을 지켜야 한다. 학위논문의 경우 전체적인 체제뿐만 아니라 논문 내용 또한 일정한 편집형식을 지켜 작성할 것을 요구한다. 다음의 '3절 논문의 편집양식'을 참고하면 자세하게 알 수 있다.

6) 논의

논의에서 연구자는 앞의 결과해석 부분에서 나타났던 결과로부터 도출된 추리들을 이론 및 다른 연구결과들과 비교하여 진술하게 된다. 즉, 자신의 연구결과나 결론을 가지고 다른 사람들의 연구결과나 기존의 학설 또는 이론과 비교하여 설명하는 것이 논의의 주된 내용이 된다. 따라서 결과해석 부분이 엄격한 객관적 진술이 요청되는 부분이라면 논의는 연구자의 입장에서 보다 주관적인 해석이나 추론적 진술이 허용되는 부분이라 할 수 있다.

논의는 크게 두 가지 면에서 전개하는 것이 바람직하다. 먼저, 연구결과에 대한 해석과 견해다. 연구자는 해당 연구의 결과와 그 이론적 배경과의 관계를 기술하며, 다른 선행연구들의 결과와 비교한다. 가설이 수용된 경우, 가설의 이론적 배경과 다른 연구의 결과를 토대로 선정된 가설들을 연구문제에 대한 답변으로 다시 풀어서 진술하며, 그 이유는 어떠어떠하다는 것을 간략히 제시한다. 가설이 기각된 경우라면 가설이 정말 틀린 것인가, 아니면 연구방법이 잘못된 것인가를 밝혀야 한다. 만약, 연구방법상의 잘못이 없다고 한다면 그 결과에 대한 가능한 추론적 해석 그리고 대안적 이론을 제시하여야 한다. 다음으로, 연구결과가 갖는 제한점에 대한 논의다. 연구자는 결론에 앞서 연구의 전 과정을 하나하나 분석, 평가하면서 연구범위의 한계, 가설설정상의 문제점, 연구방법상의 제약성 등에 기인한 결과해석상의 제한점 등을 반성하여 명시한다.

논의 전개 시 유념해야 할 몇 가지 사항을 제시하면 다음과 같다.

첫째, 논의는 연구결과를 요약하는 것이 아니다. 이따금 논의 부분에서 결과에 대한 논의가 아니라 앞선 분석결과를 요약하여 반복, 진술하는 것을 발견하게 될 때가 있다. 논의는 단순히 연구결과의 요약이 아니라 그러한 결과가 갖는 의미를 해석하고 이론적 연관성을 추론하며 연구자의 관점을 제시하는 데 있다.

둘째, 당해 연구의 결과가 갖는 의미를 선행연구 결과와 비교하여 해석적 의미를 진술하되 무리하게 이런 연구 저런 연구를 끌어들이지 않도록 유의해야 한다. 관련 연구가 적다는 이유로 관계가 먼 연구들을 인용하며 본 연구의 결과와 관련시키는 예가 적지 않은데 이는 설득력이 부족할 뿐만 아니라 초점을 흐리게 할 수도 있다.

셋째, 서론에서 제시한 연구의 제한점과는 구별하여 결과상의 제한점을 기술해야 한다. 예를 들어, 연구대상의 지역적 제한이나 임의적 표집방법, 자기보고식 검사를 사용한 검사방법, 자료분석방법(예를 들어, 단순상관 분석법의 사용)에 따른 결과의 한계를 명시하는 것이 좋다.

7) 요약 및 결론

서론에서부터 결과해석 및 논의에 이르기까지 논문 전체를 요약하는 한편 연구의 결론을 진술하는 부분이다. 대체로 이와 함께 자신의 연구한계와 관련하여 후속연구를 위한 몇 가지 제언을 하게 된다. 연구를 요약할 때에는 연구의 목적과 함께 연구문제, 가설, 연구방법, 연구결과를 차례로 간략한 문장으로 진술하며 특별한 경우가 아니면 이론적 배경을 요약하여 제시할 필요는 없다. 연구의 결론을 제시하는 경우 연구결과를 바탕으로 연구문제에 대한 해답을 구하는 식으로 진술되어야 하며, 1~2개의 문장이 적당하다.

요약 및 결론의 진술 시 유념해야 할 몇 가지 사항을 제시하면 다음과 같다.

첫째, 연구의 요약이 너무 길 필요는 없다. 연구의 전체 윤곽을 제시하도록 하며 이를 다시 요약하여 영문초록으로 작성하는 것이 바람직하다.

둘째, 후속연구를 위한 제언이 마치 자신이 해내지 못한 과제를 무책임하게 떠넘기는 것처럼 되어서는 안 된다. 제언은 자신의 연구결과 및 한계와 논의를 바탕으로 구체적으로 진술되어야 한다. 연구에서 나타난 특이한 결과라든지, 연구진행 과정에서 산출할 수 있었던 새로운 아이디어, 무엇보다 탐구할 만한 가치를 지닌 것, 연구로서의 구현 가능성이 있는 것이어야 한다. 논문에서 제시되는 제언은 후속연구자에게는 새로운 연구를 시작하게 하는 아이디어의 가장 큰 원천이며 본인의 연구가 단편적으로 끝나는 것이 아니라 지속적으로 이어지게 하는 고리 역할을 한다.

3. 논문의 편집양식

대부분의 학회나 대학에서는 논문 작성 시 어떤 일정한 편집양식을 규정하고 이를 지키도록 요구한다. 이들 사회과학 분야의 학회나 학위논문에서 규정하는 양식은 대체로 미국 심리학회(American Psychological Association)의 편집위원회에서 제정한 APA(2001) 양식과 거의 유사하거나 동일하다.

아래에서는 APA의 출판지침서(publication manual) 제5판과 국내의 교육·심리분야의 학회지 논문작성 지침을 참고하여 논문 내 문장의 서술방법, 일반적인 편집양식, 참고문헌, 부록 작성방법을 차례로 제시한다.

1) 문장 서술 방법

(1) 시제의 사용

논문의 계획서나 최종 논문에서의 제언 부분을 제외하고는 대체로 논문 내 문장의 시제는 현재형과 과거형을 사용한다.

과거형을 사용하는 경우　연구자가 연구수행 기간 동안 행했던 특정한 활동이나 행위를 언급할 경우, 연구결과를 인용하는 경우, 논의를 전개할 때는 과거형으로 진술한다.

예) • 독서치료 프로그램에 참여한 집단은 학교의 홈페이지를 통해 신청한 30명의 아동이었다.
- 고등학생의 직업적 성격유형을 알아보기 위하여 안창규, 안현의(2002)가 개발한 Holland 진로탐색검사를 사용하였다.
- 자아개념과 학업성취 간에는 $r = .42$로 유의미한 정적 관계가 있는 것으로 나타났다($***p < .001$).
- John(2000)은 학교장의 변혁적 지도성은 교사의 직무성과와 직접적인 관계가 있음을 지적하였다.

현재형을 사용하는 경우　서론부에서 연구목적을 진술하거나, 용어의 정의, 연구자 자신의 견해를 나타낼 때는 현재형으로 진술한다.

예) • 본 연구의 목적은 초등학교 아동을 대상으로 단기 집중 독서치료 프로
    그램이 대인관계 능력의 향상에 효과가 있는지 알아보는 것이다.
  • 본 연구에서 성격유형이라 함은 Jung(1985)의 이론에 기초하여 개발된
    MBTI 성격유형검사(김정택·심혜숙, 1999)에서 나타난 4가지 선호경향
    을 말한다. 선호경향은 I-E, S-N, T-F, J-P 중의 하나로 구분된다.
  • 이러한 결과는 학교 폭력의 심각성을 단적으로 보여 주는 것으로 여겨
    진다.

(2) 본문 내 인용

논문에서 다른 사람의 글이나 이론을 인용할 경우 이를 반드시 밝혀야 한
다. 인용에는 원문에 있는 내용을 그대로 옮기는 직접 인용과 원문의 내용을
요약하거나 자기의 표현 방식으로 바꾸는 간접 인용, 그리고 2차자료를 통해
인용하는 재인용 등의 방법이 있다.

직접 인용   일반적으로 인용은 짧게 하는 것이 원칙이며 직접 인용인 경우
큰따옴표(" ")를 사용한다. 대체로 인용문이 5행 이상으로 긴 경우에는 본문
보다 조금 들어간 문단으로 처리하고 행간이나 활자의 크기를 본문보다 작게
한다. 단, 인용문의 끝에는 쪽수를 기입해야 한다.

예) • 현상학이 어떻게 그의 입장과 부합하는가? 그는 "현상학은 현실을 강
    조하는 데 있어 개인의 즉각적인 의식적 경험이 중요하다."(Weise,
    1997: 56)는 점을 강조하였다.
  • 지체부자유아의 초등학교 계획은 일반 초등학교에 준한 교육과 취학
    전에 실시된 물리치료, 작업치료, 언어치료 등 재활훈련의 연장에 있
    고 이러한 봉사는 아동들이 재활하는 데 다소라도 도움을 받을 수 있
    을 때까지 계속되는 것이 바람직하다. 교육과정은 아동의 흥미, 주의
    집중도, 피로도, 시각의 식별력, 눈과 손의 협응력, 일상 생활 동작의
    수준, 보행 능력, 손의 사용 능력, 치료상태와 정서상태 등을 정확히
    평가하고 반영해야 한다. 아울러 수업시간의 조절이나 수술이 치료 훈
    련에 우선하는 경우도 있다(특수교육편찬위원회, 1995: 23).

간접 인용   간접 인용에는 따옴표를 사용하지 않으나 다른 사람의 것을 자

기의 말로 표현한 것이므로 반드시 출처를 밝혀야 한다. 출처를 밝히는 방법에는 각주를 달거나 APA 형식처럼 각주를 달지 않는 방법이 있다. 어떤 형식을 따를 것인가는 학문분야와 기관에 따라 다르지만 중요한 것은 어떤 방법을 사용하든 일관되게 표현해야 한다는 것이다. 간접 인용의 경우 여러 조건에 따라 표기하는 방법이 다양하다.

첫째, 저자가 2명일 때는 두 저자의 이름을 'and' '과/와' 로 연결하여 모두 기입한다.

둘째, 저자가 3명 이상일 때는 처음 언급할 때 모든 저자의 이름을 표기하고, 이후부터는 저자명을 전부 쓰지 않고 주저자의 이름만 기입하고 '외' (국외 서적인 경우 'et al.')라는 글자를 붙인다.

셋째, 여러 저자의 각각 다른 연구를 동시에 인용하였을 때에는 인용된 연구를 전부 표시한다.

넷째, 동일 연도에 발간된 동일한 저자의 저서를 둘 이상 인용할 때는 연도 뒤에 a, b, c 등을 붙여 구분하여 표시한다.

예) • Piaget(1977)는 인지적 상호작용에서 평형화가 성취되는 세 가지 조건을 설정하였다.
　• 인지적 상호작용에서 평형화가 성취되는 세 가지 조건을 설정하였다 (Piaget, 1977).
　• Knafo와 Savig(2005)의 연구결과에 의하면……
　• 서구 사회가 독립성, 자율성의 개인주의 가치를 중시하는 반면 동양사회는 연대의식, 상호의존이라는 집단주의 가치를 중심으로 삼는다 (Triandis et al., 1998).
　• 집단주의는 상호의존적 자기관, 공동체적 사고, 내집단 정향의 문화가치정향을 지니고 있어 박애, 안전, 전통, 보편성 등과 같은 가치가 직업선택행동에 영향을 미친다는 주장이 제기되었다(Leong & Leung, 1994; Sagiv & Schwartz, 2004; Swanson & Bowman, 1994).
　• Triandis(1992a, 1992b)는 일련의 경험적 연구를 통하여 자신의 관점이 타당함을 입증하였다.

재인용　인용은 1차자료에서 하는 것이 원칙이나 어떤 이유로 1차자료를 참고할 수 없어 2차자료를 참고하여 다른 연구자가 인용한 것을 다시 인용하는 경우가 재인용에 해당된다. 이러한 때에도 정해진 형식에 맞추어 재인용임을 밝혀야 한다.

　예) Kohlberg(1980)는 도덕성 발달이 부모의 양육방식과 밀접한 관계가 있
　　　음을 주장하였다(이미란, 2000, 재인용).

2) 편집양식

(1) 목차의 표기

내용목차　　내용목차는 논문의 구성이 얼마나 논리적으로 이루어졌는지를 보여 준다. 목차의 기호를 부여하는 방식은 여러 형태가 있다. 목차 기호를 쓸 때에는 2수준, 4수준 등으로 내려갈 때마다 한 칸씩 들여쓰기를 한다.

　예) • Ⅰ. - A. - 1. - 1) - 가) - (1) - (가) - ① - ㉮
　　　• Ⅰ. - 1. - 1.1 - 1.1.1 - …… Ⅲ. - 3. - 3.1 - 3.1.1 ……
　　　• 제1장 - 제1절 -1-가 - (1) - (가) - ①

표목차　　표의 수가 3개 이상인 경우 반드시 표목차를 만들어야 한다. 꺽쇠(《 》) 기호를 사용하며, 차례대로 일련번호를 붙여 나가는 방식과 해당 장과 번호를 함께 붙여서 제시하는 방식이 있다. 표가 많지 않은 경우 전자의 방식이, 표가 많은 경우 후자의 방식이 편리하다.

　예) •〈표 1〉 자아존중감 검사의 구성 ……………………………………… 78
　　　•〈표 Ⅳ-1〉 실험 · 통제 집단 간 자아존중감 점수의 차이검증 …… 85

그림목차　　표 목차와 동일한 방식으로 만든다. 다만 그림목차의 경우 대괄호([ ]) 기호를 사용한다.

　예) • [그림 1] 연구모형 ……………………………………………………… 56
　　　• [그림 Ⅳ-1] 고등학생의 연도별 체중 변화: 1990-2005 …………… 85

(2) 문장 부호

마침표(.)　　문장이 끝나는 곳이나 약어, 참고문헌 등의 표기에서 사용되며 제목에는 사용하지 않는다.

　예) Univ. Vol. 1.

쉼표(,)　　3개 이상의 항목들이 연속적으로 나열되는 경우나 문장 첫머리의 접속이나 연결을 할 때, 그리고 1,000 이상의 숫자에서 세 자리 단위를 구분할 때 쉼표를 사용한다.

예) • 신경증, 외향성, 개방성, 친화성, 성실성은…….

　　• 첫째, 이는 무엇보다도…….

　　• 조사대상은 총 2,345명이며…….

세미콜론(;)　　하나 이상의 참고문헌들이 나열될 때 이를 구분할 때나 이미 쉼표를 가지고 있는 요소들을 분리하여 제시할 때 사용한다.

예) • (조긍호, 1996; Hofstede, 1995; Triandis, 1995)

　　• 자율성, 독립심, 성취 지향; 타인 의지, 소속감, 집단에 대한 배려

콜론(:)　　부제목을 붙이는 경우나 참고문헌에서 출판사 소재지명 뒤 등에 사용한다.

예) • 인터넷 중독 현상: 관계 변인에 대한 공분산 구조분석

　　• (서울: 학지사)

대시(-)　　문장 중 상반되는 의미의 부수적인 설명을 제공하는 경우, 기타 논문 이해를 돕기 위해 편의성을 제공할 경우에 사용된다.

예) 이러한 견해는 대다수 학자들이 인정하는 것으로—비록, 최근 들어 일부 학자들이 반대입장을 취하기도 하지만—실생활에서도 마찬가지로…….

따옴표(" ")(' ')　　작은따옴표(' ')는 새로운 용어나 주의를 요하는 용어 등을 강조하기 위해 사용되며 큰따옴표로 인용한 인용문 내에 다시 인용부호를 사용해야 할 때, 속어나 은어 등을 표시할 때 사용한다. 큰따옴표(" ")는 직접 인용이나 대화글을 인용하는 경우 사용한다.

예) • Holland(1985)는 이를 '보편성'이라는 말로 설명하고 있다.

　　• 단순한 '꾸지람'이 아닌 '훈육'이 되어야 한다는 것이다.

　　• "참가한 사람들에게 '여러분이 찬성하신다면 힘찬 박수로 격려해 주십시오.'라고 했더니 열화와 같은 박수가 터지더군요."

　　• 인터넷 게시판에는 '지대'니 '안습'이니 하는 등의 알 수 없는 단어들이 사용되고 있다.

　　• 제보자는 "우선 비밀을 지켜 줄 것을 약속해 주십시오."라고 말했다.

(3) 외래어 표기

전문용어   일반적으로 사용하는 용어가 아닌 전문용어인 경우 혼동을 막기 위해 원어를 괄호 속에 넣는다. 적절한 번역어가 없는 경우 원어 발음대로 쓰며 역시 괄호를 사용하여 원어를 제시한다.

예) • 내적작동모형(internal working model)

　　　• 웰빙(well-being)

약어   널리 인정된 단어는 약어를 사용할 수 있다.

예) ADHD, IQ, TV

통계기호   모수치 혹은 전집치는 그리스 문자로 표기하며 표본의 통계치는 이탤릭체 라틴어로 표기한다. 통계기호 중 자주 사용하는 것은 약어를 사용할 수 있다.

예) α, β, ρ, σ, M, df, p, t, F, ANOVA,

(4) 주

주(註)는 본문의 내용을 보충하거나 인용의 출처를 밝히는 것으로 목적에 따라 참조주(reference notes)와 내용주(content motes)로, 위치에 따라 각주(footnotes)와 후주(endnotes)로 구분할 수 있다.

참조주   참조한 표나 그림 등의 자료 출처를 제시할 때 사용한다.

예) * 자료: 박도순(1995). 교육연구방법론, p. 403.

내용주   본문 내용을 부연설명하는 경우나 학회논문에서 저자의 소속기관, 직위 등을 나타낼 때 많이 사용된다.

예) †한국대학교 교육학과 교수

각주   주(註)의 내용을 해당 페이지 아래에 제시하는 것으로 본문 내용을 부연 설명하는 것은 가능한 쓰지 않는 것이 좋다. APA 양식을 따르는 학문분야나 기관에서는 각주의 사용을 허용하지 않고 있다(성태제, 시기자, 2006).

후주   논문의 장(章)이나 절(節) 뒤에 제시하여 후주번호를 붙인다.

(5) 표와 그림

표   표를 그릴 때에는 시각적 편의를 위해 세로선을 긋지 않는다. 표의 제일 위 가로선은 이중 실선으로 긋거나 굵은 실선으로 나타내며 아래 가로선은 굵은 실선으로 긋는 경우가 일반적이다. 본문에서 표의 위치는 표에 대한 언급이 있은 다음 바로 제시하는 것이 바람직하다. 표의 제목은 표의 위에 제시하고 왼쪽부터 기입해 나가며 글씨체는 본문의 글씨체와 다르게 한다(예: 중고딕체).

그림   그림은 엑셀 등에서 작성했거나 통계분석 프로그램에서 산출된 그래프나 차트, 사진, 문서 편집기를 통해 그린 도형 등이며 실험설계나 연구모형을 그림으로 표현하기도 한다. 그림의 제목은 그림 아래에 제시하며 가운데 정렬로 위치를 맞춘다.

3) 참고문헌

연구에서 인용한 모든 자료는 논문의 마지막 부분에 참고문헌으로 제시되어야 한다. 참고문헌을 기술하는 방법은 문헌의 종류에 따라 차이가 있다. APA 양식을 토대로 먼저 일반적인 작성원칙을 살펴보면 다음과 같다.

첫째, 논문에서 인용된 모든 자료는 빠짐없이 수록되어야 한다.

둘째, 참고문헌의 배열은 국내자료, 동양자료, 서양자료의 순으로 제시한다.

셋째, 국내 서적인 경우 저자의 이름을 가, 나, 다 순으로 제시하고, 외국 서적인 경우 알파벳순으로 배열하며 성을 먼저 쓰고 이름은 대개 머리글자만 쓴다.

넷째, 동일 저자의 문헌이 두 개 이상일 때는 두 번째부터는 저자의 성명을 생략하고 ___ 표시로 대신할 수 있다.

다섯째, 외국자료의 경우 단행본과 학술지의 서명은 단어의 첫 글자를 대문자로 쓰며, 학술지에 게재된 특정 논문 제목일 경우 첫 글자만 대문자로 쓴다.

여섯째, 외국자료에서 저자가 2인일 경우에는 & 기호를 사용하며, & 기호 앞에는 쉼표(,)를 삽입한다.

(1) 단행본

단행본의 경우에는 일반적으로 아래의 내용이 순서대로 기입되어야 한다. 국내 단행본인 경우 제목을 진하게 하거나 고딕체 등으로 작성하며, 외국 단행본의 경우에는 이탤릭체로 작성한다. 편집한 책의 경우 저자명의 위치에 편집자 명을 쓰고 '(편)'이라고 표기한다. 서양자료의 경우에는 괄호 속에 편집자의 인원수에 따라 'Ed' 혹은 'Eds'를 넣는다.

번역서에는 원저자명, 번역서의 발행연도, 원서의 제목을 쓰고, 그 뒤에 번역자 명을 기입한 다음 '(역)'이라고 표시한다. 끝부분에는 번역서 명과 출판사항을 추가한다.

> 저자명(발간연도). 서적명. 출판사의 소재지: 출판사.

예) • 이종각(1996). **교육사회학총론.** 서울: 동문사.
  • Piaget, J. (1977). *The Equilibration of Cognitive Structures.* Chicago: University of Chicago Press.
  • 대한도서편찬위원회(편). **초등학교 교육과정해설.** 서울: 대한도서.
  • Fizgerald, L. F., & Betz, N. E. (1994). Career development in cultural context: The role of gender, race, class, and sexual orientation. In M. I. Savickas & R. W. Lent (Eds.), *Convergence in Career Development Theories: Implications for science and practice* (pp. 103-117). Palo Alto, CA: Counseling Psychologists Press.
  • Holland, J. L. (2004). *Making Vocational Choices: A theory of vocational personalities and work environments* (3rd ed.). 안창규, 안현의(역). 서울: 한국가이던스(원전은 1997에 출판).

(2) 학술지

정기적으로 발행되는 학술지인 경우에는 아래의 내용이 순서대로 기입되어야 한다. 국내 학술지인 경우 학술지의 제목과 호수를 진하게 하거나 고딕체 등으로 표시하고, 외국 학술지인 경우에는 이탤릭체로 표시한다.

> 저자명(발간연도). 논문명. 학술 잡지명. 권호, 면수.

예) • 안창규(1987). 교육 및 심리 검사에 있어서의 문항 반응 이론의 성격
　　　과 그 적용. **교육평가연구**, 2, pp. 179-216.
　　• Guichard, J., & Lenz, J. (2005). Career theory from an inter-
　　　national perspective. *The Career Development Quarterly, 54,*
　　　17-54.

(3) 학위논문

학위논문인 경우에는 다음과 같은 사항이 명시되어야 한다. 국내 연구인 경우에는 학위논문의 제목을 진하게 하거나 고딕체 등으로 표시하고, 외국 연구인 경우에는 이탤릭체로 표시하여 구분을 한다.

> 저자명(발간연도). 학위논문명. 학위. 대학

예) • 김정섭(1994). **또래협력이 아동의 추론능력 발달에 미치는 영향**. 석사학
　　　위논문. 부산대학교.
　　• Vygotsky, L. S.(1978). *Mind in Society*. Master's Thesis. University
　　　of Cambridge.

(4) 신문

사설 혹은 내용 투고자의 신원을 아는 경우와 모르는 경우에 따라 달리 표기한다.

예) • 조선희(2006. 6.2). '판타지 중독'. 한겨레신문, p. 7.
　　• "인터넷 중독 청소년들 100% 정신질환". (2006. 7. 4). 서울신문, p. 8.

(5) 인터넷 자료

자료를 다운로드한 사이트를 표시하며 다음과 같은 형식으로 작성한다.

예) Friedenberg, M. (2002). Internet addiction becomes problem for
　　college students. Retrieved May 2, 2006, from http://www.collegian.

248

psu.edu/archieve/2002

(6) 기타자료

기관의 연구보고서나 심포지엄 발표문 등은 다음과 같이 나타낸다.

예) • 김경화, 조용하(2005). 청소년활동 프로그램 평가시스템 개발 및 운영방안 연구(연구보고서 05-R04). 서울: 청소년개발원.

• 박윤창, 윤진(1988). 성역할 태도와 공격적 영화가 공격성에 미치는 영향. 한국심리학회 추계 심포지엄 연차학술발표대회 자료집(pp. 225-231). 서울: 한국심리학회.

4) 부록

논문의 본문에 싣기에는 너무 방대하거나 논문의 내용을 보충해 줄 수 있는 자료는 부록에 싣게 된다. 대체로 큰 표, 어휘나 자료목록, 설문지나 검사지, 실험연구의 자료, 복잡한 통계자료, 데이터 등이 부록으로 수록된다.

예) • [부록 A], [부록 B], 부록 Ⅰ, 부록 Ⅱ 등의 형식이 사용된다.

4. 논문의 평가

연구자가 연구수행 능력을 훌륭히 갖추고 있다 하더라도 이것이 곧 우수한 연구논문을 작성할 수 있음을 의미하진 않는다. 연구수행과 논문작성은 서로 다른 능력이 요구되는 것일 수도 있기 때문이다. 대부분의 경우 일차적으로 연구논문을 완성했다 하더라도 여러 차례의 수정 · 보완 과정을 거치게 된다. 이때 연구자가 자신의 논문을 몇 가지 기준에 비추어 스스로 평가해 보는 것 또한 도움이 될 것이다. 이를 위하여 다음에서는 양적 · 질적연구의 평가를 위한 준거와 지침을 살펴본다. 독자가 논문을 계획 중인 사람이라 한다면 기존의 여러 논문을 구하여 이러한 준거에 비추어 논문 비평의 기회를 여러 번 가져 보는 것이 논문작성 능력을 증진시키는 데 도움이 될 것이다.

다음에서 소개할 세 가지 항목 중 1)은 양적연구 논문의 평가를 위한 일반

적인 항목을 열거한 것이며, 2)는 Isaac과 Michael(1995)이 제시한 양적연구논
문의 평가 준거, 그리고 3)은 Gall 등(1999)이 제시한 질적연구의 20개 평가
항목을 저자가 부분 수정하여 제시한 것이다.

1) 양적연구논문의 평가 I

양적연구를 평가해 보기 위하여 점검해 보아야 할 일반적인 항목을 제시하
면 다음과 같다.

(1) 연구문제가 명확히 진술되었는가?

(2) 설정된 연구문제들이 가치 있는 것인가?

(3) 기존의 연구문제와의 관련성이 명확한가?

(4) 가설들이 명확히 진술되었는가?

(5) 가정들이 명확히 진술되었는가?

(6) 연구의 제한점이 언급되었는가?

(7) 주요 용어들이 정의되었는가?

(8) 연구설계가 충분하게 기술되었는가?

(9) 연구설계가 연구문제의 해결을 위해 적절한가?

(10) 연구설계가 특정의 약점을 지니고 있지는 않은가?

(11) 전집과 표집이 기술되었는가?

(12) 표집방법이 적절한가?

(13) 자료수집방법 혹은 절차가 기술되었는가?

(14) 자료수집방법 혹은 절차가 연구문제의 해결에 적절한가?

(15) 자료수집방법 혹은 절차가 정확히 활용되었는가?

(16) 수집된 증거들이 타당성과 신뢰성을 확보하고 있는가?

(17) 자료분석에 적절한 방법들이 선정되었는가?

(18) 분석의 결과들이 명확히 제시되었는가?

(19) 결론들이 명확히 진술되었는가?

(20) 결론들이 제시된 증거에 의해 실증되었는가?

(21) 추출된 표집으로부터 전집에 일반화가 한정되는가?

(22) 보고서가 명확하게 쓰여졌는가?

(23) 보고서가 논리적으로 조직되었는가?

(24) 보고서 진술방식이 편견에 치우치지 아니하며, 공정하게 과학적 태도를 견지하고 있는가?

2) 양적연구논문의 평가 II

각 장(章)을 기준으로 포함되어야 하는 내용을 토대로 평가항목을 제시하면 다음과 같다.

(1) 제I장 서 론

_____ : 문제의 배경을 진술한다. 문제와 관련한 추세는 어떠하며, 해결되지 않은 논제는 무엇이며, 이와 관련한 학문적 · 사회적 관심사는 무엇인가를 진술한다.

_____ : 이를 토대로 현 문제상황을 진술한다.

_____ : 연구의 목적을 제시하되 연구의 실질적인 성과와 결과를 강조한다.

_____ : 탐색해야 할 문제와 목표를 밝힌다.

_____ : 연구를 위한 개념적 또는 실질적인 가정 혹은 선결 조건을 진술한다.

_____ : 연구문제를 서술한다. 변인들 사이의 관련성을 설명하며, 비교점을 찾는다.

_____ : 가설을 진술한다.

_____ : 예상되는 연구의 시사점, 중요성을 진술한다.

_____ : 용어의 정의

_____ : 연구의 범위와 한계를 진술한다.

(2) 제II장 이론적 배경

_____ : 현재 장(章)의 구성을 개관한다.

_____ : 이론적 배경을 진술한다.

문헌고찰을 통해 이루어야 할 것들은 다음과 같다.

_____ : 연구문제와 관련하여 이미 알려진 점은 무엇인가? 누가 연구했는가, 언제 어디서 마지막 연구가 이루어졌는가? 어떤 연구방법, 측정도구, 통계방법들이 사용되었나? 를 고찰한다.

_____ : 연구의 필요성을 보다 명확하게 하고, 보다 의미 있고 타당하며 유의미한 결과를 얻을 수 있는 가능성을 찾는다.

_____ : 다양한 이론적 입장의 고찰을 통해, 가설을 만들어 내거나 합리적 가정을 진술하는 데 기반이 되는 개념 체제를 제공받고자 한다.

(3) 제III장 연구방법

_____ : 연구방법 장(章)을 개관한다.

_____ : 방법론 또는 접근방법을 기술한다(실험연구, 상관연구, 인과비교연구 또는 조사연구).

_____ : 연구설계를 통해 독립, 종속변인을 명확히 설명한다. 통계적 추론을 위한 연구설계를 하는 단계다.

_____ : 예비연구가 있으면 밝힌다.

_____ : 연구대상 선정 과정과 절차를 제시한다.

_____ : 도구선정/개발(검사, 측정, 관찰, 척도, 설문지)

_____ : 연구절차를 기술한다.

_____ : 자료수집방법을 기술한다.

_____ : 자료처리 및 분석(통계분석)방법을 제시한다.

_____ : 연구방법의 제한점(약점)을 서술한다.

_____ : I장에서 언급한 가설을 연구방법, 실험 또는 연구설계와 관련하여 조작적 용어로 재진술한다.

_____ : 요약

(4) 제IV장 결과해석 및 논의

_____ : 표나 그림의 형태를 적절하게 이용하여 제시한다.

_____ : 결과는 앞에서 제시한 각각의 연구문제 또는 가설들에 대한 증거를 제시하는 것이라는 점을 고려하여 작성한다.

_____ : 각각의 연구문제 또는 가설에 상응하여 적당한 제목을 만든다.

_____ : 사실에 입각한 정보는 해석, 추론, 평가와는 분리시킨다. 한 부분은 결과에 대한 것, 다른 한 부분은 해석이나 논의에 관한 것으로 구분한다.

_____ : 논의, 해석, 평가를 분리한다.

_____ : IV장의 결과를 요약한다.

(5) 제V장 요약 및 결론

_____ : 앞의 I–III장과 IV장의 결과를 모두 포괄하여 요약한다.

_____ : 결론을 제시한다.

_____ : 제언(연구결과를 실제 행함에 있어 실질적인 제안과 추가 연구에 대한 제안)

3) 질적연구논문의 평가

질적연구논문의 경우 양적연구논문과는 달리 연구주제에 따라 그 접근방법이 아주 다양하기 때문에 평가를 위한 일정한 준거를 제시한다는 것이 어렵다. 따라서 다음에서 제시되는 20개 항목은 여러 형태의 질적연구논문에서 공통적으로 발견할 수 있는 몇 사항들을 점검해 보기 위한 것이다.

20개 항목은 각각 다음과 같은 3가지 내용으로 묶여 있다.

첫째, 점검해야 할 사항이 무엇인지를 진술하였다.

둘째, 제시한 사항을 점검하기 위해서 논문에서 어떤 내용을 검토해 보아야 하는지 제시하였다.

셋째, 만약, 타인의 연구논문을 비평 연습 자료로 삼아 각 점검 사항에 따라 비평한다면 비평 결과 어떠한 식으로 평가결과를 진술할 수 있을지 그 예를 제시하였다.

(1) 제I장 서론

1. 연구주제, 연구문제, 연구접근방법이 연구자의 배경(학문적 토대, 신분, 직업, 교육적 배경, 경력 등)에 비추어 적절한가? 혹은 연구자가 특정 기관 소

속자로서 연구한 것이라면 연구주제나 문제, 방법이 연구자가 속한 기관의 성향, 신념, 가치, 이론적 정향에 비추어 볼 때 적절한가?

검토할 내용　연구자의 직업이나 경력이 주어진 연구과제를 수행하는 데 얼마나 적합한지를 보여 주는 정보가 있는지를 살펴보고 이에 따라 적합한지를 검토하여야 한다. 특히 현 연구와 관련하여 교육적, 전문적 배경을 살펴보고 이러한 교육적, 전문적 배경이 연구자의 신념, 가치관, 이론적 정향이 연구에 어떠한 영향을 미쳤을지 추론해 보아야 한다.

평가 진술 예　본 연구를 수행한 연구자는 교육대학원 과정을 마쳤으며, 중학교에서 5년, 고등학교에서 7년의 교직경력을 지니고 있음을 밝히고 있다. 이러한 경험이 학교 학생들과 교사가 당면하는 문제에 대한 충분한 통찰력을 제공했을 것으로 보이며, 따라서 현재의 연구를 수행하기에 적합한 배경을 지닌 것으로 보인다.

2. 연구자는 연구주제를 진술함에 있어 어떤 우호적이거나 혹은 비우호적인 편향성을 보이고 있는가? 예를 들어, 기존에 연구되었던 주제나 혹은 교육방법, 프로그램, 교육과정 등을 연구하고 있다고 한다면 이에 대한 태도는 어떠한가?

검토할 내용　만약 연구자가 어떤 교육 프로그램에 대하여 연구를 수행하고 있다면 기존의 교육방법, 프로그램, 교육과정 등에 대하여 어떠한 관점이나 자세를 갖고 있는지를 보여 주는 문장이나 단어를 찾아보아야 한다. 즉, 명백히 긍정적 혹은 부정적인 용어로 기술하고 있는 어떤 형용사나 단어를 찾아보아야 한다.

평가 진술 예　연구자는 고등학교 축구팀을 연구하기 위하여 교육비평이라는 질적연구방법을 사용하였다. 이러한 연구방법은 그 자체가 내재적으로 평가적이며, 따라서 연구자는 '개별 선수들에게 영향을 미치는 팀의 영향'에 대해서 긍정적 혹은 부정적 판단과 관련된 어휘를 많이 사용하고 있다.

(2) 제II장 이론적 배경

3. 문헌고찰(이론적 배경)이 충분히 포괄적이며 종합적으로 이루어졌는가? 또한 연구문제와 관련하여 선행연구를 충분히 검토하고 있는가?

검토할 내용   논문에서 언급하고 있는 연구들을 검토해 볼 필요가 있다. 특히 연구문제와 관련하여 최근의 문헌들을 충분히 리뷰하고 있는지, 또 리뷰가 종합적이며 포괄적으로 이루어지기 위하여 노력한 흔적이 있는지 살펴보아야 한다.

평가 진술 예   연구자는 자료수집 이전에 이미 문헌고찰을 끝냈던 것으로 보인다. 이는 질적연구에서는 바람직하지 않은 태도다. 이러한 경우 자료의 분석에 따른 연구문제와 가설이 이미 설정된 관련 근거에 속박되어 제한되기 때문이다. 연구 중 새롭게 도출되는 연구문제와 가설에 대한 해석을 위해서 연구자는 연구수행 중에도 계속해서 문헌연구를 병행해야 한다.

(3) 제Ⅲ장 연구절차

4. 연구자는 관심을 두고 있는 현상을 충분히 탐색할 수 있을 것으로 보이는 연구대상으로 선택하고 있으며 또 이러한 대표적 사례에서 표집을 하였는가?

검토할 내용   연구자가 자신의 표본을 수집하기 위하여 채택한 의도적 표집의 유형을 확인한다.

평가 진술 예   연구자는 학교장의 리더십을 연구하기 위하여 지역사회에서 인지도가 높으며 다수의 교육 관련 수상경력이 있는 고등학교 교장을 선정하기 위하여 체계적인 표집을 하였던 것으로 보인다. 연구자가 선정한 학교장은 교수지도성을 연구하기 위한 훌륭한 사례로 보인다.

5. 연구에서 채택한 자료수집방법은 연구자가 탐색하고자 하는 현상과 관련하여 과연 적절한가?

검토할 내용   자료수집방법의 적절성을 보여 주는 어떤 증거가 있는지를 찾아본다.

평가 진술 예   연구자가 자료수집을 위하여 채택한 방법은 일차적으로 참여 관찰방법이었다. 연구자는 선정된 연구참여자들이 대상으로 적합하다는 것을 참여자가 속한 다른 사람들의 추천서(몇 개의 인용된 진술문을 제시하고 있음)로 보여 줌으로써 이를 납득시키고 있다. 결과적으로 선정된 연구참여자들은 연구자가 자료를 수집하고자 하는 행동, 태도 등을 확인하기 위한 타당한 접근방법으로 여겨진다.

6. 자료수집은 충분히 심도 있게 이루어졌는가?

검토할 내용   관찰연구라면 관찰한 어떤 대상이나 사상(事象)별로 장소, 관찰시간이 제대로 기록되어 있는지, 관찰이 지속적으로 이루어졌는지 혹은 드문드문 이루어졌는지를 확인해 보아야 한다. 또 어떤 기록물에 대한 내용분석연구라면 관련 기록물을 찾아내기 위해 얼마나 주도면밀하게 탐색하였는지, 얼마나 세부적으로 분석하였는지를 검토해 보아야 한다. 만약, 면접자료가 수집되었다면 연구자가 심층 질문을 하기 전에 피면접자와 충분한 라포를 형성하였는지를 확인해 보아야 한다. 나아가 일차로 수집한 자료를 재검토하기 위해 후속 면접을 갖고 보다 민감한 주제들을 재탐색하는 과정을 거쳤는지도 살펴볼 필요가 있다.

평가 진술 예   연구자는 초등학교 교사를 대상으로 학년 초에 교사들이 어떻게 학급 규칙을 설정하고 훈육 절차를 설정해 나가는지를 알아보고자 하였다. 이를 위해 연구자는 학기 시작 첫 3주 동안 매일 각 교사를 관찰하였다. 이는 바람직한 절차로 보인다. 그러나 연구자는 학급규칙 설정과 훈육 절차가 하루 일과 시작 시점에만 이루어진다고 보아 매일 1교시에만 학급관찰을 실시하였다. 이러한 가정이 과연 타당한가는 의문스럽다.

7. 자료수집은 참여자들의 주관적 관점(emic perspective)을 충분히 반영할 수 있는 방식으로 진행되었는가?

검토할 내용   연구자가 현장 참여자들의 주관적 관점을 반영하기 위하여 노력하였음을 보여 주는 정보를 찾아본다.

평가 진술 예   연구자는 유치원에 대한 유아들의 관점을 알아보고자 하였다. 하지만 딱딱한 상황이나 장소에서 어른이 아이들에게 공적인 어감으로 질문을 하는 것은 아이들에게 심리적으로 불편감을 안겨 줄 수 있다. 놀이장면과 같이 보다 편안한 환경에서 아이들을 방해하지 않으면서도 면접자로서 편안하게 질문을 할 필요가 있었던 것으로 보인다.

8. 연구자는 자료수집원을 다원화하고 있는가? 또한 자료수집방법은 결과의

견고성을 보여 줄 만한 방법인가?

검토할 내용 정보에 대한 증거를 위하여 혹은 유의미한 불일치점들에 대한 증거를 보이기 위하여 두 가지 이상의 자료수집방법을 사용하여 자료를 비교하고 있는지를 검토해 보라.

평가 진술 예 연구자는 일대일 대화를 통하여 학생들의 자기 지각에 대한 면접자료뿐만 아니라 자기 지각에 관한 관찰자료를 함께 수집하였음을 보여 주었다. 이러한 절차는 제시한 결과가 어느 정도 공고함을 보여 주는 것으로 보인다.

9. 만약 다른 연구자들이 원한다면 해당 연구를 반복할 수 있을 정도로 연구절차가 명료하며 적절히 진술되어 있는가?

검토할 내용 연구에서 사용한 여러 연구절차들을 확인하고 진행하였던 순서를 확인해 보라.

평가 진술 예 연구자가 채택한 주요 자료수집절차는 학생들이 수학문제를 풀어 나가는 동안 몇 가지 질문을 던지는 것이었다. 사용된 문제와 질문내용은 저자에게 요청한다면 이용가능할 것으로 보이기에 타 연구자에 의해서도 얼마든지 반복가능할 것으로 생각된다.

(4) 제IV장 연구결과

10. 보고서는 면접 질문에 대하여 피면접자들이 어떻게 반응하고 행동하였는지 전체적인 윤곽을 보여 줄 만큼 충분히 '심층적인 기술(thick description)'을 하고 있는가?

검토할 내용 사람들이 실제로 무슨 행동을 했으며 무엇을 말하였는지에 대하여 얼마나 생생하게 자세히 기술하고 있는지 정도를 확인해 보라.

평가 진술 예 연구자는 교사들이 아이들과 상호작용하면서 부딪치는 10가지 문제를 밝히고 있다. 그러나 아쉽게도 이러한 문제들이 실제로 어떻게 일어나고 진행되는지를 보여 주는 예시가 없으며 분량 또한 빈약한 감이 있다.

11. 보고서는 연구가 초점으로 삼고 있는 현상을 생생하게 전달하기 위하여 충분한 노력을 기울이고 있는가?

검토할 내용   연구자가 현상을 보다 생동감 있게 전달하기 위하여 어떤 시각적 혹은 문학적 구조(예: 그림, 미소의 사용, 은유의 사용)나 비일상적인 장르(예: 시, 노래, 이야기)를 사용하고 있는지 확인해 보라.

평가 진술 예   본 역사 연구논문은 한 세기가 흐르면서 학교, 교사, 학생이 어떻게 변화되어 왔는가를 보여 주는 사진들을 담고 있다. 이와 함께 그동안 불렀던 교가, 학교신문을 포함하고 있다.

12. 보고서는 수집된 자료를 통해 도출한 결과들을 종합하면서 어떤 구체적인 질문이나 가설을 제시하고 있는가?

검토할 내용   보고서에서 진술하고 있는 연구가설이나 문제를 확인하라. 또한 이러한 가설이나 문제가 연구자료에 토대를 두고 있는지를 확인하라.

평가 진술 예   연구자는 학교 폭력을 일으킨 사건에 대한 설명에만 전적으로 매달리고 있는 것 같다. 왜 이와 같은 일이 발생했는지에 대한 가설이나 후속 연구에서 검증될 수 있는 어떤 가설을 도출해 보고자 하는 어떤 시도는 전혀 없는 것으로 보인다.

13. 만약 어떤 양적자료를 수집하였다 한다면 이에 대해서도 기술하고 있으며 또 적절히 분석하고 있는가?

검토할 내용   보고서에서 제시하고 있는 양적 정보를 확인해 보라.

평가 진술 예   연구자는 3명의 보조 교사를 연구하였는데, '보조 교사들은 아동을 돕고 자료를 만드는 데 대부분의 시간을 보냈다.' 등과 같은 진술을 하고 있다. 시간은 쉽게 양화할 수 있는 자료다. 따라서 연구자는 보조 교사들이 각 활동에 투입한 평균시간과 표준편차 등에 대한 자료를 수집했어야 했다.

14. 연구자는 연구결과에 대한 어떤 강한 증거의 고리들(chain of evidence)을 보여 주고 있는가?

검토할 내용   연구 시작에서부터 연구의 종결에 이르기까지 진행된 내용을 탐색하여 연구자가 내리고 있는 어떤 판단과 관련하여 그러한 판단의 근거를 보여 주는 정보들을 확인해 보라.

평가 진술 예   연구자는 복학생들이 자신보다 나이가 적은 학생들과 어떻게 어울리며 적응해 나가는지를 연구하고자 하였다. 이를 위하여 연구자는 관찰 및 면접자료를 수집하고자 학생들을 선정하여 훈련을 실시하였다. 연구자는 자신이 학생들과는 세대차이가 있기 때문에 이러한 자료수집방법이 보다 타당한 자료를 얻을 수 있을 것으로 생각되었기 때문이라는 이유를 들고 있다. 이는 분명 일리가 있는 것으로 생각된다. 따라서 이러한 방법들 자체가 연구결과가 탄탄함을 보여 주는 하나의 강한 증거의 고리로 생각된다.

15. 연구자는 현장 참여자들을 통해 얻은 정보가 정확한 것인지를 확인하기 위하여, 또 참여자의 지각을 적절히 반영하고 있는지 확신하기 위하여, 기록한 내용에 대해 구성원에게 점검을 받아보는 절차(member checking)를 사용하고 있는가?

검토할 내용　　연구자가 자신이 작성한 보고서 초고의 정확성과 완벽성을 검토하기 위하여 참여자에게 초고에 진술되어 있는 내용을 검토해 달라고 요청한 사실이 있는지를 확인해 보라.

평가 진술 예　　연구자는 자신이 연구했던 각 집단의 몇 구성원들—학생, 교사, 부모—에게 보고서 초안을 리뷰해 줄 것을 요청하였음을 밝히고 있다. 리뷰 소요시간, 피드백 내용을 차례로 담고 있다.

(5) 제V장 논의

16. 연구자는 자신의 가치관과 관점을 충분히 반영하고 있는가? 이러한 가치관과 관점이 연구결과에 어떻게 영향을 미쳤는가? 혹은 이러한 연구자의 가치관이나 관점의 영향을 최소화하기 위하여 취했던 절차는 무엇이었는가?

검토할 내용　　연구자가 연구하고자 하는 현상에 대하여 자신의 생각과 감정을 묘사하고 있는 부분을 찾아보라. 그리고 이러한 생각과 감정이 자료수집과 분석에서 어떻게 구현되어 나타났는지를 확인해 보라.

평가 진술 예　　보고서에 관찰 기간 동안 어떤 학생들은 다른 학생들과 달리 대하였음에 아쉬움을 표하고 있는 부분이 있다. 더불어 관찰 동안 모든 학생들에 대하여 존중하고 친밀하게 행동할 것임을 다짐하는 진술 또한 보인다.

17. 연구자는 자신이 내린 결론을 지지할 만한 여러 가지 증거 원천들 (multiple sources of evidence)을 적절히 제시하고 있는가?

검토할 내용   연구자가 내리고 있는 결론을 찾아보고 이러한 결론이 자료분석에 의해 지지되는지를 확인해 보라.

평가 진술 예   연구자는 교과서선정위원회는 출판사가 제공하는 정보가 너무나 부족하여 실망하고 있다는 결론을 내리고 있다. 이러한 결론은 선정위원회 소속의 몇 위원과의 면접내용에 대한 분석, 위원회 회의 기간 동안 연구자가 작성했던 현장기록에 대한 검토 그리고 선정위원회의 위원장이 작성했던 편지 내용의 분석 등에서 도출한 것이다. 따라서 연구자의 결론이 다양한 증거자료에 기초하고 있음은 분명한 것으로 생각된다.

18. 연구자는 결과에 대해 합리적인 설명을 제공하고 있는가?

검토할 내용   연구자가 자신의 연구결과를 어떻게 설명하고 있는지를 확인해 볼 것이며, 결과에 대하여 여타 다른 대안적인 설명 또한 함께 고려하고 있는지를 확인해 보라.

평가 진술 예   연구자는 교사들 간에 동료장학이 제대로 운용되지 않고 있음을 발견하였으며, 이러한 부진의 이유를 지지적인 환경의 결여라는 것으로 지적하고 있다. 특히 동료 간의 협력관계가 없다는 것을 중요한 이유로 제시하였다. 그러나 연구자가 고려하지 않았던 또 다른 가능한 설명은 교사들이 동료장학에 대하여 충분한 연수를 받지 않았을 수도 있다는 것이다. 연구자는 이러한 대안적 설명을 간과하고 있는 것으로 보인다.

19. 연구결과의 일반화 가능성에 대해 적절히 언급하고 있는가?

검토할 내용   연구자가 결과의 일반화 가능성에 대해 언급하고 있는 내용을 찾아보라. 만일 일반화 가능성에 대한 주장이 있다면 과연 정말로 일반화가 가능할 수 있을 것인지를 검토해 보라.

평가 진술 예   연구자는 교사에 대한 사례연구의 결과를 기초로 이를 다른 교사에게도 일반화하여 적용할 수 있다는 식의 주장은 하지 않고 있다. 일반화 가능성에 대해 논의하고 있지 않음은 아쉬운 부분이다. 한편으로 보면 이 연구의 결과는 다른 교사들에 대해서도 실재상에 중요한 함축적 의미를 제공하고 있는 것으로 보인다.

20. 연구자는 자신의 연구결과를 바탕으로 어떤 실재적인 측면과 관련하여
    시사점을 끌어내고 있는가?

검토할 내용   연구자가 연구결과를 바탕으로 어떤 실재적인 면에서 함축적
의미가 있음을 제시하고 있는지를 확인해 보라.

평가 진술 예   연구자는 학생들이 지역사회에 자원봉사자로 참여함으로써
많은 긍정적인 것을 느꼈음을 발견하였다. 이러한 결과를 바탕으로 연구자는
교사들에게 학생들이 지역사회봉사 프로그램에 적극 참여하도록 도와 달라고
촉구하고 있다. 이러한 권고는 학생들이 지역사회에 자원봉사자의 일원으로
참여하면서 얻은 여러 가지 이점을 열거하고 있는 연구자의 결과에 토대를 두
고 있는 것으로 보인다. 따라서 연구자는 자신의 연구결과에 대해 실재적인
측면에서 적절히 시사점을 제시하고 있는 것으로 보인다.

 연습문제 · · · · · · · · ·

1. 자신이 전공하고 있는 학문분야의 학위논문을 탐색하여 대체로 일반화되어 있는
   체제를 제시해 보시오.

2. 자신이 관심을 가지고 있는 주제와 유사한 내용을 다루고 있는 학위논문 2편을 선
   정하여 '2절 논문의 구성요소별 작성법' ~ '4절 논문의 평가'를 참고하여 상세하게
   비평하고 그 결과를 제출하시오.
   1) 질적연구 1편
   2) 양적연구 1편

제2부

연구방법

기술연구

기술연구(descriptive research)는 관심을 갖는 하나 이상의 현상에 대하여 정확하고 체계적으로 기술해 내는 것을 목표로 하는 연구를 말한다. 이를 위하여 기술연구에서는 어떤 집단이나, 개인, 사건, 과정 등을 연구대상으로 체계적인 자료수집을 하며, 양적 혹은 질적분석을 통하여 현상의 주요 특징들을 요약하고자 한다. 양적연구 유형인 조사연구나 발달연구가 대표적인 기술연구에 속한다. 다만, '현상에 대한 기술(記述)' 이라는 의미를 보다 확장하여 사람들이 공유하고 있는 관점이나 사물이 내포하고 있는 의미를 이해하는 것으로까지 볼 수 있다면, 질적연구유형에 속하는 사례연구, 내용분석연구, 문화기술지 또한 기술연구에 해당될 수 있다. 사람들이 공유하는 의식이나 사상(事象)이 갖는 의미에 대한 정확한 기술이란 질적연구가 추구하는 중요한 목표의 하나이기 때문이다. 나아가 기술연구는 상관연구, 인과비교연구, 실험연구까지도 포함할 수도 있다. 상관연구나 인과비교연구에서 추구하는 변인 간의 상관이나 인과관계에 대한 설명 또한 기본적으로 단일 현상이나 변인에 대한 사실적인 기술이 선행된 연후에야 가능한 과제이기 때문이다. 이렇게 본다면 모든 연구는 항상 기술연구의 성격을 함축하고 있다.

다만, 여기에서는 기술연구를 주로 기술통계의 방법을 사용하여 어떠한 현상이나 변인에 대하여 탐색하는 조사연구, 발달연구로 제한하여 기술연구를 살펴본다. 사례연구나 내용분석연구, 문화기술지는 이미 양적연구와는 패러다 임을 달리하는 질적연구의 한 유형으로 자리를 잡고 있으며, 상관연구, 인과 비교연구, 실험연구 등은 현상에 대한 기술 그 이상의 목표를 추구하기 때문 이다.

1. 조사연구

1) 정의

조사연구(survey research)는 교육연구를 포함한 경험과학연구에서 가장 많 이 사용되는 연구방법이다. 연구자는 관심을 갖는 모집단을 대표하는 표본집 단을 통하여 사회학적 변인과 심리학적 특성 변인들(예컨대, 연구대상자들의 신 념, 관심사, 태도, 행동 등)에 관한 자료를 수집하여 모집단에 대한 정보를 추론 한다. 이를 위하여 주로 자기보고식 질문지나 면접과 같은 직접적인 접촉을 통해서 특정 문제의 속성이나 행동, 태도를 연구하며 전집에 대한 정보를 수 집하게 된다. 실험연구와는 달리 연구대상자 혹은 참여자들에게 처치를 가하 지 않으며 따라서 실험연구만큼 인과관계를 설명하지는 못한다. 조사연구의 가장 큰 목적은 현재의 사실을 밝혀내는 것이다. 여론조사는 가장 잘 알려진 조사연구의 한 예다.

조사연구에서는 주의 깊게 질문을 고안하고 많은 사람의 응답을 얻어 내는 것이 가장 중요하다. 조사대상자가 대규모이거나 조사내용이 단순한 경우 주 로 질문지를 사용하며, 개인의 태도나 가치관과 같은 민감한 주제를 다루어야 하는 경우나 혹은 질문지에 의해 밝혀질 수 있는 것보다 깊은 반응을 탐색하 고자 할 때에는 면접지를 사용하기도 한다. 물론 질문지와 면접방법 모두를 병행하여 사용할 수도 있다. 대개 전집의 특성이나 양상을 기술하기 위하여 표집으로부터 수집한 정보를 사용하는데, 이러한 정보가 곧 조사자료가 되며 자료가 갖는 성질에 따라 통계분석을 수행하여 모집단의 특성을 추론하게 된 다. 따라서 대개의 경우 조사연구라고 하면 일반적으로 표본조사를 의미하며,

설문내용이나 면접내용은 쉽게 수량화될 수 있도록 구조화되어 있다.

2) 종류

조사연구는 조사목적 및 자료수집의 방법에 따라 종류를 나누어 볼 수 있다.

먼저 조사목적에 따라 구분할 경우 이는 사실발견을 위한 조사, 규준을 만들기 위한 조사로 구분된다. 첫째, 사실발견을 위한 조사는 전형적인 조사연구로 어떤 집단의 특성이나 사건, 현상의 성질에 대하여 있는 그대로의 사실을 알아보기 위한 목적으로 수행되는 연구다. 특히 객관적인 사실을 알아보기 위한 조사를 실태조사라고 하며, 가정환경조사, 학교조사, 지역사회조사 등이 여기에 속한다. 어떤 사실이나 대상에 대하여 개인이 가지고 있는 의견이나 태도를 조사하는 것은 주관적 사실을 밝혀내기 위한 조사에 해당된다. 후자의 경우 조사대상자와의 신뢰할 수 있는 관계형성이 특히 중요하다.

둘째, 규준을 만들기 위한 조사다. 이러한 조사연구는 어떤 조건이나 상태 등을 판단할 목적으로 조사를 수행한다. 예컨대, 취학 전 아동들의 연령별 평균 신장이나 체중과 같은 신체발달을 알아보거나, 새로 개발한 표준화심리검사의 성별, 연령별 규준을 만들기 위하여 대규모 표집을 대상으로 시행되는 연구가 여기에 해당한다. 규준을 만들기 위한 조사연구에서는 무엇보다도 표본으로 선정된 대상자들의 대표성이 절실히 요구되기 때문에 체계적인 표집계획과 함께 적정한 조사대상자의 수를 결정하는 것이 중요하다.

조사연구를 구분하는 보다 전형적인 방법은 자료수집의 방법에 따라 분류하는 것이다. 이는 질문지 조사, 면접조사, 우편조사, 전화조사, 인터넷을 이용한 조사로 나누어 볼 수 있다.

(1) 질문지 조사

질문지란 어떤 문제나 사물에 관해 조사하기 위하여 일련의 문항들을 체계적으로 조직하여 작성한 글을 말한다. 질문지를 이용한 조사는 객관적인 사실을 조사하거나 사람들의 의견, 태도 등을 알아보기 위해 가장 많이 사용하는 방법이다.

질문지는 우선 적절한 용어로 간결하고 명확하게 구성되어야 하며 가치중립이 유지되도록 질문을 작성해야 한다. 질문의 목적이나 내용에 따라 폐쇄형 질문과 개방형 질문을 사용할 수 있다. 폐쇄형 질문은 소득이나 개인의 사생활과 같은 민감한 주제에 좋으나, 동일한 선택 항목을 택한다고 하더라도 개인에 따른 느낌이나 견해가 무시될 수 있다. 개방형 질문은 응답자의 의도를 탐색적으로 파악하거나, 응답의 유목이 많을 때 유용하나 무응답이 많고 주관적이어서 통계적 분석이 어렵다는 단점이 있다. 따라서 폐쇄형 질문일 경우 기타란을 첨가하여 예외적인 응답을 체크하도록 한다.

이외에도 질문지 작성 시 유의할 점으로 문항은 읽기 쉽고 완성하기 쉽게 만들어야 하며, 위협적이거나 어려운 문항은 뒷부분에 배치하고, 이해하기 어려운 문항의 경우 예를 제시하는 것이 좋다. 가급적 부정적인 진술은 삼가야 하며, 의미가 정확하지 않은 용어의 사용은 피해야 한다.

질문지 조사는 다음과 같은 장점과 단점을 지닌다.

장점으로는, 첫째, 비용이 적게 들고 상대적으로 제작이 간편하다. 둘째, 연구자가 피험자에게 미치는 영향을 최대한 줄일 수 있다. 셋째, 적절히 구조화한다면 개인적 생활경험이나 심리적 특성을 조사할 수 있다. 넷째, 충분한 시간의 제공으로 성실한 답변을 얻을 수 있다. 반면에 단점으로는, 첫째, 피험자의 문장 이해력과 표현 능력에 크게 의존하기 때문에 인지능력이 부족한 피험자에게는 적용하기 어렵다. 둘째, 질문지에 응답한 내용의 진위를 확인하기 어렵다. 셋째, 조사대상자를 한 장소에 모아 집단 조사를 하지 않는 한 회수율이 낮을 수 있다. 특히 질문지를 우편으로 발송하는 경우 일반적으로 회수율이 낮아진다는 점 등을 들 수 있다.

(2) 면접조사

면접조사는 개인면접이나 집단면접과 같은 면접절차를 사용하여 자료를 수집하는 방법이다.

개인면접은 연구자와 조사대상자가 일대일로 직접 얼굴을 마주한 상태에서 질문과 대답을 하는 형태로 이루어진다. 조사대상자가 많을 경우 연구자 자신뿐만 아니라 훈련된 몇 명의 면접자들의 도움을 받아 개인면접을 진행할 수도 있다. 개인면접은 질문지법이나 우편조사보다 질문을 하는 데 훨씬 융통성이 많다. 개인면접에서 응답자는 불분명한 질문을 분명하게 할 수 있으며, 훈련된 면접자는 개방형 질문에 대하여 불완전하거나 애매한 응답을 확실하게 물어볼 수 있고, 질문의 순서를 통제하여 모든 응답자들이 동일한 순서로 질문지를 완성하도록 할 수 있다. 그러나 개인면접은 훈련된 면접자를 이용하는 데 비용이 많이 들며 면접자가 편파적일 가능성이 남아 있다.

　집단면접은 연구자와 다수의 연구대상 간의 질문과 답변으로 이루어지는 조사방법이다. 집단면접이라 하더라도 4~6명 정도를 넘지 않는 것이 좋다. 집단면접은 조사내용이 단순하여 객관적 사실을 묻는 것이거나 혹은 피면접자들의 응답이 집단 속에서 공개되더라도 괜찮은 것, 그리고 한 응답자의 답변이 다른 응답자의 답변에 영향을 미치지 않는다는 것이 확신될 수 있을 때 사용하는 것이 바람직하다. 면접의 목적이나 구조화 정도에 따른 면접법의 분류, 면접의 일반절차와 면접법이 갖는 장단점은 앞의 「제5장 2절 면접법」을 참고할 수 있을 것이다.

(3) 우편조사

　우편조사는 연구대상자와의 직접 접촉이 아니라 우편을 이용하여 간접 접촉함으로써 조사자료를 수집하는 방법이다. 대체로 조사내용이 포함된 질문지, 반송용 봉투, 우표 등을 대상자에게 우편으로 발송함으로써 조사가 수행된다.

　우편조사의 장점으로는, 첫째, 비교적 신속하고 광범위한 지역에 대하여 실시할 수 있다. 둘째, 조사자 편파의 문제를 방지할 수 있다. 셋째, 응답자는 외부의 간섭이나 방해를 받지 않고 편한 시간에 조사에 임할 수 있다. 그러나 단점으로, 첫째, 우편조사는 응답자들의 협력을 조장시킬 만한 기회가 거의 없다. 둘째, 응답자가 질문지에 응답해 나가는 순서에 대해서 거의 통제력을 갖지 못한다. 셋째, 질문지를 잘못 이해하거나 잘못된 응답을 보내왔다 하더라도 이를 교정하기가 어렵다. 넷째, 때로는 조사를 원했던 사람과 응답자가 정말로 동일한지조차도 확인할 길이 없다. 다섯째, 낮은 응답율과 회수율을 보일 수 있다. 이는 특히 우편조사에서 발생할 수 있는 가장 심각한 문제다. 낮은 반응율과 회수율은 필연적으로 표본의 대표성 문제를 일으킬 수 있기 때문이다(Fraenkel & Wallen, 1996).

　따라서 우편조사를 통하여 자료를 수집하고자 할 경우, 연구자는 일차적으로 조사의 목적과 조사내용을 직접조사의 경우보다도 더 상세하게 충분히 알려야 하며, 가능하다면 사전에 전화를 통하여 협조를 구하는 것이 좋다. 설문지의 회수율이 낮은 경우 다시 한 번 편지를 하거나 전화를 하여 정중하게 재촉하는 것도 잊지 말아야 한다.

(4) 전화조사

우편조사가 질문지를 사용하여 간접 접촉으로 자료를 수집하는 방법이라면 전화조사는 면접지를 이용하여 간접 접촉으로 자료를 수집하는 방법이다. 전화조사는 대체로 훈련된 면접요원에 의해 미리 준비된 면접지로 이루어진다. 전화조사의 장점은, 첫째, 개인면접에 비하여 비용면에서 보다 효율적이며 신속하게 조사를 할 수 있다. 둘째, 광범위한 지역에 걸쳐 응답자를 구할 수 있다. 셋째, 필요에 따라 면접자가 질문을 분명히 하거나, 추수 질문, 주저 반응에 독려함으로써 응답자를 도울 수 있기 때문에 신뢰성 있는 자료를 수집할 수 있다는 것 등이다. 그러나 단점으로는, 첫째, 전화조사는 반응자들의 시각적 관찰을 막는다. 둘째, 개인적인 문제나 혹은 민감한 쟁점에 대한 정보를 얻는 데 효과적이지 못하다(Fraenkel & Wallen, 1996). 셋째, 전화번호가 누락되어 있거나, 전화조사 시점에 집이나 사무실에 자리하지 않는 경우 표집 대상자의 편향성을 가져올 수 있다. 넷째, 갑작스런 전화조사로 인하여 응답자의 협조를 얻어 내기가 쉽지 않다.

따라서 전화조사를 할 경우, 사전에 표본집단에 대한 배경특성을 명확히 설정함으로써 처음에 선택된 조사대상자와의 통화가 불가능할 경우 유사한 특성의 응답자를 다시 구하거나 시간대를 달리하여 재조사하는 끈기를 보여야 한다.

(5) 인터넷을 이용한 조사

최근에는 컴퓨터 환경의 발달로 전자우편이나 웹을 이용한 설문조사 방식도 많이 사용되고 있다. 전자우편을 이용한 조사의 경우 일반적인 우편조사 방식과 유사하나 다만 인쇄된 설문지가 아닌 컴퓨터 문서파일을 응답자에게 발송한다는 것이 차이점이다. 이 경우 응답자의 입장에서 본다면 설문지를 인쇄하고 설문에 응답한 후 이를 우편으로 회신하거나, 문서파일에 직접 응답한 뒤 파일을 첨부하여 연구자에게 다시 전자우편을 보내야 한다는 불편함이 있다. 웹을 이용하는 경우는 연구자가 웹 사이트에 설문문항을 구축하고 응답자는 컴퓨터 화면을 통하여 직접 마킹을 하거나 응답내용을 입력하게 하는 방식이다. 웹을 이용하는 경우에는 응답자는 한 번 응답한 내용을 쉽게 수정할 수도 있으며, 설문응답 결과를 다시 우편으로 보내야 한다거나 하는 불편함이 없다.

　인터넷을 이용한 조사의 장점으로는, 첫째, 전자우편을 이용하는 경우 우편을 이용하는 것에 비하여 훨씬 비용이 적다. 둘째, 설문지를 재빠른 시간 내에 많은 사람들에게 일괄적으로 발송할 수 있다. 셋째, 설문문항에 대하여 응답자가 의문이 있는 경우에도 전자우편을 이용할 수 있으므로 비교적 즉각적으로 답을 줄 수 있다. 넷째, 웹을 이용하는 경우 좀 더 실시간으로 응답자료를 전송받을 수 있으며, 자료의 수집 이후 통계처리를 위하여 데이터를 다시 입력해야 하는 번거로움을 피할 수 있다. 다섯째, 웹을 이용하여 설문지를 구축하는 경우 색채나, 도형, 그림 등을 이용함으로써 최대한 응답자의 반응을 이끌어 낼 수 있다는 것 등이다.

　그러나 단점으로는, 첫째, 전자우편을 이용하고자 하는 경우 연구자는 사전에 전자우편 주소를 충분히 확보하고 있어야 한다. 둘째, 응답자가 전자우편으로 설문지 파일을 받아 인쇄하고 이를 다시 우편으로 반송해야 하는 경우 절차상의 번거로움으로 인하여 오히려 우편조사에 비해서 회수율이 낮을 수 있다. 셋째, 근래에는 광고성 전자우편에 이르기까지 전자우편이 홍수를 이루고 있기 때문에 응답자가 설문 조사 우편에 주목하지 않을 수 있다. 넷째, 웹 사이트에 설문지를 구축하는 경우에는 이를 위한 별도의 숙련된 기술이 요구되거나 혹은 일정한 개발비용이 지출될 수도 있다. 다섯째, 인터넷 환경에서의 보안장치의 미흡에 대한 불안감으로 응답자들이 인터넷으로 응답을 올리는 것을 꺼릴 수 있다는 것 등이다.

　따라서 인터넷을 이용하여 조사를 수행하고자 하는 경우, 연구자는 필요한 전자우편 주소를 얻을 수 있는 방안을 미리 마련해야 하며, 웹 사이트에서 설문지를 구축하는 경우에는 필요한 웹 사이트도 미리 확보할 수 있어야 한다. 보다 세련되고 효과적으로 설문지를 구축하기를 원한다면 전문 인터넷 조사업체에 자문을 구해 보는 것도 좋은 방법이다.

3) 절차

조사연구의 절차는 조사내용이나 조사대상, 조사시기에 따라 약간씩 달라질 수 있으나 개략적인 절차는 다음과 같다. 수집된 자료를 최종적으로 통계분석하고 보고서를 작성하는 절차는 「제6장 통계적 분석」 「제7장 연구계획서와 보고서」를 참고하기 바란다.

(1) 연구문제의 확인

먼저 연구자가 관심을 가지고 있는 분야에서 연구문제가 될 만한 사항을 인식하고 연구목적과 연구문제를 구체화한다. 이에 따라 조사할 영역과 구체적인 조사내용이 정해지기 때문이다. 무엇보다도 이 단계에서는 조사연구가 자신의 연구목적, 연구문제에 가장 적합한 방법인지를 사전에 심사숙고해 보아야 한다.

(2) 조사설계의 수립

연구문제에 따라 조사대상을 확정하고, 자료수집방법과 절차, 구체적인 표집방법을 세우며 필요한 설문지나 면접지를 개발한다. 또한 조사일정을 확정하고 필요에 따라 조사자나 면접자의 훈련을 실시한다. 모집단을 확인함으로써 조사연구 과정은 시작된다. 모집단을 규정하고 표집을 위한 대상자의 목록을 확보할 수 있는지를 평가하는 것 등이 필요하다. 모집단의 속성을 대표할수 있는 표집을 선정하기 위해서는 표집을 수행하기 전에 모집단을 유층화하는 것이 좋다.

(3) 조사의 실시

실제로 조사를 실시하는 단계로, 대규모의 조사연구를 하기 위해서는 예비조사를 먼저 하는 것이 바람직하다. 이 단계는 조사연구의 단계에서 가장 많은 시간이 소요된다. 응답률을 높이기 위해서는 미응답자에 대한 적절한 독촉, 적절한 보상물 등이 필요할 수 있다.

〈표 9-1〉　조사연구를 위한 질문지 작성과 자료수집

조사연구를 위해 질문지를 구축하는 과정은 '제5장 1절 검사법'에서 살펴본 검사의 제작
절차와 크게 다르지 않다. 조사연구에 초점을 두고 연구목적의 설정~수집된 자료의 분석에
이르기까지 8단계로 구분하면 다음과 같다(Borg et al., 1996).

단계 1: 연구목적과 연구문제의 정의　　질문지를 제작하기에 앞서 질문지를 통해 알아내
　　　려는 목적, 조사의 내용과 범위, 대상을 명백히 규정하며, 어떤 형식의 질문지를
　　　사용할 것인가를 결정한다. 질문지의 항목에는 연구자가 알아내고자 하는 것, 즉
　　　가설이나 연구문제가 정확하게 나타나 있어야 한다.
단계 2: 연구대상의 표집　　연구목적이나 가설이 분명하게 진술되고 나면 전집을 정하
　　　고 이 전집에서 표본집단을 표집한다. 표본은 정보를 충분히 제공할 수 있는 대표
　　　성 있는 사례들이어야 한다. 이는 응답자가 누구냐에 따라 정보의 정확성과 반응
　　　률이 달라지기 때문이다.
단계 3: 질문지 형식의 설계　　많이 사용되는 질문양식으로는 자유반응형, 선다형, 체크
　　　리스트형, Likert 양식, 순위형, 동의-부동의 양식 등이 있다. 어떤 질문의 유형을
　　　사용할 것인가는 질문내용의 성격, 응답자의 수준, 조사의 목적 및 상황 등에 따
　　　라 다르다.
단계 4: 질문지의 예비검증　　질문지를 실제 연구에 사용하기에 앞서 예비검증을 한다.
　　　전집에서 표집된 개인을 대상으로 하며 동질집단의 경우는 20명이 적당하며 이질
　　　집단의 경우에는 보다 더 많은 응답자가 필요하다. 예비검증을 위한 질문지에는
　　　여백을 마련하여 피험자들에게 논평과 권고사항을 적게 한다. 여기에는 특정 질문
　　　의 모호성, 도구개선에 관한 정보, 질문지에 포함되지 않은 응답을 제공하기도 하
　　　는데, 이를 토대로 문항의 삭제, 수정, 보완이 이루어진다.
단계 5: 표본과의 예비접촉　　질문지를 보내기 전 표본과의 예비접촉은 반응률을 높일
　　　수 있다. 연구자들은 자신이 누구인지를 밝히고, 연구의 목적을 알리며 협조를 구
　　　한다. 예비접촉은 편지, 엽서, 전화 등으로 이루어지나 전화가 가장 효과적이다.
단계 6: 협조문 작성과 질문지 배부　　협조문은 응답비율을 결정하는 중요한 요소가 될
　　　수 있기 때문에 간략하면서도 분명한 정보와 인상을 줄 수 있도록 작성한다. 기본
　　　적으로 익명성 보장을 명시하여야 하며, 대상자들이 질문지를 작성할 충분한 시간
　　　을 고려하여 회신기한을 설정해야 한다. 우편조사인 경우 반송용 봉투와 우표도
　　　함께 준비한다.
단계 7: 비응답자들에 대한 조치　　적당한 기간까지 회신이 없는 경우, 연구의 중요성과
　　　연구에 참여하는 개인의 기여도, 연구의 가치 등을 내용으로 하는 후속 편지를 작
　　　성하여 질문지와 함께 재송부하는 것이 좋다. 비응답자가 20%를 초과하는 경우에
　　　는 이미 수집된 대상이 편중된 것은 아닌지를 유심히 검토해 보아야 한다.
단계 8: 자료의 분석　　수집된 자료에 대하여 통계적 방법을 이용하여 각 질문에 응답
　　　한 응답자의 빈도와 퍼센트를 이용, 양적으로 분석한다.

(4) 자료 입력과 점검

수집된 설문자료 혹은 면접자료를 유목화하고 코딩하는 과정이다. 대규모 조사연구에서는 불성실한 응답자료나 불완전하게 응답한 자료가 종종 발생한다. 따라서 수집된 자료 모두가 분석에 사용되지 않는 경우가 많다. 데이터에 대한 스크리닝 과정 및 신뢰성을 검토하는 과정이 반드시 수반되어야 한다.

(5) 자료의 분석

연구문제에 따라 자료를 통계분석하는 과정이다. 조사연구에서 수집된 자료는 대체로 기술통계 분석수준에서 이루어진다. 질문지의 각 문항별로 응답자들의 응답빈도와 백분율을 표로 만들어 제시하는 방법, 시각적인 정보제공을 위하여 특정 문항에 대한 반응분포를 그래프로 제시하는 방법, 두 개 이상의 집단 간 응답빈도의 비교를 위해서 교차표를 작성하는 방법 등이 주로 사용된다.

(6) 보고서 작성

자료분석이 끝난 경우 결과를 정리하여 연구보고서를 작성한다. 보고서에는 조사의 결과뿐만 아니라 연구목적, 연구문제, 연구방법 등을 모두 제시하여야 한다. 일반적으로 조사연구는 이면에 있는 내용을 깊이 있게 다루지 못하며, 정보의 깊이보다는 정보의 범위가 강조될 가능성이 많다. 따라서 얻어진 정보가 피상적일 가능성이 높은데 이러한 사실은 조사연구방법 자체의 문제라기보다는 조사연구의 실행 과정에서 오는 약점 때문이라고 할 수 있다.

4) 유의점

조사연구를 수행할 때 몇 가지 유의할 사항을 제시하면 다음과 같다.

첫째, 조사연구는 시간과 비용이 많이 소모될 수 있으므로 이를 고려하여 적절한 표집방법과 적정한 인원으로 표집 계획을 세워야 한다.

둘째, 조사연구에서는 좋은 질문 내용이나 면접 항목을 개발하는 것이 가장 중요한 과제가 될 수 있다. 따라서 조사도구의 타당도와 신뢰도가 확보되도록 심혈을 기울여야 한다. 조사연구의 질은 조사도구에 달려 있다.

셋째, 본조사에 앞서 예비조사를 실시하는 것이 바람직하다. 조사연구에서는 질문지의 발송 및 회수에 따르는 여러 가지 문제가 발생할 수 있다. 예비조사를 통해 본조사에서 나타날 수 있는 문제점을 반드시 확인할 필요가 있다.

넷째, 질문이나 면접의 중립을 위해서 조사자나 면접자를 훈련할 필요가 있다.

조사연구는 교육분야의 연구에서도 많이 사용되고 있으며 연구설계가 비교적 간단하다는 장점이 있다. 또한 체계적인 표집 절차와 질문지를 구성한다면 다양한 현상을 탐색할 수 있는 가장 기초적인 연구가 될 수 있다. 그러나 조사연구에서는 현상이나 변인을 조작하거나 통제하지 않는 상태에서 조사하여 분석하기 때문에 본질적인 한계가 있다. 특히 변인 간의 관계를 분석할 때에는 오류를 범할 수 있기 때문에 주의해야 한다. 이는 실험연구처럼 조작이나 통제가 되지 않는 상태에서 다만 수집된 자료에만 기초하여 변인 간의 관계를 탐색하기 때문이다. 더불어 자료수집은 한 번에 끝나기 때문에 계속적인 관찰을 통한 자료의 수집이 불가능하다는 단점이 있다(박도순, 1995).

2. 발달연구

1) 정의

발달연구(developmental research)는 인간의 전 생애에 걸친 모든 변화의 과정을 연구한다. 여기에는 신체, 운동기능, 지능, 사고, 언어, 사회성, 정서, 도덕성 등 인간의 모든 특성들이 포함된다. 따라서 발달연구란 유기체의 발달과정에 따른 변화에 관심을 두고 하는 연구라 할 수 있으며, 발달의 경향과 속도, 유형이나 한계 그리고 성장과 발달에 작용하는 여러 요인들 간의 관계를 탐구하는 것이 발달연구의 목적이 된다(이종승, 1989).

발달연구와 관련하여 또 하나의 탐구영역은 연령에 따른 개인 내 변화와 개인 간 변화다. 개인 내 변화란 예를 들어, 한 개인이 10대에서 50대로 연령이 증가하면서 반사운동 능력이 둔화되어 갑자기 날아든 공에 대한 반응 속도가 느려지는 등의 변화를 말한다. 이에 비해 개인 간 변화는 연령이 서로 다른

두 사람 혹은 두 집단 이상의 사람들이 어떻게 서로 다른가를 비교하는 것이
다. 현재 10대의 청소년 집단과 50대의 장년 집단이 갑자기 날아든 공에 얼마
나 신속하게 반응하는가의 정도 차이를 비교해 보는 것이다.

　따라서 연구방법으로 본다면 발달연구는 대체로 비실험적 연구이며 기술연
구, 상관연구 혹은 인과비교연구의 성격을 지니고 있다. 연구목적에 따라 개
인 내 발달적 변화를 있는 그대로 기술하거나, 발달영역 간의 상관정도를 분
석하며, 연령집단에 따라 인간성장의 각 측면의 차이를 인과적으로 상호비교
하기도 하기 때문이다. 다만, 여기에서는 개인 내 발달양상의 분석, 연령에 따
른 발달의 차이를 기술하는 것에 초점을 두기 때문에 기술연구의 한 형태로
발달연구를 다루고자 한다. 학자에 따라서는 발달연구를 수행하는 데 흔히 채
택되는 종단적 연구, 횡단적 연구방법 등을 조사연구의 한 가지 접근법으로
소개하기도 하기 때문이다(예: 성태제, 시기자, 2006).

　발달연구는 일찍이 인간 발달에 관심을 둔 발달 심리학에서 많은 연구가 이
루어져 왔다. Freud의 성심리 발달연구나 Piaget의 인지발달연구, Kohlberg의
도덕적 사고 발달연구 등이 대표적인 발달연구의 사례다.

2) 종류

　발달연구의 수행 시 채택되는 방법을 대별하면 두 가지로 구분할 수 있다.
하나는 종단적 연구(longitude study)이며, 다른 하나는 횡단적 연구(cross-
sectional study)다. 또한 이들 두 방법을 혼용한 종단-연속적 연구와 횡단-연
속적 연구가 있다.

(1) 종단적 연구

　종단적 연구는 동일한 연구대상을 적게는 수년 동안 많게는 수십 년 정도
오랜 기간 동안 추적 관찰하여 인간 발달의 제 측면, 즉 신체, 운동 기능, 지
능, 사고, 언어, 사회성, 정서, 도덕성 등이 어떻게 변화·발달하는지를 탐구
하는 방법이다.

　종단적 연구의 한 가지 예를 들어 보자. 한 연구자가 나이의 증가에 따른
유아의 사회성 발달을 알아보고자 하는 데 관심이 있다면, 연구자는 유치원에

갓 입학한 5세 아동 5명을 무선표집하여 7세가 되어 유치원을 졸업할 때까지 1년 단위나 혹은 6개월 단위로 사회성 정도를 측정할 수 있을 것이다. 이때 연구자는 나이의 증가에 따라 사회성이 발달하는 과정뿐만 아니라 또래관계가 어떻게 변화하는지, 인지능력이나 언어사용이 어떻게 변화하는지를 함께 측정함으로써 사회성 발달을 둘러싼 발달의 제 측면들을 효과적으로 기술해 낼 수 있게 된다. 이러한 결과는 동일한 대상을 추적하여 반복측정하였기에 가능한 것이다. 이러한 예가 전형적인 종단적 연구에 속한다.

따라서 발달연구에서 종단적 연구법의 장점은 무엇보다 동일 대상을 연구함으로써 개인이나 집단의 성장 과정 및 변화의 형태를 구체적으로 파악할 수 있으며, 나아가 초기 경험과 후기 행동과의 인과관계를 명확히 규명할 수 있도록 해 준다는 데 있다. 이렇게 본다면 종단적 연구는 연령 증가에 따른 개인의 성숙과 쇠퇴과정을 탐색하는 가장 이상적인 연구방법일 수 있다.

그러나 종단적 연구는 그 수행과정에서 몇 가지 어려움과 단점이 있을 수 있다.

첫째, 무엇보다 연구대상의 중도 탈락 가능성이 크다. 종단적 연구는 그 성격상 여러 시기에 걸쳐 동일 대상의 관심변인을 측정해야 하므로 그동안 연구대상자의 사망, 이사, 이민, 질병 등의 여러 가지 이유로 더 이상 측정이나 관찰이 불가능한 경우가 발생할 수 있다. 연구대상의 규모가 아주 크다면 소수의 탈락은 연구에 커다란 영향을 미치지 않을 수 있으나, 연구대상의 수가 적은 경우에는 연구결과에 심각한 영향을 미칠 수 있다.

둘째, 연구기간 동안 중요한 개인적 혹은 심각한 사회문화적 여건의 변화가 있을 수 있다. 비록 동일 연구대상자의 추적이 가능하다 하더라도 장기간의 연구 기간 동안 가족원의 사망, 취업이나 퇴직, 결혼이나 이혼 등의 개인적 변화요인이 있을 수 있으며, 사회문화적인 변화, 즉 정치, 문화, 경제여건에서 심각한 변화가 있을 수 있다. 이러한 요인들은 개인의 정상적인 발달에 영향을 미치는 가외요인으로 작용할 수 있다.

셋째, 종단적 연구 기간 동안 발달양상을 측정하기 위해 사용하는 검사에서 문제가 있을 수 있다. 예컨대, 10~30세까지 사회성 발달에 관한 종단적 연구를 수행하는 경우를 생각해 보자. 10세에 사용할 수 있는 사회성 검사와 30세에 사용할 수 있는 사회성검사는 문항이 서로 다를 수 있다. 즉, 동일한 검사를 사용할 수 없는 경우가 종종 발생하며, 동일한 검사를 반복하여 사용할 수 있는 경우라 하더라도 검사오염의 문제가 있을 수 있다.

넷째, 종단적 연구법에서는 연구대상이 많지 않고 소수인 경우가 많다. 따라서 가장 문제가 되는 것은 대표성 있는 표집의 선정이다. 소수의 대상이 과연 전체를 대표할 수 있는가 하는 것은 중요한 문제이기 때문이다.

이러한 여러 가지 어려움으로 말미암아 연구자들은 동일 대상을 반복하여 측정하는 전형적인 종단연구의 형태에서 벗어나 대안적 방법을 사용하기도 한다. 대표적으로 경향성 분석(trend study)방법과 동류집단 분석(cohort study)방법이 있다.

먼저, 경향성 분석방법은 동일한 연구목적과 함께 연구대상이 되는 모집단은 동일하나 측정시기에 따라 서로 다른 표본집단을 사용하는 경우다. 예를 들어, 초등학교 6학년의 키와 몸무게의 변화를 5년 간격으로 알아보고자 한다면, 1990년, 1995년, 2000년, 2005년에 초등학교 6학년 학생들을 각각 추출하여 키와 몸무게를 측정하는 것이다. 따라서 동일 표본집단을 사용하여 나이가 들어 감에 따라 키와 몸무게가 '실제로 어떻게 변화' 하는지보다는 다른 표본집단을 사용함으로써 키와 몸무게의 '변화 추세'를 알고자 하는 것이다. 이에 비해 동류집단 분석법은 만약 1990년에 1학년 초등학생을 대상으로 표본추출하여 조사하였다면 2년 후에는 초등학교 3학년, 4년 후에는 초등학교 5학년 학생에서 표본을 추출하여 키와 몸무게를 측정하는 방법이다. 즉, 1990년에 키와 몸무게를 측정한 집단과 2년, 4년 후의 몸무게를 측정한 집단은 서로 동일 모집단을 지니되 나이라는 의미에서 동질적인 하위집단이 되는 것이다.

그럼에도 연구문제의 성격에 따라서는 엄격하게 동일 대상을 사용하여 종단적 접근을 해야 하는 경우가 있다. 예를 들어, 어린 시절 대소변 가리기 훈련이 성장한 후의 성격에 미치는 영향, 유아기의 애착행동과 후기의 사회적 행동 사이의 관계, 아동기의 의존성과 청년기의 의존성 사이의 관계 등의 연구문제는 동일 대상을 추적하여 종단적 연구를 수행해야 하는 주제들이다. 이와 같이 엄밀하게 동일한 대상을 사용하는 경우를 특히 패널 연구(panel study)라 한다.

〈표 9-2〉 종단적 연구와 횡단적 연구를 위한 연구설계 유형

　　종단적 연구와 횡단적 연구는 자료의 수집 시점과 연구대상의 구체적인 특징에 따라서 세부적으로 분류된다. 이는 아래 그림과 같이 표현할 수 있다(Creswell, 2005).

　　이러한 연구설계는 발달연구뿐만 아니라 연령이나 시대의 변화에 따른 사람들의 의식이나 신념, 태도의 변화를 분석하기 위한 조사연구의 설계로도 많이 사용된다. 예를 들어, 종단적 설계를 사용한 조사연구에서 고등학교 3학년 학생들의 입시제도에 대한 태도가 어떻게 달라졌는지를 연구하고자 2000년, 2001년, 2002년도에 각각 고3인 학생들을 조사한다면, 연도에 따라 조사대상자는 분명 달라지나 이들 모두는 고등학교 3학년이라는 동일한 모집단을 대표한다고 볼 수 있다. 이는 경향성 연구가 된다. 만약 연령에 초점을 두고 2000년에 20세였던 사람들을 대상으로 표집을 하여 1차 조사를 하고 2005년에는 25세인 사람들을 대상으로 표집하여 2차 조사를 실시하는 경우 이 역시 조사대상자는 달라질 수 있으나 2000년 당시 20세였다는 동일한 특성이 있기에 이는 동류집단 연구가 된다. 나아가 2000년 당시에 조사했던 그 사람들을 그대로 추적하여 2005년에 다시 조사한다면 패널연구가 된다.

　　한편, 횡단적 연구설계의 조사연구의 경우, 한 집단의 개인들이 지닌 태도, 행동을 조사하거나, 이들 집단 간 태도, 행동을 비교할 수 있으며, 특정 지역이나 지역사회 구성원들이 지니고 있는 욕구를 진단하며, 의사결정을 위하여 프로그램을 평가하는 등의 목적으로 사용할 수 있다. 가장 큰 규모의 횡단적 연구는 국가수준에서 어떤 정책이나 여론을 수렴하기 위해 조사하는 것을 들 수 있다.

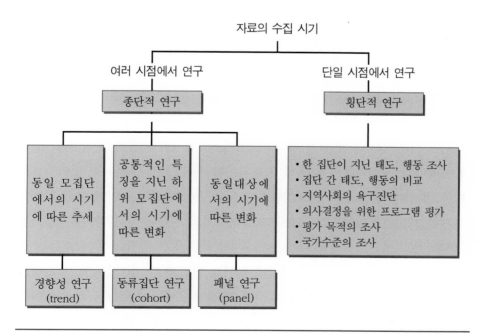

(2) 횡단적 연구

횡단적 연구는 종단적 연구의 시간, 노력, 비용의 경제성을 보완하는 대안적 방법이다. 즉, 동일 대상을 기간 간격을 두고 반복측정하는 것이 아니라, 단일 시점에서 여러 연령에 속하는 많은 표집대상을 선정하여 그 연령에 해당하는 발달적 특징을 알아내는 것이다.

예를 들어, 한 연구자가 나이의 증가에 따른 유아의 사회성 발달을 알아보고자 한다면 현재 시점에서 5세, 6세, 7세 아동들을 비교적 대규모로 표집하여 각 집단의 사회성 정도를 측정하는 것이다. 이러한 발달적 특징을 연령별로 기록하여 사회성이 어떻게 발달하는지를 추론하는 것이다.

횡단적 연구법의 장점은 적은 노력과 비용으로 짧은 시간 내에 많은 대상으로 조사할 수 있으며, 또한 종단적 연구방법에 비하여 표집 대상자의 수가 크므로 일반화하기 쉽다는 장점이 있다. 더불어 연구대상을 관리하기가 수월하다.

그러나 횡단적 연구방법 역시 몇 가지 측면에서 단점을 지닌다.

첫째, 종단적 연구에서 알 수 있는 개인의 발달상의 변화는 알 수 없다. 즉, 전형적인 종단적 연구에서는 동일 대상을 측정함으로써 한 개인의 정확한 성장·변화와 함께 연령별 집단의 변화 또한 함께 알 수 있으나, 횡단적 연구에서는 연령별 집단 간 변화밖에 알 수 없다. 더불어 종단적 연구에서는 한 개인의 여러 발달의 측면이 서로 어떻게 영향을 미치는지도 추론할 수 있으나 횡단적 연구에서는 알기 어렵다.

둘째, 각 연령층을 표집할 때 그 표집이 그 연령을 대표하는지, 비교적 동질적 배경의 집단인지가 충분히 고려되어야 한다. 예를 들어, 현재 20대, 30대, 40대 연령 집단 간의 운동지능의 차이는 단순히 연령 차이에 따른 차이라기보다 그들의 출생연도가 다르다는 출생시기의 영향에 따른 차이도 있을 수 있다.

그럼에도 횡단적 연구는 단기간에 연구를 완료할 수 있다는 점, 일반적인 발달적 특징을 알아내기에 수월하다는 것, 성장과 발달이 가장 급속하게 일어나는 시기를 발견하기에 용이하다는 점 등의 강점으로 인하여 종단적 연구에 비하여 연구가 보다 많이 이루어진다. 예를 들어, 횡단적 연구만으로도 남성의 변성기와 같은 특정 발달현상이 어느 연령수준에서 나타나는지 파악할 수 있으며, 각 개인의 발달 정도 또한 비교할 수 있다.

(3) 종단적 및 횡단적 연구의 결합

필요에 따라 발달연구를 위하여 종단적 및 횡단적 연구방법의 강점을 결합한 형태로 연구를 진행할 수 있다. 앞서 제시한 것처럼 종단적 연구와 횡단적 연구를 순수한 틀대로 실시할 경우 여러 가지 단점과 어려움에 부딪히게 된다. 두 연구방법의 장단점을 고려하여 다음의 두 가지 형태의 설계법이 사용될 수 있다.

첫째, 종단-연속적 연구로 연령이 다른 여러 집단을 동일한 종단적 연구기간 동안 관찰하여 그 결과를 비교하는 방법이다. 예를 들어, 유아의 식사량과 신장 발달의 관계를 알아보기 위해 4, 5, 6세 아동을 각각 표집하여 3년간 연구하는 것이다. 이렇게 하면 어느 특정 시기를 중심으로 각 집단의 횡단적인 비교와 발달 과정의 종단적인 비교가 가능하다. 그리하여 발달상의 변화가 있을 때 그것이 문화적, 환경적 영향 때문인지 아니면 연령의 증가 때문인지 혹은 양자 간의 상호작용에 의한 것인지를 파악할 수 있다.

둘째, 횡단-연속적 연구로 여기서는 두 번 이상의 기간에 둘 이상의 연령층의 피험자들에 관한 자료를 얻는 방법이다. 예를 들어, 올해 4, 5, 6세 아동을 표집해서 관찰을 했다면, 내년에는 5, 6, 7세 아동을, 그리고 그 다음해에는 6, 7, 8세 아동을 다시 표집하여 조사하는 것이다. 따라서 매번 다른 대상을 관찰하게 되는 특성이 있으나, 다만 한 관찰시기부터 다음 관찰시기에 이르기까지 동일한 피험자를 반복적으로 계속 관찰하지 않아도 된다는 이점을 갖는다. 그러나 시간경과에 따른 개인 내의 변화를 파악할 수 없다는 단점이 있다.

3) 종단적 및 횡단적 연구의 상호비교

종단적 연구와 횡단적 연구의 특성 및 장단점을 〈표 9-3〉과 같이 나타낼 수 있다.

〈표 9-3〉　종단적 연구와 횡단적 연구의 비교

	종단적 연구	횡단적 연구
특성	• 대표성을 고려한 비교적 소수의 사람을 표집한다. • 한 개인의 성장과 발달에 따른 변화를 파악할 수 있다. • 연구가 일단 시작하면 도중에 사용하던 도구를 바꿀 수가 없다. 검사결과를 통해 비교하기가 어렵기 때문이다.	• 서로 비슷한 변인을 가진 다수의 사람을 표집한다. • 시간의 흐름에 따른 성장의 특성을 밝혀서 그 일반적 성향을 알 수 있다. • 개선된 최신의 검사도구를 충분히 활용할 수 있어 비교적 선택이 자유롭다.
장점	• 소수의 대상을 일정기간 지속적으로 관찰기록하므로 대상의 개인 내 변화와 연구목적 이외의 유의미한 자료를 획득할 수 있다. • 특정 주제, 즉 아동기의 신체 발달과 성인기의 건강과의 관계를 밝히는 것과 같이 성장 초기와 후기의 인과관계를 밝히는 주제에 용이하다.	• 종단적 연구에 비해 경비와 시간, 노력이 절약된다. • 각 연령에 따른 대표값을 구해서 그 값들을 연결하여 일반적 성장곡선을 그려 볼 수 있다. • 상황에 따라 다양한 측정도구들이 선택 가능하다. • 연구대상의 관리와 선정이 비교적 용이하다.
단점	• 긴 시간과 노력, 경비가 많이 든다. • 표집된 연구대상이 중도 탈락하거나 오랜 시간의 흐름에 따라 비교집단과의 특성이 크게 달라질 수 있다. • 한 대상에게 반복적으로 같은 검사도구를 이용한 측정을 해야 하므로 신뢰성이 약해질 수 있다.	• 단지 성장의 일반적 경향만을 알 수 있을 뿐 개인적 변화상을 알 수는 없다. • 표집된 대상의 대표성을 확인하기 어렵다. • 행동의 초기와 후기 인과관계에 관한 주제를 다루기가 어렵다.
비고	• 종단적 연구는 연구대상의 선정방법에 따라 경향성 연구, 동류집단 연구, 패널 연구로 구분할 수 있다. • 종단적 연구와 횡단적 연구의 결합을 통하여 종단-연속적 연구, 횡단-연속적 연구를 수행할 수 있다.	

4) 유의점

종단적 연구와 횡단적 연구 및 양자를 결합하여 발달연구를 수행할 때 몇 가지 유의할 사항은 다음과 같다.

첫째, 모든 여타 연구에서도 마찬가지이지만 발달연구에서도 연구자는 위의 여러 방법 중 어느 방법을 사용할 것인지를 신중히 고려하여야 한다. 연구자는 우선적으로 선택한 연구법이 과연 연구목적에 적합한 것인가 하는 것을 고려해야 한다. 단순히 각 연령대별 신장과 신체성장의 발달정도를 알고자 한다면 횡단적 연구법을, 한 개인의 발달의 여러 측면을 종합적으로 알고자 한다면 패널 연구설계에 기초한 종단적 연구방법을 사용하는 것이 바람직하다.

둘째, 연구대상을 표집할 때 그 대상의 사회 문화적인 변인들이 서로 유사해야 한다. 예를 들어, 횡단적 방법으로 우리나라 중학교 3학년의 신장의 평균치를 알고자 할 때, 농촌지역의 중학생 500명을 대상으로 한다든지, 단순히 한 학교의 3학년 학생만을 표집할 경우 대표성의 문제가 제기될 수 있기 때문이다.

셋째, 사용할 측정도구의 선정문제다. 측정도구의 타당도와 신뢰도가 부족하면 그 연구결과 전체에 영향을 줄 수 있다. 특히 발달연구에서 측정도구는 가능한 그 연구가 시작할 때 사용한 도구를 끝까지 일관되게 사용해야 한다.

 연습문제 ···········

1. 다음 조사연구방법의 장단점을 서로 비교하시오.
   1) 설문지 조사와 면접조사
   2) 우편조사, 전화조사, 인터넷을 이용한 조사

2. 종단적 연구와 횡단적 연구를 서로 비교하고, 각각의 접근법으로 접근할 수 있는 가설적 주제를 2개씩 들어 보시오.

3. 다음의 용어를 설명하시오.
   1) 경향성 연구
   2) 동류집단 연구
   3) 패널 연구

제10장

상관 · 인과비교연구

교육영역을 포함하여 사회과학 분야에서 어떤 두 개 이상 변인들 간의 관계를 고찰하거나 혹은 비실험적 절차로 변인 간의 인과관계를 탐색하고자 할 때 가장 널리 사용되는 것이 상관연구와 인과비교연구다. 상관연구와 인과비교연구 모두는 실험연구와는 달리 이미 발생한 두 개 이상의 변인 간의 관계를 다룬다는 면에서 공통점이 있다.

상관연구(correlational research)는 전형적으로 상관계수라는 통계적 분석방법을 사용하여 현상 간의 관계를 연구한다. 따라서 학자에 따라서는 상관연구를 기술연구의 한 방식으로 간주하기도 하며, 연구의 한 유형이라기보다는 단순히 자료분석의 한 가지 방법으로 보기도 한다. 그러나 상관연구는 단순 조사연구와는 달리 한층 복잡하며 연구목적 수준 또한 달리할 수 있기 때문에 독립된 연구유형으로 보는 것이 보다 타당한 것으로 보인다(Gall et al., 1999). 예를 들어, 단순히 두 개 변인 간의 단순상관만을 다루는 경우가 아니라 다수의 여러 변인들 간의 상호관계를 분석하거나, 변인군과 변인군 간의 상호관계를 다루는 경우다. 이때 상관연구는 보다 고차적인 다변량 분석방법을 사용하게 되며 현상에 대한 단순한 기술에서 벗어나 설명, 예측의 목적까지 확장된다.

인과비교연구(causal-comparative research)는 이미 발생한 변인들을 독립변인, 종속변인으로 다루되 실험설계와 유사한 연구설계와 통계적 분석과정을 거치며 변인 간의 인과관계를 밝히고자 한다. 따라서 인과비교연구는 상관연구와 실험연구를 이어 주는 가교역할을 한다. 실험연구에 소모되는 노력과 비용을 단축할 수 있기 때문에 교육분야에서도 널리 사용되고 있다. 특히 인과비교연구는 종속변인에 영향을 미칠 수 있는 제3의 가외변인들이 적절히 통제할 수 있다면 오히려 실험연구보다도 일반화 가능성이 더 높다.

1. 상관연구

1) 정의

상관이란 특정 사건과 사건 또는 현상과 현상 사이에 존재하는 어떤 형태의 관계를 말한다. 보다 조작적으로 표현한다면, 상관이란 두 개 이상의 변인이 어느 정도로 함께 변화하는지를 의미한다. 따라서 상관연구(correlational research)는 어떤 사건이나 현상에 내재하고 있는 다양한 변인들 간의 관계 패턴이나 경향을 규명하고자 하는 것을 목적으로 삼는다. 대체로 여러 가지 상관 통계기법을 사용하여 변인들 간의 관계를 파악하며 변인 간의 상관의 크기, 상관의 방향, 상관의 유형에 관심을 가지고 연구를 수행한다.

상관연구는 특히 연구자가 연구과정에서 기술적인 문제나 윤리적인 문제로 변인을 통제하거나 조작할 수 없는 경우에 많이 사용된다. 또한 사회과학에서는 종종 특정한 행동양식에 영향을 주는 변인이 하나가 아니고 여러 가지 변인일 경우가 많은데, 이때 여러 가지 상관 통계방법으로 특정 행동에 영향을 주는 변인을 하나씩 또는 종합적으로 분석할 수 있다. 따라서 상관연구는 실험연구와는 달리 자연적인 상황에서 변인 간의 관계를 파악하며, 실험연구가 통상 두 개 변인 간의 관계를 다루는 반면 상관연구에서는 보다 많은 수의 변인 간의 관계를 분석한다는 점에서 차이가 있다.

아울러 상관연구는 나중에 살펴볼 인과비교연구와 비교하여서도 나름대로 강점을 지니는 면이 있다. 예를 들어, 인과비교연구에서는 학생의 자기주도력과 수업 참여도와의 관계를 연구한다고 할 때, 인과비교연구에서는 자기주도력이 높은 집단과 그렇지 못한 집단을 인위적으로 양분하여 두 집단 간에 수업참여도를 비교한다. 이 경우 각 집단 내에서의 자기주도력의 차이 정도는 무시되며 설명 또한 불가능하다. 그러나 상관연구에서는 자기주도력 정도를 연속선상에서 파악하여 집단 전체의 변이를 고려한다. 즉, 적률상관계수를 이용하여 자기 주도력 점수 전체 범위에서 혹은 특정 범위에서 수업참여도와 관련 정도를 밝혀낼 수 있다.

2) 상관과 인과관계

앞서 언급한 것처럼 상관연구는 실험연구와 달리 변인에 대한 통제와 조작이 어려운 자연적인 상황에서 변인들 간의 관계를 밝히는 것이 연구의 초점이다. 주의할 것은 변인 간의 상관이 있다는 이유 하나만으로 변인 간에 인과관계가 존재한다고 볼 수는 없다는 사실이다.

예를 들어, 학력과 문화적 활동에 대한 관심 수준 간에 정적 상관이 있는 것으로 나타났다고 하자. 이때, 단편적으로 본다면 학력이 문화적 활동에 대한 관심을 불러일으키는 원인으로 추측할 수 있다. 그러나 이러한 결과에 대해 다른 두 가지 인과적 추론이 가능하다. 첫째, 역으로 문화적인 활동에 대한 관심수준이 학력에 영향을 미칠 수도 있다. 둘째, 부모의 직업, 사회경제적 배경 등과 같은 다른 변인이 학력과 문화적인 관심 수준에 작용하여 두 변인 사이의 정적 관계를 낳았을 수도 있다. 이러한 추론이 설득력이 있다면 학력과 문화적 활동에 대한 관심 수준 간에 관찰된 상관이란 곧바로 인과관계로 볼 수 없음은 분명하다. 따라서 상관관계는 인과관계의 필요조건일 뿐 충분조건은 아닌 것으로 보아야 한다(Borg et al., 1996). 상관연구에서 변인 간의 의미있는 관련성이 밝혀지면 인과성은 상관연구에서 밝히기보다는 실험연구를 통해 명확하게 밝히는 것이 필요하다.

3) 종류

상관연구는 설명을 목적으로 하는 설계(explanatory design)와 예측을 목적으로 하는 설계(prediction design)로 구분할 수 있다(Creswell, 2005). 전자의 경우

관계연구(relational research)라고도 불리며 전형적으로 두 개 변인(혹은 두 개 이상의 변인)이 공변하는 정도, 즉 한 변인의 변화가 다른 변인의 변화에 반영되는 정도에 관심이 있는 경우다. 후자는 몇 개의 변인을 예측변인으로 설정하여 준거변인의 예측에 기여하는 정도를 밝히고자 한다. Creswell(2005)은 상관연구에서 나타나는 몇 가지 특징을 토대로 설명 목적의 상관연구와 예측 목적의 두 유형으로 구분하고 있다.

(1) 설명 목적의 상관연구

설명 목적의 상관연구를 수행한 연구에서 나타나는 몇 가지 특징은 다음과 같다.

첫째, 연구자는 두 개 이상의 변인 간의 상관을 다룬다. 연구자가 설정한 변인들은 대체로 연구목적이나 연구문제 또는 결과에서 제시되는 결과표를 통해 알 수 있으며 대체로 상관계수를 제시하고 있다.

둘째, 연구자는 단일 시점에서 자료를 수집한다. 여러 변인을 측정하는 검사도구를 동일한 시간과 장소에서 한번에 측정한다. 따라서 설명 목적의 상관연구에서는 연구대상의 과거의 수행정도나 미래의 수행에는 관심을 두지 않는다.

셋째, 연구자는 연구대상 모두를 단일 집단으로 분석한다. 처치조건에 따라 여러 집단으로 이루어지는 실험연구와는 달리, 상관연구에서는 단일 집단에서 점수를 수집하며 집단을 범주에 따라 나누거나 하지 않는다. 예를 들어, 자아존중감 점수를 수준에 따라 높다, 낮다 등으로 범주화하지 않으며 모든 점수를 연속점수로 그대로 사용한다.

넷째, 연구자는 집단의 각 개인으로부터 최소한 두 개의 점수를 얻는다. 최소 두 가지 변인에 대한 점수란 상관분석을 위한 최소한의 필요조건이다. 연구방법 장(章)을 보면 각 개인으로부터 몇 가지 점수를 얻었는지 알 수 있을 것이다.

다섯째, 연구자는 자료의 통계분석에서 상관계수 검증방법을 사용한다. 이는 상관연구의 기본 특징이다. 연구자는 부가적인 정보의 제공을 위해 상관의 강도와 방향을 함께 보고한다.

여섯째, 연구자는 통계분석 결과를 해석하거나 결론을 도출해 낸다. 이때,

원인과 결과 관계를 나타내는 인과관계로 진술하지는 않는다. 연구자는 필요에 따라 통계적 절차를 사용하여 변인을 통제하긴 하나, 실험연구에서와 같이 조건을 다르게 하는 것과 같은 보다 엄격한 물리적 통제는 하지 않았기 때문이다. 상관연구에서는 실험적 중재와 같은 것이 없이 연구대상을 있는 그대로 연구한다.

그 외에도 설명 목적의 상관연구에서는 대체로 독립변인, 종속변인이라는 용어를 사용하지 않으며 다만 두 변인 간의 상관이라는 말을 사용한다. 이는 특정 변인이 독립변인으로 작용하여 종속변인에 영향을 미친다는 의미와는 다르다는 것을 강조하기 위해서다. 변인 간의 상관에 대하여 관계라는 용어를 사용하는 것도 같은 이유다.

(2) 예측 목적의 상관연구

예측 목적의 상관연구는 설명 목적의 상관연구와는 달리 일반적으로 한 개 이상의 예측변인과 한 개 이상의 준거변인을 제시하고 있다. 여기에서 예측변인이란 상관연구에서 나타나는 결과를 예측해 주는 변인을 말하고 준거변인이란 예측변인에 의해 설명되는 변인을 가리킨다. 즉, 예측 목적의 상관연구의 목적은 준거(criterion)변인을 적절히 예측해 주는 예측변인(설명변인)을 확인하는 것에 있다. 대체로 교육연구에서는 전형적으로 주로 한 개의 준거변인만을 포함하는 것이 일반적이다(Creswell, 2005).

예측 목적의 상관연구를 수행한 연구에서 나타나는 몇 가지 특징은 다음과 같다.

첫째, 연구자는 전형적으로 연구제목에 예측이라는 용어를 사용한다. 예측 목적은 연구목적이나 연구문제에서 명확히 제시하고 있다.

둘째, 연구자는 전형적으로 한 시점에서 예측변인을, 차후 어떤 미래 시점에서 준거변인을 측정한다. 따라서 연구자들이 예측을 위한 상관연구를 하고 있다면 연구설계에 시간차원이 포함되어 있는지를 검토해 보아야 한다.

셋째, 연구자는 전형적으로 미래의 수행을 예측하고자 한다. 이러한 의도 역시 통상 논문의 연구목적이나 연구문제에서 제시된다.

예측 연구 역시 설명 목적의 상관연구처럼 상관분석 검증을 사용하여 결과를 보고하지만 대체로 보다 진보된 통계적 절차를 사용한다. 예를 들어, 다수의 예언 변인을 통하여 어떤 하나의 준거변인에 대한 예측력을 알아보고자 하는 경우다. 이때는 전형적으로 다변량 상관 통계치를 이용하게 된다. 중다회귀분석이 대표적인 예다.

4) 절차

상관연구를 위한 일반적인 연구수행절차는 다음과 같다.

(1) 연구문제의 확인

연구자는 우선 연구문제를 충분히 검토하여 상관연구에 적합한지를 확인해야 한다. 즉, 연구문제가 두 변인(혹은 세 개 이상의 변인) 간의 관계의 정도와 방향을 확인할 필요가 있는 것인지를 검토하여야 한다. 일반적으로 상관연구에서는 비교집단이 없기 때문에 가설보다는 연구문제를 사용한다. 또한 이 단계에서 기존의 이론이나 경험적 연구를 검토할 필요가 있다. 상관연구가 비록 새로운 변인이나 상관을 발견하는 것이 일차적인 목적이긴 하나, 관심을 가진 행동유형이나 특성을 결정하는 새로운 변인 및 상관의 발견을 위해서는 선행연구를 통해 근거를 확보할 필요가 있다.

(2) 연구대상의 선택

측정하고자 하는 변인과 관련된 연구대상을 선택하는 단계다. 연구의 결과를 모집단에 일반화하기 위해서는 조사연구처럼 연구대상을 무선표집하는 것이 가장 이상적이다. 상관연구를 위해서는 표집 인원이 최소 30명 이상이라면 가능하나, 오차변량의 가능성을 줄이기 위해서 사례수를 많이 확보하는 것이 좋다(Creswell, 2005). 연구대상의 선택 시 가장 주의해야 할 사항은 동질적인 대상을 선정하는 일이다. 관련 변인에서 이질적인 두 집단을 결합하여 두 변인 간의 상관을 구하는 경우 결과가 왜곡될 수 있기 때문이다. 예를 들어, 남학생과 여학생에 있어서 사회성과 폭력성 간의 관계 양상이 서로 다를 것으로 가정된다고 한다면, 남학생과 여학생을 결합한 집단에서 두 변인 간의 상관분석을 수행해서는 안 된다. 표본이 지나치게 이질적인 경우 하위집단으로 구분하여 분석하는 것이 좋다.

〈표 10-1〉 여러 가지 다변량 상관 통계방법과 적용

두 개 변인 간 상관을 산출하는 경우를 이변량 상관(bivariate correlation)이라 하고, 세 개 이상의 다수 변인들이 동시에 다루어지는 상관 통계방법을 다변량 상관(multivariate correlation)이라 한다. 부분상관, 준부분상관 방법과 함께 몇 가지 다변량 상관기법을 적용하는 경우를 제시하면 다음과 같다.

부분상관(partial correlation)　　　서로 관계하는 3개의 변인에서 변인 1(X_1)과 변인 2(X_2)에 공통적으로 영향을 미치는 변인 3(X_3)의 영향을 제거하였을 때 순수하게 두 변인(X_1, X_2) 간의 상관을 구하고자 할 때 사용한다.

준부분상관(semipartial correlation)　　　서로 관계하는 3개의 변인에서 변인 1(X_1)과 변인 2(X_2)의 상관을 구할 때 변인 2(X_2)에서만 변인 3(X_3)의 영향을 제거하고 두 변인(X_1, X_2) 간의 상관을 구하고자 할 때 사용한다.

중다회귀분석(multiple regression analysis)　　　하나의 종속변인(Y_1)과 두 개 이상의 독립변인(X_1, X_2, X_3 … X_n)의 선형 조합 간의 중다 상관(R)을 확인하며, 각 독립변인의 종속변인에 대한 예측력을 알아볼 때 사용한다.

경로분석(path analysis)　　　상관있는 여러 변인들(X_1, X_2, X_3 … X_n)의 측정점수를 이용하여 변인들 간의 상호관계에 대한 가설을 검증할 때 사용한다.

구조방정식(structural equation)　　　상관있는 여러 변인들 간의 상호관계에 대한 가설을 검증할 때 사용한다는 점에서는 경로분석과 유사하나 잠재변인(η, ξ)을 이용하며 경로분석 방법보다 우월한 방법이다.

판별분석(discriminant analysis)　　　두 개 이상의 독립변인(X_1, X_2, X_3 … X_n)과 하나의 종속변인(Y_1, 집단변인) 간의 상관을 이용하여 사례가 속하는 집단을 예측할 때 사용한다.

정준상관분석(canonical analysis)　　　다수의 독립변인(X_1, X_2, X_3 … X_n)에서의 선형조합과 다수의 종속변인(Y_1, Y_2, Y_3 … Y_n)에서의 선형조합 간의 상관을 구할 때 사용한다.

(3) 자료수집

상관연구는 두 개 이상의 변인을 다루기 때문에 측정도구 또한 두 가지 이상이 사용된다. 변인 측정을 위해서는 대체로 검사를 가장 많이 활용하며, 상관분석의 특성상 수집되는 자료는 양적자료인 경우가 많다. 자료수집 시 주의할 것은 연구자가 연구하고자 하는 현상과 관련이 있을 것이라 생각하여 너무 많은 변인을 한꺼번에 측정하려 해서는 안 된다는 것이다. 이는 참여자들에게 부담을 줄 뿐만 아니라 자료의 분석 후 해석과정에서 어려움을 겪을 수 있다. 예를 들어, 10개 이상의 자료를 수집하고 이들 간의 단순 상호상관계수를 산

출한 경우를 생각해 보자.

(4) 자료의 분석

수집된 자료는 전형적으로 관심 변인의 측정점수와 그 현상과 관련이 있다고 생각되는 특정 변인의 측정점수 간의 상관계수를 산출함으로써 분석된다. 그러나 단순상관계수라 하더라도 연구자료의 특성과 변인의 측정수준에 따라 적용되는 구체적인 상관분석 방법은 다를 수 있다. 전형적으로 두 개 변인 간의 이변량 상관계수를 산출하지만, 필요에 따라 부분상관계수, 준부분상관계수를 산출할 수도 있다. 또한 앞서 상관연구의 종류에서 언급한 것처럼, 상관연구가 설명을 목적으로 하느냐 예측을 목적으로 하느냐에 따라 구체적인 상관분석방법은 다르며, 예측 연구목적의 경우 예측변인과 준거변인의 수에 따라 구체적인 분석방법은 달라질 수 있다. 특히 연구가 여러 개의 변인을 포함하는 경우 상관분석의 확장된 여러 가지 다변량 통계기법인 중다회귀분석, 경로분석, 구조방정식모형, 판별분석, 그리고 정준상관분석 등과 같은 통계분석 방법들이 활용될 수도 있다. 상관분석 방법에 대하여 개괄적으로 알고자 한다면 〈표 10-1〉 및 '제6장 2절 기술통계'를 참고하기 바란다. 각 기법에 대해 보다 자세히 알고자 한다면 별도의 통계학 서적을 참고해야 한다.

(5) 결과해석

상관연구를 통해 산출된 결과들은 구체적인 상관분석 기법에 따라 해석절차는 다르다. 일반적으로 단순상관계수의 경우 크기와 방향을 염두에 두고 결과를 해석하며, 다변량 상관 통계량의 경우 각각의 기법에 따라 회귀계수, 정준계수, 판별계수 등을 이용하여 결과를 해석한다.

단순상관계수를 해석할 때는 상관계수의 이론적인 가정과 상관계수의 실용적인 의의 및 상관계수에 영향을 미치는 여러 조건들을 고려하여 상대적으로 해석해야 한다. 경우에 따라 .90의 상관계수가 산출되어도 낮다고 해석하고 .20 정도의 상관으로서도 높다고 해석할 수 있다. 특히 연구에서 상당한 개수의 변인을 포함하는 경우 결과해석에서도 특히 주의해야 한다. 일차적으로 연구수행에 불편이 따르고 비용이 많이 소모될 뿐만 아니라, 우연에 의한 상관이 발생할 수 있는 경우 등 변인 간의 관계를 밝히는 데 많은 문제점을 가질 수 있다. 우연에 의한 상관의 경우 이를 확증하는 방법은 연구를 반복해 보는 수밖에 없다(Borg et al., 1996).

5) 유의점

상관연구는 비교적 손쉬운 절차를 통하여 자료수집이 가능하며, 관계있는 두 개 이상의 변인을 발견하는 데 유용한 방법이라는 장점을 갖는다. 또한 설명 목적의 상관연구라면 한 시점에서 동시에 자료수집이 가능하다는 편의성도 있다.

그러나 상관연구는 앞서 언급한 바와 같이 변인에 대한 연구자의 통제가 불가능하여, 그로 말미암아 상관이 있는 것으로 밝혀지더라도 대개의 경우 인과관계는 설명하지 못하는 제한점을 갖고 있다. 그러므로 연구자는 변인 간의 상관의 발견을 인과관계의 발견으로 가정하지 않도록 유의해야 한다. 또한 연구대상과 관련하여 변인을 선택할 때는 상식이나 연구자에 의해 임의로 선택하는 일이 없도록 하며, 반드시 선행연구 결과나 이론적인 배경을 가지고 연구변인을 선택하여 연구가 왜곡되지 않도록 유의해야 한다.

한편 연구자는 통계에 대한 깊은 이해와 다양한 통계방법에 대한 지식을 가지고서 연구자료의 특성이나 변인의 측정수준에 따라 적합한 통계적 방법을 선택하고 상관계수를 해석해야 한다. 그렇지 않으면 상관계수의 통계적·실제적 유의성을 잘못 판단할 가능성이 높다.

2. 인과비교연구

1) 정의

인과비교연구(causal-comparative research)는 두 개 혹은 그 이상의 집단 사이에 차이가 발생하는 원인이나 그 원인에 의한 결과를 측정하는 것을 목적으로 한다. 이때 집단 간의 차이를 나타내는 변인은 조작할 수 없는 변인이거나 윤리적 이유로 조작하지 않는 변인이다. 다시 말하자면, 인과비교라는 명칭에는 이미 '실험적 통제하에 있지 않는 독립변인을 이해함으로써 종속변인에 미치는 독립변인의 효과를 찾는 것'을 내포하고 있으며, '집단을 비교한다'는 것을 포함하고 있다. 따라서 인과비교연구는 실험연구의 대안이며, 만약 연구자가 독립변인을 통제할 수 있다면 실험연구를 하는 것이 보다 바람직하다.

예를 들어, 성(性), 사회경제적 지위와 같은 변인을 생각해 보자. 많은 연구에서 성이나 사회경제적 지위는 사람들의 행동, 태도 등에 차이를 유발하는 이유나 원인으로 간주된다. 그러나 이러한 변인들은 실험적으로 조작할 수는 없는 변인이다. 어떤 연구자가 사람들의 어떤 행동에서의 차이에 관심을 갖고 연구를 진행하던 중 행동에서의 차이의 원인이 성차에 있지 않을까 하고 생각해 보았다 하자. 이 경우 연구자는 적절한 표집을 통하여 성별에 따라 두 집단(독립변인)으로 분류하고 이들 집단 간 어떤 행동(종속변인)에서 차이가 있는지를 비교할 수 있다. 요컨대 이 연구에서 성별에 따른 두 집단 간 비교란 '종속변인과 인과적'이라는 측면에서 수행된 것이다.

인과비교연구는 연구자가 독립변인을 완전히 통제할 수 없거나 통제하지 않는 까닭에 인과관계를 엄격히 증명한다기보다는 인과관계를 암시하는 것으로 보아야 한다. 한편으로 이러한 특성은 상관연구와 마찬가지로 이미 발생한 현상을 연구하도록 한다는 특징을 갖게 한다. 이러한 이유로 인과비교연구는 소급연구(ex post facto)라고 불린다. 결과(종속변인)와 그 원인으로 추정되는 변인(독립변인) 모두가 이미 발생한 현상이며, 이를 통해 인과관계를 소급하기 때문이다.

2) 종류

앞서 인과비교연구는 두 개 혹은 그 이상의 집단 사이의 차이가 발생하는 원인이나 그 원인에 의한 결과를 측정하는 것을 목적으로 한다고 하였다. 여기에서 '두 개 혹은 그 이상의 집단 사이의 차이가 발생하는 원인을 찾는 것'은 전형적인 인과비교연구의 목적에 속한다.

그러나 다른 한편으로 인과비교연구는 '원인에 의한 결과를 측정하는 것' 자체를 목적으로 지닐 수도 있다. 즉, 관련 선행연구나 이론을 통해서 어느 정도 원인 인자로 밝혀져 있는 변인이 또 다른 관심하의 한 변인과도 관계가 있

〈표 10-2〉　상관연구와 인과비교연구의 비교

상관연구와 인과비교연구는 몇 가지 측면에서 유사점과 차이점이 있다.

상관연구와 인과비교연구의 유사점

첫째, 두 연구 모두 변인을 조작하지 않으며 이미 발생한 변인을 다룬다. 상관연구와 인과비교연구에서도 비록 '독립변인'이라는 표현을 사용하기도 하나 실험연구와는 달리 이에 대하여 어떠한 처치나 조작을 가하지 않는다. 관심 변인(혹은 독립변인과 종속변인) 모두가 이미 발생한 변인이다.

둘째, 상관연구와 인과비교연구 모두 결과해석은 특히 주의를 요한다. 상관연구와 인과비교연구 또한 경우에 따라 인과론적으로 해석할 수 있으나 실험연구에 비하여 보다 희박하며 잠정적이다(Gay, 1996).

셋째, 두 연구 모두에서 연구결과는 실험연구를 위한 근거자료를 제공한다. 상관연구와 인과비교연구의 결과는 차후 실험연구를 위한 이론적 · 경험적 근거를 제공한다. 따라서 상관연구와 인과비교연구는 실험연구를 위한 사전작업으로 변인 간의 관계 확인이라는 목적으로 수행되기도 한다.

넷째, 두 연구 모두 실험연구에 비하여 노력, 비용을 절감할 수 있으며 결과의 일반화 가능성이 높다. 실험연구의 경우 노력이나 비용이 많이 들기 때문에 실험처치의 효과가 확신되지 않는 한 막상 연구를 시작하기가 어렵다. 또한 연구결과는 대체로 소집단에 근거한 것이어서 일반화의 폭이 넓지 않다. 이에 비하여 상관연구나 인과비교연구 모두는 상대적으로 연구를 시작하기 수월하며 표집절차가 제대로 수행된다면 그 결과 또한 일반화 가능성이 높다.

상관연구와 인과비교연구의 차이점

첫째, 상관연구는 현상들의 관계를 관찰한 그대로 기술할 목적으로 수행하는 반면, 인과비교연구는 인과론적 해석을 위한 목적으로 수행된다. 유사점에서 언급한 것처럼 상관연구 또한 인과론적으로 해석할 수 있는 경우가 없는 것은 아니나, 인과비교연구의 목적과는 달리 변인과의 관계에 대한 기술이 일차적인 목적이다.

둘째, 상관연구는 한 집단에 두 개 이상의 변인을 포함하는 반면, 인과비교연구는 둘 이상의 집단과 하나의 종속변인을 포함한다(Gay & Airasian, 2000). 상관연구는 단일 집단에서 둘 이상의 연속적인 양적변인을 포함하나, 인과비교연구는 둘 이상의 집단을 비교하거나, 두 개의 변인 중 하나는 하나의 범주형 변인이거나 혹은 연속변인이라 하더라도 이를 점수화하여 범주화한다.

셋째, 인과비교연구나 실험연구는 하나 혹은 동시에 두 개 변인의 효과를 연구하는 데 보다 적합하며, 상관연구는 인과비교연구에 비하여 변인들 간의 관련성과 함께 관련성 정도를 파악하는 데 보다 효과적이다.

는지를 밝히고자 하는 것이다. 이러한 경우 원인 인자로 밝혀져 있는 변인이 양적변인이라면 앞 절에서 살펴본 상관분석을 통해서도 그 관계를 살펴볼 수 있으나, 원인 인자가 질적 유목변인인 경우 인과비교설계의 형식을 빌려 집단 간 차이를 비교하기도 한다. 엄격한 의미에서 이는 인과비교연구라기보다는 집단 간 단순비교연구라고 보아야 할 것이다.

인과비교연구는 한 독립변인에 속하는 유목의 수, 독립변인의 수에 따라 구체적인 연구설계가 달라질 수 있다. 독립변인이 한 개이며 두 집단(예: 남여), 세 집단(예: 초중고)으로 구분되는 경우, 독립변인이 두 개인 경우(예: 성별(2) 학교 유형(3)) 등이 있을 수 있다. 집단의 수, 독립변인의 수에 따라 구체적인 자료분석절차는 달라진다.

3) 절차

인과비교연구를 위한 일반적인 연구수행절차는 다음과 같다.

(1) 연구문제의 확인

인과비교연구에서 첫 단계는 관심 있는 특정 현상을 발견하고 정의한 다음, 이러한 현상의 가능한 원인을 탐색함으로써 적절한 연구문제를 설정하는 것이다. 이를 위해서는 먼저 선행연구와 이론을 통하여 충분히 검토하여야 한다. 기존에 밝혀진 원인 인자를 확인하는 한편 또 다른 가능한 원인 인자를 찾아내어야 한다. 원인 인자로 추론되는 변인이 실험 절차를 통해 탐색할 수 있는 것이라면 실험연구를, 여러 가지 이유로 실험처치가 불가능하거나 어렵다면 인과비교연구를 채택하게 된다.

(2) 연구설계의 수립

인과비교연구를 수행하는 것이 바람직하다고 판단될 경우 필요한 연구설계를 세운다. 연구설계에는 연구대상의 표집 계획, 측정도구의 선택, 자료분석방법 등이 망라되어야 하며 가능한 구체적일수록 좋다. 연구대상은 독립변인과 종속변인과의 관계가 관찰되기에 적합한 대상으로 선택하여야 하며, 전체 표집인원은 독립변인의 수와 하위집단의 수를 고려하여 결정해야 한다.

(3) 연구대상의 선택

독립변인이 하나인 경우, 대체로 독립변인의 수준이나 정도가 서로 다른 두 집단(혹은 세 집단)을 표집한다. 여기에서 한 집단은 어떤 질적 특성을 소유하며 다른 집단은 소유하지 않을 수도 있으며 혹은 두 집단 모두 동일한 질적 특성을 소유하되 양적으로 그 정도나 수준이 다를 수도 있다. 전자의 경우 인문계 고등학생과 실업계 고등학생 집단, 영재 아동과 일반 아동 집단, 흡연자와 비흡연자 집단 등으로 표집하는 경우이며, 후자의 경우 자아존중감이 상위인 집단, 중위인 집단, 하위인 집단 등일 수 있다. 당연한 말이겠으나 하위집단은 각각의 모집단과 유사한 대표성 있는 표본이 되도록 특히 주의하여야 한다. 만일 독립변인으로 설정된 변인 외에 어떤 다른 중요한 변인에서 집단 간 차이가 있다면 이러한 변인이 집단 간 차이의 진정한 원인이 될 수도 있기 때문이다.

따라서 연구자는 독립변인이 아닌 어떤 가외변인에서 집단 간 혹은 집단 내에서 차이가 나지 않도록 동질성 확보에 특히 주의해야 한다. 가외변인의 통제를 위해서는 대체로 다음의 4가지 전략 중 하나를 사용할 수 있다.

첫째, 가외변인의 수준을 고려하여 짝을 짓는 방법이다. 먼저 비교하고자 하는 두 집단을 선택하되 가외변인의 수준이 동일한 사례만을 짝을 지어 각각의 집단에 포함시키는 것이다. 예를 들어, 창의성이 높은 집단과 낮은 집단 간 사회문제 해결력의 차이를 비교하고자 할 때, 지능수준이 가외변인으로 영향을 미치는 것을 통제하기를 원한다고 하자. 이때, 연구자는 창의성이 높은 집단과 낮은 집단의 피험자들을 지능수준에서 동일한 사례로 차례로 짝을 짓고 짝지어지는 대상만을 각각의 집단에 포함시킨다. 여기에서 짝지어지지 않는 대상은 집단 간 비교를 위한 사례에서 제외하는 방법이다.

둘째, 가외변인의 수준이 동질적인 집단으로 구성하는 방법이다. 위의 예에서 지능이 가외변인으로 영향을 미치는 것을 통제하기 위하여 지능수준이 100~110에 해당되는 동질적인 사례만으로 두 집단을 구성하는 방법이다. 즉, 두 집단의 모든 사례들은 가외변인의 수준이 균등화된다.

셋째, 가외변인을 독립변인으로 포함시키는 방법이다. 만약 가외변인을 효과적으로 통제하기가 곤란하며, 가외변인의 영향 또한 연구자의 관심사가 된다면 차라리 가외변인을 독립변인으로 포함시킬 수도 있다. 예를 들어, 창의성이 높은 집단과 낮은 집단 내에서 피험자들을 다시 지능이 높은 집단과 낮은 집단으로 구분하여 하위집단을 구성하는 방법이다. 이 경우 독립변인은 두 개가 된다.

넷째, 가외변인의 효과를 통계적으로 통제하는 방법이다. 가외변인의 영향이 있음은 분명하나 독립변인으로는 포함시키고 싶지 않을 경우, 공분산분석 통계방법을 사용하여 가외변인의 효과를 통제할 수 있다. 예를 들어, 연구자는 지능수준을 공변인으로 설정하여 지능수준이 사회문제해결력 점수에 미치는 효과를 통계적으로 제거함으로써 두 집단 간 교정된 사회문제해결력 점수를 비교할 수 있다.

(4) 측정도구의 선택

독립변인 및 종속변인의 측정을 위하여 각종 표준화된 심리검사, 질문지, 행동관찰, 면접지 등이 사용될 수 있다. 기본적으로 측정도구들은 적절한 수준의 타당도와 신뢰도를 지니고 있어야 한다.

이때, 측정도구의 선택에서 독립변인이 자연적·질적변인으로 유목화되어 있는 경우(예: 남여)에는 측정상에 전혀 문제가 없지만, 독립변인이 연속적·수량적 변인이어서 별도의 검사를 사용하여 측정하여야 할 경우 특히 주의해야 한다. 예를 들어, 독립변인으로 창의성을 측정하여 상위·하위집단으로 구분하는 경우를 가정하여 주의할 점을 들어 보면 다음과 같다.

첫째, 창의성 검사는 연구자가 독립변인으로 설정하였던 '창의성에 대한 조작적 정의'를 그대로 반영하는 것이어야 한다. 검사가 창의성 검사라는 명칭을 사용하고 있다 하더라도 연구자가 독립변인으로 설정한 창의성을 제대로 반영하고 있지 않다면, 집단 구분이란 진정한 의미에서의 창의성 수준이 아닌 단순히 검사점수에 기초한 상위·하위 구분에 불과할 수 있다.

둘째, 검사는 수행 결과 '창의성이 높다 혹은 낮다'라는 명확한 구분을 설정해 줄 수 있어야 한다. 비록 검사가 창의성을 적절히 측정한다 하더라도 창의성이 높은 수준과 낮은 수준을 명확하게 구분할 수 있는 기준을 제시하고 있지 않다면, 비교하고자 하는 집단의 분류 자체가 불가능하기 때문이다. 이처럼 두 가지 점이 특히 중요시되는 이유는 인과비교연구에서는 무엇보다 비교하고자 하는 집단의 명확한 구분이 핵심이기 때문이다.

(5) 자료분석

인과비교연구를 위해 수집된 자료는 기술통계 및 추리통계방법을 적용하여 분석한다.

먼저 각 집단별 종속변인에서의 집중경향치와 변산도를 알아보기 위하여 평균, 표준편차 등을 사용하여 점수분포를 제시하며, 집단 간 종속변인에서의 차이를 알아보기 위하여 t검증법, F검증법, x^2검증법 등을 사용한다. 집단이 독립된 두 개 집단이며 종속변인이 단일의 연속변인이라면 독립표본 t검증을 수행하며, 가외변인이 있는 경우 통제를 위해서는 공분산분석을, 그리고 세 집단 이상을 비교하고자 한다면 일원변량분석을 수행하는 것이 적절하다. 종속변인의 빈도를 사용하는 경우라면 x^2검증법을 사용할 수 있다. 각각의 구체적인 통계적 분석방법은 '제6장 통계적 분석'을 참고하거나 기타 통계학 서적을 참고해야 한다.

4) 유의점

인과비교연구의 최대의 장점은 실험적으로 연구될 수 없는 많은 변인들에 대한 연구가 가능하다는 점이다. 실험을 수행하는 데 많은 시간과 비용이 드는 경우, 인과비교연구를 그 대안으로 이용할 수 있다. 특히 가외변인에 대하여 어느 정도 적절한 통제가 가능하다면 실험연구에 비하여 표본의 사례수 또한 충분히 확보할 수 있으며 결과의 일반화 가능성이 크다.

그러나 단점으로 인과비교연구는 궁극적으로 실험연구가 아니며 독립변인을 연구자가 조작하는 것이 아니기 때문에 인과관계는 실험연구에 비하여 희박하며 잠재적이라는 점이다(Gay, 1996). 비록 인과비교연구에서도 가외변인을 어느 정도 통제할 수 있다 하더라도 독립변인이 이미 발생한 상태이기 때문에 실험연구와 동등할 정도의 통제는 불가능하다.

인과비교연구의 수행 시 유의하여야 할 몇 가지 사항을 제시하면 다음과 같다.

첫째, 비교하고자 하는 집단이 엄밀히 구분될 수 있도록 특히 유의하여야 한다. 예를 들어, 남여, 중학생과 고등학생 등은 집단구분이 분명하나, 자아존 중감이 높은 집단-낮은 집단 등의 경우 절대 준거가 없는 경우가 많다. 따라서 조작적 정의가 엄격해야 한다. 이러한 경우에만 모집단을 정의할 수 있으며 대표성 있는 표본집단을 선정할 수 있다.

둘째, 어떠한 독립변인을 기준으로 집단 구분이 되었다 하더라도 기타 배경변인들을 함께 제시해 주는 것이 좋다. 즉, 비교하고자 하는 각 집단에서 확인된 독립변인뿐만 아니라 성별, 나이 등 다른 기타 중요한 변인들에서 차이가 있을 가능성이 있기 때문이다. 이는 일반화 가능성에 제한을 줄 수 있다.

셋째, 인과비교연구에서 연구결과를 해석하는 것은 상당한 신중을 요한다. 사실상 무선화, 조작, 통제의 부족으로 말미암아 그 관계성을 어느 정도로 신뢰할지 결정하기가 어렵다. 또한 인과관계의 정확한 순서를 결정할 때에도 어느 것이 먼저 발생했는지를 알기 어려운 경우가 많다.

 연습문제 · · · · · · · · · ·

1. 두 변인 간 관계에 관한 상관연구의 결과 이변량 상관계수를 산출하였다고 하였을 때 왜 이를 인과관계로 볼 수 없는지 그 이유를 설명하시오.

2. 설명 목적의 상관연구와 예측 목적의 상관연구를 상호비교하고, 학술지 논문 혹은 학위논문을 검색하여 각각에 해당되는 논문을 2편씩 제시하시오.

3. '인과비교연구는 실험연구를 위한 가교다.' 라는 말이 의미하는 바를 진술하시오.

4. 교육분야에서 실험연구보다는 인과비교연구에 보다 의존할 수밖에 없는 이유를 서술하시오.

5. 상관연구와 인과비교연구의 공통점 및 차이점을 진술하시오.

6. 인과비교연구에서 가외변인을 통제하기 위하여 사용할 수 있는 4가지 방법을 제시하시오.

실험연구

기술연구가 현상의 있는 그대로의 모습을 찾아내고 기술하는 데 비하여, 실험연구는 통제된 상황에서 독립변인의 인위적 조작을 통해 종속변인에서 나타나는 변화를 관찰하여 변인 간의 인과관계를 밝혀내고자 한다. 이 때문에 실험연구는 변인들 간의 관계를 밝히기 위한 여러 과학적 탐구 방법들 중에서도 인과관계를 규명할 수 있는 가장 강력한 연구방법(Gall et al., 1999)으로 평가된다. 물론 조사연구나 상관연구와 같은 다른 방법을 통해서도 변인들 간의 관계를 파악할 수는 있으나, 궁극적인 인과관계를 규명하기 위해서는 실험을 필요로 하게 된다.

실험연구는 양적연구 중에서도 가장 숙련된 기술과 전문적 경험을 요구하는 연구다. 연구자는 실험을 위해 고려해야 할 조건들에 대해 충분히 이해하고 있어야 하며, 자신의 연구목적에 맞는 적절한 실험설계를 구축해 내는 능력, 그리고 실제로 효과적으로 실험처치를 해낼 수 있는 능력이 무엇보다 절실히 요구된다.

이를 위하여 다음에서는 먼저 실험연구의 정의와 목적, 실험연구를 위한 설계 시 특히 고려해야 할 여러 가지 사항을 차례로 살펴본다. 그리고 실험연구에서의 두 가지 커다란 설계 방안, 즉 준실험설계와 진실험설계에 따른 구체적인 실험설계유형들을 살펴볼 것이다.

1. 실험연구의 정의와 목적

실험이란 통제된 상황에서 한 가지 또는 그 이상의 변인을 조작하여 이에 따라 변화되는 현상을 객관적으로 관찰하는 것을 말한다. 특히 교육학이나 심리학에서 말하는 실험이란 피험자인 사람에게 가외변인들을 최대한 통제한 상태에서 어느 행동 특징에다 인위적 실험적 처치(experimental treatment)를 가했을 때 이에 따라 일어나는 효과를 분석하는 것을 말한다. 여기에서 실험적 처치란 한 실험변인 또는 독립변인을 부과시키는 조치를 말하며, 효과란 종속 변인에서의 어떤 변화를 의미한다. 따라서 교육이라는 행위를 인간행동의 계획적인 변화라고 한다면, 실험연구는 교육자들이 인간행동을 계획적 · 효율적으로 변화시키기 위하여 어떠한 행동변화의 원리와 방법을 적용해야 할 것인지를 보여 주는 중요한 수단이 된다.

실험연구의 목적은 일반적으로 크게 두 가지로 나눌 수 있다(한국심리학회 편, 1988).

첫째, 어떤 현상을 확인하거나 현상의 존재를 증명하는 것이다. 이 경우에는 변인이 이론적으로 정의되어 있지 않으며, 흔히 현장실험에서 발견된다. 이 범주에 속하는 실험들은 능동적인 독립변인의 조작이 없는 일종의 자연실험이다.

둘째, 어느 두 이론적 변인 간의 인과관계를 확립하는 것이다. 이 경우 변인들은 이론적으로 정의된 것이 특징이며 흔히 이론(가설)검증 실험에서 예를 찾아볼 수 있다. 그러나 이론검증이 주목적이 아닌 실험에서도 이론적 변인을 다루는 경우가 있다. 대체로 이론적 변인을 다루는 실험은 실험실 실험에서 흔히 찾아볼 수 있으나 모든 실험실 실험이 이론적 변인을 다루지는 않는다.

교육분야에서는 보다 실용적인 목적에서 실험연구가 수행되는 경우가 많다. 이러한 경우 위의 두 가지 목적에 따른 연구를 통하여 현상이나 혹은 변인 간 인과관계가 이미 어느 정도 인정된 상황에서 연구가 수행된다. 즉, 이미 확립된 변인 간의 관계성을 실제적으로 적용하는 것이다. 예를 들어, 협동학습 처치방략을 통해 학생의 학업성취도를 높인다거나, 놀이치료를 통해 아동의 대인공포증을 치료하는 것 등이다. 여기서 협동 학습이라는 변인과 학업성취도라는 변인, 놀이치료라는 변인과 대인공포증이라는 변인과의 관계는 이미 기저하는 심리적 기제 간의 관계가 인과론적으로 밝혀져 있는 것이다. 엄격한 의미에서 본다면 이러한 연구는 실험연구라고 볼 수는 없다. 현상의 존재를 증명하거나 변인 간의 인과적 관계를 새롭게 밝혀내는 것이 아니기 때문이다. 이러한 연구는 이론적 성과를 적용하는 실천연구로 보는 것이 보다 타당할 것이다.

어느 경우이든 실험연구에서는 실험조건의 계획적인 조작과 통제가 얼마나 완벽하게 이루어지는가 하는 것이 실험의 성패를 좌우한다. 조건이 통제되지 않은 상황에서 이루어진 실험연구는 타당성을 인정받을 수 없기 때문이다. 실험연구에서의 실험조건을 엄격히 통제한다는 것은 관찰하려는 현상에 작용하는 우연적 요소의 영향을 최소화한다는 의미다. 연구에서 본래 알아보려는 변인만의 효과를 가능한 한 순수하게 관찰할 수 있도록 실험계획을 세워 놓고 연구해야 한다. 실험설계 시 고려해야 할 사항을 통해서 이를 자세히 살펴보기로 한다.

2. 실험설계 시 고려사항

연구자가 관심을 갖고 있는 변인들 간의 인과관계를 밝히기 위해 실험을 계획할 때 그 절차나 방법을 미리 계획하게 되는데 이를 실험설계(experimental design)라고 한다. 모든 문제에 적합한 단일의 실험설계란 존재하지 않는다. 따라서 연구자는 여러 가지 실험설계의 유형 가운데 적합한 유형을 선택할 수 있어야 하며 때로는 이에 기초하여 자신의 문제를 수정하여 적용할 수 있어야 한다. 사실상 모든 조건이 동일하다면 단순한 설계가 가장 바람직하다. 이는 복잡한 설계일수록 상호작용이나 간섭현상이 잘 일어나며 분석방법에도 문제가 생기기 쉽기 때문이다.

실험설계 시 고려해야 할 몇 가지 사항(고홍화 외 공역, 1989)은 연구문제에 대한 해답 가능성, 가외 독립변인의 통제 문제, 내적타당도와 외적타당도 등이다. 각각의 문제를 차례로 살펴보기로 한다.

1) 연구문제에 대한 해답 가능성

실험설계의 일차적인 선택 기준은 특정 실험설계가 과연 주어진 연구문제의 해결이나 가설의 검증을 위해 적절한 것인가 하는 것이다. 즉, 실험설계는 무엇보다도 연구문제나 가설에 대한 답을 제공할 수 있는가 여부에 따라 검토되어야 한다는 것이다.

초보 연구자의 경우 종종 연구문제에 적합한 실험설계를 구축하는 데 실패하는 경우가 많다. 단순한 예로, 전후검사 통제집단설계를 구축해야 하는 경우나 단일집단 사후설계를 사용한다든지 혹은 가외변인을 무시하고 일방적으로 실험집단과 통제집단을 임의로 배치하는 경우 등이다. 때로는 이와 반대로 연구문제와 관계없는 제3의 속성에 집착하여 이를 짝지어 실험·통제집단을 짝짓는 경우도 있다. 이러한 작업은 실험연구의 타당성을 떨어뜨릴 뿐만 아니라 비효율적이다. 이에 대해서는 다음에서 다시 자세히 살펴볼 것이다.

다른 한편으로, 비록 적합한 실험설계와 통제에 따라 자료가 수집되었을지라도 이를 분석할 통계적 방법이 분명하지 않다면 이러한 설계 역시 아무런 소용이 없을 수 있다. 요컨대, 연구문제에 적합한 실험설계, 적절한 분석방법의 존재란 연구문제에 대한 해답을 위한 선행조건이다.

2) 가외 독립변인의 통제

실험연구에서 특히 주의해야 하는 사항은 가외변인에 대한 통제다. 가외변인이란 독립변인 이외에 종속변인에 영향을 미칠 수 있는 연구자가 의도하지 않은 변인을 가리키며, 통제란 이러한 변인들의 영향을 최소화하거나 고립시키는 것을 말한다. 사실상 실험설계의 적합성은 가외변인을 얼마나 잘 통제할 수 있는가에 따라 평가된다고 해도 과언이 아니다.

가외변인의 통제방법에는 네 가지가 있다. 이러한 방법은 '제10장 2절 인과비교연구'에서 살펴본 방법과 거의 동일하므로 간략하게만 재언급한다.

첫째, 실험집단과 통제집단의 피험자를 서로 짝짓는 방법이다. 짝짓기는 가외변인을 설계에 포함시킴으로써 변량을 통제하는 것이다. 그 기본원리는 변인을 둘 이상의 부분, 가령 높은 지능과 낮은 지능으로 나눈 다음 각 수준 내에서 무선적으로 실험집단과 통제집단에 배치하는 것이다.

둘째, 무선화를 사용하여 실험집단과 통제집단을 나누는 방법이다. 이론적으로 무선화는 있음직한 모든 가외변인을 통제하는 유일한 방법이다. 물론 이러한 방법이 실험집단과 통제집단 간 있을 수 있는 모든 변인에서 동일하다는 것을 뜻하지는 않으며, 우연에 의해 두 집단이 동일하지 않게 될 수 있지만 적절히 무선화함으로써 집단들이 동일하게 될 확률은 그렇게 되지 않을 확률보다 훨씬 더 크기 때문이다.

셋째, 가외변인의 효과를 제거하기 위하여 가외변인 수준이 동질적인 피험자만을 선발하여 실험집단과 통제집단에 배치하는 방법이다. 만일 성취도 연구에서 지능이 가외변인으로 작용할 수 있는 요인으로 우려된다면, 예를 들어 지능지수 100~110 범위 내의 피험자만을 선정하는 것이다.

넷째, 가외변인을 하나의 독립변인으로 간주하여 적절히 실험설계에 포함시키는 방법이다. 이러한 경우 종속변인에 미치는 독립변인의 효과와 가외변인과의 상호작용의 가능성에 대한 정보 또한 얻을 수 있다.

이외에도 인과비교연구에서 언급한 것처럼, 가외변인을 측정하되 공변인으로 간주하여 통계적으로 통제하는 방법을 사용할 수도 있다.

3) 내적타당도와 외적타당도

실험설계 시 고려해야 할 요인들을 종합하여 실험연구의 내적타당도(internal validity)와 외적타당도(external validity)라는 말로 설명할 수 있다. 내적타당도는 실험처치의 결과가 정말로 실험처치의 효과에 기인한 것으로 볼 수 있는가의 문제이며, 외적타당도란 실험결과의 대표성 혹은 일반화 가능성을 의미한다. 즉, 실험연구의 결과를 다른 대상, 다른 상황에 어느 정도 일반화할 수 있는가 하는 것이다. 이 두 가지 형태의 타당도는 상충하는 면이 있기 때문에 어느 하나가 높아지면 다른 하나는 상대적으로 낮아지는 경향을 보인다. 대체로 내적타당도가 높은 실험은 외적타당도가 낮고, 반대로 외적타당도가 높은 실험은 내적타당도가 낮아진다. 그러나 원칙적으로 내적타당성이 없는 실험에 대해서는 외적타당성을 따질 필요도 없다.

　실험연구의 내적타당도와 외적타당도를 저해하는 몇 가지 요인들(이종승, 1989; Campbell & Stanley, 1963)을 구분하여 살펴본다.

　(1) 내적타당도를 저해하는 요인
　내적타당도를 저해하는 요인은 어떤 실험결과를 평가함에 있어 그 실험이 이루어진 맥락에서조차 타당하게 해석될 수 없도록 만드는 것들이다. 8가지 요인으로 구분하여 살펴본다.

　역사　　역사(history)란 사전검사와 사후검사 사이에 피험자들에게 발생한 여러 가지 특수한 사건들을 말한다. 실험처치 기간이 장기간인 경우 실험처치 이외의 기간 중에 발생한 어떤 특수한 사건이 실험의 결과에 영향을 미칠 수 있다.
　성숙　　실험처치 이외 시간의 흐름에 따라 나타나는 피험자의 성숙(maturation)으로 말미암은 내적 변화가 피험자의 사후반응에 영향을 줄 수 있다. 연령이 증가하거나 흥미가 변하는 등 생물학적, 심리학적인 변화를 의미한다.
　검사　　검사(testing)란 사전검사를 받은 경험이 사후검사에 미치는 영향을 뜻한다. 피험자가 이전에 사전검사를 받은 경험이 있기 때문에 사후검사에서는 검사에 익숙해지거나 일부를 기억하고 있어 점수에 영향을 미칠 수 있다.
　도구사용　　도구사용(instrumentation)은 사전-사후 간 측정도구의 변화, 관찰자나 채점자의 변화로 말미암아 측정치에 변화가 생기는 것을 말한다.
　통계적 회귀　　통계적 회귀(statistical regression)는 피험자 선발을 극단적인 점수를 토대로 해서 선정할 경우에 일어나기 쉬운 통계적 현상이다. 즉, 사전검사에서 피험자들을 선정할 때 검사점수가 아주 높거나 아주 낮은 피험자를 선발하여 실험하게 되면, 사후검사에서 높은 점수의 피험자들은 사전에 비하여 낮은 점수를, 아주 낮은 점수를 받았던 피험자들은 사전에 비하여 높은 점수를 얻을 가능성이 높다. 이러한 현상을 통계적 회귀라고 하며 결과적으로 실험처치의 효과를 왜곡하게 된다.
　피험자의 선발　　실험집단과 비교집단을 만들기 위하여 피험자를 선발(selection of respondent)할 때 두 집단 간에 동질성이 결여되어 나타나는 영향을 뜻한다. 예를 들어, 과학 교수 프로그램을 학업성적이 뛰어난 학급의 학생들에게 실시하고 통제집단과 비교하였을 때 과학교과에 대한 태도가 아주 높이 향상되었다고 해 보자. 이때 나타난 결과는 프로그램의 효과라고 하기보다 학업성적이 뛰어난 집단을 선발하였기 때문이라고 볼 수 있다.

피험자의 탈락　피험자들이 실험과정에서 중도탈락함(experimental mortality)으로써 실험결과에 영향을 미치는 것을 말한다. 실험과정 중에서 실험집단이나 비교집단의 어느 한편에서 피험자들이 체계적으로 탈락하면 실험결과에 편파적인 영향을 미치게 된다.

피험자의 선발과 성숙 간의 상호작용　앞에서 설명한 성숙요인과 피험자의 선발요인이 상호작용(selection-maturation interaction)함으로써 실험의 결과에 영향을 미칠 수 있다. 실험집단과 비교집단의 피험자들이 어떤 기준이 되는 특성에서는 동질적이라고 하더라도 다른 특성, 예컨대 성장속도에 있어서는 이질적일 수 있는데, 이러한 차이가 실험결과에 큰 영향을 미칠 수 있다. 가령 과학 교수 프로그램을 실시한 집단이 통제집단에 비해 평균 연령이 6개월 이상 많다면, 프로그램뿐만 아니라 연령도 과학적인 태도에 영향을 미친다고 가정할 수 있다. 즉, 잠재적인 성장속도가 서로 다르기 때문에 선발과 성숙 간의 상호작용 효과가 많이 나타나게 된다.

(2) 외적타당도를 저해하는 요인

외적타당도를 저해하는 요인이란 어떤 특수한 실험에서 얻은 실험결과를 그 실험이 진행된 맥락과는 다른 상황, 다른 대상, 다른 시기 등에 일반화하는 데 제약을 주는 요인들을 말한다. 외적타당도를 위협하는 요인들을 보다 세분하여 볼 수도 있으나, 여기에서는 4가지 요인만을 소개한다.

검사실시와 실험처치 간의 상호작용 효과　사전검사의 실시로 말미암아 실험처치에 대한 피험자의 관심이 증가되거나 혹은 감소됨으로써 실험결과에 영향을 미치는 것을 말한다. 사전검사를 받은 피험자는 실험처치를 받지 않더라도 사전검사가 다루는 주제에 대해 관심을 갖게 되는 경우가 많다. 예를 들어, 노인에 대한 편견을 연구한다고 가정할 때 특별한 처치 이전에 단지 노인에 대한 사전태도 검사를 실시하는 것만으로도 피험자의 태도에 큰 영향을 줄 수 있다. 사전태도 검사를 실시한 후, 실험의 처치로써 노인에 대한 편견을 주제로 한 영화를 보여 주고 나서 그 영화가 노인에 대한 편견을 감소시키는 효과를 나타냈다면, 이는 처치의 효과뿐만 아니라 처음에 실시한 사전태도 검사의 효과도 동시에 측정하고 있는 것이 된다.

피험자의 선발과 실험처치 간의 상호작용 효과   피험자의 유형에 따라 실험처치의 영향이 서로 다르게 나타나는 현상을 말한다. 예컨대, 유치원에서의 자유선택 활동시간의 증가가 유아의 또래 상호작용에 미치는 효과를 알아보기 위하여 한 유치원 아동들을 실험 대상으로 삼았다고 하자. 실험집단의 유치원이 물리적 환경이 양호하고 아동의 사회경제적 수준도 높아 다른 통제집단의 유치원 아동들에 비해 결과가 높게 나타났을 경우, 자유선택 활동의 시간의 증가가 전국의 모든 유치원 아동들에게 도움을 줄 것이라고 판단하는 것은 무리다. 물리적 환경이 열악하고 사회경제적 지위가 낮은 집단이 유아들에게도 같은 효과를 거둘 수 있을지는 의문이다. 마찬가지로 동일한 실험처치라 해도 실험시기가 달라지거나 실험도구가 달라진다면 실험결과 역시 달라질 수 있다.

실험상황에 대한 반동효과   이는 실험상황과 일상생활 사이의 이질성 때문에 실험의 결과를 그대로 일반화하기 어렵다는 것을 의미한다. 피험자가 실험도구와 실험자를 보면서 자신이 실험의 대상이 되고 있다는 것을 강하게 의식하고 있다면 실험상황에서의 피험자 행동은 보통 때의 자연스런 행동과는 크게 다를 수도 있다. 따라서 이와 같은 실험에서 얻은 결과를 실험적 상황에 처하지 않은 다른 대상들에게 일반화하는 데는 제한이 따를 수 있다.

중다처치에 의한 간섭효과   한 피험자가 여러 가지 실험처치를 받는 경우, 이전의 처치에 의한 경험이 이후의 처치를 받을 때까지 계속 남아 있음으로써 일어나는 효과를 말한다. 새로운 처치를 할 때 이전에 받은 처치효과를 완전히 제거할 수 없으므로 그 처치의 효과는 단지 일정한 순서로 여러 가지 처치를 받았던 사람에게만 기대할 수 있는 독특한 것이 될 가능성이 있다. 따라서 그러한 실험의 결과를 일반화하는 데는 문제가 발생하게 된다.

3. 준실험설계

실험설계유형은 관점에 따라 서로 다르게 분류할 수 있다. 실험의 상황이 자연 상황인지 인위적으로 통제된 상황인지에 따라 자연적 실험과 실험실 실험으로 분류할 수 있으며, 대상 집단의 범위에 따라 단일집단설계와 통제집단설계로 분류할 수도 있다. 여기서는 실험설계의 가장 보편적인 분류방법으로 실험 · 통제집단의 무선화 유무와 관련하여 준실험설계(quasi-experimental design)와 진실험설계(true-experimental design)로 구분하며, 먼저 준실험설계를 살펴본다.

준실험설계는 실험집단이나 통제집단이 무선적으로 배치되지 않는 상태에서 행해지는 실험설계를 말한다. 일반적인 장점과 단점은 다음과 같다.

장점으로는 엄격한 실험실 장면이 아닌 곳에서는 현실적으로 피험자의 무선화가 곤란하며 가외변인에 대한 엄밀한 통제가 불가능할 경우가 종종 있다는 것이다. 이 경우 진실험설계의 개략적인 결과를 얻기 위하여 보다 편리하게 준실험설계를 채택할 수 있다. 예를 들어, 교육영역의 경우 실험실 상황보다는 자연집단인 학급상황에서 실험이 더 많이 이루어지고 있으며, 이는 오히려 현장 적용의 가능성을 더 높일 수 있다는 장점이 있는 것이다(Campbell & Stanley, 1963). 그러나 단점으로 피험자들을 각기 다른 집단이나 조건에 무선적으로 할당하지 않는다는 점과 독립변인이 가외변인과 섞여 종속변인의 행동에 변화를 가져올 확률이 진실험설계보다 높다는 것이다. 따라서 준실험설계에서는 이러한 통제가 제대로 이루어지지 않기 때문에 해당 연구의 결과를 읽고 해석할 때는 제한점을 고려해야 한다.

아래에서는 준실험설계의 구체적인 형태를 차례로 제시한다. 독자들은 각각의 실험설계를 도식으로 표현하는 방법, 실험설계의 구축 절차, 유의점, 장단점, 자료의 분석방법에 유념하면서 살펴볼 필요가 있다. 실험설계를 도식화할 때는 일반적으로 기호를 사용하며, O는 관찰 또는 측정을, X는 실험처치 또는 독립변인을 그리고 R은 무선표집 또는 무선배치를 의미한다.

1) 단일집단 사후검사 설계

단일집단 사후검사 설계(one-group posttest design)는 설계의 가장 단순한 유형으로 일명 일회적 사례연구(one-shot case study)라고 하며, 어느 한 집단의 피험자에게 실험처치를 가하고 그 후에 피험자의 행동을 측정하거나 관찰하는 것이다. 이를 도식으로 나타내면 다음과 같다.

$$\times \qquad O$$

단일집단 사후검사 설계의 예는 한 학급을 대상으로 6개월 동안 사회과 프로젝트 수업을 실시하고 학기말에 사회시험을 치러 결과를 살펴보는 경우다. 이러한 설계의 가장 큰 약점은 가외변인에 대한 통제도 없다는 것 그리고 사전점수가 없기 때문에 효과를 검증해 볼 수 있는 잣대가 없다는 것이다. 즉, 결과에 영향을 미칠 수 있는 다른 요인들이 적절히 통제되지 않았으며 또한 비교집단이 없기 때문에 종속변인에서의 점수(사후 국어시험 점수)변화가 반드시 처치(프로젝트 교수법)의 결과라고 단정할 수 없다. 따라서 단일집단 사후검사 설계는 과학적 연구설계로는 가치가 없다고 할 수 있다. 그러나 단순히 평범한 연구설계이기 때문에 비판할 수는 없으며 단지 과학적이라고 말하기에는 어려울 뿐이라는 입장도 있다(고흥화 외 공역, 1989). 비록 빈약한 방법이기는 하지만 철저한 통제가 이루어지기 어렵다는 이유로 교육연구에서 드물게 사용되기도 한다.

2) 단일집단 전후검사 설계

단일집단 전후검사 설계(one-group pretest-posttest design)는 연구대상으로 한 집단만을 선발해서 실험처치를 가하기 전에 사전검사를 하고 처치를 가한 후에 사후검사를 실시하여, 두 검사결과의 차이를 살펴봄으로써 실험처치의 효과를 검토하는 방법이다. 이를 도식화하면 다음과 같다.

$$O_1 \qquad \times \qquad O_2$$

이 설계는 단일집단 사후검사 설계를 다소 개선한 것으로 한 집단이 그 집단자체와 비교된다는 점이 특징이다. 이론적으로 본다면 피험자의 특성과 관계될 수 있는 모든 독립변인들이 통제되는 셈이기 때문에 얼핏 보기에 실험목적을 달성하기 위한 좋은 연구방법으로 보일 수 있다(Gall et al., 1999). 그러나 결국, 차이점수가 통계적으로 유의미하다 할지라도 점수의 변화에 영향을 미칠 수 있는 다른 많은 요인이 있기 때문에 그리 간단하지만은 않다.

예를 들어, 새로운 언어교육 프로그램의 효과를 알아보기 위하여 한 실험연구를 고안한다고 가정하자. 한 집단의 아동을 선발하여 이들에게 학기 초에 언어검사를 실시하고 언어교육 프로그램을 적용한 후 학기말에 다시 언어검사를 실시한다. 이런 경우 사전검사와 사후검사의 평균을 내고 두 평균점수의 차에 의의가 있는지를 검증하여 언어교육 프로그램의 효과를 알아보게 된다.

이 실험에서 사전-사후 간 평균점수의 유의한 차이가 나타남으로써 아동이 언어점수에서 증진을 나타냈다고 하더라도 이것이 과연 언어교육프로그램의 효과라고 할 수 있는가 하는 문제는 여전히 남는다. 결과적으로 단일집단 전후검사 설계의 문제점은 통제집단이 없다는 것이며, 이로 말미암아 내적타당도를 위협하는 요인들이 적절히 통제될 수 없다. 앞서 언급한 '역사' '성숙' '검사' '도구 사용' '선발과 성숙의 상호작용' '통계적 회귀' 요인 등이 사후검사점수에 영향을 미칠 수 있을 것이다. 이 설계를 보완하는 가장 좋은 방법은 통제집단을 만들어 비교하는 것이며, 통제집단을 구할 수 없을 경우에는 사전검사와 사후검사 간의 기간을 가능한 짧게 하여 역사와 성숙의 요인을 제거하도록 하거나 종속변인의 측정치를 안정성이 높은 것으로 택하는 방법 등이 있다.

단일집단 전후검사 설계로 수집한 자료는 양적자료일 경우 두 종속 표본 t검증을 사용하거나, 빈도자료일 경우 전후 간 응답빈도의 변화를 알아보기 위해 x^2검증법이 사용된다.

3) 이질집단 사후검사 설계

이질집단 사후검사 설계(posttest-only nonequivalent group design)는 단일집단 전후검사 설계의 단점을 일부 보완한 것이다. 여기에서는 한 집단의 피험자들에게 실험처치를 하고 사후에 실험처치를 경험하지 않은 집단과 종속변인의 측정치를 단순히 비교한다. 통제집단은 실험집단과 동질화된 집단이 아니라 단순히 비교를 목적으로 선정된 집단이다. 이를 도식으로 나타내면 다음과 같다.

$$\times \qquad O_1$$
$$O_2$$

이러한 실험설계는 학급이나 자연집단을 그대로 실험집단으로 택해서 연구하는 경우에 흔히 발견할 수 있다. 예컨대, 성역할과 관련 있는 영화를 본 집단과 영화를 보지 않은 집단에게 성역할 고정관념에 대한 검사를 실시한다고 할 때, 이 경우 영화 관람이 성역할 고정관념에 미치는 효과를 알아보기 위하여 두 집단을 비교해 볼 수 있다.

이 설계의 문제점은 비교할 두 집단 간에 동질화가 이루어지지 않았다는 점이다. 특히 가장 심각하게 내적타당도를 위협할 수 있는 것은 피험자의 선발에서 비롯되는 문제점이다. 즉, 비록 사후검사 결과에서 차이가 나타난다 하더라도 그것이 처치 때문이었는지 아니면 원래부터 두 집단 간에 있었던 차이 때문인지 명확히 밝혀낼 수는 없다는 것이다. 그 밖에도 이질집단 사후검사 설계의 내적타당성을 저해하는 요인으로는 '선발과 성숙의 상호작용'을 들 수 있다.

이질집단 사후검사 설계를 보완할 수 있는 가장 좋은 방법은 피험자 전체를 실험집단과 통제집단으로 무선배정하는 방법이다. 무선배정 외에 기타 방법은 종속 변인에 관련된 요인, 즉 연령, 성, IQ 등에 따라 피험자를 짝지어 배정하는 방법을 사용할 수도 있다. 다만 짝지을 때의 준거가 되는 요인에서만 동질화가 이루어지므로 무선배정만큼 효과적이라고 할 수는 없다.

이질집단 사후검사 설계로 수집한 자료는 양적자료일 경우 두 독립 표본

t검증을 사용하고, 빈도자료일 경우 실험집단과 통제집단 간 응답빈도의 차이를 알아보기 위해 x^2검증법이 사용된다.

4) 시계열 설계

시계열 설계(time-series design)는 어느 한 개인이나 집단을 대상으로 삼아 종속변인을 주기적으로 측정하고, 이러한 측정의 시간계열 중간에 실험적 처치를 도입하는 것이다. 즉, 한 집단의 대상에게 처치를 하되 시간계열에 따라 처치 전후에 검사를 여러 번 반복 실시함으로써 시간에 따른 변화를 알아볼 수 있는 설계다(Fraenkel & Wallen, 1996). 이를 도식화하면 다음과 같다.

$$O_1 \quad O_2 \quad O_3 \quad O_4 \quad \times \quad O_5 \quad O_6 \quad O_7 \quad O_8$$

이러한 설계유형은 통제집단을 구할 수 없는 경우에 많이 사용되며, 심리치료나 행동수정 등의 분야에 많이 적용되고 있다. 심리치료적 상황에서는 주로 한 사례나 한 집단으로 장기간에 걸친 치료의 효과를 검증하고자 할 때 빈번히 사용된다. 즉, 특정한 치료방법을 적용하고 정기적으로 대상의 반응을 관찰함으로써 그 처치가 있기 전과 후의 변화를 분석하는 것이다. 예를 들면, 일련의 학생들을 대상으로 공격 행동의 출현빈도를 일정한 간격을 두고 측정한 후, 사회극 놀이 훈련을 실시하고 또다시 일정 간격으로 그 학생들의 공격 행동의 출현빈도를 측정하여 훈련 전후의 측정내용을 비교하여 분석하는 것이다.

이 설계의 장점은 한 집단만으로 사전-사후검사를 할 때 예측되는 문제점을 어느 정도 보완할 수 있다는 점이다. 그러나 내적타당도를 가장 크게 저해할 수 있는 요인으로 '역사'를 들 수 있으며, 경우에 따라서는 '도구사용' 요인도 실험의 타당성에 의문을 일으킬 수 있다. 예를 들어, 종속변인의 측정 시 연구자의 판단이 개입되는 경우라면 처치효과를 입증하고 싶은 연구자의 소망이 변인 측정에 작용할 수도 있기 때문이다. 그 외에도 한 사례나 단일집단을 사용하기 때문에 외적타당도는 크게 제한될 수밖에 없다.

시계열 설계로 수집한 자료는 양적자료일 경우 시계열 분석을 실시하며, 경우에 따라 단일집단 반복측정 변량분석을 사용할 수 있다.

5) 이질통제집단 전후검사 설계

이질통제집단 전후검사 설계(nonequivalent control group pretest-posttest design)는 실험대상을 무선으로 선발할 수 없는 경우 두 개의 자연집단을 그대로 사용하여 한 집단에게만 처치를 함으로써 실험의 효과를 알아보고자 하는 설계로서 다음과 같이 도식화할 수 있다.

$$O_1 \quad \times \quad O_2$$
$$O_3 \qquad\quad O_4$$

이 설계는 여러 준실험설계 중 교육연구에서 가장 널리 이용되고 있는 유형이다. 주요 특징은 실험집단과 통제집단이 있지만 두 집단이 실험을 위하여 무선적으로 동질화된 것은 아니라는 점이다. 대체로 학교, 학급과 같이 피험자 집단을 임의로 구성하기 어려울 경우, 집단을 자연상태 그대로 유지한 채 적당히 실험집단과 통제집단으로 설정하여 연구에 이용한다. 이때 선발된 두 집단 모두에게 사전·사후검사를 실시하게 된다(이종승, 1989). 예를 들어, 한 학교에서 1반 학생들에게는 컴퓨터 보조수업 프로그램을 실시하며, 2반 학생에게는 전통적인 수업을 실시하는 경우다. 이때 실험처지 전후에 성취검사를 실시하는 것이다.

이질통제집단 전후검사 설계의 문제점은 프로그램에 참여한 집단과 참여하지 않은 집단의 선발에 편파성이 개입될 수 있다는 것, 그리고 편파된 선발이 성숙의 요인과 상호작용을 일으킬 수 있다는 점이다. 비록 두 집단이 사전검사에서 동질집단으로 판단되었다 하더라도, 많은 다른 점에서 차이를 가지고 있을 수 있으므로 엄밀히 동질집단이라 볼 수는 없다는 것이다. 또한 연구를 수행하는 동안 집단이 처치되는 방법에도 문제가 있을 수 있다. 위의 예를 생각해 본다면, 두 학급에서 수업을 진행하는 교사가 다를 수도 있으며, 1반과 2반 학생들은 수업시간 외 다른 시간에 만나 프로그램에 대해 이야기를 주고받을 수도 있다. 이러한 영향은 자칫 무시하기기 쉬우나, 가급적 엄격성을 유

⟨표 11-1⟩　실험연구에서 실험처치 효과의 크기 분석

　　교육분야의 실험연구에서 가장 빈번하게 사용되는 설계는 실험·통제집단을 선정하고 실험처치 전후에 사전검사와 사후검사를 수행하도록 하는 이질통제집단 전후검사 설계(혹은 전후검사 통제집단 설계)라 할 수 있다. 이러한 경우 실험처치의 효과를 검증하기 위한 통계적 분석방법으로 두 집단 간 사후검사 점수에 대하여 t검증법이나 변량분석방법이 가장 많이 사용된다.

　　그러나 엄격히 말해 t검증법이나 변량분석방법은 집단 간에 점수 간 차이가 통계적으로 유의미한 차이가 있는가의 여부만을 알려 줄 뿐이다. 즉, t검증이나 변량분석결과에서 실험·통제집단 간 평균점수 차이가 통계적으로 유의미(statistical significance)하다는 것이 밝혀지면 이를 통하여 실험처치가 효과가 있음을 추론하게 되는 것이다.

　　결과적으로 t검증법이나 변량분석 방법만으로는 실험처치효과의 크기가 어떠한지는 알 수 없다. 이러한 경우 효과의 크기(effect size)라는 분석을 통하여 보다 직접적으로 실험처치 효과의 정도를 파악할 수 있다. 간단한 예를 들어 보자. 실험·통제집단을 구성하여 진로성숙 프로그램을 실시하고 사후에 다음과 같이 진로정체감 점수를 얻었다 하자.

　　　　실험집단　　N=40　　평균 48.00　　표준편차 6.24
　　　　통제집단　　N=40　　평균 38.00　　표준편차 7.76

　　이때, 아래의 공식을 이용하여 효과의 크기를 구할 수 있다.

$$효과의\ 크기(ES) = \frac{실험집단의\ 평균 - 통제집단의\ 평균}{(실험집단의\ 표준편차 + 통제집단의\ 표준편차)\ /\ 2}$$

　　공식에 따르면 여기에서 ES는 약 1.43의 값이 산출되며, 이러한 값에 대한 해석은 정규 분포에 비추어 해석한다. ⟨부록 2⟩를 보면 Z=1.43에 해당되는 면적은 .9236에 해당된다. 따라서 '실험집단 내에서 진로정체감 점수가 50%에 해당되는 피험자(즉, 평균점수 48.00을 얻은 피험자)는 통제집단에 비추어 볼 때 93.26%에 속한다.'라고 해석할 수 있다. 결과적으로 이러한 해석방법은 진로성숙 프로그램이 얼마나 효과적이었는지를 보다 실제적으로 보여 주는 셈이다.

　　일반적으로 효과의 크기는 0.33(Z분포상에서 약 63%에 해당되는 값) 이상의 값을 지닐 때, 실제적 유의미성(practical significance)을 지니고 있다고 해석한다(Gall et al., 1999).

　　한편, 효과의 크기는 표준화 지수이기 때문에 척도 간에 상대적 비교도 가능하다. 예를 들어, 진로성숙 프로그램의 수행 결과 진로정체감 외에도 직업인식에서는 ES=1.00, 의사결정력에서는 ES=0.50 등의 효과의 크기가 산출되었다고 하자. 이러한 경우, '진로성숙 프로그램은 집단의 진로정체감 형성에 가장 큰 효과가 있었으며, 다음으로 직업인식, 의사결정력에 차례로 효과가 있었다.'라고 해석할 수 있다.

　　경우에 따라서는 비록 t검증 결과 통계적 유의미성이 발견되지 않았으나, 효과의 크기 검증 결과 실제적 유의미성이 나타날 수도 있다. 따라서 실험연구의 경우 반드시 효과의 크기 분석을 해 보기를 권장한다. 주의할 것은 위와 같은 공식은 사례수가 30 이상인 경우에 해당되며, 30 미만인 경우 산출된 ES의 값에 별도의 교정지수를 곱해 주어야 한다는 것이다.

지해야 하는 실험연구에서는 간과해서는 안 되는 중요한 문제다. 그 외에도 참여자의 선정 시 극단에서 참여대상을 선발하는 경우 통계적 회귀현상의 가능성도 개입될 수 있다는 등의 문제가 있다.

따라서 무선적으로 대상을 선발하고 배정할 수 없는 연구에서는 가급적 대상을 짝지어 배정하거나 공변량분석 등의 통계적 분석절차에 의해 설계를 보완하도록 하는 것이 바람직하다.

이질통제집단 전후검사설계로 수집한 자료는 양적자료일 경우 사전 및 사후검사 점수 간 두 독립표본 t검증을 하거나, 빈도자료일 경우 실험집단과 통제집단 간 응답빈도의 차이를 알아보기 위해 x^2검증법이 사용된다. 다만 언급한 것처럼, 사후검사 점수 간 t검증을 수행할 경우에는 사전 점수를 공변인으로 설정하여 공변량분석을 실시하는 것이 보다 바람직하다.

4. 진실험설계

진실험설계(true-experimental designs)는 실험집단과 통제집단을 갖추고 있으며, 피험자들을 각 집단에 무선적으로 배치하는 것이 특징이다. 따라서 실험변인 외의 모든 변인들을 통제할 수 있기 때문에 준실험설계에 비해 실험의 타당성이 훨씬 높은 실험설계모형이라 할 수 있다. 이러한 이유로 비록 준실험설계에 비하여 복잡성은 있으나 실험연구를 하는 경우에 우선적으로 권장된다.

여기서는 가장 대표적으로 사용되고 있는 진실험설계모형 4가지를 소개한다. 준실험설계에서 언급한 것과 마찬가지로 독자들은 각각의 실험설계를 도식으로 표현하는 방법, 실험설계의 구축 절차, 유의점, 장단점, 자료의 분석방법에 유념하면서 살펴볼 필요가 있다.

1) 전후검사 통제집단 설계

전후검사 통제집단 설계(pretest-posttest control group design)는 실험연구에서 가장 많이 쓰이는 설계로서 다음과 같은 도식으로 나타낼 수 있다.

$$
\begin{array}{llll}
R & O_1 & \times & O_2 \\
R & O_3 & & O_4
\end{array}
$$

　이 설계에서는 특히 통제집단을 설정하고 있다는 사실이 실험의 타당성을 높이는 역할을 한다. 그 절차를 간단히 제시하면, 우선 무선적 방법으로 피험자를 표집하고 표집한 피험자들을 실험집단과 통제집단에 무선적으로 배치한다. 그다음, 실험집단과 통제집단에 각각 사전검사(O_1, O_3)를 실시하며, 일정 기간이 경과한 후 실험집단에게는 실험처치(X)를 가하며 다른 집단에게는 아무런 실험처치도 가하지 않는다. 실험처치 종료 후에는 다시 두 집단에게 사후검사(O_2, O_4)를 실시하며, 두 집단의 사전-사후검사 점수 간의 차이(O_2-O_1과 O_4-O_3) 크기를 비교함으로써 실험처치를 검증하게 되는 것이다. 이때 실험집단의 사전-사후검사 점수 간의 차이가 통제집단의 차이보다 통계적으로 유의미하게 클 경우 실험처치의 효과가 있다고 결론을 내리게 된다.

　이와 같은 절차를 사용하여 성교육 프로그램이 비행청소년의 성의식에 미치는 효과를 연구하고자 할 경우를 예로 들면 다음과 같다. 첫째, 40명의 비행청소년을 임의로 추출해서 두 집단에 무선배정한다. 둘째, 두 피험자 집단을 대상으로 먼저 성의식에 대한 사전검사를 실시한다. 셋째, 한 집단에게는 성교육 프로그램을 실시하고 다른 집단은 실시하지 않는다. 넷째, 검사지를 사용하여 각 집단의 성의식에 대한 사후검사를 실시한다. 다섯째, 두 집단 간 이들 사전-사후검사 점수 간의 차이를 비교하기 위하여 t검증 등의 통계적 방법을 사용해서 알아본다.

　전후검사 통제집단 설계에서는 통제집단이 있을 뿐만 아니라 피험자를 실험집단과 통제집단에 무선배치하기 때문에 '역사' '성숙' '검사' '도구 사용' '통계적 회귀' '피험자 선발'과 같은 내적타당도 저해요인들은 대부분 적절히 통제될 수 있다. 따라서 내적타당도가 비교적 높은 실험방안이라 할 수 있다.

　그러나 전후검사 통제집단 설계 또한 이질집단 전후검사 설계와 마찬가지로 실험집단과 통제집단을 달리 취급함으로써 생기는 여러 문제들은 여전히 발생할 수 있다. 첫째, 검사실시 시간, 검사실시 환경, 검사자와 관찰자의 편견 등과 같은 변인이 처치효과에 부가하여 작용할 여지가 있다. 둘째, 만약 실험처치 기간이 길거나 처치 내용이 심적 부담을 주는 것일 경우 실험집단에서의 피험자 탈락으로 인하여 실험과정에서 양 집단의 동질성이 문제될 수 있다. 셋째, 사전검사 실시로 인하여 실험처치에 대한 피험자의 관심이 증가 혹은 감소됨으로써 검사실시와 실험처치 간의 상호작용 효과의 문제가 발생할 수 있다. 넷째, 피험자가 자신이 실험대상이라는 사실을 알게 됨으로 인해 실험에 영향을 미치게 되는 실험 상황에 대한 피험자의 반동적 효과가 발생할 수 있다. 그 밖에도 실험연구에서 발생할 수 있는 일반적인 문제점으로 처치

〈표 11-2〉 **반복측정 실험설계**

단일집단 전후검사 설계나 전후검사 통제집단 설계를 사용하고 있는 교육 · 심리분야의 연구를 보면, 전형적으로 실험처치 직후에 한 차례의 사후검사로 실험처치의 효과를 판단하는 경우가 많다. 그러나 사실상 실험연구에서 실험처치 자체가 종속변인과 전혀 무관한 것이 아니라면 실험집단의 경우 처치 직후에 어느 정도 종속변인에서 효과가 나타나기 마련이다.

중요한 것은 이러한 처치효과가 지속적일 수 있느냐 하는 것이다. 예를 들어, 자아존중감 훈련 프로그램, 독서치료 프로그램, 집단상담 프로그램 등의 경우 프로그램 직후뿐만 아니라 일정 기간이 지난 후 지연검사, 추후검사를 통해서도 각 프로그램의 효과가 나타나야 진정한 프로그램의 효과성을 확신할 수 있다. 이를 위하여 지연검사 및 추후검사가 반영된 반복측정 실험설계가 사용될 수 있다. 이를 도식으로 나타내면 다음과 같다.

(R)	O_1	×	O_2	O_3	O_4
(R)	O_5	×	O_6	O_7	O_8

O_1 O_5 : 사전검사 O_2 O_6 : 사후검사 O_3 O_7 : 지연검사 O_4 O_8 : 추후검사

이러한 예의 경우 반복측정 변량분석(Repeated Measures ANOVA) 방법을 사용하여 집단 간 효과, 집단 내 효과 그리고 집단 간 효과와 집단 내 효과의 상호작용 여부를 차례로 알 수 있다.

첫째, 집단 간 효과(between subjects effect)는 종속변인의 측정시점에 상관없이 실험 · 통제집단 간 유의미한 차이가 있는지를 검증하는 것이며, 변량분석의 결과 전체 F값이 유의하다면 사후검증(post hoc test)으로 다중비교(paired comparison)를 하여 집단 간 차이를 확인하게 된다.

둘째, 집단 내 효과(within subjects effect)는 각 측정 시점에 따라 종속변인의 점수에서 차이가 있는지를 검증하는 것이다. 예에서는 사전, 사후, 지연, 추후검사의 평균점수가 비교된다.

셋째, 상호작용 효과(interaction effect)는 집단(2)과 시점(4) 간에 상호작용이 있는가를 검토하는 것으로서, 만약 상호작용이 있다면 집단에 따라 측정시기별 종속점수가 다르다는 것을 의미한다. 집단과 시점이 교차하는 12개의 평균값을 비교하게 된다.

기간 동안 피험자들에게 발생할 수 있는 개인적 사건(예: 부모이혼, 가족사망, 이사, 질병 등) 등이 처치효과에 영향을 미칠 수도 있을 것이다.

전후검사 통제집단 설계로 수집한 자료는 사전-사후 차이점수에 대한 t검증, 사전검사를 공변량으로 하는 공변량 분석 등의 방법으로 통계분석이 이루어진다. 공변량분석의 기초가 되는 가정들이 만족될 수 없는 경우 사후검사에 대한 변량분석을 고려해 볼 수 있으며 이원변량 분석도 가능하다.

2) 사후검사 통제집단 설계

사후검사 통제집단 설계(posttest-only control group design)는 전후검사 통제집단 설계와 기본 형태는 동일하나 사전검사는 실시하지 않으며 단지 사후검사만을 실시하는 설계다. 도식으로 나타내면 다음과 같다.

R	×	O_1
R		O_2

이 실험설계에서는 우선 피험자들을 실험집단과 통제집단에 무선적으로 배치한 후, 실험집단에는 처치를 가하지만 통제집단에는 어떠한 처치도 가하지 않은 채 그대로 두었다가 양 집단 모두에 사후검사만을 실시하여 이 두 집단의 사후검사 점수의 차이를 가지고 실험처치의 효과를 알아본다.

사후검사 통제집단 설계에서는 무선적으로 실험집단과 통제집단을 나누고, 사전검사를 실시하지 않기 때문에 실험의 내적타당도를 위협하는 대부분의 요인들을 통제할 수 있고, 사전검사와 실험처치 간의 상호작용에 의한 영향도 막을 수 있으며, 아울러 시간과 노력을 절약할 수 있는 편리한 실험설계라고 할 수 있다. 그러나 사전검사가 없기 때문에 실험처치의 효과 크기를 알 수 없는 단점이 있다. 따라서 사전검사가 불필요한 경우, 사전검사를 실시하기 매우 어려운 경우, 적당한 사전검사를 찾지 못할 경우, 검사실시 비용이 많이 드는 경우, 피험자의 익명성이 요구되는 경우 그리고 사전검사와 실험처치의 상호작용이 예상되는 경우 등에 유용하게 사용할 수 있는 실험설계다.

사후검사 통제집단 설계로 수집된 자료는 실험집단과 통제집단의 사후검사 평균점수를 비교하는 두 종속 표본 t검증으로 가능하며, 세 집단 이상일 경우에는 변량분석이 사용될 수 있다.

3) 솔로몬 4개 집단 설계

앞의 전후검사 통제집단 설계에서 언급했듯이 사전검사는 실험처치에 대한 피험자의 관심을 증가 혹은 감소시킴으로써 실험결과에 영향을 미치게 되고 이것이 실험결과의 일반화를 제한하는 한 요인이 된다고 하였다. 솔로몬 4개 집단 설계(Solomon four-group design)는 이와 같은 사전검사의 영향을 제거함으로써 전후검사 통제집단 설계의 주요 결함을 보완하기 위해 1949년 솔로몬이 고안한 설계유형이다. 이 설계 방안은 사전검사를 하지 않는 두 개의 집단을 첨부함으로써 전후검사 통제집단 설계와 사후검사 통제집단 설계를 통합하고 있는데 이는 통제집단에 대한 실험처치만의 효과를 평가하고, 사전검사 민감화(pretest sensitization)의 발생 여부를 결정하며, 사전검사와 실험처치 간의 상호작용으로 나타나는 영향을 평가하기 위함이다(Gall et al., 1999). 이 설계를 도식화하면 다음과 같다.

R	O_1	×	O_2
R	O_3		O_4
R		×	O_5
R			O_6

실험을 위해서는 먼저 피험자를 네 개의 집단에 무선배치한다. 그런 다음, 집단 1은 사전검사를 하고 실험처치를 한 후에 다시 사후검사를 하며, 집단 2는 사전검사를 하되 실험처치 없이 일정 기간이 지난 후 사후검사를 실시하며, 집단 3은 사전검사 없이 실험처치를 가한 다음 사후검사만을 실시하며, 집단 4는 사전검사와 실험처치 없이 일정 기간 후 사후검사만을 실시하게 된다. 실험처치의 효과는 수집된 6개 점수의 평균을 상호비교하여 추정하게 된다. 만약 그 검사의 결과가 $O_2 > O_1$, $O_2 > O_4$, $O_5 > O_6$, $O_5 > O_3$가 되면 실험처치의 효과가 나타났다고 결론을 내리게 된다.

	무실험처치	실험처치	
사전검사	O_4	O_2	M_{pre}
무사전검사	O_6	O_5	$M_{non-pre}$
	M_{non-X}	M_X	

솔로몬 4개 집단 설계로 수집된 자료의 통계적 분석을 위해서는 다음과 같은 2×2 요인 방안의 변량분석이라는 통계적 방법이 사용된다.

즉, 세로로 각각의 평균치를 낸 다음 그 차이($M_{non-x} - M_X$)를 가지고 실험처치의 주효과를 측정하고, 가로 각각 평균치의 차이($M_{pre} - M_{non-pre}$)를 가지고 사전검사 유무의 차이, 즉 사전검사의 주효과를 측정하며, $(O_4 - O_2) - (O_6 - O_5)$로써 사전검사와 실험처치 간의 상호작용 효과를 알아보게 된다. 이때 만약 사전검사가 통계적으로 유의미하다면 이는 실험처치에 관계없이 사전검사가 종속변인에 영향을 미침을 의미하며, 상호작용이 통계적으로 유의미할 경우 사전검사와의 결합 여부에 따라 실험처치의 효과가 달라짐을 의미한다.

솔로몬 4개 집단 설계는 실험의 타당성을 확보한다는 입장에서 볼 때 가장 이상적인 형태의 실험설계라 할 수 있다. 다시 말해서 실험의 내적타당도를 위협하는 여덟 가지 영향들을 거의 통제할 수 있으며, 검사실시의 반동효과로 인하여 외적타당도가 저해되는 것도 막을 수 있다. 그뿐만 아니라 사전검사를 실시하지 않은 두 집단을 실험에 포함시킴으로써 실험처치의 주효과 이외에도 사전검사만에 의한 영향, 사전검사와 실험처치 간에 상호작용으로 나타나는 영향을 알 수 있다.

그러나 피험자의 선발과 실험처치 간의 상호작용에 따른 문제라든지 실험적 상황에 대한 반동효과의 문제는 미해결 상태로 남게 되며, 4개의 집단을 동시에 통제해야 하기 때문에 실험과정과 그 결과의 분석이 매우 어렵고 복잡하다는 단점을 가진다. 따라서 솔로몬 4개 집단 설계를 이용할 경우에는 설계의 사용 여부를 미리 신중하게 생각해 보는 것이 좋다. 그러나 사전검사를 실시한 후 오랜 시간이 흐른 다음에 사후검사를 실시할 경우, 사전검사와 사후검사가 서로 다른 경우, 수업시간 중에 검사가 실시되기 때문에 피험자들이 지금 특별한 검사를 받고 있다는 생각을 갖지 않는 경우, 그리고 무의미 철자를 이용한 검사이기 때문에 사전검사를 받았다 하더라도 그것이 사후검사에 아무런 영향도 끼치지 않는 경우에는 굳이 솔로몬 4개 집단 설계를 사용할 필요 없이 좀 더 간편한 전후검사 통제집단 설계를 이용하면 된다.

4) 요인설계

위에서 살펴본 3가지 기본설계들은 독립변인 하나만을 변화시키고 다른 부수적인 변인들이나 기타 실험조건들은 일정한 상태로 유지시켜서 그 하나의 변인이 종속변인에 미치는 영향을 보는 것들이었다. 그러나 두 개의 독립변인을 동시에 고려하면서 그들 간의 상호작용을 살펴볼 수 있는 방안이 있는데 이것이 곧 요인설계(factorial design)다.

예컨대, 전통적 학습법보다는 완전 학습법에 의해 과학성적이 더욱 향상될 것이라는 연구의 경우, 위의 세 가지 기본 연구설계로는 교수방법이 과학성적에 미치는 영향만을 볼 수 있다. 그러나 요인설계를 사용하면, 두 개의 독립변인, 즉 교수방법과 학생의 적성 둘 다를 동시에 고려하면서 그들 간의 상호작용을 살펴볼 수 있는데 가령 높은 적성을 가진 아동들은 전통적 학습법으로 가르칠 때 과학 성적이 향상되는 반면, 낮은 적성을 가진 학생들은 완전 학습법으로 가르칠 때 효과적이라는 정보도 얻을 수 있는 것이다.

이와 같이 요인설계란 하나의 종속변인에 대한 둘 이상의 독립변인의 효과, 즉 종속변인에 대한 각 독립변인의 주효과와 종속변인에 대한 둘 이상의 독립변인 간의 상호작용 효과 모두를 결정하기 위하여 독립변인을 배열하는 연구의 한 구조다(Gall et al., 1999). 이때 독립변인의 배열 형태는 여러 가지가 있을 수 있다. 예를 들어, 하나의 독립변인을 여러 조건으로 나눌 수도 있고, 두개 이상의 독립변인을 포함시킬 수 있으며, 각 독립변인을 두 가지 이상의 수준으로 변화시킬 수도 있다. 이에 따른 독립변인의 수에 의해 요인설계는 일원적 요인설계, 이원적 요인설계 및 다원적 요인설계로 나누어 볼 수 있다.

(1) 일원적 요인설계

일원적 요인설계(factorial design with one variable)란 하나의 독립변인이 두 가지 또는 그 이상의 상태를 가질 때, 이에 따른 종속변인에 대한 효과를 알아볼 경우 사용되는 실험설계를 말한다. 이를 도식으로 나타내면 다음과 같다.

R	O_1	X_1	O_2
R	O_3	X_2	O_4
R	O_5		O_6

실험처치 수준과 검사점수 간의 관계를 알아보려고 할 경우의 예를 들어 보자. 이 경우 피험자들을 3집단으로 동등하게 나누어 무선적으로 배치한 다음 사전검사를 실시하고, 일주일쯤 지나 집단 1은 상위불안조건에서 검사를 받게 하고, 집단 2는 하위불안조건에서 검사를 받게 하며, 집단 3은 아무런 실험처치도 받지 않게 한다. 그다음 사후검사를 실시한 뒤에 이들 각 집단 간의 사전-사후검사의 평균차이를 서로 비교한다. 결과적으로 실험처치수준이라는 독립변인이 종속변인, 즉 검사점수에 미치는 효과를 알아볼 수 있게 된다.

(2) 이원적 요인설계

이원적 요인설계(factorial design with two variables)는 두 개의 독립변인이 그 종속변인에 미치는 영향을 동시에 연구할 때 사용되는 실험방안으로 '2×2'로 표현한다.

예컨대, 교수방법과 수업매체가 아동의 영어회화학습에 미치는 효과를 연구하는 경우를 생각해 보자. 이때 교수 방법은 전통적 학습과 새로운 학습으로 구분되며, 수업매체는 청각 매체와 시청각 매체로 구별된다고 하자. 이 경우 피험자들은 우선 4집단에 무선배치하게 되며, 집단 1에게는 전통적 교수법을 사용하여 청각으로 수업하고, 집단 2에게는 새로운 교수법을 사용하여 청각으로 수업하고, 집단 3에게는 전통적 교수법을 사용하여 시청각으로 수업하며, 집단 4에게는 새로운 교수법을 사용하여 시청각으로 수업하면 된다. 실험처치가 완료된 다음 4집단 모두에게 사후검사가 실시된다.

이원적 요인설계에서 수집된 자료는 이원 변량분석방법으로 분석된다. 이를 도식으로 나타내면 다음과 같다.

먼저 교수방법에 따른 영어회화 학습성취도의 차이를 알아보기 위해서는 집단 1과 집단 3을 합하여 평균을 산출하고, 집단 2와 집단 4를 합하여 평균

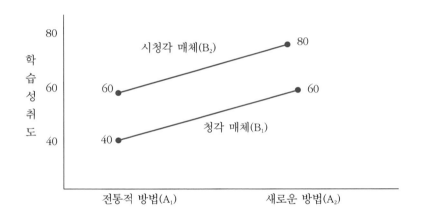

교수방법(독립변인 A)

	전통적 방법(A₁)	새로운 방법(A₂)
청각 매체(B₁)	(1) A₁B₁	(2) A₂B₁
시청각 매체(B₂)	(3) A₁B₂	(4) A₂B₂

수업매체 (독립변인 B)

그림 11-1　교수방법과 수업매체의 상호작용 (1)

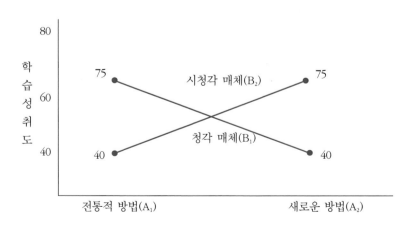

그림 11-2　교수방법과 수업매체의 상호작용 (2)

을 산출한 다음 이를 서로 비교하면 된다. 또한 수업매체가 학습성취도에 주는 영향을 알아보기 위해서는 집단 1과 집단 2를 합하여 학습성취도 평균을 산출하며, 집단 3과 집단 4를 합하여 마찬가지로 평균을 산출한 다음 이를 서로 비교하면 된다.

한편 독립변인 A와 독립변인 B의 상호작용효과, 즉 교수방법과 수업매체가 상호작용해 영어회화 학습성취에 주는 영향을 알아보려는 경우는 [그림 11-1]과 같이 상호작용효과가 없는 경우 혹은 [그림 11-2]처럼 상호작용효과가 있는 경우로 나타날 수 있다. 보다 구체적인 방법은 별도의 통계학 서적을 참고하기 바란다.

(3) 다원적 요인설계

다원적 요인설계(factorial design with multiple variables)는 3개 또는 그 이상의 독립변인들이 하나의 종속변인에 미치는 주효과와 상호작용효과를 알아볼 때 사용하는 실험방안을 말한다. 예를 들면, 2×2×2, 2×5×4, 2×3×3 등과 같은 요인설계다. 연구에 따라서는 4개의 독립변인을 포함시키는 4×2×3×5 등과 같은 한층 복잡한 요인방안도 있을 수 있다. 그러나 대체로 2×2×2 실험설계수준을 벗어나게 되면, 대표본이 요구되면서 너무 복잡하여 통계가 쉽지 않고 결과해석도 어렵기 때문에 연구에서 사용되는 경우가 흔하지 않다. 따라서 여기서는 2×2×2 요인설계라는 다원적 요인방안의 한 형태만을 간략히 예로 들어 보기로 한다.

2×2×2 요인설계는 앞의 교수방법과 수업매체를 독립변인으로 설정한 실험에 학생의 적성변인을 첨가하되, 그 수준을 높은 적성과 낮은 적성의 2가지로 구분하는 경우다. 이러한 경우 요인방안의 형태를 도식으로 나타내면 다음과 같다.

교수방법		전통적 방법(A_1)		새로운 방법(A_2)	
적성수준		상위(C_1)	하위(C_2)	상위(C_1)	하위(C_2)
수업매체	청각 매체(B_1)	$A_1 B_1 C_1$	$A_1 B_1 C_2$	$A_2 B_1 C_1$	$A_2 B_1 C_2$
	시청각 매체(B_2)	$A_1 B_2 C_1$	$A_1 B_2 C_2$	$A_2 B_2 C_1$	$A_2 B_2 C_2$

이 표에서 각 칸의 $A_1 B_1 C_1$, $A_1 B_1 C_2$…… 들은 종속변인에 대한 평균점수를 말하며, 평균점수들에 대한 차이 분석을 통해 각 독립변인의 주효과와 상호작용효과를 알아보게 된다. 이러한 설계에서 수집된 자료의 분석을 위해서는 삼원변량분석방법이 사용될 수 있다.

이상에서 실험연구에서 많이 사용되는 실험설계를 준실험설계와 진실험설계로 나누어 살펴보았다. 다른 조건이 모두 동일하다면 실험의 타당성이 높은 것이 가장 좋은 실험설계라 할 수 있다. 그러나 앞서 각 설계유형에서 언급한 것처럼 설계유형 모두는 제각기 장점과 단점이 있다. 또한 경우에 따라서는 통제할 수 있는 가외요인이 있는가 하면 통제할 수 없는 가외요인도 있음을 인식해야 한다.

따라서 연구자는 실험설계에 어떤 정해진 틀이 있는 것은 아니라는 생각을 해야 하며, 각자 계획한 연구의 이론적 준거, 문제, 가설, 처치, 측정, 실험상황, 비용, 실현가능성, 시간 등과 같은 전반적인 사항을 고려하여 가장 적합한 실험설계를 선택할 수 있도록 최선의 노력을 기울여야 한다.

 연습문제 ··········

1. 준실험설계와 진실험설계의 차이점을 기술하시오.

2. 실험연구에서 내적타당도와 외적타당도의 의미를 설명하고, 각 타당도를 저해하는 요인들을 간략히 제시하시오.

3. 다음 준실험설계를 설명하고 도식으로 나타내어 보시오.
   1) 단일집단 전후검사 설계
   2) 이질통제집단 전후검사 설계

4. 다음 진실험설계를 설명하고 도식으로 나타내어 보시오.

  1) 사후검사 통제집단 설계

  2) 솔로몬 4개 집단 설계

5. 실험연구에서 '효과의 크기'를 산출하는 것의 의의를 설명하시오.

6. 반복측정 실험설계를 채택하고 있는 학술지 논문 1편을 찾아 다음 사항을 제시하시오.

  1) 논문명

  2) 반복측정 실험설계를 채택하고 있는 이유

  3) 반복측정 실험설계의 결과 (도표 및 결과해석)

7. 실험연구에서 이원적 요인설계에 대해 설명하고, 이에 적합한 예시 연구문제를 2개만 제시하시오.

제12장

내용분석

전통적으로 내용분석(content analysis)은 단순히 텍스트 혹은 메시지에 포함된 내용을 분석하기 위한 하나의 자료분석기법으로 인식되어 왔다. 그러나 최근에 이르러 내용분석연구의 분석대상이 다양화되면서 점차 이론적 또는 방법론적 문제를 해결하기 연구방법으로 발달하고 있다(차배근, 2004). 특히 질적연구방법이 확산되면서 내용분석연구 또한 텍스트의 표면적인 내용을 단순히 수량화하는 양적 내용분석(quantitative content analysis)에서 벗어나, 잠재적인 내용과 맥락을 연구자의 해석학적인 관점에서 다루는 질적 내용분석(qualitative content analysis)으로 확장되고 있다.

내용분석연구가 근간으로 삼는 텍스트의 단어와 문장은 인간이 만든 중요한 산물이다. 따라서 사람들이 말하고 기록한 것 모두는 개인과 사회적 과정에 대한 훌륭한 증거원천이 될 수 있다. 예를 들어, 심리학자는 주제통각검사(TAT)를 실시한다. 이는 TAT에서 산출된 이야기의 내용에 대한 분석을 통하여 피험자의 생활사, 가치관, 욕구, 방어기제, 삶의 관심사를 분석할 수 있다고 믿기 때문이다.

이러한 이유로 내용분석 연구방법은 현재 교육분야를 포함하여 사회학, 심리학, 인지과학 등에서뿐만 아니라 마케팅, 매체 연구, 문학, 문화연구, 정치학 등에 이르기까지 다양한 학문분야에서 활발히 사용된다.

　이 장에서는 내용분석을 단순히 자료분석 기법이 아닌 연구방법이라는 의미로 살펴본다. 내용분석의 정의와 특성, 연구유형, 연구의 수행절차 그리고 내용분석연구가 갖는 장단점과 유의점으로 구분하여 차례로 제시하기로 한다.

1. 내용분석연구의 정의와 특성

1) 정의

　내용분석(Content Analysis)이란 관심 변인이나 현상을 연구하기 위하여 관찰이나 면접 등을 사용하는 대신에 사람들이 이미 산출해 놓은 텍스트를 체계적으로 양적 · 질적으로 분석하는 방법이다. 내용분석에 대한 학자들의 정의를 들어 보면, 내용분석이란 '명시적인 부호화 규칙을 바탕으로 텍스트에 있는 다수의 낱말들을 소수의 범주(category)로 압축하기 위한 체계적 · 반복적 기술'(Krippendorff, 1980) 혹은 '메시지의 구체적 특성들을 객관적이고 체계적으로 확인함으로써 여러 가지 추론을 만들어 내는 그 어떤 기술'(Holsti, 1969) 등으로 정의된다.

　이러한 정의에서 알 수 있는 몇 가지는, 첫째, 내용분석은 이미 만들어진 자료를 분석하여 연구한다는 것이다. 면접이나 설문지, 관찰을 통한 자료수집은 피면접자 혹은 관찰 대상자의 의도적 답변이나 행동에 의해서 왜곡될 수 있으나 내용분석의 경우 이미 산출된 자료를 기초로 분석하기 때문에 상대적으로 그러한 염려가 적다. 둘째, 내용분석은 양적 · 질적분석을 동시에 수행한다는 것이다. 내용분석은 본질적으로 텍스트의 외현적이고 현재적인 내용뿐만 아니라 문맥이나 내용 속에 숨어 있는 암묵적이고 잠재적인 내용을 함께 분석하고자 하는 것을 목적으로 한다. 이는 결과의 수량화를 통한 양적분석과 해석적 추론을 통한 질적분석을 함께 요구하는 것이다. 셋째, 내용분석은 좁은 의미에서 볼 때, 일종의 자료 압축기술이라는 의미로 사용됨을 알 수 있다. 전통적으로 내용분석은 방대한 문서자료를 효과적으로 요약하고자 하는 제한된 목적으로도 많이 사용되어 왔다. 예를 들어, 조사연구나 면접 등에서는 개방

형 질문에 대한 응답자료를 분류해 내는 기법으로 내용분석 기법이 활용되어
왔다. 넷째, 내용분석은 단지 '텍스트'의 분석에만 제한하지는 않는다는 것이
다. Holsti의 정의에 따르면 내용분석의 기술은 텍스트 분석의 영역에만 제한
되는 것이 아니라 시각적 매체로서 사진, 포스터, 그림, 청각매체로서 오디오
테이프, 광디스크의 기록내용, 라디오 프로그램, 그리고 매체의 조합으로서
TV 프로그램과 활자, CD-ROM 디스크 등 부호화에 적합한 모든 자료들이 활
용될 수 있다. 다만 모든 자료들은 분석의 반복이 허용되어야 하며 이를 위해
서는 영속성이 있는 자료여야 한다.

내용분석의 대상이 되는 모든 시각·청각자료, 매체자료들은 크게 4단계 절
차를 통하여 분석된다(Krippendorff, 1980; Mayring, 2000; Stemler, 2001). 보다
세분화된 구체적인 절차는 뒤에서 다루기로 하고 여기서는 간략하게 개요만
살펴보면 다음과 같다.

먼저, 분석 자료를 의사소통 모델에 맞춘다. 즉, 모든 자료는 일종의 의사소
통을 위한 텍스트로 변환되며 그럼으로써 어느 부분을 분석하고 추론할 것인
지를 보다 명료화한다. 예컨대, 텍스트 산출의 상황에 초점을 둘 것인지, 사회
경제적 배경에 초점을 둘 것인지, 아니면 화자의 경험이나 의견, 감정에 초점
을 둘 것인지가 명확해진다. 다음으로 분석규칙을 설정하고 자료를 분류해 나
간다. 이 과정에서 모든 자료들은 경험적 혹은 이론적으로 설정된 범주에 따
라 구체적인 내용분석의 단위에 맞추어 부호화된다. 자료분류 과정에서 특히
중요한 것은 자료분류의 신뢰도와 타당도를 점검하는 절차다. 일반적으로 자
료분류 과정 중에 신뢰도 타당도를 점검하는 절차가 이어지며, 만약 양호도가
적절히 확보되면 나머지 자료를 모두 분류하게 되며, 최종적으로 양적·질적
분석을 수행하게 된다.

2) 특성

내용분석의 활용면을 중심으로 내용분석연구가 갖는 몇 가지 특징을 추가
로 제시하면 다음과 같다.

첫째, 내용분석은 앞서 언급한 것처럼 질문지나 검사 혹은 관찰과 같은 방
법을 통해서는 필요한 정보를 얻기 힘든 상황, 예컨대 역사적 고찰을 한다든

지, 사망했거나 접근하기 힘든 인물에 대한 연구 또는 어떤 정책내용이나 교육 프로그램의 내용에 관한 평가연구를 할 경우에 많이 활용된다. 다만, 이것의 내용분석 방법이 연구대상자에 대한 직접적인 접근이 가능할 경우에는 사용할 수 없다는 의미는 아니다. 연구대상자의 행동, 태도, 가치관 등을 일정한 기간 동안 계속해서 측정할 경우 자연스럽고 솔직한 반응을 얻기 어렵게 된다. 이처럼 설문지를 이용한 조사방법이나 실험방법이 적용될 수 있는 경우에도 오히려 연구대상자가 남겨 놓은 자료를 가지고 내용분석을 하는 것이 더 정확할 수 있다.

둘째, 내용분석은 연구대상 자체가 말이나 글로 작성된 문헌인 경우, 분석자료가 방대한 경우, 그리고 실증적 자료에 대한 보완적 연구가 필요한 경우 보다 효과적으로 활용될 수 있다. 내용분석은 다양한 형태의 자료분석에 활용되지만 가장 흔히 활용되는 장면은 역시 언어나 문헌자료의 분석에 있다. 예를 들어, 교과서 내용에서 나타나는 선입견이나 편견, 이데올로기 분석, 논설이나 수필, 시(詩)에서 나타난 저자의 의도, 문형, 생각, 신념에 대한 분석, 교사와 학생 간의 대화분석 등이 내용분석이 사용되는 대표적인 활용 예다. 분석할 자료가 방대할 때에도 내용분석방법이 요구된다. 신문, 잡지, 방송내용 등을 모두 동시에 연구하고자 하는 경우 이를 모두 연구하는 것은 거의 불가능하다. 이때 내용의 일부를 표집하여 내용분석을 수행함으로써 전체적인 경향을 파악할 수 있다. 내용분석은 실험연구 등에서 검사 등을 통하여 얻은 자료를 보완할 목적으로 사용될 수 있다. 상담 처치 프로그램의 효과연구에서 프로그램의 효과는 사전-사후에 얻어진 검사점수뿐만 아니라, 처치과정에서 상담자와 내담자가 나눈 대화내용을 녹음하고 이를 분석함으로써 연구결과를 보완할 수 있다.

셋째, 내용분석은 객관적 · 체계적 · 양적 · 질적인 분석방법을 병행하여 사용한다. 객관적이란 그 내용을 다른 사람도 같은 방법을 사용하여 분석해도 같은 결과를 얻을 수 있다는 것을 의미하며, 체계적이란 일정한 과학적 절차에 의해 분석하는 것을 의미한다. 이는 내용분석 과정에서 명확한 범주, 코딩 규칙의 설정에 기인하는 것이다. 더불어 내용분석은 질적인 내용을 양적인 자료로 전환하여 분석하기도 하며 그 자체로 해석적 분석을 하기도 한다. 전자의 경우 내용분석이 개방적 설문지를 이용하는 조사연구와 같은 양적연구의 한 부분으로 수행되는 경우에 많이 취하는 방식이며, 후자는 질적 내용분석연구를 목적으로 연구자 자신을 하나의 측정도구로 활용하는 경우에 해당된다.

2. 내용분석연구의 유형

내용분석연구의 유형은 연구의 초점이 단일개념의 분석에 관심을 두느냐 개념 간의 관계에 대한 분석에 초점을 두느냐에 따라 개념분석 연구와 관계분석 연구로 구분할 수 있으며(Busha & Harter, 1980), 텍스트를 의사소통이라는 관점에서 의사소통의 현재 특성에 관한 연구, 의사소통의 선행요인에 관한 연구, 의사소통 결과 및 효과에 관한 연구 등으로 구분할 수 있다(차배근, 2004; Borg et al., 1996; Holsti, 1969). 개념분석 연구와 관계분석 연구의 차이는 단순히 연구자가 단일개념에 관심을 갖느냐 혹은 개념 간의 관계에 대하여 관심을 갖느냐의 차이다.

1) 개념분석연구와 관계분석연구

개념분석은 내용분석연구가 전통적으로 추구해 온 목적에 속한다. 여기에서 연구자의 기본관심은 어떤 하나의 개념이며 텍스트의 내용분석을 통해서 개념과 관계된 단어나 문장 등이 얼마나 빈번하게 사용되었는지를 검토하는 것이 주목적이다. 따라서 연구자는 개념과 관계된 단어나 문장 등의 수량화에만 관심이 있으며 개념들 간의 관계분석을 위한 단어들 간의 관계에는 관심이 없다.

반면, 관계분석연구는 개념분석을 바탕으로 텍스트에 있는 개념들 간의 관계를 탐색하고자 하는 연구를 말한다. 이를 위하여 내용분석에서는 탐색하고자 하는 두 개 이상의 개념을 결정하고, 부호화 규칙을 설정하는 한편 각 개념을 나타내는 단어나 문장 등과 같은 분석단위에 따라 내용을 분석하게 된다. 그 결과 두 개 이상의 개념을 나타내는 단어와 문장이 동시에 관찰된다면 이를 근거로 개념 간의 관계를 유추하게 된다. 그러므로 단일 개념분석의 경우 기술통계적 방법을 더 많이 활용하며 관계분석 연구의 경우 이론적 · 해석적 방법을 더 많이 활용한다.

2) 의사소통의 현재적 특성에 관한 연구

텍스트를 의사소통이라는 관점에서 볼 때 그 내용이 누구에게(to whom), 무엇을(what), 어떻게(how) 전달하고 있는지 텍스트가 지니고 있는 현재적 특성을 분석하는 연구를 말한다. 이와 같은 연구에서는 텍스트의 내용을 객관적으로 분석하는 것이 보다 중요하다.

교육분야에서의 내용분석의 예를 들어 보면, 교육방송 프로그램의 주간 혹은 월간 편성표를 확보하여 이들 프로그램이 누구(유치원생, 초등학생, 중·고등학생 등)를 주 시청자로 삼아, 무엇(교양, 교과학습, 자격증 취득 강의 등)을 어떻게(강의, 토론, 영화 등) 전달하고 있는지를 분석할 수 있다. 또한 초등학교 4학년 도덕 교과서 분석을 통하여 무엇을(공공질서, 가족생활, 효, 국가관 등) 어떻게 전달하며, 한국 전래동화를 분석함으로써 등장인물이 누구인지 주제가 무엇인지 등을 분석할 수 있다. 여기에서 누구, 무엇, 어떻게라는 것은 연구자의 설정에 따라 범주가 달라질 수 있다. 예를 들어, '어떻게'라는 것은 '전달방식'이라는 의미로 정의하여 훈화, 설득, 비유, 설명 등으로 범주화될 수 있으며 혹은 '문체'라는 의미로 정의하여 문장의 길이, 구문, 수사법 등의 관점에서 분석할 수도 있다.

3) 의사소통의 선행요인에 관한 연구

누구(who)에 의해 텍스트의 내용이나 메시지가 만들어졌는지, 왜(why) 그러한 메시지를 고안하여 전달하고자 하였는지를 분석하는 연구를 말한다. 이러한 연구는 텍스트의 객관적인 분석을 넘어 연구자의 전문적 식견, 경험, 추론 능력을 요구한다.

예를 들어, 사회 지도층 인사나 유명한 정치가의 연설문, 저서, 신문에 투고한 글 등을 분석하여 이들의 성향, 가치관, 신념 등을 추리하는 경우 그리고 인터넷 게시판의 글이나 화장실의 낙서 등을 수집함으로써 글쓴이들의 특징이나 성향을 파악하거나, 전달하고자 하는 내용이 무엇인지를 분석하는 경우를 들 수 있다. 또한 문학, 국어학 분야에서 민담이나 노동요 등을 시대 변천에 따라 수집함으로써 문화적 양태와 내용의 변화 간의 관계를 추론하는 연구 또한 이에 해당된다.

4) 의사소통의 결과 및 효과에 관한 연구

텍스트를 분석함으로써 어떤 결과나 효과(with what effects)를 가져왔는지를 분석하는 연구를 말한다. 이러한 연구에서는 연구자에게 텍스트가 지닐 수 있는 결과나 효과에 대한 이론적, 경험적 연구에 대하여 체계적으로 고찰할 것이 요구되는 한편 있을 수 있는 결과나 효과에 대한 연구자의 통찰력이 중시된다.

예를 들어, 일반시민을 대상으로 하여 TV 뉴스나 광고방송에 대한 반응을 수집하여 이를 내용분석하거나, 상담 장면에서 내담자의 언어적 반응을 수집하여 상담의 효과를 분석하는 연구가 이에 해당된다. 연구자는 텍스트 속에서 나타날 수 있는 결과와 효과에 대하여 사전에 아무런 가설 없이 분석에 임할 수도 있으나, 가능성 있는 결과와 효과에 대하여 사전에 구체적인 분석범주를 마련할 수도 있다.

3. 내용분석의 절차

내용분석 절차 중에서 가장 중요한 단계요소는 적절한 분석범주를 설정하는 일이다. 내용분석연구의 성패는 분석범주가 연구문제와 분석자료에 얼마나 적합하게 설정되었느냐 여부에 달려 있기 때문이다. 다음에서는 내용분석절차를 6단계로 구분하여 살펴본다. 특히 분석범주의 설정 단계와 분석단위의 설정 단계를 유념하기 바란다.

1) 연구문제의 확인

연구자는 사전에 주어진 연구문제를 충분히 검토하여 과연 내용분석방법이 적합한 것인지를 살펴보아야 한다. 이를 위해서는 연구가 취하고자 하는 궁극적인 목적과 함께 내용분석방법이 지니고 있는 특징과 장단점을 면밀히 검토해야 한다. 비록 내용분석방법이 적합한 것으로 여겨진다 하더라도 자료에 대한 접근성이 지극히 제한되어 있거나 충분한 자료를 구할 수 없다고 한다면 연구결과 또한 미약할 수밖에 없기 때문이다. 연구자는 관련분야의 이론과 연구들을 충분히 읽어 보아야 한다.

2) 전집의 정의와 표집

내용분석연구의 실질적인 첫 단계는 분석될 내용의 전집인 모집단을 정의하고 대표적인 표본을 선정하는 일이다. 즉, 내용분석을 위한 자료로 신문, 교과서, 동화, 만화, 비디오테이프 등과 같은 그 종류와 범위를 한정하고 분석을 위한 표본을 제한적으로 추출하는 것이다. 모집단은 연구주제와 관련하여 설정해야 한다. 예를 들어, '이 연구는 7차 교육과정으로 교육부가 2000년도에 제작한 중학교 도덕 교과서에 나타난 남녀역할에 대한 차별적 요소에 대하여 연구한다.'고 명시하는 것은 모집단에 대한 간접적인 정의가 된다. 모집단의 결정에는 연구주제의 범위와 연구기간이라는 두 차원이 고려되어야 한다.

연구에서 분석할 표본추출의 과정은 일반적인 표집원리와 절차를 그대로 사용하나 방대한 문헌자료를 대상으로 표집할 때에는 의도적 표집을 하거나 다단계 표집을 하는 경우가 많다. 예를 들어, 신문을 분석하고자 하는 경우 어느 신문, 어떤 호, 어느 기간으로 의도적으로 제한하거나 먼저 시간 단위로 몇 년치 또는 몇 달치 등으로 나눈 다음 어느 면, 어떤 기사를 표집하며 나아가 어느 문장이나 행에 이르기까지 다단계로 표집할 수 있다.

3) 분석범주의 설정

표집방법이 선정되면 연구문제와 관련하여 구체적으로 어떠한 내용을 무엇을 기준으로 분석할 것인가를 결정해야 한다. 이를 위하여 유목 혹은 범주(category)를 설정한다. 범주란 의사소통 내용의 특징을 기술하고 분류하는 체계 혹은 비슷한 의미를 지니거나 함축하고 있는 단어들의 집합이다(Weber, 1990). 내용분석연구에서 범주는 이론이나 검증되어야 할 가설을 반영하기 때문에 분석에서 가장 중요한 부분이다.

예를 들어, 교과서에서 나타나는 성역할의 변화에 대한 분석을 한다고 했을 때에는 남녀 등장인물의 성역할을 기준으로 남성의 역할, 여성의 역할, 남녀 공통의 역할에 따라 3개 범주로 설정할 수 있다. 만약 장애관련 동화를 내용 분석한다면 주인공의 장애유형에 따라 시각장애, 청각장애, 언어장애, 지체부 자유, 정신지체, 자폐성, 건강장애, 중복장애 등과 같이 8개 범주로 설정할 수 있을 것이다.

분석범주는 다음과 같은 조건들을 갖추어야 한다.

첫째, 무엇보다 분석범주들은 주어진 연구목적 또는 연구문제에 적합해야 한다. 이를 위해서는 변인에 대한 구체적이고 정확한 개념적 정의와 조작적 정의를 내림으로써 연구하고자 하는 변인 또는 개념을 대표할 수 있는 타당성 을 지니게 된다.

둘째, 분석범주들은 포괄성이 있어야 한다. 이는 분석항목이 특정한 분석범 주 중의 하나에 반드시 포함되어 남는 것이 전혀 없어야 한다는 의미다. 예를 들어, 동화의 주제를 분석하여 10개 범주로 분석한다고 하였을 때 표집된 모 든 동화들이 특정한 주제로 10개 범주에 반드시 포함되어야 한다.

셋째, 분석범주는 상호 배타적이어야 한다. 즉, 어떤 분석 항목이 하나 이상 의 범주에 들어갈 수 있도록 범주가 설정되어서는 안 된다는 것이다. 어떤 항 목이 2개 이상의 유목에 동시에 포함될 수 있는 경우가 발생한다면 이는 범주 가 상호배타적으로 설정되지 않았기 때문일 것이다.

넷째, 분석범주는 개념상 서로 동일한 수준이어야 한다. 예를 들어, 소설 속 의 주인공의 성격특성을 분석하는 데 있어서 분석범주를 친절성, 정의감, 책 임감, 의지력, 신앙심으로 구분하였다면 신앙심의 경우 나머지 다른 범주와 동일한 차원이나 기준이 아닐 수 있다.

연구에 따라 범주 설정을 위한 기준이나 구체적인 범주항목은 너무나 다양 하기 때문에 일반적으로 말할 수는 없다. 다만 비교적 많이 발견되는 몇 가지 를 예를 들어 보면, 텍스트의 내용에 따라 주제(애정, 출세, 도덕 등), 찬반의 태 도, 가치나 욕망, 목적 실현의 방법(협력, 회유, 폭력 등의 범주), 인물의 속성이 나 성격, 가치(권력, 정직, 존경, 애정 등의 범주), 성, 연령, 직업과 같은 인구통 계학적 배경 등에 따른 범주 등이며, 내용의 형식에 따라서는 문장의 형태(평 서문, 명령문, 의문문 등의 범주), 비유형식(은유, 직유, 의인화, 등), 문장의 길이

〈표 12-1〉 범주의 귀납적 및 연역적 설정 방법

내용분석에서 핵심 요소인 범주는 귀납적 혹은 연역적 절차에 따라 구성할 수 있다
(Mayring, 2000). 귀납적 구성(inductive formation)은 분석하고자 하는 자료를 근거로 범주를
찾아내는 방법이며, 연역적 구성(deductive formation)은 이론에 따라 미리 범주를 설정해 놓
고 자료를 분석하는 방법이다. 간략히 그 절차를 살펴보면 다음과 같다.

귀납적 구성절차
1. 이론적 배경과 연구문제에 근거하여 '범주를 정의하는 준거'를 설정한다. 특히, 범주단
   위로 간주될 수 있을 정도의 추상성의 수준을 정의한다.
2. '범주 정의 준거'에 따라 자료의 분석을 하며, 잠정적인 범주들을 찾아 나간다.
3. 자료를 10~50% 정도 검토한 후 발견된 잠정적인 범주들에 대하여 신뢰도(평정자간 일
   치도)를 산출한다.
4. 신뢰도가 낮은 범주들은 제거하며 계속해서 자료를 끝까지 검토해 나간다. 이 단계에서
   필요하다면 첫 번째 단계로 되돌아갈 수 있다.
5. 범주를 모두 찾아내면, 전체적으로 다시 한 번 평정자간 신뢰도를 산출한다.
6. 범주를 질적·양적으로 분석한다.

연역적 구성절차
1. 자료에 대한 내용분석에 앞서 이론에 기초하여 미리 범주를 구성한다. 범주는 주범주,
   하위범주로 구분될 수도 있다.
2. 자료분석에서 해당 범주가 발견되는지 판단하기 위하여 범주 구분의 예(정의, 부호화
   규칙)를 엄격하게 만든다.
3. 필요한 경우 범주에 대하여 평정자간 일치도를 산출한다.
4. 필요하다면 범주를 수정하며, 설정된 범주에 따라서 자료를 끝까지 검토해 나간다.
5. 자료에서 찾아낸 범주를 총합적으로 평정자간 신뢰도를 산출한다.
6. 범주를 질적·양적으로 분석한다.

등이 범주 구분을 위한 기준으로 사용된다.

4) 분석단위의 설정

범주가 설정되면 자료를 부호화하여 체계적으로 누적하고 정리하기 위해
구체적인 분석단위(unit of analysis)를 설정해야 한다.

내용분석에서 분석단위로 많이 활용되는 단위와 각각이 지니는 장단점은
다음과 같다.

낱말 혹은 용어   내용분석에서 널리 사용되는 최소분석단위로 특히 컴퓨터를 이용하여 분석할 경우 용이하게 사용할 수 있다. 낱말은 경계선이 뚜렷하고 확인하기가 쉽다는 장점이 있지만 많은 자료를 다룰 때는 감당하기 어려울 수 있다.

문장과 단락   문장이나 단락 역시 낱말이나 용어처럼 문법상 경계선이 뚜렷하여 파악하기 용이하나, 하나의 문장이나 단락 속에 상반되는 여러 가지 주제나 내용이 포함되어 있을 경우 부호화에 문제가 있을 수 있다. 즉, 상호배타성이 충족되지 않을 경우 바람직한 분석단위가 될 수 없음을 염두에 두어야 한다.

주제   텍스트에 포함된 태도, 가치, 신념 등을 연구하는 경우, 단어를 분석하는 것보다 문장이나 단락에 내포된 주제를 분석하는 것이 보다 효과적일 수 있다. 또한 주제는 어떤 것에 관한 명제이므로 대개 현실적이고 분석내용에 가깝다는 장점을 갖는다. 그러나 단어 분석에 비하여 한층 어려우며 여러 주제를 포함하고 있는 경우 중심적인 주제를 가려내기가 어렵다. 이 때문에 신뢰도가 낮아질 수 있다. 그럼에도 대규모 자료를 다루는 경우에 주제는 가장 의미 있는 분석단위일 수 있다.

인물   인물을 분석단위로 삼을 수 있는 자료는 비교적 한정된다. 예를 들어, 소설, 희곡과 같은 문학작품이나 동화, 만화, 영화, 대본, TV극, 보도물 등이다. 인물은 경계선이 뚜렷하고 구별이 분명하며 구체적인 분석단위라는 특징이 있다. 직업, 성, 연령 등과 같은 범주를 사용할 경우 수량화가 쉽다.

항목   연구자의 관심에 따라서는 항목(item)이 분석단위가 될 수도 있다. 여기서 항목이란 한 편의 영화, 한 권의 책, 한 편의 논문, 하나의 TV, 라디오 프로그램, 한 편의 이야기, 노래 한 곡 등과 같은 단위를 일컫는다. 항목을 분석단위로 설정하여 내용분석을 수행하는 것은 가장 손쉬운 방법일 수 있으나, 단점으로는, 첫째, 항목을 분석단위로 삼을 수 있을 만큼 자료가 충분해야 하고, 둘째, 각 항목 내의 세부 내용분석은 의미가 없다는 전제가 있어야 한다는 점이다.

시간 · 공간 · 면적의 측정치   분석단위로 내용에 대한 실제의 물리적 측정치를 사용하는 것을 말한다. 예를 들어, 인쇄물인 경우 지면, 단락의 수, 방송된 시간의 양 등을 분석단위로 사용하는 경우다. 계산하기 용이하며 구체적인 단위라는 장점을 지니고 있으나 활용할 수 있는 자료의 종류가 제한적이라는 단점이 있다.

5) 신뢰도와 타당도 점검

다른 모든 연구와 마찬가지로 내용분석연구 또한 연구의 신뢰도와 타당도를 확보하는 것이 중요하다. 내용분석연구에서는 연구문제에 따라 설정한 개념이나 범주의 모호성이 증가할수록 신뢰도와 타당도 문제가 발생하게 된다(Weber, 1990).

먼저, 내용분석으로부터 타당한 추론을 이끌어 내기 위해서는 내용의 분류절차가 일관성의 의미에서 신뢰할 수 있어야 한다. 부호화 과정에서 신뢰도를 확보하기 위하여 두 가지 방법을 사용할 수 있다(Stemler, 2001). 첫째, 안정성(stability) 혹은 평정자내 신뢰도(intra-rater reliability)로서, 한 사람이 동일 자료를 반복해서 부호화하여 일치도를 알아보는 방법이다. 둘째, 재생산가능성(reproducibility), 혹은 평정자간 신뢰도(inter-rater reliability)로서, 동일 자료를 서로 두 사람이 부호화하여 동일한 범주로 분류되는지를 확인하는 것이다. 이 경우 신뢰도는 평정자간의 동의율로 나타낸다.

타당도는 연구문제에서 설정한 추상적 개념과 내용분석에서 설정한 범주 간의 대응성이 높으면 타당성이 있다고 간주한다. 특정 자료에 근거한 결과의 타당도를 확보하는 한 가지 방법은 가능한 다양한 자료 출처원을 사용하는 것이다. 하나의 현상이나 개념을 측정하기 위하여 중다자료를 이용하는 삼각측량기법(triangulation)은 질적연구에서는 타당도를 확보하기 위한 가장 보편적인 방법이다.

6) 자료의 분석

설정된 범주에 따라 부호화된 누적자료는 연구의 성격에 따라 양적 혹은 질적분석의 과정을 거친다.

양적분석의 일반적인 방법은 각 범주별로 포함된 분석단위를 수량화하는 것이다. 가장 많이 사용되는 4가지 수량화 방법과 각각의 활용 예를 제시하면 다음과 같다.

첫째, 일차적으로 각 범주별로 속성을 나타내는 분석단위요소가 있는지를 파악함으로써 설정한 범주의 존재 여부를 판단하는 자료로 사용할 수 있다. 예를 들어, 장애관련 동화의 분석에서 시각장애, 청각장애, 언어장애에는 속성을 나타내는 요소가 나타나지만 지체부자유나, 정신지체, 자폐성, 건강장애, 중복장애는 나타나지 않음을 발견하였다. 연구자는 이러한 결과에 기초하여 장애관련 동화의 주인공들은 시각장애자, 청각장애자, 언어장애자로 제한적으로 나타난다고 결론지을 수 있다.

둘째, 각 범주별로 단순히 속성을 나타내는 분석단위요소의 출현 여부만을 판단하는 것이 아니라, 분석단위요소의 출현 빈도를 계산함으로써 범주 간 상대적인 비교를 할 수 있다. 앞선 예에서 만약 시각장애 범주에 해당되는 분석단위요소의 수가 가장 높은 빈도와 백분율을 지니는 것으로 발견되었다 한다면, 연구자는 이러한 결과에 기초하여 많은 장애관련 동화는 시각장애자들을 주인공으로 삼고 있다고 결론지을 수 있다.

셋째, 각 범주별 시간 · 공간의 상대적 크기를 파악함으로써 범주들 간의 상대적 강조의 정도나 편향성의 정도를 판단할 수 있다. 예를 들어, 고등학교 세계사 교과서 5종을 분석하였더니 고대사, 근대사, 현대사에 비하여 중세사에 가장 많은 지면을 할애하고 있음을 발견하였다거나, TV 프로그램을 분석하였더니 영화, 스포츠, 문화, 드라마, 시사교양 프로그램 중 시사교양 프로그램의 방송시간이 가장 짧았음을 밝혀내는 경우가 이에 해당된다. 그 결과 연구자는 세계사 교과서와 TV 프로그램의 편중문제를 제기할 수 있게 된다.

넷째, 각 범주가 태도, 가치, 성향 등을 나타내는 경우 강도의 정도를 분석함으로써 태도나 가치를 비교할 수 있다. 예를 들어, 어린이들의 시청률이 20% 이상인 TV 만화영화 10편을 선정하여 각각 10회분을 시청하고 각 회별로 내용에서 나타나는 폭력성의 정도를 매우 폭력적(5)~전혀 폭력적이지 않음(0)의 등간척도를 사용하여 분석하였다. 그 결과 연구자는 가장 폭력성이 심한 만화영화와 그렇지 않은 만화영화를 파악해 낼 수 있게 된다. 이러한 분석방법은 서열척도 혹은 동간척도를 활용할 수 있는 분석법이라는 점에서 내용분석에 있어 가장 수량화의 수준이 높은 분석기법이라 할 수 있다.

질적분석의 일반적인 입장은 연구자가 자유로운 해석자의 관점에서 결과를

⟨표 12-2⟩   내용분석연구의 예

내용분석연구의 예로 Cheevakumjorn(1993)의 연구 중 일부분인 '태국의 아동문학에 나타나는 친사회적 내용의 분석'을 요약하여 제시하였다. 연구자가 실시한 내용분석의 절차는 다음과 같다.

(1) 문헌검토를 통하여 동화책 사회적 가치를 반영한다고 보고, 친사회적인 행동과 관련된 내용이 어떤 것이 있는지를 확인하기 위하여 동화를 소표집하여 예비조사를 실시하였다.

(2) 연구문제를 '동화책 속에는 친사회적인 주제가 어느 정도로 나타나는가?'로 설정하고, 분석할 동화책의 모집단을 4~8세 아동을 위한 이야기책으로 설정하였다.

(3) 표집을 위하여 교육부 및 각종 출판사에서 간행된 도서목록을 이용하였으며, 학부모와 교사들의 의견을 참고하여 최종적으로 100권의 책을 선정하였다.

(4) 범주 및 부호화를 위하여, 아동문학에 대한 선행연구, 예비조사 결과를 바탕으로 친사회적 행동을 5개 범주로 구분하고 동화에 나타나는 친사회적 행동을 보여 주는 일화의 존재유무를 분석단위로 설정하였다.

(5) 유목-부호화에 따른 신뢰도를 알아보기 위하여 평정자간 일치도를 산출하였다(82%의 일치도).

(5) 수량적 분석을 위하여 친사회적 행동 범주별로 속성을 나타내는 일화의 수를 계산하였다(아래의 표 참고).

(6) 연구의 결과 및 연구의 이론적·개념적 틀에 따라 동화책 속에 나타난 높은 친사회적 행동의 빈도는 전통적인 태국인들의 관대성과 선행의 가치를 반영하는 것으로 해석하였다.

친사회적 행동 범주	일화가 나타난 권수	권당 일화의 출현	
		평균	표준편차
공감하기	43	2.05	1.69
감정의 전이	19	1.53	1.07
위로하기	22	1.91	1.41
돌보아 주기	52	2.12	1.63
구조하기	39	1.59	.82
도와주기	38	1.74	1.00
헌신하기	3	2.00	1.00
협력하기	16	1.63	.96

주: 친사회적 행동의 각 유목에 체크된 전체빈도 = 429
출처: Borg et al., *Educational Research: An Introduction*, 1996.

해석하는 것이다(Mayring, 2000). 내용분석의 일반절차는 수용하되 방향을 설정한다는 의미로 참고해야 하나 산출된 범주들 간의 관계 및 내용분석자료에 대한 해석은 전적으로 연구자의 전문적 능력과 사전지식, 감정이입의 능력에 기초하여 이루어진다. 따라서 질적 해석을 위해서는 일반적인 질적연구방법론에 익숙해질 필요가 있다.

4. 내용분석연구의 장단점과 유의점

내용분석 방법은 이미 산출되어 있는 방대한 자료들을 의사소통 모델을 이용함으로써 체계적으로 분석할 수 있도록 해 준다는 장점을 지니는 반면, 자료의 수집과 분석과정에서 항상 신뢰도나 타당도 문제에 직면할 수 있다.

내용분석연구가 지닐 수 있는 장단점과 함께 연구설계 시 몇 가지 유의해야 할 사항을 차례로 제시하면 다음과 같다.

1) 내용분석연구의 장단점

내용분석연구가 지닐 수 있는 장점은 다음과 같다.

첫째, 내용분석에서 사용하는 모든 유형의 텍스트는 직접적인 의사소통의 도구들이다. 따라서 내용분석 방법은 의사소통의 양태를 살펴볼 수 있도록 해 줌으로써 사회적 상호작용의 중심적 국면들을 보다 직접적으로 파악할 수 있게 해 준다.

둘째, 이미 산출된 자료를 사용하기 때문에 역사적 연구에 유용하게 응용될 수 있다. 즉, 과거의 여러 문헌이나 매체의 분석을 통해 장기간에 걸쳐서 발생하는 과정을 연구할 수 있다.

셋째, 다른 연구에 비하여 안정성이 높다. 질문지를 사용한 조사연구나 실험연구의 경우, 오류나 실수가 있을 때 자료수집이나 실험을 처음부터 다시 수행해야 한다. 그러나 내용분석연구는 자료를 재분석함으로써 오류를 수정할 수 있는 가능성이 높다.

넷째, 관찰이나 면접방법이 아닌 이미 산출된 자료를 사용하기 때문에 연구자가 연구대상에 영향을 미치지 않는다.

다섯째, 다양한 심리적 변인들을 효과적으로 측정할 수 있다. 관찰이나 단순조사 등의 방법만으로 측정하기에 어려운 개인의 신념, 가치, 욕구, 태도 등을 연구대상자가 산출해 놓은 자서전, 편지, 일기 등을 통하여 분석할 수 있다.

여섯째, 실험연구, 조사연구, 사례연구 등 다른 유형의 연구와 병행하여 사용하거나 응용할 수 있다. 실험연구, 조사연구에서는 사전-사후검사 점수나 폐쇄형 설문지에 대한 응답자료에 더하여 피험자와의 대화나 소감문, 개방형 질문에 대한 응답자료 등을 수집함으로써 내용분석을 수행할 수 있다.

한편, 내용분석은 다음과 같은 단점을 지닐 수 있다.

첫째, 경우에 따라 과도한 시간소모를 초래할 수 있다. 불필요하거나 타당하지 않은 자료를 수집함으로써 재수집 절차를 밟거나 혹은 타당한 자료를 수집하였다 하더라도 분석단위를 단어나 용어 등으로 설정하는 경우 오랜 시간이 소요될 수 있다.

둘째, 내용분석을 통하여 단일 개념을 분석하는 경우가 아닌 특히 관계분석이 요구되는 경우 높은 수준의 해석능력을 요구하며 오류 가능성을 피하기 어렵다.

셋째, 범주의 설정, 분류방법 등에서 이론적 기초가 결여되거나 자의적인 경우가 많아 내포된 관계들과 영향에 대하여 유의미한 추론을 이끌어 내려는 시도가 어렵다.

넷째, 본질적으로 자료의 축소기법이기 때문에 복합적인 텍스트를 과도하게 단순화할 수 있다.

다섯째, 텍스트를 생산한 맥락과 텍스트가 생산된 이후의 사태를 경시할 수 있다.

여섯째, 연구대상이 텍스트로 기록되어 있거나 텍스트로 전환할 수 있는 자료에 국한되며, 경우에 따라 자료의 수집 자체가 제한되어 있는 경우가 적지 않다.

2) 유의점

내용분석연구를 수행하고자 하는 경우 다음과 같은 사항에 특히 유의해야 한다.

먼저, 내용분석의 경우 텍스트로 기록된 정보 혹은 기록할 수 있는 정보로 제한되므로 연구자들은 우선 자료가 갖는 성질을 반드시 고려해야 한다. 자료의 성질은 전집에 대한 일반화 가능성에 영향을 미칠 것이며, 또한 자료의 성질은 표집과 부호화, 범주화, 계산절차 등에 의해서 자료의 신뢰성 문제가 제기될 수 있다. 따라서 신뢰성 문제를 해결하기 위해서는 범주를 여러 가지 유형으로 규정하는 것이 가장 확실한 해결책이 될 수 있다. 또한 범주-부호화 절차의 개발에 있어서, 평정자간 신뢰도와 평정자내 신뢰도가 높을수록 바람직하기 때문에 평정자가 많을수록 좋을 것이다.

다음으로 분석 대상의 표집에 관한 문제를 들 수 있는데, 모집단 자료에서 본질적인 것으로 보이는 기록물이 빠지는 경우 내용분석은 자칫 포기될 수 있음을 염두에 두어야 한다. 때에 따라서는 중요한 텍스트를 함축하고 있으나 분석에서 사용할 자료 정의와 일치하지 않는 경우 과감히 버릴 수도 있어야 한다. 더불어 어떤 기록물들은 문장이 누락되거나 내용이 모호하여 부호화가 불가능할 수 있다는 것 또한 유념해야 한다.

마지막으로, 내용분석을 통해 산출된 빈도, 평균 등의 측정치가 실제로 내용을 얼마나 정확히 반영하고 있느냐의 문제다. 비록 내용분석이 특정한 의사소통 메시지들이 담고 있는 의미, 함축된 방향, 강도 등에 대하여 이를 수량화할 수 있는 절차를 포함하고 있긴 하나, 텍스트가 복합적일수록 더욱 타당성 문제를 야기할 수 있는 것이다. 내용분석연구를 수행하고자 할 경우에는 항상 텍스트의 분석 가능성을 염두에 두어야 한다.

연습문제 ----------

1. 내용분석연구를 정의해 보고 그 특성을 서술하시오.

2. 내용분석연구를 적용할 수 있는 교육 · 심리분야의 가상적 주제를 3개 이상 제시하시오.

3. 내용분석의 절차를 단계별로 간략히 제시하시오.

4. 내용분석에서 분석단위로 많이 활용되는 단위와 각각이 지니는 장단점을 제시하시오.

5. 내용분석연구의 장단점을 기술하시오.

사례연구

사례연구(case study research)는 양적연구 전통에 대한 반동으로 나타난 질적 연구양식의 하나다. 사례연구는 좁게는 특정한 대상이나 현상을 기술하고 탐색하기 위한 목적으로, 나아가서는 기존 이론에 대하여 도전하고 새로운 이론의 구축을 위한 토대를 제공하고자 하는 목적으로 다양한 학문분야에서 활발히 수행되고 있다. 사례연구의 이점은 무엇보다 지금 현재 실생활에의 적용가능성에 있다. 사례연구의 주제는 대체로 사람들의 일상경험과 직접적으로 연계되어 있는 것이어서 생생한 삶의 한 현상을 볼 수 있고 그 의미를 이해하도록 도와준다. 교육분야에서는 학교조직 및 교육과정이나 교육 프로그램에 대한 평가, 공식적 혹은 비공식적인 학생들의 학교 활동에 대한 이해, 그리고 부적응 학생들에 대한 심층분석 등의 목적 등 다양한 대상과 목적으로 사례연구가 수행된다.

한편으로 사례연구는 문자 그대로 '사례'에 대한 연구일지라도 그 연구수행 절차는 결코 단순하지 않다. 비록 사례연구라 하더라도 대체로 복수 사례를 포함할 뿐만 아니라 각 사례마다 여러 가지 복합적인 자료를 사용하며, 따라서 그만큼 자료 또한 대규모이기 때문이다. 따라서 사례연구를 위해서는 연구자의 전문적인 식견, 통찰력과 함께 사례연구를 수행할 수 있는 기술을 충분히 갖추고 있어야 한다.

사례연구의 정의와 특성, 연구유형, 연구의 수행절차 그리고 사례연구가 갖는 장단점과 유의점으로 구분하여 차례로 살펴본다.

1. 사례연구의 정의와 특성

1) 정의

사례연구는 사례에 대한 심층적인 관찰과 분석을 지향하는 질적연구의 한 방법이다. 앞선 실험연구에서 살펴보았던 단일집단 사후검사설계 또한 양적접근방법을 취하는 사례연구로 볼 수 있으나, 질적접근방법으로서의 사례연구와는 분명히 구분된다. 전자의 경우 실험적 처치의 효과를 양적으로 분석하고자 한다면, 후자는 질적자료를 수집함으로써 특정한 사회적 현상들을 기술하고, 설명하고, 평가하고자 한다.

Yin(1994)은 사례연구란 '현상과 맥락 간의 경계가 불분명한 경우 다면적 증거 원천들(multiple source of evidence)을 사용함으로써, 현재의 현상을 실재 생활 맥락 내에서(within real-life context) 연구하는 경험적 탐구'라고 정의하였다. 이러한 정의에서 알 수 있듯이, 사례연구는 양적연구와 달리 현상과 맥락을 독립적으로 구분하는 것이 아니라, 맥락 속에서 현상을 이해하고자 한다. 또한 연구의 초점을 실재 생활에 두며, 양적연구와 달리 표준화된 소수의 측정도구를 사용하는 것이 아니라 다차원적이며 다면적인 자료를 축적함으로써 연구하고자 한다. 결과적으로 사례연구는 어떤 제한된 수의 사상(事象)이나 조건 및 이들 간의 관계성에 대한 세밀한 맥락적 분석을 강조한다.

사례연구가 지니는 목적은 다음과 같이 정리할 수 있다.

첫째, 사례연구는 어떤 현상에 대한 자세한 '기술'을 목적으로 한다. 현상에 대한 상세한 묘사와 상황 그리고 맥락을 재창조하는 진술을 통하여 독자들에게 그러한 상황에 내재해 있는 의미와 의도를 전달해 준다.

둘째, 사례연구는 현상의 가능한 모든 '설명'을 목적으로 한다. 이는 나중에 사례연구 자료의 분석방법에서 다시 언급할 것이나, 사례연구는 어떤 사례나 사례들에 존재하는 현상 간의 어떤 패턴을 찾고자 하는 목적 또한 지닌다. 한 현상의 변이가 다른 현상에 영향을 미친다면 인과패턴(causal pattern)으로, 인과관계가 명확치 않다면 관계패턴(relational pattern)으로 불린다(Gall et al., 1999).

마지막으로, 사례연구는 현상에 대한 '평가' 또한 목적으로 한다. 예를 들어, 사례연구 방법을 사용하여 특정 프로그램이나, 조직구조, 교육과정에 대한 평가를 시도하는 것이 대표적인 예다.

2) 특성

사례연구는 그 특성상 개별적, 기술적, 발견적 그리고 귀납적이라는 말로 설명될 수 있다(Merriam, 1998). 이러한 특성은 사례연구의 목적이 현상에 대한 기술, 설명, 평가라는 점에서 이미 드러난다.

첫째, 사례연구가 개별적인(particularistic) 이유는 개별적인 특수한 상황이나 사건, 프로그램 또는 어떤 현상을 중핵적인 연구대상으로 삼고 있기 때문이다. 사례연구에서 지칭하는 사례는 특수한 어떤 현상을 말하며, 그것은 현상의 과정, 사건, 사람 또는 연구자가 관심을 두는 어떤 것일 수 있다. 현상의 예로는 프로그램, 교육과정, 역할, 사건 등이 있으며, 일단 연구자가 관심을 가지는 현상이 명료해지면 연구자는 집중적 연구를 위한 한 사례를 선택하게 된다. 한 사례란 것은 하나의 현상에 대한 특수한 한 예가 되는 것이다.

둘째, 사례연구가 기술적(descriptive)인 이유는 연구대상이 되고 있는 현상에 대한 심층적인 기술(thick description)을 연구업적으로 삼기 때문이다. 심층적 기술이란 조사하고 있는 사건이나 개체에 대하여 완전히 그리고 있는 그대로 기술하는 것으로, 그려 내듯이 서술하는 것을 말한다. 사례연구에서는 상당히 많은 자료들이 수집된다. 여기에는 말이나 이미지 혹은 물리적 대상 그리고 양적자료들도 포함된다. 이렇게 수집된 자료들은 다각도로 분석되어서 연구대상을 이해하고 그 특징을 알아내는 데 중요한 단서를 제공해 주게 된다.

셋째, 사례연구가 발견적(heuristic)인 이유는 연구하고 있는 현상에 대한 독자의 이해를 밝혀 주는 역할을 하기 때문이다. 이는 독자가 새로운 의미를 발견하도록 하여 경험을 확장시킬 뿐만 아니라 지금까지 독자가 알고 있던 것을 재확인하게 하는 것이다. 그 결과 독자들은 사례연구결과를 접하면서 여러 가지 변수나 상황이 서로 어떻게 얽혀 있는지를 스스로 머릿속에서 알아낼 수 있게 된다. 이러한 의미에서 사례연구는 내부자적(emic) 및 외부자적(etic) 관점을 병행하여 진술한다. 사례연구의 중요한 연구목적은 현상에 대한 이해를 증진하는 것이다. 따라서 복잡한 현상을 직접 경험하고 있는 참여자가 그 현상에 대해 어떻게 이해하고 느끼는지를 내부자의 관점에서 기술하며, 다른 한편으로는 연구자가 외부자의 관점에서 현상을 객관적으로 조사하는 것이다. 사례연구의 진술에서는 이러한 관점이 모두 나타난다.

넷째, 사례연구가 귀납적(inductive)인 이유는 연구결과를 통해서 귀납적인 추리를 하기 때문이다. 주어진 맥락 속에서 자료를 검토하여 일반화 혹은 개념 또는 가설을 생성한다. 다시 말해서 사례연구는 미리 가설을 결정하고 이를 확인하는 것이 아니라, 새로운 관계, 개념 또는 이해를 발견하는 것이다. 이는 곧 질적연구의 특성을 반영하는 것이다.

2. 사례연구의 유형

사례연구는 다양한 형태로 이루어지고 있기 때문에 유형을 단일의 기준에 의해 분류하기는 어렵다. 가장 단순한 분류는 사례의 수에 따라 단일사례연구와 중다사례연구로 분류하는 것이다. 단일사례연구(single-case study)는 연구대상이 한 사례 혹은 한 개체만을 대상으로 수행하는 연구이며, 중다사례연구(multiple-case study)는 둘 이상의 복수 사례를 선택하여 연구하는 경우다. 또한 앞선 사례연구의 목적에서 지적한 것처럼, 연구가 지향하는 목적에 따라서 기술적 연구, 설명적 연구, 인과적 연구로 분류할 수도 있다. 사례연구의 목적이 아닌 단순히 학문적 지향에 따라서도 사례연구를 분류할 수 있다. 예를 들어, 학문적 지향에 따라서는 문화기술 사례연구, 역사적 사례연구, 심리적 사례연구, 사회적 사례연구, 교육적 사례연구로 구분할 수 있다(길병휘 외, 2001).

여기에서는 가장 많이 인용되고 있는 Stake(1995)의 내재적, 도구적, 집합적 사례연구의 3분류와 Yin(1993)의 탐색적, 설명적, 기술적 사례연구로 분류하여 간략히 살펴본다.

1) 내재적 사례연구

내재적(intrinsic) 사례연구는 연구자가 특정 사례를 보다 잘 이해하는 것 그 자체를 목적으로 하는 연구를 가리킨다. 사례연구의 목적이 다른 사례에 대한 이해를 얻거나 어떤 문제를 규명하거나 이론을 구축하는 것에 있지 않으며, 연구하는 사례 자체가 지닌 본질적인 면을 깊이 이해하고자 하는 것을 목적으로 삼는다.

2) 도구적 사례연구

도구적(instrumental) 사례연구는 다른 그 무엇을 이해하기 위한 도구로 사례연구를 활용하는 것이다. 다른 사례에 대한 이해 혹은 나아가 어떤 쟁점에 대한 통찰을 제공하기 위하여 사례연구를 진행한다.

3) 집합적 사례연구

집합적(collective) 사례연구는 곧 중다사례연구와 동일한 의미로 다수의 사례를 연구하여 어떤 현상이나 집단 혹은 상황, 사상(事象)들에 대한 보다 강한 이해를 도모하는 것이다. 이러한 연구는 유사한 사례의 다양한 선택이 이해의 폭을 보다 증가시킬 수 있다는 가정을 전제하고 있다.

4) 탐색적 사례연구

탐색적(exploratory) 사례연구는 사회연구를 위한 일종의 전조 구실을 한다. 탐색적 연구의 목적은 어떤 현상에 대하여 '무엇(what)'이 일어나고 있는지 새로운 시각으로 바라보는 것이다. 이를 통하여 현재 일어나고 있는 사상에 관심을 가지며 가능할 수 있는 가설과 명제를 찾는다. 이러한 이유로 Yin (1994)은 이용 가능한 문헌이나 기존의 지식이 빈곤할 경우에만 탐색적 사례연구를 수행할 것을 추천하고 있다. 일단 불확실성이 해소되면 대규모의 실제 연구가 수행된다.

5) 설명적 사례연구

설명적(explanatory) 사례연구는 현상에 대해 '어떻게(how)' '왜(why)'라는 질문을 던진다. 어떻게, 왜라는 질문을 통하여 현상 간의 패턴을 발견하고자 하는 것이 연구의 주목적이다. 관찰된 변인에서 어느 하나가 다른 어느 하나와 체계적으로 관련이 있다면 이를 인과관계 혹은 단순관계로 찾아낸다.

6) 기술적 사례연구

기술적(descriptive) 사례연구는 연구문제에서 제기된 사례, 상황, 사상에 대한 정확한 기술에 초점을 둔다. 따라서 사례에 관한 정보를 수집하기 위해서는 연구주제에 대한 폭넓은 지식이 필요하다. Yin(1994)은 기술적 사례연구가 단순히 무작정 손에 잡히는 모든 것을 기술해 내기 위해서 사용되어서는 안 되며, 연구의 목적에 초점을 두고 수행되어야 한다고 하였다.

3. 사례연구의 절차

사례연구는 그 특성상 사례에 대한 심층적인 조사를 수행하며, 규모는 작으나 많은 변인을 포함하기 때문에 자료수집이나 분석에서 양적·질적 방법 등과 같이 특정한 방법론을 주장하지 않는다. 또한 연구사례의 선정 방법 또한 고정되어 있는 것이 아니라 다양한 방식으로 이루어진다.

사례연구의 수행절차와 기법은 Yin(1993, 1994)과 Stake(1995)와 같은 학자에 의해 체계화되었다고 해도 과언이 아니다. 따라서 여기에서는 이들 두 연구자가 제시한 사례연구 절차를 중심으로 살펴본다.

1) 연구문제의 확인

사례연구의 첫 번째 단계는 연구의 목적이 현상의 탐색, 설명, 기술 혹은 평가 등 어느 것에 있는지를 분명히 하며 연구문제를 명료하게 설정하는 일이다. 먼저, 연구되어야 할 상황이나 쟁점에 대하여 문제를 형성함으로써 연구의 초점을 설정한다. 이에 따라 연구의 대상을 어떤 프로그램이나, 상황, 특정한 개인이나 집단 등으로 정하게 된다.

연구문제는 일반적으로 어떻게, 왜 등과 같은 단어를 포함하는 한 가지 이상의 질문으로 구성된다. 예를 들어, '두 조직체는 왜 협동적 관계를 유지하는가?' 등과 같은 질문이다. 명확히 진술된 연구문제는 답을 찾기 위해 어디에서부터 연구를 시작해야 할지, 어떤 자료를 수집하며 분석해야 하는지 판단하게 해 준다. 나아가 최종보고서가 어떻게 구성되어야 할 것인지 예상할 수 있게 한다. 연구문제를 명료하게 설정하기 위해서는 다른 연구방법과 마찬가지로 충분한 문헌고찰이 선행되어야 한다. 선행연구를 통하여 연구문제에 대한 통찰력을 얻을 수 있으며 또 세련되게 만들 수 있기 때문이다.

2) 명제의 진술

연구문제가 선정되면 어떻게, 왜라는 질문에 따른 명제를 진술한다. 명제는 사례연구를 통하여 구체적으로 살펴보아야 하는 것이 무엇인지 보다 직접적으로 주목하게 만들어 준다. 예를 들어, '두 조직체 간의 협동적 관계는 상호 이익을 취할 수 있기 때문이다.' 라는 식으로 진술될 수 있다. 명제를 정의함으로써 어디에서 관련 증거를 찾아야 할지를 알게 된다. 예의 경우, 두 조직이 서로 협동적 관계로 얻을 수 있는 '이득' 이라는 것이 무엇인지를 정의하고 이에 대한 증거를 찾도록 만든다. 물론, 모든 사례연구에서 연구문제가 반드시 명제를 지닐 필요는 없다. 특히 탐색적 사례연구인 경우 관련 명제가 설정되지 않는 경우가 많다.

3) 사례의 선택

사례선택의 기본 전략은 '정보가 보다 풍부할 것으로 보이는 사례'를 선택하는 것이다(Patton, 1990). 사례는 연구의 유형에 따라 단일사례이거나 중다사례일 수 있다. 연구자는 관심을 지니고 있는 현상과 관련하여 독특한 사례를 선택해야 할지 아니면 전형적인 사례를 선택해야 할지를 결정해야 한다. 또한

〈표 13-1〉 사례연구의 일반적 수행절차

연구문제의 설정	어떻게(how), 왜(why)라는 단어를 포함하는 1개 이상의 질문을 생성한다. 문헌고찰을 통하여 선행연구를 충분히 살펴보는 것이 중요하다.
명제의 진술	연구문제에 따른 명제를 진술한다. 모든 연구문제가 반드시 명제를 지닐 필요는 없으며 복수의 명제가 진술될 수도 있다.
사례의 선택	정보가 풍부할 것으로 보이는 사례를 선택한다. 무선표집보다는 의도적 표집방법을 사용하여 구체적인 사례를 선정한다.
자료수집을 위한 준비	증거자료 수집을 위한 출처를 설정하고, 자료구축을 위한 데이터베이스를 준비하며, 보조자를 훈련시키고, 예비연구를 실시한다.
자료의 수집	문서, 공문서기록, 면접, 직접관찰, 참여관찰, 물리적 인공물 등이 중요한 자료출처로 사용될 수 있다.
자료의 분석	자료를 배열하고 범주화, 도표화하며, 주로 패턴매칭 전략을 사용하여 자료와 예측된 명제 간의 일치 여부를 판단한다.
보고서 준비	독자의 입장에서 서술한다.

복수사례를 선택해야 하는 경우, 비교적 유사한 사례들을 선택할지 아니면 변이가 큰 사례들을 표집할지도 결정해야 한다. 사례의 선택은 무선표집도 가능하나 흔히 의도적 표집이 사용된다. 예를 들어, 유아들을 위한 효과적인 놀이치료 프로그램에 관심이 있다 한다면, 연구자는 먼저 효과적인 놀이치료 프로그램에 대한 준거를 선정해야 하며, 이에 따라 단일의 사례 혹은 여러 사례를 표집해야 한다. 이러한 경우 중다사례를 선택하더라도 여러 사례들은 마치 단일사례인 것처럼 취급된다. 이는 차후 각각의 사례로부터 도출된 결론을 전체 연구에 기여하는 정보로 사용하기 때문이다. 사례의 선택은 자료수집 이전이나 자료가 수집되는 동안에도 계속해서 진행될 수 있다.

4) 자료수집을 위한 준비

대체로 사례연구는 여러 개의 자료출처를 통해 대규모로 자료를 수집하기 때문에 자료의 체계적인 조직화를 위해서는 철저한 사전준비가 필요하다. 몇 가지 준비사항은 다음과 같다.

첫째, 증거자료 수집을 위한 자료수집 도구 혹은 가능할 수 있는 자료출처를 설정해야 한다. 즉, 어디에서 어떤 도구를 사용하여 무슨 자료를 수집할 수 있는지에 대하여 충분히 고찰해야 한다. 여기에는 조사, 면접, 문서기록, 관찰, 각종 인공물 등이 포함될 수 있다. 이는 뒤에서 다시 살펴볼 것이다.

둘째, 자료구축을 위한 데이터베이스를 갖추어야 한다. 데이터베이스는 많은 자료의 효과적인 축적, 인출, 분석을 위하여 꼭 필요하다. 실제 자료수집이 이루어질 때 구축될 수 있으나 사전에 자료를 범주화하거나 정렬할 수 있도록 사전설계를 해 둘 필요가 있다.

셋째, 기록물의 수집, 면접, 관찰 등에 필요한 연구 보조자를 훈련시켜야 한다. 보조자들에게는 증거기록 수집을 위한 지침과 함께 면접에 필요한 경청기술이나 질문기법 등을 안내할 필요가 있으며, 관찰자의 역할과 관찰기록의 방법 등을 실제적으로 가르칠 필요가 있다.

넷째, 실제자료의 수집 전에 예비연구(pilot study)를 수행해야 한다. 예비연구는 자료수집을 위한 마지막 준비에 해당한다. 각각의 자료수집방법을 사용하여 몇 자료를 수집해 봄으로써 실제 자료수집에서 부딪힐 수 있는 장애나 문제점을 미연에 방지할 수 있다.

5) 자료의 수집

사례연구 방법의 주요 강점은 자료수집 과정에서 다양한 자료출처와 수집방법을 사용한다는 데 있다. 자료는 대규모의 질적 혹은 양적자료일 수 있으며 조사를 포함하여 면접자료, 각종 기록물의 수집, 관찰자료, 심지어 물리적인 인공물을 수집할 수도 있다.

사례연구를 위한 주요 자료출처는 〈표 13-2〉와 같이 크게 6가지로 구분할 수 있다(Yin, 1994).

〈표 13-2〉   사례연구에 사용되는 6가지 자료출처의 장점과 단점 (Yin, 1994: 80)

	장점	단점
문서	• 안정성이 있어 반복해서 볼 수 있다. • 사례연구 이전에 이미 존재하는 것이므로 연구자 임의대로 할 수 없다. • 정확하다(예: 이름). • 장기간에 걸쳐 광범위한 사항을 다루고 있다.	• 복구하기가 어렵다. • 선정에 편견이 있을 수 있다. • 보고에 저자의 편견이 반영될 수 있다. • 접근이 차단되어 있을 수 있다.
공문서 기록	• 증거서류가 갖는 장점과 동일하다. • 나아가 보다 정확하며 양적이다.	• 문서서류가 갖는 단점과 동일하다. • 기밀유지로 접근이 금지되어 있을 수 있다.
면접	• 연구주제에 맞추어 정확히 초점을 유지할 수 있다. • 인과적 추론에 통찰을 제공할 수 있다.	• 면접 질문이 좋지 않아 편견이 있을 수 있다. • 피면접자가 면접자가 듣기를 원하는 것만 표현할 수 있다.
직접 관찰	• 실시간으로 사상(事象)의 실체를 다룰 수 있다. • 사상의 맥락을 이해할 수 있다.	• 시간 소모적이다. • 선택적이어서 사실을 놓칠 수 있다. • 관찰자의 존재로 말미암아 원인이 바뀔 수 있다. • 관찰자는 시간비용이 든다.
참여 관찰	• 직접관찰의 장점과 동일하다. • 대인 간 행동에 대해 통찰을 제공할 수 있다.	• 직접관찰의 단점과 동일하다. • 연구자의 행위로 인한 편파의 가능성이 있다.
물리적 인공물	• 문화적 특징들에 대한 통찰을 제공해 준다. • 기술적인 조작에 통찰을 제공해 준다.	• 선택적이다. • 이용가능성에 한계가 있을 수 있다.

모든 사례연구에서 이러한 6가지 자료출처가 항상 필요한 것은 아니다. 그러나 사례연구에서 특히 자료출처를 다양하게 설정해야 하는 것은 연구의 신뢰도와 깊은 관계가 있기 때문이다. 특정 자료가 다른 것에 비하여 보다 좋다거나 하는 것은 아니며 상호 보완적으로 사용하는 것이 바람직하다.

6가지 자료출처에 대하여 간략히 설명하면 다음과 같다(Tellis, 1997b; Yin, 1994).

문서(document)는 편지나 메모에서부터 계획서, 연구보고서에 이르기까지 데이터베이스에 추가할 수 있는 모든 문서화된 자료를 말한다. 연구자는 문서가 타당성이 있는가를 면밀히 따져 부정확한 자료가 데이터베이스에 포함되지 않도록 유념해야 한다. 문서의 활용면에서 가장 중요한 측면은 다른 자료 출처에서 수집된 증거들을 보강하거나 확증하는 데 있다.

공문서기록(archival records)은 지도라든가, 각종 차트, 조사데이터, 명단, 심지어 일기와 같은 개인적인 기록물까지 다양한 형태로 존재하며 연구에 따라서는 중요하게 사용될 수 있다. 연구자는 기록물의 출처와 기록물의 정확성을 꼼꼼히 검토해 보아야 한다.

면접(interview)은 사례연구에서 얻는 가장 중요한 정보일 수 있다. 면접은 목적이나 장면에 따라 몇 가지 유형으로 진행될 수 있다. 면접의 여러 유형과 구체적인 면접방법은 '제5장 2절 면접법'과 '제14장 문화기술지'를 참고하기 바란다. 필요에 따라 연구자가 면접 동안 제보자의 동의를 구하고 녹음을 하는 것도 좋다.

직접관찰(direct observation)을 위해서는 연구자는 어떤 장소를 직접 방문해야 한다. 관찰의 경우 특히 신뢰도가 중요한데 이는 여러 명의 관찰자를 활용함으로써 신뢰도를 높일 수 있다. (관찰의 여러 유형과 수행절차는 '제5장 3절 관찰법' '제14장 문화기술지'를 참고하기 바람.)

참여관찰(participant observation)을 통하여 연구자는 관심하의 사상(事象)이나 장면에 직접 참여할 수 있다. 참여관찰 방법은 특히 사례연구가 이웃이나 어떤 조직, 기관, 단체에 대한 연구일 경우 자료수집방법으로 적절히 활용될 수 있다. 연구자는 능동적인 참여자로 역할과 기능을 수행하기 위하여 적극 노력하되 다만 이로 말미암은 잠재적 편견의 가능성을 항상 염두에 두어야 한다.

인공물(physical artifacts)은 현지에 참여하는 동안 수집할 수 있는 모든 물질적 증거를 가리킨다. 여기에는 장비나 도구, 예술품, 노트, 컴퓨터 출력물 등이 포함될 수 있다.

자료수집의 과정에서 또 하나 빼놓을 수 없는 것이 연구자의 현장노트다. 현장노트는 연구자가 면접과정에서 던진 질문, 나중에 보고서에 사용될 수 있는 각종 증언이나 이야기들, 삽화 등과 함께 진행과정에서의 연구자 자신의 느낌까지도 함께 기록한다. 현장노트는 분석을 위해 수집·저장되는 자료와는 구분하여 정리할 필요가 있다. 현장노트의 작성 시 포함되어야 할 내용이나 주의사항 등은 '제14장 문화기술지'를 참고하기 바란다.

사례연구를 포함한 질적연구 전반에서 다양한 자료출처를 통해 자료를 수집하는 방법을 일컬어 삼각측량(triangulation)이라 부른다. 이는 연구의 신뢰성을 증가시키는 한편 '증거의 강한 고리(chain of evidence)'를 유지하고자 함이다(Denzin, 1984; Gall et al., 1999; Yin, 1993, 1994). 연구자는 여러 자료들을 활용하여 결론을 산출하기 위하여 서로 다른 증거를 상호보완적으로 사용할 수 있을 뿐만 아니라, 연구문제와 자료에서 얻은 증거, 분석방법 그리고 결론까지의 과정을 쉽게 추적할 수 있도록 해 준다.

6) 자료의 분석

사례연구의 방법론이란 측면에서 볼 때, 사례의 선택방법이나 자료수집방법 등은 비교적 많이 연구되어 있으나, 자료의 분석방법은 가장 적게 연구되어 있다. 이러한 이유는 부분적으로는 사례연구의 구체적인 목적이나 연구유형에 따라 자료분석 방법이 달라져야 하기 때문이기도 하다. 예를 들어, 사례연구가 기술적 목적을 지닌 경우라면 사례 그 자체에 대하여 심층적으로 기술하는 것으로도 충분하나 설명적 연구인 경우 현상 간의 인과관계까지도 고려할 수 있는 분석기술이 요구되기 때문이다.

사례연구에서 자료분석을 위해 채택되는 일반적인 방법을 제한적으로나마 살펴보면 다음과 같다.

첫째, 자료를 배열화, 범주화, 도표화하거나 필요에 따라 흐름도를 만들고, 자료를 결합함으로써 수집된 자료의 모든 중요 측면들이 효과적으로 드러나게 하는 방법이다. 이러한 작업은 기술적 연구인 경우 그 자체로 하나의 분석결과가 되며, 탐색적이거나 설명적 연구인 경우 이를 통하여 어떤 패턴을 찾고 왜, 어떻게라는 질문에 대한 답변을 추구하기 위한 2차자료로 사용하게 된다. 한편으로 사례연구에서도 자료분석을 위하여 통계적 분석을 수행할 수도 있다. 그러나 모든 사례연구에서 반드시 사용되지는 않는다.

둘째, 보다 구체적인 분석전략으로 패턴매칭 방법, 설명구축 방법, 시계열 분석방법이 있다(Yin, 1994). 먼저, 패턴매칭(pattern-matching) 방법으로서 연구문제에 명제가 설정되어 있는 경우 배열, 범주화, 도표화한 자료들에서 발견할 수 있는 패턴이 기설정된 명제와 얼마나 잘 일치하는지를 검토하는 방법이다. 즉, 경험적 기초의 패턴과 예측된 패턴 간의 비교다. 대체로 실제 패턴과 예측 패턴 간에는 양적준거를 갖지 않기 때문에 패턴 간의 일치, 불일치 여부의 판단은 연구자의 판단에 달려 있다. 따라서 패턴 간의 일치, 불일치 판단을 위해서는 모든 증거자료들을 빠짐없이 검토해야 한다. 자료에 따라서는 분석 결과가 항상 패턴의 일치나 불일치로 수렴되지는 않는다. 이러한 경우 연구자는 새로운 통찰을 위하여 상반되는 자료들을 재결합하거나 교차표를 만들어 보는 등 다양한 각도에서 자료를 재검토해 보아야 한다. 필요에 따라서는 부가적인 자료수집을 할 수도 있다. 만약, 다양한 자료들이 모두 일치나 불일치로 수렴되면 결과에 대한 신뢰성 또한 높아지게 된다. 패턴매칭 분석전략에서 하나의 대안은 사전에 복수의 명제를 구축해 두는 것이다. 몇 가지 가능한 패턴을 구축해 두고 수집된 자료가 어떤 패턴과 보다 일치하는지를 비교하는 것도 하나의 방법이다.

설명구축(explanation-building) 또한 패턴매칭 방법의 한 형태로 설명적 사례연구에 사용되는 방법이다. 자료분석은 설명적 사례연구에서 설정되어 있는 이론적 진술과 비교하여 순환적으로 반복 분석된다. 즉, 먼저 설정된 이론적 진술과 자료를 비교한다. 만약 이론적 진술과 자료가 일치하지 않으면 이론적 진술과 명제를 수정한다. 계속해서 자료를 비교하여 진술과 명제를 다듬어 나간다. 이러한 방법을 사용하는 경우, 자칫 연구자는 연구나 자료분석의 초점을 잃어버릴 수 있으므로 주의해야 한다.

시계열(time-series) 분석은 설명적 사례연구에서 현상 간의 관계패턴이나 인과패턴을 알고자 할 때 사용하는 방법으로, 흔히 양적 실험설계에서 시계열 분석과 같은 방식으로 자료를 분석하는 것이다. 이러한 경우 독립변인이나 종속변인으로 여겨지는 현상이 단일 현상인 경우 자료의 분석은 보다 간단할 수 있으나 변인에서 여러 가지 변화가 있을 수 있기 때문에 자료수집의 시작 시점과 끝내야 할 시점을 잡기가 어려울 수 있다.

한편, Tesch(1990)는 사례연구의 자료분석 접근방법이라는 보다 큰 틀에서 해석적 분석, 구조적 분석, 반영적 분석 방법의 3가지를 들고 있다.

해석적 분석(interpretational analysis)은 질적자료의 부호화와 분류를 통하여 그 사이에 어떤 중요한 구조나, 주제, 패턴이 나타나는지를 살펴보는 방법이다. 예를 들어, 사례연구 동안 수집된 현장노트, 문서, 공문서 기록들을 데이터베이스로 구축한 다음 텍스트 단위로 일련번호를 구성한다. 그리고 각 텍스트를 분류할 범주를 만든 다음 의미단위로 나누어 각 범주에 포함시킨다. 의미단위는 면접인 경우 특정 질문과 이에 대한 답변이 쌍으로 묶인다. 결과적으로 모든 의미단위를 범주화하고 나면 각 범주를 바탕으로 연구자는 어떤 구조나 패턴을 추론해 낸다.

구조적 분석(structural analysis)은 해석적 분석과는 달리 자료를 통하여 어떤 유추나 해석을 하는 것이 아니라 자료에 내재하는 특징들을 객관적으로 그대로 제시하는 방법이다. 예를 들어, 교사와 학생 간의 상호작용을 분석하는 경우 교사와 학생이 몇 번의 대화를 주고받았으며, 몇 개의 문장이나 단어를 포함하며, 대화의 순서는 어떠하였다는 것을 제시한다. 이러한 과정을 통하여 결과적으로 학교교육이 진행됨에 따라 교사와 학생 간의 상호작용이 어떻게 변화하는지를 기술하게 되는 것이다.

반영적 분석(reflective analysis)은 말 그대로 수집된 자료의 분석을 위하여 주로 연구자 자신의 직관과 판단을 반영하여 분석하는 방법이다. 이러한 방법에서는 어떤 명확한 범주체계나 설정된 자료분석 절차를 사용하지 않으며, 마치 예술 작품에 대한 비평처럼 연구자가 자료의 특징에 대해 묘사하고 평가적 진술을 내리기도 한다. 해석적·구조적 분석을 수행한 사례연구 보고서는 대체로 전통적인 보고서 체제(서론, 이론적 배경, 연구방법, 결과, 논의)를 지니는 반면, 반영적 분석 방법을 사용한 연구보고서의 경우 결과물을 이야기나 시(詩) 형식으로 꾸며지기도 한다(Gall et al., 1999).

사례연구의 목적과 구체적인 연구문제가 무엇이든 연구자는 항상 질적으로 우수한 자료분석이 될 수 있도록 최선의 노력을 다해야 한다. 이를 위해서는 첫째, 자료분석이 모든 관계된 증거에 기초하였음을 보여야 한다. 둘째, 분석 과정에서 모든 주요 경쟁적인 해석을 포함시킬 필요가 있다. 셋째, 사례연구의 가장 중요한 측면을 강조해야 한다. 넷째, 연구자의 선험적, 전문적 지식을 적극 활용해야 한다(Tellis, 1997b; Yin, 1994).

7) 보고서 준비

사례연구 보고서는 읽는 이를 고려하여 서술해야 한다. 전체적으로 설계가 잘 되어 있다 하더라도 결과를 효과적으로 제시하지 못한다면 결과에 대한 오용을 낳을 수도 있기 때문이다. 보고서 작성 시 가능한 한 전문용어 사용은 자제하는 것이 좋으며 가능한 쉽고 명료한 표현을 사용해야 한다. 보고서를 통해서 마치 연구자와는 독립적으로 대리경험이라도 하듯 스스로 질문하고 연구결과를 찾고 이해할 수 있는 방식으로 서술할 필요가 있다.

일차적으로 완성된 보고서 초고는 연구에 참여한 사람이 있을 경우 한 번 읽어 보아 주도록 협조를 구하는 것이 좋다. 참여자가 없는 경우 독자층으로 보이는 사람이나 전문가에게 검토를 요청하는 것도 바람직할 것이다.

4. 사례연구의 장단점과 유의점

다른 연구방법과 마찬가지로 질적사례연구 또한 나름대로 장점과 단점을 지닌다. 사례연구의 장단점과 함께 연구에서 유념해야 할 몇 가지 유의사항을 제시하면 다음과 같다.

1) 사례연구의 장단점

사례연구가 지닐 수 있는 장점은 다음과 같다.

첫째, 다양한 자료출처를 통하여 현상을 여러 측면에서 심층적이고도 종합적으로 연구하므로 보다 풍부하고 의미 있는 정보를 제공해 준다. 독자의 경험을 확장시킬 수 있는 통찰을 제공하여 현상을 총체적이고 통합적인 전체로 이해하는 데 도움을 준다.

둘째, 탐색적, 설명적, 기술적, 평가적 연구유형과 같이 다양한 목적의 연구가 가능하여 교육분야와 같은 연구에 적절한 연구설계를 제공해 준다. 교육과정, 교육이나 훈련 프로그램, 교수-학습의 과정, 학교조직 등과 같은 측면에서 교육개선을 위한 목적으로 사례연구가 적절히 사용될 수 있다.

셋째, 현상과 맥락을 통합적으로 이해함으로써 생태학적인 접근을 가능하게 한다. 또한 연구자로 하여금 다른 연구방법을 사용하여 얻은 양적결과와 비교하게 함으로써, 추상적인 연구와 구체적인 실제 사이의 간격을 메울 수 있도록 해 준다.

그러나 동시에 사례연구는 몇 가지 측면에서 단점 또한 지닌다.

첫째, 특정 사례에 관한 연구이므로 연구결과를 일반화하기가 어렵다. 연구자에 따라 연구방향이 정해지며 객관성, 엄격성이 결여된 것으로 간주되기 쉽다.

둘째, 연구대상의 외면적 사실에 치중하여 현실문제에 대한 구체적인 처방책을 제공하기 어렵다는 비판을 지닐 수 있다.

셋째, 때로 자료수집에 치우쳐 보다 중요한 사례연구 결과의 타당도와 신뢰도를 점검하는 것에는 소홀할 수 있다.

넷째, 비록 중다사례가 아닌 단일사례를 연구대상으로 삼는다 하더라도 엄청난 양의 자료수집과 이에 따른 경비와 시간이 소모된다. 따라서 비경제적이며 비능률적일 수 있다.

다섯째, 사례연구를 수행하기 위해서는 전문적인 식견과 경험, 통찰력이 필요하다. 유능한 사례연구자로서 효과적인 사례연구를 수행하기란 결코 쉽지 않다. 무엇보다 연구자의 숙련성이 요구된다.

2) 유의점

사례연구의 수행 시 특히 유의하여야 할 사항을 제시하면 다음과 같다.

먼저, 연구자는 증거자료를 수집하기 위한 체계적이고 적절한 자료수집도구를 고안하는 데 특별히 주의를 기울여야 한다. 이는 연구가 충분한 구인타당도, 내적타당도, 외적타당도와 신뢰도를 지니기 위해서 반드시 필요하다(Yin, 1994). 타당도와 신뢰도의 조건을 충족시키기 위해서는 정확한 측정방법과 함께 다양한 자료출처에서 산출된 증거의 조각들을 하나의 결론으로 적절히 수렴해 낼 수 있어야 한다. 만약 연구자가 연구결과의 일반화 가능성에 관심이 있다고 한다면 유사한 사례를 선택하여 반복연구를 수행해 볼 필요도 있을 것이다.

사례연구에서 특정 사람들에 대한 조사나 분석을 포함하는 경우 연구과정에서 야기될 수 있는 윤리적 문제에 각별히 유의해야 할 필요가 있다. 기록물의 수집, 관찰 과정에서 참여자의 사생활을 침범하거나 혹시라도 정신적, 물질적 피해가 없도록 최선의 노력을 기울여야 할 것이다. 바람직한 연구의 수행을 위해서는 연구의 수행에 앞서 참여자들에게 연구의 목적과 방법, 협조사항을 충분히 알리고 동의를 받아야 한다.

연습문제 · · · · · · · · · ·

1. 사례연구의 특성을 다음과 같이 진술할 때, 각 진술이 갖는 의미를 구체적으로 설명해 보시오.
   1) 개별적(particular) 연구다.
   2) 기술적(descriptive) 연구다.
   3) 발견적(heuristic) 연구다.
   4) 귀납적(inductive) 연구다.

2. 사례연구에서 사용되는 다음의 자료출처들의 장점과 단점을 진술하시오.
   1) 문서
   2) 공문서 기록
   3) 면접
   4) 직접관찰
   5) 참여관찰
   6) 물리적 인공물

3. 사례연구의 절차를 단계별로 간략히 제시하시오.

4. 교육분야의 사례연구 1편을 찾아 연구대상, 자료수집방법, 분석절차, 그 결과를 간단히 요약하시오.

문화기술지

　사회학적·인류학적 전통에서 출발한 문화기술지(ethnography)는 연구자가 현장에 직접 참여하여 문화적 현상에 대해 연구하는 대표적인 질적연구방법이다. 때로는 여타의 질적연구들이 문화기술지를 많이 사용하고 있기 때문에 질적연구 전체가 문화기술지 연구라고 언급되기도 한다. 문화기술지는 특정한 문화를 공유하고 있는 집단의 구성원 또는 그 집단을 연구대상으로 구성원의 지식, 행동, 신념, 가치, 관점을 내부자 및 외부자 관점에서 총체적으로 탐색한다. 따라서 연구대상이나 주제는 상당히 광범위하며 다양한 장면에서 연구가 수행될 수 있다.

　교육분야에서 문화기술지는 미시적인 측면에서 학교교육의 참여자인 특정 교사나 학생들의 행동 및 신념을 탐색하기 위하여 사용되거나 혹은 거시적인 측면에서 학교교육에 내포된 불평등과 이데올로기 등을 탐색하여 기술적 관점 및 해석적 관점을 제공하기 위하여 사용될 수 있다.

　연구대상인 특정 문화나 집단에 대한 기술과 분석은 단순히 해당 문화나 집단에 대한 이해를 제공할 뿐만 아니라 비교문화적 관점에서도 중요한 시사점을 제공해 줄 수 있다. 연구결과를 다른 사회나 문화의 것과 비교하고 평가해 봄으로써 탐구주제에 대한 이해와 해석의 폭을 넓힐 수 있을 뿐만 아니라 공통점과 차이점을 규명해 봄으로써 이론화의 가능성 또한 추구해 볼 수 있는 것이다.

문화기술지는 올바르게 진행하지 못할 경우 보고서가 마치 수필처럼 되어 버릴 수도 있지만 타당하게 진행되는 경우에는 양적연구를 통해서 발견하기 어려운 새로운 사실들을 발견할 수 있다. 체계적으로 서술된 문화기술지 연구 보고서를 통해서 문화에 대한 보다 심도 있는 이해를 할 수 있으며, 전혀 다른 문화에 대해서도 인식의 폭을 확장할 수 있을 것이다.

문화기술지의 정의와 특성, 연구유형, 연구의 수행절차 그리고 문화기술지가 갖는 장단점과 유의점으로 구분하여 차례로 살펴본다.

1. 문화기술지의 정의와 특성

1) 정의

문화기술지(ethnography)는 인간행위는 물론 그 행위 속에 내포된 의미구조를 모두 기술하기 위하여 자연스러운 상황에서 사람들의 행동을 관찰하고 사람들이 지니고 있는 문화적 지식과 그 문화적 지식이 사회적 상호작용에서 사용되는 방식을 발견하는 지적 과정이다(Spindler, 1982). 어원적으로 보면 문화기술지는 ethnos(=nation)+graphien(=writing)의 결합이다. 단어가 의미하듯 문화기술지라는 말은 초기에는 '어떤 부족이나 종족, 국가에 대하여 기술하는 것'으로 인류학자의 관점을 반영하였다. 그러나 오늘날에는 문화현상을 이해하기 위한 질적연구의 하나로 '거시적 혹은 미시적 관점에서 어떤 특정 집단 구성원들의 행동, 삶의 방식, 신념, 가치 등을 현지인의 관점에서 이해하고 자세히 기술하기 위한 연구방법'이라는 의미를 지닌다(Atkinson & Hammersley, 1994; Massey 1998; Myers, 1999; 정용교, 2001).

문화기술지의 초점은 사회 상황에서 벌어지고 있는 문화로서, 문화란 인간 행동과 신념과 관계된 모든 것들로 사람들이 사용하는 언어, 의식구조, 삶의 방식, 상호작용의 유형, 의사소통 방식 등을 일컫는다. 따라서 문화기술지 연구자들에게 문화는 인간의 삶에서 각 개인들을 다른 집단과 구별되는 독특한 특징을 가진 집단으로 만들며 이로 말미암아 마침내 서로 다른 지식과 신념, 행동양식을 공유하게 된다고 본다. 이와 같은 관점에서 문화기술지는 문화를 공유하고 있는 집단의 행동, 신념, 언어 면에서 공유된 패턴을 기술하고, 분석하고, 해석하는 것을 연구목적으로 한다.

여기에서 문화공유집단(culture sharing group)이란 사실상 어떠한 집단이라도 될 수 있다. 다만 이들 집단은 일정 기간 동안 공유된 가치, 신념, 언어를 지니고 있는 사람들이어야 한다. 예를 들어, 좁게는 특정한 교사집단이나 학생집단일 수도 있으며 넓게는 학교 구성원 전체일 수도 있다.

어느 고등학교에서 학생들에 의해 자발적으로 구성된 독서동아리를 예로 문화공유집단의 특성(Creswell, 2005)을 제시해 보면 다음과 같다.

첫째, 문화공유집단은 행동이나 신념, 언어를 지닌 두 명 이상의 개인으로 구성되며 집단의 규모는 클 수도 작을 수도 있다―독서동아리 '책사랑'은 1학년 남녀 학생 20명으로 구성되어 있다.

둘째, 집단 구성원들은 규칙적으로 상호작용하여야 한다―책사랑 독서 동아리 회원들은 독서토론을 위해 한 달에 두 번씩 정기적으로 만나고 있다.

셋째, 집단 구성원은 특정 시점 이후 지속적으로 상호작용하여 온 역사가 있어야 한다―독서 동아리는 지난 6개월 동안 12번의 모임을 가졌다.

넷째, 집단은 보다 큰 집단의 대표적인 표본집단이어야 한다―책사랑 독서 동아리는 학교 전체에 있는 5개 독서 동아리를 대표한다.

다섯째, 집단은 어떤 행동이나, 사고, 대화에서 공유된 패턴을 지니고 있어야 한다―책사랑 독서 동아리는 독서토론에서 일정한 대화·토의 방식, 질문과 답변 형식에서 일정한 공유 패턴이 있다.

요컨대, 문화기술지에서는 단일의 장소(예: 고등학교)에서 어떤 문화공유집단(예: 독서 동아리)을 대상으로 장기간의 접근을 통하여 그들의 세밀한 행동, 신념에 대하여 기록물을 구축한다. 연구자는 집단의 관찰자가 되거나 참여자가 될 수 있으며, 문화공유집단에 대한 기록으로 광범위한 현장노트, 구성원들과의 면접 기록물을 수집하게 된다.

조용환(1999)은 문화기술지 연구가 적합한 경우를 다음과 같이 제시하고 있다.

첫째, 연구하고자 하는 현상, 대상, 지역에 대한 선행연구나 사전지식이 전혀 또는 거의 없을 때, 둘째, 복잡하고 미묘한 사회적 관계 또는 상징적 상호작용을 탐구하고자 할 때, 셋째, 소집단 또는 소규모 사회의 역동성에 관해 국지적이지만 총체적인 연구를 하고자 할 때, 넷째, 사건의 맥락, 흐름, 구조에 대한 심층적 분석을 할 때, 다섯째, 현상 이면에 내재한 가치체계, 신념체계, 행위규칙, 적응전략을 파악하고자 할 때다.

2) 특성

문화기술지는 내용분석연구나 질적사례연구와 같이 질적연구가 공통적으로 지니고 있는 어떤 특성과 인류학적 전통에서 비롯된 문화기술지만의 독특한 특성을 함께 지니고 있다.

첫째, 문화기술지는 문화적 주제를 다룬다. 문화적 주제는 문화기술지의 명제다. 앞의 정의에서 언급한 것처럼 문화기술지는 전형적으로 문화 인류학에서 비롯된 주제들을 다룬다. 무엇이든 관찰할 수 있을 것이라는 막연한 생각으로 현장에 무조건 뛰어드는 것이 아니라, 특수한 문화적 주제에 초점을 두며, 문화에 관한 지식을 더하는 데 관심을 갖는다.

둘째, 문화기술지는 현상학적 입장에서 연구를 수행한다. 현상학에서는 인간 환경의 제 측면들이란 그 환경에 참여하고 있는 개인들에 의해 구성되는 것이라고 본다. 문화기술지 또한 한 집단의 구성원들이 자신의 행동과 경험을 어떻게 해석하는지 그 구성원의 관점에서 이해하려 한다. 주어진 문화의 구성원들이 자신의 세계를 바라보는 방식을 이해하는 것, 즉 에믹(emic) 관점 혹은 내부자적 관점은 문화기술지의 핵심요소다.

셋째, 문화기술지는 자연적 상황에서 연구를 수행한다. 문화기술지는 자연적 장면에서 수행하는 비실험적 연구다. 학급이나 학교와 같이 어떤 자연집단을 연구대상으로 하며, 연구상황을 조작하거나 통제하지 않고 자연 그대로의 상황에서 연구를 한다.

넷째, 문화기술지는 현장 속에서 연구한다. 현상학적 입장, 자연적 상황에서의 연구라는 특징은 곧 문화기술지 연구자로 하여금 현장 속에서 연구를 수행하도록 한다. 연구자는 사람들이 일을 하며 활동하고 있는 장소에서 많은 시간을 보낸다. 현장이야말로 집단의 행동, 신념, 언어, 상호작용에서 공유하고 있는 패턴이 그대로 나타나는 장면이기 때문이다.

다섯째, 문화기술지는 맥락의존적(contextualization)이다. 문화기술지 연구자들은 특정한 맥락과 관련하여 현상을 기술한다. 여기에서 맥락이란 연구하에 있는 문화적 집단을 둘러싼 장면, 상황, 환경을 말한다. 맥락은 다층적이며 내적으로 서로 얽혀 있을 수 있다. 역사, 종교, 정치, 경제, 환경과 같은 거시적 맥락일 수도 있으며, 학교의 위치, 크기, 건물의 색깔과 같이 미시적이거나 물리적인 맥락일 수도 있다. 이는 집단이 보이는 행동, 사고, 상호작용이란 본질적으로 맥락 의존적이라고 보기 때문이다.

여섯째, 문화기술지는 총체적 관점을 지향한다. 문화기술지는 총체적 관점에서 참여자의 삶을 기술하려고 노력한다. 다양한 맥락들 내에서 전체 현상에 대한 기술을 구성하고자 하며, 그러한 기술을 통하여 행동과 현상에 대한 신념에 영향을 미치는 원인 및 결과의 복잡한 상관관계를 밝히고자 한다. 이를 위해서는 현상에 대한 현장 참여자들의 견해를 수집할 뿐 아니라, 참여자들의

〈표 14-1〉 **문화기술지와 사례연구의 차이**

학자에 따라서는 사례연구를 문화기술지의 한 유형으로 받아들이는 경우도 있으나(예: Creswell, 2005), 대부분의 학자들은 사례연구와 문화기술지를 구별되는 연구방법으로 간주한다.

두 연구방법은 몇 가지 주요한 특성에서 차이가 있다(Gall et al., 1999; Myers, 1999).

첫째, 문화기술지는 인간 사회와 문화에 관심을 지니며 특정 집단 구성원들의 가치, 태도, 신념을 밝히는 데 초점을 두는 반면 사례연구에서는 어떤 프로그램이나 중심적인 인물, 과정, 기관 혹은 사회단체와 같은 하나의 특정 사상(事象)이나 현상에 보다 관심을 둔다.

둘째, 문화기술지는 사례연구보다 더 오랜 시간 현장에서 시간을 보내며 보다 세밀한 관찰증거를 요구한다.

셋째, 문화기술지 연구자들은 자신이 고려하는 현상을 보다 더 체계적으로 고찰할 목적으로 다른 문화 간의 상호비교를 행하기도 하나, 사례연구자들은 보다 단편적인 문화적 맥락으로 관심사를 한정짓는다.

넷째, 문화기술지에서는 참여관찰이 가장 일차적인 자료이나, 사례연구에서는 면접자료가 일차적인 자료이며 종종 문서자료에도 많이 의존하는 경향이 있다.

다섯째, 문화기술지는 연구대상으로 삼는 사회적 집단의 삶에 연구자 자신을 깊이 몰입시키나 사례연구는 그렇지 않다.

여섯째, 문화기술지는 현상에 대한 기술, 해석에 더 초점을 두나 사례연구의 경우 평가의 목적으로 행해지는 경우도 많다.

행동을 객관적으로 관찰하여 두 가지 정보를 상호보완적으로 사용한다. 즉, 참여자들의 주관적이며 내부자적인(emic) 관점뿐만 아니라 연구자의 보다 객관적인 외부자적 관점(etic)을 통합하고자 한다.

일곱째, 문화기술지는 병행적·반복적·순환적 연구절차를 지닌다. 나중에 보다 자세히 살펴보겠으나 문화기술지에서는 연구집단에 대한 자료의 수집과 분석이 동시에 진행된다. 또한 자료분석이 진행되는 동안에도 계속해서 새로운 가설을 형성하거나 수정 혹은 변경하기도 한다. 이러한 절차는 사전에 설정된 가설을 자료수집을 통해 검증하고자 하는 양적연구와는 명확하게 구별되는 질적연구가 갖는 특징이다. 이러한 연구절차는 이론이 아닌 현장에서 산출된 자료를 통해 현상을 이해하고자 하는 문화기술지의 관점을 보여 주는 것이며 동시에 연구방법상의 유연성을 의미한다.

2. 문화기술지의 유형

문화기술지의 유형을 명확하게 구분할 수는 없다. 다만, 학자들에 따라 연구의 범위나 현장에 대한 연구자의 몰입정도, 연구의 수준, 구체적인 연구목적 등 나름대로의 기준에 따라 몇 가지 연구유형으로 구분되고 있을 뿐이다 (길병휘 외, 2001; 조용환, 1999; Creswell, 2005; Gall et al., 1999; Jacob, 1998).

예를 들어, 문화기술지는 연구범위에 따라서 거시적 문화기술지(macro-ethnography)와 미시적 문화기술지(micro-ethnography)로 구분할 수 있다. 전자의 경우, 한국인, 서울 사람, 부산 사람과 같이 넓게 정의된 문화적 집단을 연구범위로 하는 경우이며, 후자는 국회의원, 유치원의 아동들과 같이 협의적으로 정의된 문화적 집단을 범위로 하는 경우다. 또한 유사한 방식에서 포괄적 문화기술지(comprehensive ethnography), 주제중심적 문화기술지(topic-oriented ethnography), 가설검증적 문화기술지(hypothesis-oriented ethnograpy)로 구분할 수도 있다. 연구하고자 하는 문화에 대한 사전지식이 거의 없는 경우에 포괄적 문화기술지 연구가, 특정 문화에 대한 사전지식이 어느 정도 축적되어 있는 경우에는 주제중심의 문화기술지나 가설검증적 문화기술지가 권장된다(정용교, 2001).

보다 널리 수용되고 있는 연구유형으로 총체적 문화기술지, 기호적 문화기술지, 비판적 문화기술지, 기습적 문화기술지의 4가지로 한정하여 살펴보면 다음과 같다.

1) 총체적 문화기술지

총체적 문화기술지(holistic ethnography)는 일반적으로 문화기술지라는 연구를 정의하고 그 특징을 열거할 때 떠올리는 가장 전형적인 형태의 문화기술지다. 연구자는 기존에 자신이 지니고 있던 모든 고정관념과 가정을 던져 버리고 텅 빈 상태가 된다. 그런 다음 집단을 이해하기 위하여 기꺼이 현장 속으로 들어간다. 심지어 1년 이상 현지에서 일을 하며 새로운 언어와 문화를 습득하고 참여관찰과 면접을 통하여 그 자신의 원래의 생각이 아닌 새로운 아이디어와 결과를 구축해 나간다. 연구자에게는 사회집단에 대한 감정이입이 절대적으로 필요하며 현지인들에도 자신을 드러낸다. 마치 인류학자가 원주민에게 가서 그 지역 사람들처럼 사는 것과 같은 이치다(Jacob, 1998).

2) 기호적 문화기술지

기호적 문화기술지(semiotic ethnography)는 제3자의 입장에서 특정 문화를 기술한다. 이러한 연구유형에서는 굳이 현지인들에게 자신을 드러내지 않으며 감정이입을 할 필요도 없다고 생각한다. 그보다는 상징적 형태—낱말, 이미지, 기관, 행동—를 개별적인 관점 및 그들이 구성하는 전체성이라는 관점에서 찾고 분석한다(Geertz, 1988). 연구자가 해야 할 일은 집단의 구성원들이 문화적 맥락에서 직조한 의미의 거물망(webs of significance)을 이해하는 것이며, 이들 의미의 거물망은 단지 상황과 맥락을 두텁게 기술함으로써 독자들에게 효과적으로 의사소통을 제공하는 일이다(Harvey & Myers, 1995).

3) 비판적 문화기술지

비판적 문화기술지(critical ethnography)는 새롭게 등장하고 있는 문화기술지

연구유형이다. 주로 권력, 불평, 지배, 억압, 헤게모니, 희생과 같은 사회적 이슈를 연구하며 사회에서 소외된 집단의 해방을 위하여 이들의 권리를 옹호하는 데 관심을 갖는다. 전형적으로 연구자는 정치적인 어떤 마인드를 갖고 있으며 연구를 통하여 불평과 지배에 대항하고자 한다. 연구자와 연구대상자들 간의 대화가 많이 등장하며, 이러한 대화를 통하여 진정한 생각을 억압하거나 제약하는 어떤 숨겨진 계획을 파헤치고자 한다. 교육분야의 예를 들자면, 어떤 부류의 학생들에게 주어지는 특권, 남녀학생 간의 불평등을 연구하는 경우를 들 수 있다.

4) 기습적 문화기술지

기습적 문화기술지(blitzkrieg ethnography)는 1년 이상의 장기간 동안 현장에 체류하는 것이 아니라 몇 개월 정도 심지어 2~3일 정도의 지극히 짧은 기간 현장에 체류하여 자료를 얻고 연구를 수행하는 방식이다(Rist, 1980; 정용교, 2001). 이 용어는 Rist(1980)에 의해 처음 사용되었으나 여타 학자들(예: Spindler & Spindler, 1992; Wolcott et al., 1987) 또한 현장에 얼마나 오랫동안 체류하느냐 하는 것이 문화기술지의 본질은 아니라는 점에 동의하고 있다. 즉, 중요한 것은 수집되는 자료의 질(質)이라는 견해다. 예를 들어, Wolcott(1987)는 만일 문화기술지 연구가 어떤 학교의 한 학생이나 한 명의 교사에 초점이 맞추어져서 협의적으로 진행될 경우 12개월 동안 체류하여 연구를 수행한 결과와 기습적 연구로 수행한 결과가 같을 것이라고 제안하였다.

3. 문화기술지의 절차

앞서 특징에서 언급한 것처럼 문화기술지는 반복적 특징 혹은 사이클형 연구절차(cyclical pattern)를 지닌다(Massey, 1998; Spradley, 1980). 이는 양적연구가 대체로 연구문제 설정과 자료수집 그리고 검증이라는 직선적인 연구절차를 밟는다는 것과 대비된다. 자료수집과 동시에 분석이 되며 그 과정에서도 계속해서 새로운 가설이 형성되거나 수정된다.

문화기술지 연구의 절차로 가장 상세하면서도 많이 인용되는 것은 Spradley (1980)가 제안한 발달적 연구단계(Development Research Sequence)다. 발달적 연구단계는 12단계로 되어 있으며 매우 구조화되어 있다. ① 사회적 상황 선정 ② 참여관찰 ③ 문화기술적인 기록 ④ 기술적 관찰 ⑤ 영역분석(domain analysis) ⑥ 집중관찰 ⑦ 분류분석(taxonomic analysis) ⑧ 선별관찰 ⑨ 성분분석(componential analysis) ⑩ 문화적 주제의 발견 ⑪ 목록의 작성 ⑫ 문화기술지 작성의 순서다.

여기에서는 Spradley의 단계를 중심으로 연구절차를 제시하되, 연구주제 및 범위 선정부터 보고서 작성까지 전체적인 흐름을 개괄적으로만 살펴본다. 보다 구체적이고 세부적인 절차를 알고자 한다면 Spradley(1980)의 *Pacticipation Observation*을 참고할 수 있을 것이다.

(1) 연구주제 및 범위의 설정

문화기술지 연구에서는 연구문제를 설정하기에 앞서 반드시 탐색하고자 하는 문화적 측면이 무엇인지를 가장 먼저 정의하여야 한다. 즉, 문화를 선정하는 일, 관련된 문헌의 고찰 그리고 문화의 구성원에 의해 중요하다고 지각되는 구체적인 관심변인의 확인으로 연구가 시작된다. 문제 인식을 위해서는 사회문화적 상황을 폭넓게 살펴보는 시야와 통찰력이 필요하다. 더불어 시작단계에서는 연구의 범위를 결정해야 한다. 연구범위는 미시적 문화기술지를 수행할 것인지 거시적 문화기술지를 수행할 것인지를 말하며 이는 곧 사회적 상황을 설정하는 것과 관련된다. 예를 들어, 연구자는 '한국인의 우리 의식'이라는 문화적 측면에 관심을 갖고 거시적 접근을 취할 수도 있으며, '초등학교 신임 교사의 학교생활 적응과정'에 초점을 두고 미시적 접근을 취할 수도 있다.

(2) 연구문제의 설정

문화기술지에서 구체적인 연구문제나 가설은 연구가 진행되는 동안 계속해서 이루어지는 활동이다. 따라서 연구 초기에 만들어진 연구문제나 가설은 언제라도 수정되거나 변경, 첨가될 수 있으며 초기 단계에서 설정한 연구문제란 연구를 시작하게 하는 역할을 할 뿐이다. 많은 경우에서 연구변인이나 가설은 나중에 현장에서의 관찰과 참여자들과의 접촉과정에서 발견된다. 즉, 문화기술지에서는 질문과 답변 모두를 연구하고자 하는 사회적 상황 속에서 찾는다. 예를 들어, 초등학교 신임교사의 학교생활 적응과정을 연구한다고 하자. 이때 연구자는 실제 관찰과정을 통해 신임 교사들의 행동이나 언어를 분석한다. 여기에서 동료교사들과의 관계에서 독특한 형태의 협력이나 경쟁 양상이 지속적으로 나타나거나 혹은 수업장면에서 특징적인 수업전략 행동이 관찰된다고 한다면 이는 곧 문화적 측면의 한 양상으로 간주된다. 이는 곧 구체적인 연구문제로 다루어질 수 있다.

(3) 현장선택과 예비연구

연구자가 관심 갖는 문화적 측면에 따라 그러한 문화적 측면이 가장 잘 나타날 수 있는 사회적 상황 혹은 현장을 선택하게 된다. 사회적 상황이란 세 가지 요소로 구성되며 장소, 행위자, 활동이다. 장소는 초등학교, 경로당처럼 관찰이 수행될 수 있는 구체적인 곳이어야 하며, 행위자는 학생 혹은 60세 이상 할아버지 등과 같이 어떤 역할을 수행하고 있는 사람들이 있어야 함을 말한다. 또한 활동이란 그 사람들이 어떤 관찰가능하고 인식할 수 있는 활동 패턴을 지속적으로 보이고 있어야 한다는 의미다.

Spradley(1980)는 문화기술지 연구를 위한 사회적 상황의 선택 준거로 6가지를 들고 있다. 첫째, 단순성(simplicity)으로 복잡한 상황보다는 단순한 상황을 선택하는 것이 바람직하다. 둘째, 접근용이성(accessibility)으로 쉽게 접근할 수 있는 상황을 선택한다. 셋째, 연구자가 쉽사리 어울릴 수 있는 장면, 즉 자신의 역량에 비추어 너무 과도하지 않은(unobtrusiveness) 상황을 선택한다. 넷째, 허용가능성(permissibleness)으로 진입이 자유롭게 허용될 수 있는 상황을 선택한다. 다섯째, 반복가능성(frequently recurring activities)으로 문화란 일회성이 아니기 때문에 연구하고자 하는 주제가 반복해서 일어날 수 있는 상황을 선택한다. 여섯째, 비친숙성(strangeness)으로 문화기술지 연구를 수행하기 위해서는 연구자에게 어느 정도 낯선 상황이어야 한다.

연구자는 현장선택 이후 혹은 선택에 앞서 예비연구를 수행해 보는 것이 바람직하다. 예비연구는 현장조사 전반에 걸쳐 발생할 수 있는 문제를 파악하고, 새로운 아이디어를 얻거나 혹은 보다 적절한 연구현장이나 지역을 선정하기 위한 목적으로 실시한다(조명옥, 최영희, 2000). 또한 이러한 과정을 통해 연구자는 관찰, 면접의 연습, 현장노트 기록 및 수집된 자료의 분석을 위한 훈련 경험을 얻을 수 있으며 연구방법의 타당성 또한 검토해 볼 수 있다.

(4) 현장접근과 제보자 선정

연구자가 처음으로 현장에 들어가는 것은 결코 쉽지 않다. 공식적인 허가절차가 필요한 경우도 있을 것이며, 집단의 문지기 역할을 하는 사람의 허락을 얻어야 하거나 타협과정이 필요할 수도 있다. 자칫 사람들에게 반감을 일으키거나 적의의 감정을 일으키지 않도록 유의하여야 하며, 이를 위해서는 집단에서 영향력 있는 사람과 우호적인 관계를 유지하는 것이 도움이 될 수 있다. 연구자 또한 현장에서 낯선 사람들과 함께 일한다는 사실로 정서적 및 신체적 스트레스를 받지 않도록 주의해야 한다. 연구자는 필요에 따라 마치 집단의 구성원처럼 완전히 참여하거나 혹은 관찰자로 참여하는 등의 다양한 역할을 수행하여야 하기 때문에 너무 친밀하거나 혹은 역으로 너무 동떨어지지 않도록 해야 한다.

본격적인 관찰이나 면접자료 수집을 위해서 가장 중요한 일은 최선의 제보자를 선정하는 일이다. 문화기술지 연구에서 연구자는 제보자를 마치 교사로 삼아 그들의 시각에서 그들의 세계를 이해하려고 한다. 연구주제와 관련된 특수한 지식을 제공하는 사람을 주제보자로, 보다 일반적인 역할을 하는 사람을 일반 제보자로 삼을 수 있다. 제보자는 자발적으로 연구주제와 관련된 정보를 제공하기도 하며, 다른 제보자를 연결해 주는 중재자의 역할을 하기도 한다. 제보자는 연구의 전체과정에서 중요한 역할을 하지만, 특히 관찰을 통한 자료수집이 어느 정도 진행된 후 심층면접을 통해 자료를 얻고자 할 때 중요한 역할을 한다. 자료수집 초기에는 2~3명 정도의 소수의 제보자를 대상으로 관찰과 질문이 이루어질 수 있으나, 자료수집 및 분석과정이 어느 정도 진행되고 나면 눈덩이표집(snowball sampling) 등과 같은 방식으로 자료가 포화상태가 될 때까지 제보자의 수를 확대해 나가게 된다.

(5) 자료수집

자료수집은 적절한 경우 양적자료 수집방법을 사용하기도 하나 주로 질적 자료수집방법을 통해 이루어진다. 가장 중요한 자료수집방법은 관찰과 면접이다. Spradley(1980)의 발달적 연구단계와 관련하여 관찰 및 면접방법을 살펴보면 다음과 같다.

관찰자료의 수집　　관찰의 목적이란 사람들이 어떻게 상호작용하며 대화하고 일을 하며 또 특정한 과제를 어떻게 수행하며, 공간에서 어떻게 움직이는지, 무엇을 어떻게 사용하는지를 밝혀내는 것이다. 특히 문화기술지에서는 참여관찰을 강조한다. 이러한 이유는 문화기술지 연구가 문화현상에 대한 연구와 관련하여 지니고 있는 근본적인 연구논리와 관계있다. 즉, 문화현상은 자연과학적 실험을 통해서가 아니라 문화 속에서 사는 사람들이 경험하는 의미를 밝혀낼 때 더욱 정확하게 파악할 수 있다는 신념이다. 그러므로 연구자는 참여자의 경험과 의미를 해석해야 하는데 이는 그들과 함께 사회적 상황에 참여할 때만 가능하다고 보기 때문이다(Burgess, 1984). 연구자는 연구대상이나 현장에 대해 보다 잘 알고 친숙해지면 비참여관찰이 아닌 직접참여관찰을 통하여 현장 구성원의 삶에 적극 참여한다. 이 과정에서 연구자는 그들의 행위나 말뿐만 아니라 자신이 참여자로서 경험한 것이나 느낀 것, 그리고 현장 구성원들과의 순간적인 대화내용까지도 자료로 수집하게 된다.

연구자는 연구의 진행정도에 따라 관찰의 목적과 범위에 따라 다양한 형태의 관찰방법을 적용할 필요가 있다. Spradley(1980)는 연구진행 정도에 따라 기술관찰(descriptive observation), 집중관찰(focused observation), 선별관찰(selective observation)의 단계로 구분하여 사용할 것을 제안한다.

첫째, 기술관찰은 자료수집 초기에 연구하고자 하는 문화에 대해 지식이 거의 없을 때 '여기에 무슨 일이 일어나고 있는가'와 같은 일반적 질문으로, 연구 가능한 문제를 인식하기 위한 목적으로 수행한다. 이때 연구자는 주변에서 발생하는 사건들을 있는 그대로 계속 적어 나가며, 마음속에 특정한 질문을 갖지 않는다. 기술관찰의 주 대상은 공간, 건물, 행동, 활동, 사건, 시간, 행위자, 목적 등이다.

둘째, 집중관찰은 기술관찰에 따라 어느 정도 자료가 수집되어 일차적인 자료분석결과 문화영역(cultural domain)이 드러났을 때 수행한다. 연구자는 기술관찰에서 얻은 현장노트 자료의 분석에서 문화영역들을 찾아내며, 이때 보다 중요한 것으로 판단된 영역에 대해서는 집중적으로 자료를 수집할 필요성을

〈표 14-2〉 민속방법론 실험

문화기술지에서 비록 관찰과 면접이 일차적인 자료수집방법이긴 하나 필요에 따라 민속방법론적 실험을 사용하여 집단 내에 존재하는 행위규칙을 탐색할 수도 있다.

민속방법론(ethnomethodology)은 1960년대 후반에 미국의 사회학자 Garfinkel에 의해 주도된 것으로 자신의 사회학은 행위자들이 일상생활을 영위하는 방법에 관해 연구한다는 뜻으로 명명한 것이다. 민속방법론에서는 일상생활의 구조와 기조가 되는 기본적인 원칙을 발견하기 위하여 당연하게 느껴지는 행위의 규명에 초점을 두고 상호작용을 통하여 사람들이 자기들이 사는 세상에 대해서 공통된 정의를 내리는 과정을 연구한다.

Garfinkel(1967)은 이를 위한 한 가지 방법으로 위반실험(breaching experiment)을 제시하였다. 즉, 사람들이 당연하다고 생각해 왔던 사회적 규칙이나 규준으로 받아들여지는 것을 일시적으로 위반하도록 해 봄으로써 다른 사람들이 어떻게 반응하는지를 검토하는 것이다. 예를 들어, Garfinkel은 실험을 통해 몇 명의 학생들에게 집에서 마치 방문객처럼 공식적인 말을 사용하고 예의바르게 처신해 보도록 하였다. 가족들은 놀라는 한편 당황하고 걱정을 나타내거나 심지어 화를 내기도 하였다. 또 어떤 학생들은 가족들에게 생각이 깊지 못하다거나 혹은 불손하다고 핀잔을 받기도 했으며 혹시 어디가 아프냐는 질문을 받기도 하였다.

일상적 장면에 대해 파괴를 시도하는 민속방법론 실험은 흔히 학교현장에서 일상적으로 나타나는 객관적이고 반복적인 특성을 밝히는 연구에 유용할 수 있다. 학교에서의 대부분의 일과들은 일정한 틀에 입각하여 반복적으로 이루어진다. 그런 과정에서 학교성원들은 무의식적, 관례적으로 주어진 규칙을 따르며 그런 규칙을 아주 당연한 것으로 취급한다. 민속방법론 실험은 이러한 당연하게 주어진 규칙이나 질서의 세계를 파괴해 봄으로써, 그러한 규칙의 이면에 근본적으로 작용하는 기제가 무엇인지를 밝혀내는 데 좋은 지침을 줄 수 있다(정용교, 2001).

느끼게 되며 이 경우 집중관찰이 수행된다. 셋째, 선별관찰은 한 걸음 더 나아가 문화영역 분석뿐만 아니라 자료의 분류분석(taxonomic analysis)까지 이루어지고 난 후 수행된다. 집중관찰을 통해 연구의 초점이 어느 한 개의 문화영역이나 몇 개의 상호 관련된 문화영역에 집중하게 되고 어느 정도 깊이 있게 이해하게 되면 이때는 어떤 특정한 범주에 대해서는 더욱 철저한 관찰의 필요성을 느끼게 되는데, 이 경우 초점을 더욱 좁힌 선별관찰을 한다. 기술관찰은 연구기간 끝까지 이루어지지만 관찰의 중점은 시간이 경과함에 따라 기술관찰에서 집중관찰로 그리고 다시 선별관찰로 옮아가게 된다.

면접자료의 수집   문화기술지가 비록 참여관찰을 중요한 자료수집방법으로 채택하긴 하나 문화의 어떤 속성들은 관찰만으로는 파악하기 어려운 경우가 많다. 면접은 이와 같이 직접 관찰할 수 없는 활동이나 신념, 가치에 대하여 정보를 얻기 위하여, 또 관찰자료에 대한 추론을 검증하기 위한 자료를 수집하고자 할 때 사용된다. 특히 심층면접의 경우 제보자 혹은 참여자 한 사람당 몇 시간이 걸릴 정도로 폭넓고 깊이 있는 대화가 이루어진다. 성공적으로 면접을 이끌기 위해서는 사전에 익명과 비밀 보장, 라포가 충분히 이루어져야 하며, 필요에 따라 녹음기나 비디오카메라 등을 준비할 필요도 있다.

면접에 의한 자료수집 역시 관찰과 마찬가지로 연구의 진행 정도에 따라 질문의 중점을 달리하여 이루어질 수 있으며 이는 기술적 질문(descriptive question), 구조적 질문(structural question), 대조질문(constrast question) 3가지로 나눌 수 있다. 각각은 차례대로 기술관찰, 집중관찰, 선별관찰과 연계되어 있다.

첫째, 기술적 질문은 초기 연구단계에서 많이 이루어진다. 이때의 기술적 질문이란 기술관찰의 한 부분이며 연구자가 의도한 계획적이거나 구조적인 질문이라기보다는 기술관찰의 과정에서 관찰 대상에 대하여 단순히 의문이 있거나 부가적인 설명이 필요할 때 정보를 얻고자 하는 것이다.

둘째, 구조적 질문은 기술관찰에서 얻은 자료를 영역분석한 결과 관심 있는 영역에 한정하여 추가적인 자료를 수집하고자 할 때 사용하는 질문이다. 대체로 집중관찰에 앞서 이루어지며 5~6개의 질문이 사용된다.

셋째, 대조질문은 자료에 대한 분류분석까지 어느 정도 완결되고 선별관찰을 해야 할 단계에 이르렀을 때 선별관찰에 앞서 제시되는 질문이다. 대조질문이라고 하는 이유는 이후의 성분분석(componential analysis)을 위하여 포함 용어들 간의 차이를 알아보기 위한 질문이기 때문이다(〈표 14-3〉을 참고하라).

〈표 14-3〉 Spradley(1980)의 문화기술지 자료분석 절차

Spradley(1980)는 문화기술지 연구에서 자료를 분석한다는 것은 관찰된 사회적 상황에서 특정한 '문화적 장면'을 발견하기 위하여 문화적 의미의 부분 혹은 요소를 발견하며, 그것들이 어떻게 조직되어 있는가를 찾아내는 것으로 본다. 이를 위하여 영역분석, 분류분석, 성분분석, 주제분석이라는 큰 단계를 제안하고 있다. 각 분석단계는 이를테면 용어를 찾아내고 영역분석 작업표를 작성하는 절차, 영역 간의 유사성을 찾고 분류분석 작업표를 작성하는 절차, 용어 간의 유사성과 차이점을 찾고 성분분석 작업표를 작성하는 절차 등과 같이 다시 복잡하고 세부적인 하위절차를 거쳐 진행된다.

여기에서는 큰 틀에서 영역분석, 분류분석, 성분분석, 주제분석의 개략적인 절차만을 살펴본다. 상세한 절차와 분석 예시를 알고자 한다면 앞서 언급한 Spradley(1980)의 책 *Participation Observation*을 참고해야 할 것이다. 국내에 번역판 또한 출판되어 있다.

영역분석　　영역분석(domain analysis)은 '기술적(記述的) 관찰'과 '기술적 질문'을 통해 습득한 현장노트자료에서 문장 혹은 문단을 추출하여 문화적 영역을 찾아내는 것을 의미한다. 문화적 영역은 다른 더 작은 범주들을 포함하고 있는 문화적 의미의 범주다. 문화적 영역은 총괄용어(cover terms), 포함용어(included terms), 의미론적 관계(semantic terms)의 세 가지로 구성된다. 총괄용어란 문화적 영역을 말하며, 포함용어는 영역 내의 보다 작은 모든 범주를, 의미론적 관계는 이 둘 사이를 연결해 주는 것이다. 예를 들어, '교실, 교무실, 강당, 식당은 학교의 한 부분이다.'라고 하였을 때, 교실, 교무실, 강당, 식당은 포함용어이고, 학교는 총괄용어이며, ～의 한 부분이라는 말은 의미론적 관계를 나타낸다. 연구자는 제보자의 진술에서 의미론적 관계에 적합한 총괄용어와 포함용어를 모두 찾아낸다.

분류분석　　분류분석(taxonomic analysis)은 영역분석 단계에서 추출된 문화적 영역 중에서 보다 심층적으로 분석할 몇 개의 영역을 연구자가 선택하여, '집중관찰과 구조적 질문'을 통해 추가자료를 수집하고 이를 통하여 문화영역의 작은 단위인 포함용어 간의 관계를 식별하는 데 사용된다. 포함용어들 간의 가능한 하위집합 찾기, 분석할 영역의 하위집합을 포함하는 보다 크고 포괄적인 영역 찾기, 임시적 분류 수행하기, 분류관계를 설명하고 새로운 용어를 유도해 내기 위해 구조적 질문하기, 부가적인 구조적 질문하기, 완성된 분류 작성하기 등의 세부 절차를 갖는다.

성분분석　　성분분석(componential analysis)은 한 영역 내에서 상호 대조관계에 있는 개념들에 대한 민간 정의를 수집하고, 그 성분을 분석함으로써 그 영역의 대조관계가 갖고 있는 의미를 이해하고자 하는 단계다. '선별관찰과 대조질문'을 통해 각 영역의 문화적 범주 중 차이점, 유사점, 관계된 의미의 범주를 조사하게 된다.

주제분석　　주제분석(themes analysis)은 영역들 간의 관계를 발견하고 또 각 부분들과 전체 문화 간의 관계를 발견해 나가는 방법이다. 문화적 주제란 내면적이든 외면적이든 많은 영역들에 반복되는 원칙이라 할 수 있다. 한 개 이상의 영역에서 하나의 착상이 떠오르면 이는 문화적 주제가 될 가능성이 높다. 주제분석을 위한 전략으로는 몰입, 문화목록 작성하기, 대조 차원 간의 유사성 찾기, 문화적 상황의 구성도 만들기, 보편적 주제의 탐색, 문화적 상황의 개관 요약하기, 유사한 문화적 상황과 비교하기 등 다양한 전략이 있다.

	(기술적 관찰)	(집중관찰)	(선별관찰)
영역분석 →	분류분석 →	성분분석 →	주제분석
	(기술적 질문)	(구조적 질문)	(대조 질문)

따라서 문화기술지에서 면접형식은 비구조적 면접과 구조적 면접방식 모두를 사용함을 알 수 있다. 비구조적 면접방식인 경우 질문의 내용과 방식을 사전에 계획하기보다는 상황에 따라 유동성을 최대한 발휘하도록 하며 가능한 개방형 질문으로 접근하는 것이 좋다. 다만 모든 면접과정에서 질문은 연구자의 용어가 아닌 현지인의 용어를 사용해야 한다.

면접자료의 수집을 위해서는 적절한 제보자 선정이 특히 중요하다. 좋은 제보자의 선정 여부는 곧 문화기술지 연구의 성패를 좌우한다 말할 수 있다. Spradley(1980)는 좋은 제보자의 조건으로 해당지역이나 집단에 오랜 연고가 있어서 그 문화를 속속들이 잘 아는 사람, 이야기하기를 즐겨하는 사람, 비학술적이고 토속적인 언어를 사용하되 주관적인 분석을 하지 않는 사람을 들고 있다(조용환, 1999; 이종각, 1995). 앞서 언급한 것처럼 제보자는 또 다른 제보자를 추천해 줄 수도 있다.

연구자는 연구문제와 관련된 모든 영역에서 수집된 자료가 포화상태에 이를 수 있도록 제보자를 눈덩이처럼 혹은 연쇄적으로 표집하여 충분한 인원으로 확대해 나가야 한다.

(6) 자료기록

관찰과 면접과정에서 얻은 정보들은 현장노트, 관찰일지, 관찰기록지를 사용하여 기록한다. 현장노트에는 연구 현장에서 보고, 듣고, 느낀 것을 기록하며, 관찰일지에는 관찰 당일의 경험에 대한 주관적인 느낌이나 연구에 대한 의문, 생각의 변화 등을 자유롭게 일기처럼 기록해 나간다. 그리고 관찰기록지에는 관찰일지와는 달리 보다 객관적인 방식으로 현장노트에 기록된 내용을 토대로 보다 상세하게 관찰내용과 해석을 보충하면서 정리해 나가는 방식으로 작성한다. 관찰일지나 관찰기록지의 경우에 고정된 형식은 없다. 다만 연구자는 실제로 본 것과 들은 것 그리고 연구자 자신이 느낀 것을 반드시 구분하여 적어 나가야 하며 가능한 한 상세하게 기록하는 것이 좋다.

현장노트는 관찰기록지의 토대가 되기 때문에 특히 유념하여 작성해야 한다. 현장노트는 관찰, 인상, 감정, 직감, 드러난 의문점 등을 정기적으로 작성해야 하며 또한 정기적으로 비판적 검토를 해야 한다. 이러한 과정을 통해 연구자는 새로운 연구문제와 아이디어를 개발할 수 있다. 연구자는 자신만의 현장노트 쓰는 법을 결정해야 한다. 예를 들어, 저널 형식, 일기, 분석적 형태, 메모 등 여러 가지 형태를 취할 수 있다. 관찰기록에서 기본적으로 제공되어야 하는 정보는 앞서 언급한 것처럼 공간(장소 혹은 물리적 공간), 행위자(포함된 사람), 활동(사람들이 무엇을 했는지), 대상(제공되거나 사용한 물리적 대상), 행위(사람들의 단일의 활동), 사건(사람들이 행하는 활동과 관련된 장면), 시간(시간, 날짜와 지속 정도), 목표(사람들이 성취하고자 했던 일), 느낌(연구자의 느낌 및 사람들이 표현한 감정) 등이다(Spradley, 1980).

Spradley(1980)는 자료의 기록 시 지켜야 할 것으로 3가지 원칙을 제시하였다. 첫째, 언어 확인의 원칙(the language identification principle)으로 기록에 사용된 언어가 연구자 자신의 것인지 아니면 제보자의 것인지를 분명히 구분하는 것이다. 둘째, 축어의 원칙(the verbatim principle)으로 사람들이 말한 그대로의 단어나 용어로 기록해야 한다는 것이다. 연구자는 제보자의 말을 압축, 요약하거나 연구자 자신의 말로 번역해서 기술해서는 안 된다. 제보자의 의도가 왜곡되어 기록될 수 있기 때문이다. 셋째, 구체화 원칙(the concrete principle)으로 관찰된 내용을 기술할 때에는 학술적인 용어나, 평가적인 용어가 아닌 구체적인 언어로 상세히 제시하는 것이다.

(7) 자료분석

문화기술지에서 자료분석의 초점은 문화적 주제를 발견하는 것이다. 이러한 과정은 〈표 14-3〉에 차례로 제시되어 있다. 표에서 알 수 있는 것처럼 자료수집방법과 자료분석 방법은 긴밀히 연계되어 있다. 영역분석을 통해 문화의 어떤 부분들에 대한 탐색이 이루어지고, 분류분석을 통해서는 이들 부분들 간의 관계에 대한 탐색이, 그리고 주제분석을 통해 부분들과 전체와의 관련성에 대한 탐색이 반복적으로 이루어진다.

Spradley(1980)는 문화적 주제를 가치, 문화적 규칙, 세계관, 인지적 정향 등과 동의어로 파악하고 자료분석의 결과 '다수의 영역들(domain)에서 함축적 혹은 분명하게 나타나고 있는 어떤 원리'로 정의한다. 달리 말해서 문화적 주제란 일종의 가정으로 구성원들이 사실이라고 믿는 공통의 경험을 반영하는 것이다. 이러한 주제는 대개 어떤 주장이나 단언의 형태로 나타난다. 예를 들어, '여자란 집 안에 있어야지 밖으로 나돌아 다니면 안 된다.'라는 말을 생각해 보자. 만약 이러한 표현이 특정 문화의 여러 상황에서 공통적으로 발견된다면 이는 문화적 주제의 하나로 간주될 수 있다. 즉, 이러한 주장은 어떤 특정 문화에서 사람들이 사실로 믿고 받아들이는 것이 무엇인지를 보여 주는 것이다.

특정한 문화적 주제를 찾아내는 효과적인 전략 중의 하나는 어느 사회나 존재할 것으로 생각되는 보편적인 주제들(universal themes)에 비추어 보는 방법이다. Spradley(1980)는 문화기술지 연구자들이 보편적으로 찾아낼 수 있는 문화적 주제를 다음과 같이 제시하고 있다.

첫째, 사회적 갈등을 살펴보는 방법이다. 사람들이 살아가는 사회에는 갈등이 있기 마련이다. 갈등양상을 살펴봄으로써 그 사회의 독특한 문화적 주제를 발견할 수 있다.

둘째, 문화적 모순을 살펴보는 방법이다. 한 문화 내의 지식들이란 완전히 일관성을 갖지는 않는다. 대부분의 문화는 상호 모순되는 신념이나 주장, 생각들을 포함하고 있는 경우가 많다. 연구자는 사람들이 이러한 모순되는 주장이나 신념 속에서 어떻게 살아가고 있는지를 탐구함으로써 중요한 문화적 주제를 발견할 수 있다.

셋째, 사회통제의 비공식적인 기법을 살펴보는 방법이다. 연구하에 있는 참여자들이 행동을 어떻게 통제하는지 그리고 자신이 속한 사회의 가치와 규준에 어떻게 순응해 나가는지를 주목함으로써 중요한 문화적 주제들을 발견할 수 있다.

넷째, 제삼자들과의 사회적 관계를 다루는 방식을 살펴보는 방법이다. 특히 도시에 사는 사람들의 경우 자신이 잘 모르는 사람들을 다루는 어떤 방식을 지니고 있다. 연구에서 그와 같은 전략을 사용하는 사람들을 탐색하면 주제를 찾아낼 수 있다.

다섯째, 사회적 지위를 얻거나 유지하는 방법을 살펴보는 것이다. 비록 지위라는 말이 갖는 상징은 문화마다 다를 수 있겠으나 대부분의 문화에서 사람들은 어떤 지위를 얻기 위해 노력한다. 사람들이 지위를 얻고 또 유지하기 위해 무엇을 하는지를 발견하는 것은 중요한 주제를 밝혀낼 수 있다.

여섯째, 문제해결방식을 살펴보는 것이다. 문화란 문제해결을 위한 도구의 구실을 한다. 사람들이 당면하는 문제의 유형이 무엇인지 그리고 그러한 문제를 해결하기 위하여 어떠한 문제해결방식을 채택하는지를 살펴보는 것에서 또한 중요한 주제를 찾아낼 수 있다.

(8) 보고서 작성

문화기술지 연구가 총체적 · 기호적 · 비판적 · 기습적 유형으로 다양하게 전개될 수 있는 것처럼 보고서 양식 또한 다양한 형태가 있다(Mayers, 1999). 비교적 객관성을 유지하면서 보고서를 작성하는 사실주의자 방식(realist)에서부터, 연구자의 느낌이나 인상을 중심으로 하는 인상주의자 방식(impressionist), 그리고 마치 보고서가 하나의 고백록처럼 여겨지는 고백 스타일(confessional style) 등이 있다. 어떤 방식을 취하든 간에, 연구자는 보고서 작성에서 다음과 같은 몇 가지 점을 항상 염두에 둘 필요가 있다.

첫째, 보고서란 곧 자신이 발견한 어떤 특수한 사회적 상황에서의 문화적 의미를 다른 문화의 구성원들에게 의사소통이 될 수 있도록 전달해 주는 일종의 통역작업이라는 생각을 해야 한다.

둘째, 보고서는 곧 아이디어와 개념들의 분석과정 그 자체다. 연구자는 자료분석 작업과 글쓰는 작업을 왔다 갔다 하면서 되풀이해야 한다.

셋째, 연구자는 자신이 제시한 설명을 정당화하기 위해 항상 독자를 의식해야 한다. 이를 위해서는 독자들이 연구자의 해석을 체크해 볼 수 있도록 충분한 증거자료를 제시해야 한다.

넷째, 문화기술지 보고서에서 특히 중요한 부분은 연구방법 장(章)이다. 연구자는 자신이 내린 해석, 설명을 위해 사용된 도구와 절차들을 명백히 드러내어야 한다.

다섯째, 대체로 문화기술지 연구가들은 자신들의 보고서를 반영적(reflective)으로 해석하고 쓴다. 반영성이란 연구자가 해당 연구에서 자신의 역할에 대하여 분명히 자각하고 있으며 자신의 느낌, 태도 등을 그대로 드러내는 것을 말한다.

여섯째, 문화기술지에서 자료를 적절하게 표현하는 것은 보고서의 심장과 같다. 현장노트에 기록했던 많은 중요 내용들이 본문에 제시되어야 하며, 다른 나머지 부분들은 부록에 첨가되어야 한다. 또한 이러한 자료들은 삼각측량(triangulation)에 따른 것이어야 한다.

4. 문화기술지의 장단점과 유의점

문화기술지의 장점과 단점, 그리고 연구에서 유념해야 할 몇 가지 유의사항을 차례로 제시하면 다음과 같다.

1) 문화기술지의 장단점

문화기술지의 장점은 다음과 같다.

첫째, 문화기술지는 무엇보다 직접 연구현장에 뛰어들어 연구를 수행하기 때문에 사람들이 실제로 말하고 행동하는 것을 생생히 관찰할 수 있으므로, 문화현상에 대해 생동감 있는 정보를 제공할 수 있다.

둘째, 문화기술지 연구의 가장 가치로운 측면은 연구의 깊이다. 사회적 상황에 대한 연구자의 참여관찰과 면접기법, 그리고 순환적 자료분석 절차는 집단의 일상에 대하여 여타 연구방법들에 비해 가장 심층적인 정보를 제공할 수 있다.

셋째, 문화기술지는 우리가 '일상적이며 당연한 것으로 여기던 것'을 연구문제로 제공해 준다. 학문의 대상과 일상적 삶을 서로 구별하지 않으며, 당연시 되던 행위양식이나 규범, 가치, 신념 이면에 기저하고 있는 문화적 주제로 드러내게 한다.

넷째, 연구대상인 특정문화나 집단에 대한 기술과 분석은 비교적인 관점에서 중요한 시사점을 제공해 준다. 연구결과를 다른 사회나 문화의 것과 비교하고 평가해 봄으로써 탐구주제에 대한 이해와 해석의 폭을 넓힐 수 있으며, 공통점과 차이점을 규명해 봄으로써 이론화의 가능성도 추구해 볼 수 있다.

그러나 동시에 문화기술지 연구는 몇 가지 측면에서 단점을 지니고 있다.

첫째, 문화기술지는 다른 모든 연구에 비해 가장 오랜 연구기간이 소요된다. 비록 단기간의 현장참여 연구도 가능할 수 있으나 수개월 정도의 현장참여가 일반적이며 또한 그만큼 자료의 분석시간도 오래 걸릴 수 있다.

둘째, 문화기술지 연구는 상대적으로 연구의 폭이 좁다. 일반적인 조사연구와는 달리 문화기술가들은 대체로 하나의 집단이나 문화를 연구한다. 따라서 심층적인 대신 범위는 협소할 수 있다.

셋째, 단지 하나의 문화기술지로 일반화된 모형을 개발하는 것은 불가능하다. 다양한 상황과 맥락에서 연구가 반복적이고 지속적으로 이루어질 경우, 일반화된 모형이나 이론에 토대를 제공할 수는 있으나 문화기술지 자체만으로는 이론 개발을 추구하기는 어렵다.

넷째, 수집된 자료에 대한 기술과 해석은 연구자의 주관적 판단에 상당히 의존하기 때문에 연구자의 배경특성이나 관심에 따라 연구결과가 달라질 가능성이 있다.

다섯째, 맥락주의 연구이므로 상황에 아주 민감하다. 그 결과 주어진 상황에 대해서는 정확하고 적합하게 기술하지만 그 결과를 일반화하는 것은 지극히 제한적일 수 있다.

여섯째, 문화기술지는 집단이나 공동체의 영향력을 지나치게 강조할 수 있다. 그 결과 집단 구성원의 개인 내적인 속성이 미치는 힘을 과소평가할 수 있다.

2) 유의점

문화기술지의 수행 시 유의하여야 할 사항을 제시하면 다음과 같다.

첫째, 문화기술지를 효과적이며 체계적으로 수행해 내기 위해서는 숙련된 연구경험이 요구된다. 문화기술지에서 가장 중요한 연구도구는 연구자 자신이다. 이는 문제의 선정, 관찰, 해석하는 등의 연구과정에서 연구자 자신이 가장 기본적이고 신뢰할 만한 연구도구로 활용된다는 것을 의미한다. 이를 위하여 연구자는 개인적 편견을 제거하고 개방성을 획득하기 위하여 노력해야 하며 꾸준히 자기성찰을 해야 한다(이희봉 역, 1989).

둘째, 연구자는 내부자적(emic) 관점과 외부자적(etic) 관점의 균형을 유지하는 데 특히 주의해야 한다. 문화기술지에서는 사람들에 의해 구성되는 의미를 중요시하기 때문에 현상학적 입장에서 구성원들의 관점을 적극적으로 반영한다. 이를 위하여 연구자는 제보자나 혹은 연구하고자 하는 집단과 밀접하고 지나치게 관련을 맺는 경우가 많다. 그러나 때로 현장 제보자들과 밀접한 관계를 맺는다는 것이 오히려 편의를 제공할 수 있음에 유의할 필요가 있다. 내부자의 관점을 반영한다는 말이 곧 제보자들이 말하고 행동하는 모든 것이 곧 진리임을 의미하지는 않는다. 연구자는 구성원들이 보이는 행동과 언어를 있는 그대로 가감 없이 수용하되, 이를 비판적으로 분석해야 하며 필요에 따라서는 멀찌감치 물러서서 객관적 시각으로 현상을 바라볼 수 있어야 한다.

 연습문제 · · · · · · · · · ·

1. 문화기술지의 정의와 특성을 진술하시오.

2. 문화기술지와 사례연구를 상호 비교 진술하시오.

3. Spradley(1980)가 제시한 문화기술지 자료분석 절차를 제시하시오.

4. 교육분야의 문화기술지 1편을 찾아 비평하고 그 결과를 제출하시오.

Q 방법론

1. Q 방법론의 정의와 특성

1) Q 방법론의 정의

Stephenson[6]이 1935년에 창안한 Q 방법론은 인간의 태도와 행동을 연구하기 위해 철학적, 심리학적 그리고 통계학과 관련된 개념을 통합한 방법론으로서 인간의 주관성을 정량적으로 분석할 수 있는 특수한 통계기법이다. 학교현장에서 학생, 교사 및 학부모의 인식, 가치, 태도, 신념과 같은 개념을 객관적으로 연구할 수 있는 방법으로서 가설 생성을 위한 탐색적 연구와 이론의 검증과 같은 확인적 연구에서도 적용될 수 있다. 많은 수의 표본을 대상으로 한 횡단적 R 방법에 비하여 개인이나 소집단에 대한 깊이 있는 탐구가 가능하다는 점에서 연구대상의 행동 연구에 유용성이 매우 높다. 개인의 주관성을 바탕으로 한 연구대상의 특성과 차별성을 이해하는 데 유용하다. 1935년에 물리

---

6) Stephenson(1902~1989)
   • 물리학 박사(Ph. D. 1926, University of Durham)
   • 심리학 박사(Ph. D. 1929, University of London)

학 분야에서 심리학을 응용한 Q 방법론은 이를 분석할 수 있는 컴퓨터 패키지의 보급과 더불어 사회과학 전반에 걸쳐 그 활용이 확산되어 가고 있다.

개인마다 환경(circumstance), 대상(objects) 및 특성(attribution)에 대한 표현방식과 특정 상황에 대한 지각 상태가 상이하다. 즉, 동일한 환경상태 혹은 대상 및 특성에 대하여, 개인마다 본인의 관점에서 지각하고 판단하게 된다. 특정연구에서 이러한 개인의 주관성을 고려하지 못하고, 객관적이고 획일적인 연구방법을 고려한다면 연구결과의 편의(bias)가 발생하게 된다. 이러한 문제점들을 보완하기 위하여 Q 방법론은 환경, 대상 및 특성에 반응하는 개인의 주관적인 지각, 태도와 행동 등을 반영할 수 있는 과학적인 연구방법이다. 구체적으로 살펴보면, Q 방법론은 개인마다 특정 환경에서 대상을 지각하는 서로 다른 반응들 간의 요인분석과 요인배열을 통한 상관을 제시하면서, 피검자 개개인과 요인을 이루고 있는 개인 군집들(personal clusters)을 분석하는 것이다. 요약하면, Q 방법론은 인간의 태도와 행동을 연구하기 위해 철학적, 심리학적 그리고 통계학과과 관련된 아이디어를 통합한 방법론으로 상관분석과 요인분석을 적용하여 인간의 주관성을 정량적으로 분석할 수 있는 특수한 통계기법이다.

Q 방법론의 학문적 배경은 Spearman이 고안한 요인분석에 기원한다. Spearman의 연구조교였던 Stephenson이 영국의 과학 학술지 『네이처(*Nature*)』에 Q 방법론을 기고하면서 많은 학문 분야에 영향을 미치기 시작했다. Spearman이 고안한 요인분석은 인간의 특성(지적능력, 신체조건, 학력 등)에 대한 상관관계에 초점을 두었지만, Stephenson의 Q 방법론은 인간들 간의 행동반응(주관적 의견, 인식 구조 등)에 대한 상관관계에 초점을 두고 있다. Q 방법론의 이론적 배경은 물리학자인 Stephenson의 영향으로 물리학의 양자이론(quantum theory)과 집합이론(concourse theory)에 근간을 두고 있다. 구체적으로 살펴보면, 연구대상자의 자기참조(self reference)에 의해 표시되는 변량의 상호관계는 양자이론과 일맥상통한다. 그리고 자연과학과 사회과학 등 다양한 학문분야에서 논의된 생각이나 아이디어의 전달가능성(communicability)을 Q 방법론에서는 집합(concourse)이라 일컫는다. Q 방법론에서 집합의 의미는 매우 중요하다. 왜냐하면, 다양한 학문분야에서 논의된 생각이나 아이디어는 주관적이면서 다른 구성원에게 영향을 미치기 때문이다. 나아가 이러한 집합은 사회

에서 발생된 문제점을 바라보는 시각에 영향을 미치게 되고, 이를 해결하는 근거가 되기 때문이다.

Q 방법론은 심리학, 신문방송학, 행정학, 정치학 분야 등에서는 Q 방법론을 활용한 연구가 활발히 이루어져 왔으나 그 외 학문 분야에서는 상대적으로 활용도가 낮았다. 이는 그동안 사회과학 연구의 흐름을 주도해 온 논리실증주의의 객관성 중시 사고가 큰 영향을 미친 것으로 생각된다. 교육학 분야에서도 객관적인 측정과 변수들 간의 관계에 대한 타당성에 중점을 둔 연구가 주를 이루었다. 반면에 학교 개별 주체 간(학생, 교사, 학부모)의 주관성이 반영되어 나타나는 다양한 자극들에 대한 개인 내의 반응의 차이에 대한 연구는 미미한 실정이다. 사회과학분야에서 중요한 연구대상이 되는 인간의 특수성은 바로 개별 주체들이 가지고 있는 주관성에 있다. 따라서 주관성에 대한 연구는 교육학과 같은 인간과 관련된 사회과학의 제 현상을 설명하기 위한 필수적인 과제다. 그러나 인간행동에 대한 주관성 연구가 중요할지라도 그동안 실증주의자들이 사용해 온 계량적 접근방법으로는 인간의 본질적 속성인 주관성을 연구하는 데 한계가 있다. 이러한 문제를 해결하기 위해 개발된, 즉 인간의 주관성에 대한 객관적 접근방법을 제공해 주는 Q 방법론은 사회과학 분야의 인간 행동에 대한 이해는 물론이고 학교 개별 주체 간(학생, 교사, 학부모)의 개성과 차별화를 중시하는 교육학 분야에서의 공헌도가 매우 높을 것이다.

2) Q 방법론의 특성

과학적 지식을 얻는 보편적인 방법은 연역에 의해 명제와 결과 사이의 논리적으로 입증할 수 있는 가설을 설정하고, 귀납에 의해 경험적인 검증을 통해 가설을 확립한다. 하지만 이러한 방법은 가설의 필연적인 귀결을 전개할 뿐이며, 귀납은 어떤가를 살펴볼 수 없다. 즉, 이러한 방법으로는 현상을 이해하기에는 역부족이다. Q 방법론은 위의 단점을 보완하기 위하여 발견적 추론에 근간을 두고 있다. 발견적 추론은 현상을 이해하고 설명하기 위한 최초단계로서 가설이나 이론을 발견하는 과정이다. 즉, 발견적 추론은 사실들 사이의 인과적 관계를 설명하는 검증되지 않은 이론을 분석할 수 있으며, 발견적 추론을 통한 집합적(concourse) 제안으로부터의 연역을 통하여 귀납에 의해 검증될 수 있는 예측을 이끌어 낼 수 있다. 기존의 방법론이 가설로부터 시작한다면, Q 방법론은 관찰을 통해 가설을 만들어 내는 것이다. 즉, Q 방법론은 가설 발견에 초점을 두므로 가설검증 방법보다 선행되며, 무엇을 설명하기에 앞서 무엇이 일어나고 있는가를 먼저 이해한다는 논리다. 따라서 다양한 양상을 가진 인간심리와 인간행동 분야와 같이 실증적으로 지지된 이론적 근거가 부족하거나 새로운 개념의 개발단계에 있는 경우, Q 방법론은 사회와 인간의 실제 속에서 접근할 수 있는 이상적인 연구방법이다.

　Q 방법론이 갖는 또 다른 중요한 특성은 이론검증과 같은 확인적 연구에도 유용하다는 것이다. 만약 이론과 관련된 측정항목이 유목(category)으로 표현될 수 있는 경우, 예를 들어서, 학교효과 연구의 경우에 동일학교에 속한 학생들의 행동은 상호 상관이 있으며, 다른 학교 학생들과의 행동은 독립이라면, 동일 학교에 속한 학생들 사이의 상호상관의 정도가 유목 내 상관이다. 유목 내 상관이 크면 집단 내 개체들의 행동은 동질적이며, 집단 간에는 이질성이 크다는 정보를 제공할 수 있는 진술문을 만들어 낼 수 있다면 이론을 검증할 수 있는 강력한 수단이 될 것이다. Q 방법론에서 이론을 검증하기 위한 절차는 개인들의 정보를 요인 분석함으로써 인간의 유형을 발견하는 형식을 취한다. 이때 이론을 구성하고 있는 주요 요인들이 Q 요인분석을 통하여 실증적으로 나타나는가를 보고 이를 검증하게 된다. 특히 간단한 이론이나 가설들은 가치, 태도, 성격, 역할 등이 잘 밝혀져 있는 피험자에게 구조화된 진술문들을 분류하게 함으로써 검증할 수 있다. 이때 구조화된 진술문들은 이론구조에 내포된 유목에 대해 변량분석을 적용할 수도 있다.

　Spearman이 창안한 요인분석(이하, R 방법론)과 Stephenson이 창안한 Q 방법론과의 차이를 살펴보면 다음과 같다. 첫째, R 방법론은 연구대상의 배경 특성, 예를 들어 지적능력, 학력수준, 나이, 성별, 가정배경(SES) 등 간의 구조적 특성을 발견하는 데 사용된다. 이를 위하여 연구자는 위의 연구대상의 배경 특성변인에 대한 조작적 정의와 변수 척도를 개발하고, 연구대상자는 연구자의 조작적 정의에 따라 배경 특성을 나타낸다. 반면 Q 방법론은 연구 대상자의 특정 주제에 대한 주관적 의견이나 인식의 구조를 확인하는 데 사용된다. Q 방법론은 R 방법론과 같이 연구자가 사전에 변인에 대한 조작적 정의와 척도를 결정하지 않고, 연구대상자가 자율적으로 특정 주제에 관한 연구대상자의 의견을 표시한다. 따라서 Q 방법론은 연구대상자의 주관적 구조, 즉 특정 주제에 대한 유사한 견해를 가진 집합(concourse)을 추출하게 된다. 둘째, R 방법론은 연구대상에게 객관적인 응답(Yes, No 혹은 1, 2, 3, 4, 5 등)을 요구하는 반면, Q 방법론은 연구대상에게 주관적인 응답(신념, 태도, 가치 등)을 요구한다. 즉, R 방법론은 행태주의적 관점을 반영하는 한편, Q 방법론은 현상학적 관점을 반영한다. 셋째, R 방법론의 연구는 무작위 표본(Random Sample)을 대상으로 선정하여 연구대상의 배경 특성을 유형화하는 포괄적인 연구에 사용한다. 반면 Q 방법론은 소수의 대상(1인 이상)에 대한 심층적 연구에 사용된다.

  Q 방법론의 효용성과 실용성을 강조하고 있는 많은 학자들은 기존의 많은 학문분야에서는 과학적 지식 창출이라는 명분 아래 R 방법론에 초점을 맞추고 있는 것에 우려를 하고 있다. 이들은 R 방법론에 기초한 지식은 사회의 현상과 상황에 적절하지 못한 잘못된 정보를 제공함으로써 많은 행정 분야의 정책 의사결정 과정에서 오류를 낳게 할 수 있음을 지적하고 있다. 특히, 교육학과 같은 사회과학 연구에서는 학생, 교사, 학부모 등의 주체별로 주관적 영역의 확장이 필요함을 지적하고 있다. 왜냐하면 이 분야에서의 각 주체는 실제의 정책과정에서 다양한 가치, 의견 및 견해들이 대립되고 있는 것이 보편적이기 때문이다. Q 방법론을 활용하면 이러한 다양한 가치, 의견 및 견해 등을 발견하고 시사점을 이끌어 낼 수 있다. Brown(1995)은 Q 방법론은 개인의 주관성에 본질을 두고 있는 과학적 접근법임을 강조한다. 여기서 과학적이라는 의미는 체계적이고 객관적인 방법을 적용한다는 의미이며, 구체적으로는 요인분석이란 통계적 방법을 사용하는 것이다. R 방법에서의 요인분석은 변수를 요인화하는 반면에 Q 방법에서는 사람을 요인화하는 것이다. 그러나 두 방법의 차이가 단순히 변수와 사람을 전치하는 것이 아니라 "개인 간에 차이가 있는 인간의 특성으로부터 고유한 자기 준거를 가지고 있는 개인이 제시된 자극에 대해 보이는 생각과 반응"으로 관점을 전환하는 것이다. 특히 Q 방법에서는 자극들에 대해 개인이 느끼는 인정과 비인정감, 기쁨과 불쾌함과 같은 감정이 핵심을 이루며, 이러한 주관성은 관념적이라기보다는 구체적이며 즉각적으로 경험할 수 있는 것이다. 이러한 측면 때문에 Q 방법이 주관성에 관한 연구를 수행하기 위한 객관적인 방법론으로서 인식되는 것이다.

Q 방법에 요인분석이 관련되어 있기 때문에 정량적 요소와 관련된 것으로 생각하는 경우가 많으나 Stephenson은 개발 당시 미학적 판단, 시의 해석, 조직 역할의 인식, 정치적 태도, 건강의 사정, 죽음의 경험, 인생관과 우주관에 내포된 주관성을 밝히는 방법을 제공하는 데 관심을 두었다. 따라서 Q 방법의 적용범위는 인지, 의식, 의지뿐만 아니라 화술, 강연, 해석학, 매체, 문학비평, 의사결정 분야까지도 포함하고 있다. 또한 주관적인 의사소통이 가능하다면 정신 영역에 속하는 현상에도 적용할 수 있다. 이와 관련하여 Dennis와 Goldberg(1996)는 Q 방법이 정성적인 연구와 정량적인 연구의 장점을 결합한 것이라고 하였으며, Sell과 Brown(1984)은 양자를 연결하는 가교를 제공하는 도구로 보기도 하였다. 따라서 Q 방법은 개인의 주관성에 관한 객관적인 접근방법이라는 독특성으로 말미암아 이에 견줄 만한 이론이나 원리를 찾아보기 힘들 정도로 그 적용범위가 넓은 방법론인 것이다.

2. Q 방법론의 표본 유형 및 적용 연구

1) Q 방법론의 표본 유형

Q 방법론의 표본은 두 가지 유형으로 나뉜다. 하나는 자연 표본(naturalistic sample)과 기성 표본(ready made sample)의 구분이고, 또 다른 하나는 구조화 표본(structured sample)과 비구조화 표본(unstructured sample)의 구분이다. 자연 표본은 연구대상자로부터의 여론, 구술 또는 작성 문헌을 통해 직접 Q 진술문을 얻어 낸다. 이는 Q 분류를 수행하는 개인의 의견에 비추어 문항이 반응자와의 의사소통과 피험자의 의견을 바탕으로 만들어진 것이다. 피험자는 Q 진술문이 내포한 뜻을 쉽게 이해할 수 있어 Q 분류를 더 쉽게 행할 수 있다. 자연 표본의 장점은 외적 준거체제로부터 나오는 변질된 의미가 아니기 때문에 반응자의 의미를 흐리게 하거나 왜곡하는 위험을 줄일 수 있고 Q 분류하는 피험자의 의견이 직접 반영할 수 있다. 자연 표본의 진술문은 면접, 지필(수필 등), 신문사설, 잡지와 신문의 편집자들에게 온 편지, TV, 라디오의 좌담 및 여론, 토크 쇼 등의 자료 등에서 추출된다.

반면, 기성 표본은 연구대상자의 의사와 상관없이 다른 자원에서 Q 진술문을 취합한다. 기성 표본의 종류는 의사자연적 Q 표본(quasi-naturalistic Q sample), 전통적인 등위척도에서 추려 낸 Q 표본(conventional rating scale), 표준화 Q 표본 그리고 혼합개성 Q 표본으로 구분된다. 의사자연적 Q 표본은 자연적 Q 표본의 면접법을 통한 Q 분류와 유사하다. 면접법과의 차이점은 연구하려는 대상의 외적자원(source external to the study)을 바탕으로 하여 개발하는 점과 면접법의 Q 표본은 연구에 참여하는 피험자로부터 직접 진술문을 취합하는 점에 차이가 있다. 의사자연적 Q 표본은 연구에 참여하지 않은 사람들로부터 Q 진술문을 취합하는 것을 의미한다. 예를 들면, Brown(1990)의 Q 진술문으로 Lane(1962)의 정치적 이념을 연구하면서 노동자 15명에 대한 면접결과와 Reich(1971)가 사회적 의식을 세 가지 유형으로 나누어 논술한 사회적 성격에 관한 논문에서 54개의 Q 진술문을 수집한 것이다. 전통적인 등위척도에서 추려 낸 Q 표본은 전통적인 등위척도의 문항을 Q 문항으로 바꾸어 Q 표본을 개발 연구하는 것이다. 예를 들어, Laing, Philipson, Lee(1966)의 연구의 이론과 방법을 바탕으로 한 대인인지 Q-set(interpersonal perception method Q-set)다.

표준화 Q 표본(standardized Q sample)은 기존의 표준화된 척도의 검사지 문항을 기초로 하여 Q 표본을 만들 수 있다. 결합되는 이유는 기존 검사에서 빌려 온 문항들이 반응자들이 취한 개인적 의미가 기존 검사에서 측정하려는 의미에 적합한 여부를 검사하기 위한 것이다. 그리고 기존 검사내용은 그 검사에 갖추어져 있는 의미와 다른 의미를 발견가능하기 위한 것이다. Thomas (1978, 1979)의 정치 이념(political ideology) Q 표본에서 살펴보면, 정치적 이념을 평가하는 기존의 척도 문항에서 얻어 낸 것이다. 호감 Q 표본(likeability Q sample)은 Anderson(1968)의 555 성격 기술특성(555 personality descriptive traits)에서 발췌한 감정상태를 나타내는 형용사로 구성된 형용사 검사표를 개조하여 대인관계의 정의적 영역의 연구에서 활용할 수 있는 표본을 구성한 것을 들 수 있다. 혼합개성 Q 표본(hybrid category)은 자연적 Q 표본과 기성적 Q 표본을 결합하여 만든 것이다. 혼합 Q 표본을 적용한 연구로는 Brown과 Ellithorp(1970)의 MaCarthy의 지지자들에 대한 연구, Suppasarn과 Adams (1984)의 TV 폭력성에 대한 민중의 태도 연구, Kinsey와 Taylor(1982)의 정치

변화연구에서 찾을 수 있다.

구조화 표본은 비구조화 표본에 비해 좀 더 체계적으로 표집하여 비구조화 표본이 범하기 쉬운 편향을 제거한 것이다. 구조화 표본은 이론의 가설에서 출발하여 이론을 검증하는 표본구축방법이다. 구조화 표본은 요인실험설계를 적용하여 연구자가 설계한 실험조건에 따라 문항을 작성하는 것이다. 비구조화 표본은 한 변인 혹은 한 영역만을 진술하는 일련의 Q 진술문으로 구성된다. 이는 직접 주제에 타당하다고 여겨지는 문항이 임의로 선택되고, 표본은 어떤 영역이 과소표집되면서 최종 Q 표본에 우연적으로 어떤 편향이 가능해지는 것이다. 그리고 연구목표와 관련된 변인을 영역이나 차원으로 분류하지 않을 수 있다. 비구조화 표본의 예는 Rogers의 자아지각 Q 표본(self perception Q-set)을 들 수 있다. 이는 자아를 신체, 가정, 도덕, 사회 어떤 영역이나 차원으로 구분하지 않고, 하위변인으로도 나누지 않으며 하나의 넓은 변인으로 봤다.

비구조화 표본의 특징은 Q 연구에서 가장 많이 이용되고 있고, 요인이나 변인과 특별한 관계없이 수집된 일련의 문항들이다. 그리고 사람들이 유형을 찾아내고 기술하며 설명하기 위한 목적으로 사용된다. 또한 연구자가 어떤 이론적 생각을 가정할 수 없을 때 이용된다. 비구조화 Q 표본의 Q 진술문과 인성검사나 태도검사 등의 문항은 비구조화 Q 진술문과 인성검사나 태도검사의 문항은 유사하다. 이는 하나의 넓은 영역의 변인을 측정하고 검사의 문항은 비구조화 Q 표본의 진술문으로 직접 이용가능하다. 비구조화 Q 표본이 이용되는 상황은 문제 영역에 대한 연구가 충분히 되어 있지 않아서 모집단을 대표하는 항목을 규정하는 차원 또는 요인이 결정되지 않을 때 사용된다. 예를 들어서, 태도를 연구하려고 하는데 교육태도를 명확히 분류하는 차원이 생각나지 않거나 생각되는 차원들이 중복될 때 서로 모순되어 일의적으로 정리하는 것이 어려운 경우에 활용될 수 있다. 비구조화된 진술문의 장점은 많은 노력 없이 하위주제의 범위까지 항목을 만들 수 있어서 주어진 주제에 대한 상세하고 합리적인 고찰이 가능하다는 점이다. 단점은 주제를 구성하는 요인이 불충분하고 지나친 표집 때문에 확실한 차원이나 영역의 결정이 불가능할 수 있다는 점이다. 또한 Q 분류 항목이 한쪽으로 치우쳐 버리는 경향이 있다. 이를 해결하기 위해서는 모집단과 항목선택의 기준을 명확히 하고 가능한 항목을 유목화할 필요가 있다.

2) Q 방법론의 적용 연구

Q 방법론은 개인의 주관적 인식에 초점을 맞추어 어떤 대상이나 주제, 이론 등에 대한 포괄적인 인식의 구조와 형태를 객관적으로 자세하게 도출할 수 있는 심층적인 심리측정 방법이다. 이러한 여러 특징을 근간으로 많은 학문분야에서 Q 방법론을 활용하고 있다. 특히, Q 방법론은 인간유형, 사람과 사람 사이의 공통구조, 잠재적 구조요인을 파악하는 데 필수적인 도구다. 앞서 살펴본 봐와 같이 이론검증, 상담이나 심리치료, 자아개념, 태도연구 등에 적용되고 있다. 심리치료나 상담장면에서의 Q 기법은 주로 상담 전, 상담 도중, 그리고 상담 후에 피검자에게 Q 분류를 시키고 그 성과를 비교하는 데 활용한다. Rogers와 Dymond(1954)가 자아개념을 연구하기 위해 사용했던 방법이다. 자아를 신체, 가정, 도덕, 사회 어떤 영역이나 차원으로 구분하지 않고, 하위변인으로도 나누지 않으며 하나의 넓은 변인으로 살펴본 자아지각 Q 표본(self perception Q-set)이 대표적이다.

Q 방법론은 구조화된 Q 분류의 변량분석 방법을 활용하여 이론검증과 같은 확인적 연구에도 유용하다고 앞서 설명했다. Stephenson은 'Allport-Vemon-Lindzey study of Values'의 6가지 유형이 실제 검증될 수 있는 것인가를 밝히기 위해 Q 분류에 변량분석을 사용하여 그것이 가능하다는 것을 밝혔다. Kerlinger(1964, 1986)에 의해 행해진 두 개의 연구는 교육과 교육적 문제에 관한 개인의 태도를 연구하고자 시도했다. 그는 태도를 '제한적(restrictive) vs 전통적(traditional)' '허용적(permissive) vs 진보적(progressive)'으로 양분하고 각 영역을 교수-교과목-교육과정, 개인적 상호관계, 사회규범, 권위와 규율로 나누어서 태도와 영역의 조합에 의해 모두 8개의 유목을 형성했다. 각 유목은 10개의 문항으로 구성되어 모두 80개의 진술문으로 되어 있고, 8명의 교육학 교수, 10명의 교양 과목교수, 6명의 비교육자, 1명의 대학 행정가로 구성된 25명의 피험자를 포함하고 있다. 각 피검자는 '가장 찬성'에서 '가장 찬성하지 않음'까지 두 극간 사이의 11개의 점진적인 척도 사이에 각 진술문을 Q 분류하도록 했다. 연구결과, 직업적 역할과 역할기대가 태도와 태도구조에 영향을 주는 독립변인임을 알 수 있었으며, 이 연구에서 발견된 결과의 일반화와 더욱 많은 영향요인을 탐색하기 위해 앞서 한 연구를 반복 실험하였다. 그 결

과, 첫 번째 연구와 매우 유사한 결론을 얻음으로써 일반적으로 교육적 태도
에는 진보주의와 전통주의라는 두 개의 기본적인 요인들이 있음을 밝혔다. 이
처럼 Q 방법론은 사회과학 분야의 인간 행동에 대한 이해는 물론이고 학교
개별 주체 간(학생, 교사, 학부모)의 개성과 차별화를 중시하는 교육학 분야에
서의 활용도가 매우 높을 것이다.

　　Q 방법론과 관련된 연구는 크게 방법론 자체에 대한 연구, Q set 개발과
관련된 연구, 그리고 Q 방법론을 활용하여 타당성을 검증하고 유형을 분석한
연구로 나누어 볼 수 있다(〈표 15-1〉 참조).

〈표 15-1〉 **Q 방법론과 관련된 연구**

Q 방법론	Q set 개발	Q 방법론을 활용하여 타당성
• Stephenson(1953a)	• Stephenson(1953b)	• Stephenson(1986)
• Brown(1972)	• Brown(1972)	• Brown(1990)
• Foucault(1980)	• Ellingsen 외(2010)	• Oswald 외(2003)
• Sanders(1974)	• Farrimond 외(2010)	• Johnson(1970)
• Daniel(1993),	• Gallagher 외(2010)	• Kenyon(1999)
• Kerlinger(1986)	• 이해춘(1993)	• 양호정(2000)
• Carr(1992)		• 김종훈(2005)
• 김흥규(1996)		
• 김순은(1999)		

　　Q 방법론의 연구에서는 개인 내 차이에 관한 이론을 개발하고 검증하기 위
한 기법으로 Q방법론의 특징을 과학적 절차로 설명하고 있다. 그리고 Q 방법
론이 일련의 문항에 대하여 비슷한 방식으로 반응하는 사람 군집을 밝히는 통
계 기법임을 강조하였으며, Q 방법론이 태도, 선호, 사고와 행동과 같은 요인
에 대한 사람들의 특성 요인을 확인하는 데 유용한 방법이라고 설명하고 있
다. Q set 개발에 대한 연구에서는 Q 연구방법을 이용한 인성검사 도구개발
'CQ set(California Q-set)'와 인성과 자아개발 수준의 관련성 도구 개발
'MNQ set(Minesota Q set)' 그리고 자아발달 연구 도구개발 'MNQ set' 등을
소개하고 있다. 나아가 국내에서는 백용덕(1995)이 Jung의 유형 이론을 바탕
으로 인성 Q set를 개발하여 소개하고 있다. Q 방법을 활용한 타당화 연구에
서는 성격진단검사 상위 집단과 하위 집단의 집단 간 유형 차이와 진로태도

유형화를 연구, 신체 활동의 유형화 차이, 교육집중도에 관한 집단의 특징 비교 등 Q 방법론은 각각의 개인 변인으로부터 나온 다양한 정보를 가지고서 집단 내의 관계를 비교할 때, 또는 집단의 특징을 비교하는 데 사용하는 것이 적합하며, 인간의 주관성을 과학적으로 탐색하는 데 적용될 수 있고 인간 행동 특성을 유형화하는 데 유용함을 알 수 있다. 이상의 연구고찰로 살펴볼 때 Q 분류의 결과는 연구 주제에 대해 대표성을 지닌 진술문을 반복적인 비교방법에 의해 순위를 결정함으로써 서로 다른 의견 간의 상대성을 드러내는 데 효과적이다. 특히, 개인 변인으로부터 나온 다양한 정보를 가지고 집단 내의 관계를 비교할 때, 또는 집단의 특징을 비교하는 데 유용할 것이다. 물론 이론을 검증하고, 탐색적 연구에서 새로운 영역을 개발하는 데 사용될 수도 있다. 따라서 Q 방법론은 교육학과 같은 사회과학 전반에 걸친 현장연구에 효용성이 높다.

3. Q 방법론의 절차

Q 방법론의 절차는 Q 방법론에 적합한 연구문제 설정에서 시작한다. 앞서 기술한 바와 같이 Q 방법론은 연구가설을 제시하고 이를 검증하지 않음에 주의해야 한다. 이를 통하여 연구주제와 관련하여 Q 진술문을 작성한다. 이 단계에서는 보통 연구대상자들에 대한 인터뷰를 시행하게 된다. 연구자는 인터뷰를 통해 Q 진술문(statements) 또는 Q 분류 항목(Q-sort items)을 작성한다. 만일 현재 시행되고 있는 교육행정 혹은 교육과정에 대한 인식을 조사하는 연구라면, 먼저 연구대상자들이 이에 대하여 어떻게 생각하는지 인터뷰를 통해 생각, 태도, 경험을 듣고, 짧은 문장으로 만드는 것이다. 연구자는 이때 사람들의 광범위하고 다양한 생각이 포함하도록 Q 분류 항목을 구성하게 된다.

다음은, 연구대상자, 즉 피험자 선정이다. 연구하기 위해서 선정한 응답자들을 P 표본이라고 부르고, P 표본이 바로 변인이 된다. P 표본을 선정할 시 연구결과의 일반화가 목적이 아니라 현상에 대한 이해가 목적이기 때문에 표본의 수나 표본을 선정하는 방법은 따로 없다. 하지만 많은 연구에서 연구 대상자 수를 살펴보면, 연구주제에 따라 다르지만 보편적으로 1명 이상 50명 이하로 구성되어 있다. 그다음 과정은 Q 문항을 작성한다. Q 문항은 특정 현상에 대한 진술을 의미한다. 문항에 사용되는 문장은 반드시 사람들이 일상적으로 사용하는 언어로 표현해야 하며, 기존문헌 검토를 통하여 기본적인 Q 문항을 뽑고 소수의 사람들을 대상으로 심층면접을 실시하여 Q 문항을 선정한다. 선정한 Q 문항을 진술문으로 만든 후 소수의 사람들을 대상으로 사전조사를 실시하고, 사전조사 후 문제점을 보완하여 최종문항을 설정한다. 동의하는 정도에 따라서 11점까지 척도화할 수 있다. 문항 수는 일반적으로 60개 항목에서 90개 정도가 적당하다.

그다음 과정은 연구자가 Q 문항의 분류방법과 제시방법을 결정하는 과정이다. Q 문항분류방법은 응답자가 Q 문항을 어떻게 분류하게 할 것인가의 문제다. 응답자는 각 문항을 읽고 자신의 동의하는 정도를 점수별로 분류하게 된다. 제시방법은 응답자에게 Q 문항카드를 써서 제시할 것인지, 또는 일반적인 설문지에 제시할 것인가의 문제다. 이 과정에서 일반적으로 연구대상자에게 Q 분류 자료를 얻는 과정은 표본에 속한 피험자에게 Q 진술문 카드를 주고, '가장 동의함' 부터 '가장 동의하지 않음' 척도에 따른 등급 분류를 요청한다. 예를 들어, 30개의 진술문을 제시했을 때, 피험자는 지침에 따라 Q 분류(sort) 과정을 거친다. 이때 연구자는 등급분류가 정규분포가 되도록 강제 분류를 요구하기도 한다(〈표 15-2〉 참조). Q 분류의 목적은 그다음 단계인 요인분석을 위한 것이다. Q 요인분석(Q-factor analysis)은 일반 요인분석과 달리 피험자들의 변인이다. 피험자들이 공유하는 주관적 관점에 따라 몇 개의 집단으로, 어떻게 나뉘는지 보기 위함이다. 이렇게 얻은 Q 요인분석의 결과는 주제에 대한 유사한 믿음이나 생각을 가진 집단의 수와 종류, 내용 등에 관한 정보를 제공한다.

이러한 절차와 관련된 중요한 이슈를 논의하면 다음과 같이 정리할 수 있다.

〈표 15-2〉 강제분류방법과 비 강제분류방법

	강제분류방법	비 강제분류방법
분류방법	• 정상분포, 의사정상분포, 또는 직사각형분포에 따라 점수별 할당된 카드 수를 정함	• 연구자가 점수별 카드 수를 정하는 특정분포를 전제하지 않음
제시방법	• 강제분류방법은 일반적으로 카드를 사용함 • 설문지를 사용하는 것이 전혀 불가능한 것은 아니지만 비현실적임	• 비 강제분류방법은 일반적으로 설문지를 사용함 • 카드를 사용할 수도 있지만 설문지를 사용하는 것이 편리함

1) Q 진술문(Q Statements)의 작성

Q 진술문 작성은 Q 방법론을 활용에 있어서 가장 중요한 부분이다. 기존의 R 방법론의 연구는 무작위 표본(random sample)을 연구대상으로 선정하는 것과 중요성이 유사하다. 더욱이 Q 방법론에서는 연구하기 위해서 선정한 응답자들의 P 표본이 바로 변인이 되며, Q 진술문을 분류한 P 표본이 Q 요인이 되면서 연구자가 작성한 진술문에 의해 연구결과가 해석되기 때문이다. Q 진술문 작성은 연구설계의 방법에 따라 구조적, 비구조적 표본으로 구분되며, 진술문의 출처에 따라 구술형, 추출형으로 구분된다.

구술형은 연구대상자와의 면접에 따라 진술문을 작성하는 것이며, 추출형은 기존의 문헌이나 신문기사 등에서 추출하는 것을 의미한다. Q 진술문의 중요한 구분은 구조적, 비구조적 표본의 여부다. Q 방법론을 이용한 연구도 귀납적, 연역적인 논리의 적용이 가능한데 이러한 적용은 진술문의 작성 방법에 따라 결정된다. 비구조적 연구방법은 특별한 연구설계가 없고 연구 주제와 관련된 문장을 종합하는 것이다. 이론적으로 연구주제와 관련된 모든 문장이 Q 진술문이 될 수 있다. 수많은 진술문을 작성한 후 대표적 진술문을 선택하는 방법이 좋다.

반면 구조적 방법에 따른 Q 진술문은 피셔식 실험 및 분산분석 설계원리(Fisherian Experimental and Analysis of Variance Design Principle)에 따라 작성된 것을 의미한다. 구조적 방법으로 진술문을 작성하는 것은 이론을 구축하는 것이다. 개인들의 특성을 측정하는 도구를 구축하는 대신에 연구대상자들을 통하여 기존의 이론을 형체화하게 된다. 김순은(1999)은 연구설계가 1차원의 요인 및 이론에 따르면 단중 구조적 방법, 2차원의 요인 및 이론에 기초할 경우 2중 구조적 방법이라고 부른다. 구조적이든, 비구조적이든 Q 진술문은 연구주제에 대표적이고, 포괄적인 내용을 담고 있어야 한다고 지적했다.

많은 연구자들이 연구방법론으로서 Q 방법론을 선택한 이유는 연구 참여자의 주관성과 본질적인 의미에 보다 심층적으로 접근할 수 있는 질적연구방법이라는 점에 근거한다. 즉, 방법론적 측면에서 Q 방법론은 기존의 연역적인 가설에 따른 계량적 결과들을 도출하는 방법과 달리, 개별 행위자들의 다양한 주관적 평가, 태도, 가치, 의미 등을 추출할 수 있다는 점에서 유의미성을 지닌다. 따라서 Q 진술문 작성에서 가장 중요한 부분은 행위자의 관점에서 출발하며 인간 개개인별 주관성 구조에 부응하는 상이한 주관성의 유형화 및 상호관계성 분석이 가능할 수 있는 진술문 작성이 필요하다. 그러기 위해서는 피험자의 다양한 의견들을 수렴할 수 있고, 각각의 유형별 특성을 파악할 수 있는 진술문 작성이 되어야 한다.

2) 연구대상자(P sample) 결정

Q 방법론에서 P 표본 선정은 연구결과의 현상에 대한 이해에 영향을 미친다. 연구주제에 따라 표본 수나 표본을 선정하는 방법이 상이하다. 보편적으로 연구대상자 수에 따라 심층적 연구(intensive study)와 포괄적 연구(extensive)로 구분할 수 있다. 심층적 연구는 1명의 연구대상자에게 상이한 상황을 부여한 후 상이한 상황 간의 관계를 분석하는 연구이고, 포괄적 연구에는 P 표본이 30명 이상이 되는 수준을 의미하면서, 이러한 표본들이 연구 주제와 관련하여 대표성과 연구 질을 제고하는 데 영향을 미치게 된다. 따라서 P 표본 선정에 있어서는 연구주제에 부합하는 연구대상자의 평가, 태도, 가치, 의미 등의 주관성을 반영할 수 있게 하는 것이 중요하다. Q 방법론에서는 P 표본이 Q 요인이 되기 때문에 연구자가 작성한 진술문을 잘 반영할 수 있는 P 표본 선정이 중요하다. 이를 반영하기 위해서는 다양한 참고문헌과 선행연구들을 탐구한 후 P 표본 선정이 필요하다. 진술문 표본은 전체적으로 모든 의견들을 포괄하고, 긍정, 중립, 부정의 균형을 이루도록 배치하여야 한다([그림 15-1] 참조).

Q 방법론은 개인 간의 차이(inter-individual differences)가 아니라 개인 내의 의미상의 차이(intra-individual difference in significance)에 주목하기 때문에 P 표본의 수에 제한을 받지 않는다. 또한 Q 연구의 목적은 표본의 특성으로부터 모집단의 특성을 추론하는 것이 아니기 때문에 P 표본의 선정도 확률적 표집방법을 따르지 않는다. 이와 같은 기준을 적용하여 P 표본을 선정하여야 한다.

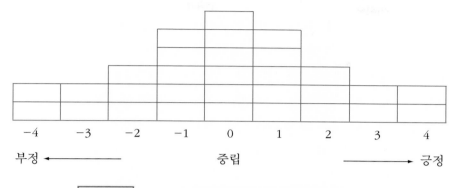

-4	-3	-2	-1	0	1	2	3	4

부정 ◄—————   중립   —————► 긍정

그림 15-1 각 진술문의 긍정 및 부정의견 점수 분포방식

3) Q 분류 및 자료 처리

Q 분류작업(Q-sorting)은 연구 참여자들이 Q 표본을 분류하는 절차다. Q 진술문을 분류하는 방법은 강제분포(forced distribution)와 자유분포(unforced distribution)로 구분된다. 강제분포는 연구대상자에게 연구자의 연구설계에 따라 Q 진술문을 일정한 숫자대로 강제로 배분하는 방법이며, 정규분포 형태로 설계되어 있다. 자유분포는 연구대상자가 자유의사에 따라 Q 진술문을 분류하는 방법이다.

연구자는 연구설계에 따라 작성된 지침을 연구대상자에게 제시하고, 연구지침에 따라 Q 진술문을 분류해 줄 것을 요청한다. 이 절차는 연구 참여자가 Q 표본의 항목 중 자신의 주관적 평가, 태도, 가치, 의미 등에 가장 근접하는 내용들을 모형화하는 것이다. 이를 위해 연구대상자들이 진술 항목들을 숙지한 후 선택한 번호들을 분포도 속에 기록하도록 요구해야 한다. 구체적으로 Q 분류 절차를 제시하면, 우선 Q 표본으로 선정된 진술 항목들을 연구대상자들이 읽은 후 긍정(+), 중립(0), 부정(-)으로 분류된 3개의 그룹에 각각 자신의 주관적 의견들을 표현하도록 한다. 그다음 긍정 진술문 중에서 가장 긍정적인 의견들을 차례로 선택하여 바깥에서부터(+5) 안쪽 방향으로 분류작업을 진행하여 중립부분에서 정리하여야 하며, 이와 유사하게 부정 진술문들을 분류한다. 이때 양끝에 놓여진 1개의 진술문에 대해서는 각각의 의견을 근거로 하여 주관식 응답형태로 나타낼 수 있도록 해야 한다. 이러한 단계 작업은

Q factor 해석에 유용한 정보를 제공해 줄 수 있다.

　이러한 Q 분류작업 과정을 거쳐 연구주제에 부합한 주관성 유형을 분석하기 위해 P 표본에서 수집된 자료를 점수화한다. 예를 들어, Q 표본 분포도에서 가장 부정적인 경우(-4)를 1점으로 시작하여 2점(-3), 3점(-2), 4점(-1), 5점(0), 6점(+1), 7점(+2), 8점(+3), 9점(+4)을 부여하여 점수화한다. 이상과 같이 추출된 분포별 점수 및 진술문 수를 번호순으로 코딩한 후 PC용 QUANL 프로그램으로 처리하여 그 결과를 유형별 인자가중치(factor weight)로 정리하게 된다. 인자가중치는 각 유형에 속한 응답자들의 설명력을 의미한다. 즉, 각 유형별로 제시된 개인별 가중치가 높게 나타날수록 그 유형의 설명력은 높은 것으로 해석할 수 있다. 이와 함께 Q 진술문의 유형별 표준점수를 분석하고 이에 대해서는 각각의 사례에 대한 유형 및 특성 분석을 통해 보다 구체적으로 논의해야 한다.

4. Q 방법론의 장단점과 유의점

　Q 방법론의 장점은 첫째, 특정 연구주제에 대한 인식의 범위가 제한되지 않는다는 점이다. R 방법론에서 연구자는 사전에 변수를 결정하고, 이를 조작적으로 정의하는 절차를 거치지만, Q 방법론에서 연구자는 피험자의 생각, 견해, 의견을 광범위하게 분석할 수 있다. 둘째, 피험자가 연구대상에 대한 의견을 표시하고, 판단하기 때문에 연구자가 변인을 선정하고 조작적으로 정의하는 R 방법론과 비교하면 연구자의 자의적 판단이 개입될 여지가 줄어든다. 셋째, 연구대상자 수가 적다는 점에서 비용, 시간이 절약된다. 반면 최대 약점은 연구결과의 일반화 문제다. Q 방법론의 표본 수가 R 방법론과 비교하면 매우 적다. R 방법론에서는 표본의 크기를 증가시킴으로써 연구결과의 일반화를 높일 수 있으나, Q 방법론은 그렇지 못하다. 피험자 선정 방법도 문제다. Q 방법론은 무작위 표본(random sample)을 대상으로 선정하여 연구대상의 배경 특성을 유형화하는 포괄적인 연구가 될 수 없다는 것이 최대의 약점으로 거론된다.

이러한 Q 방법론의 장·단점과 관련된 중요한 쟁점을 논의하면 다음과 같이 정리할 수 있다.

1) Q 방법론의 장점

첫째, 개인 내적 항상성 계수(intra individual consistency coefficient)를 통해 개인 내적 항상성을 측정할 수 있다.

둘째, 이론검증의 접근 방법이다. 이론 혹은 이론의 측면을 유목화(cate-gorize)할 수 있고, 그 유목을 표현하는 문항을 구할 수 있다면 Q 기법은 이론검증에 강력한 방법이 될 수 있다.

셋째, 피험자 개인 간의 상관을 구함으로써 상호작용적 개인유형을 알 수 있다.

넷째, 개인의 변화를 연구할 경우 Q set를 반복적으로 Q 분류시킴으로써 그 변화를 집중적으로 심도 깊게 연구할 수 있다. 그 분류자료는 개인적 연구나 사례연구의 장점을 활용해서 객관적으로 분석할 수 있다.

다섯째, 요인분석과 요인배열의 통계적 유용을 갖는다. 즉, Q 분류는 정밀한(rigorous) 조작에 의해 개인의 양적 특징을 열거하는 데 유연한 방법으로 같은 특징을 갖고서 공존하는 사람들 간의 차이비교를 가능하게 한다.

여섯째, Q 기법은 새로운 개념이나 가설을 발견할 때 유용하다.

일곱째, Q 기법에서 요인분석의 결과 발견된 요인들은 특정형태의 요인구조를 이루고 이런 요인들은 실험적이고 검증 가능한 근거하에 발견될 수 있다.

2) Q 방법론의 단점

첫째, 표집의 문제로 적은 수의 피검자를 대상으로 하기 때문에 무작위 표본(random sample)을 대상으로 선정하여 연구대상의 배경 특성을 유형화하는 연구주제에 부합될 수 없다.

둘째, 신뢰도의 문제로, 단 한 번의 검사에서 주어진 피검자의 Q 분류 반응에 기초해서 통계적인 검증이 일어날 때, 신뢰도가 저하될 수 있으며, Q 분류의 강제 선택유형은 연구의 신뢰도를 떨어뜨릴 수 있다.

셋째, 연구대상자 수가 적다는 점에서는 비용, 시간이 절약되지만, 결과 처리를 위한 연구자의 시간과 노력이 많이 든다.

넷째, 하나의 카드가 놓이는 위치에 따라 다른 카드가 놓을 위치가 영향을 받기 때문에 검사가 취하는 독립성에 위배된다.

다섯째, Q 기법의 연구결과를 가지고 질적인 면을 일반화할 수는 있지만, 어느 특성에 어떤 종류의 사람들이 몇 퍼센트(%)에 속해 있는지 등의 양적인 면을 일반화하는 데에는 주의를 해야 한다.

상기의 Q 방법론과 관련된 논쟁은 Stephenson이 1935년에 Q 방법론을 창안한 이래 끊임없이 계속되고 있다. 무엇보다 Q 연구결과의 일반화, Q 분류 방법, Q 통계학적 분석방법 등으로 정리될 수 있다. Q 방법론에 입각한 Q 연구결과의 일반화 문제는 다양한 연구주제에 부합하는 연구목적을 달성할 수 있는지에 관한 연구자의 역량에 달려 있다. 만약 다수의 연구대상자가 포함되어야 하는 연구인 경우에는 무작위 추출에 의한 많은 표본을 선택하여야 한다. 하지만 이에 관한 문제는 비단 표본선택에 있어서의 접근으로만 해결할 수 있는 문제는 아니다. 연구자가 Q 방법론을 활용하여 이러한 문제점을 해결하기 위한 연구방법 또한 존재(Brown, 1998)한다. Brown(1998)의 이론에 의하면 50명을 대상으로 조사하여 나타나는 연구결과는 천 명 혹은 만 명을 대상으로 했어도 마찬가지라고 확신하고 있다. 그러므로 하나의 비슷한 특징을 가진 사람들끼리 묶어서 하나의 개념으로 규정짓는 데 Q 방법론의 효과적임을 알 수 있다.

Q 분류 방법에서의 논의는 연구자가 강제적으로 Q 진술문의 분류가 정규분포의 형태를 이루도록 강제 배분하는 것이 바람직한지에 관한 것이다. 이에 대해서 Brown(1999)은 Q 연구에 있어서 Q 진술문 값의 차이는 연구대상자의 절대적인 의미의 차이가 아니라 내면적인 서열적 의미만 차이를 갖고 있다. 이런 점에서 R 방법론과 차이가 있다고 설명하고 있다. 즉, Q 분류 방법에서 강제 배분을 통한 정규 분포의 형태는 Q 진술문 간의 상호작용이 중시한 Q 연구방법에서 논란이 되지 못함을 주장하고 있다. 이는 R 연구방법에서 제기하고 있는 정규분포의 가정에 위배되지 않는 것을 의미한다. Lipset(1999) 또한 강제 분류에 의한 연구결과는 개인의 독특성이 제한받지 않음을 보여 주고

있으며, 강제분류는 자유분류와 비교해 볼 때 통계적 결과에서 별로 차이가 없다고 주장하고 있다.

　통계학적 분석방법에서의 논의는 상관관계 분석 후 요인분석 단계로 진입할 때의 논란을 담고 있다. 요인이 추출되면 요인 간에 로테이션(rotation)이 이루어지는데, 객관적인 방법으로는 'Varimax' 'Quartimax' 'Equimax' 등의 방식이 있고, 주관적인 방법으로는 'Centroid' 방식이 있다. 과연 객관적인 방법이 올바른지 아니면 주관적인 방식이 올바른지 논란이 되고 있다. 이 역시 Q 방법론을 활용하는 연구자가 다양한 관점을 제시하고 있지만 객관적인 방식이든 주관적인 방식이든 고유값(eigenvalue), 즉 하나의 요인 내에 어떠한 변수들이 각각 포함되어 있는가를 설명하는 값과 하나의 변수가 어떠한 요인들 각각에 포함되어 있는가를 설명하는 값인 공통성(communality)이 나타나기 때문에, 이를 활용하여 추출된 모든 요인들의 고유값의 합과 모든 변수들의 공통성의 합은 전체변수의 수와 일치함을 살펴보면 그다지 큰 논란거리가 되지 못함을 알 수 있다. Q 방법론에 있어서 요인추출은 통계학적 근거뿐만 아니라 상황적 근거에 의하여 추출하는 것도 이러한 근거에 기초하고 있기 때문이다. 오늘날 Q 연구방법은 수많은 연구자들이 사회과학분야에서 중요한 연구대상이 되는 인간의 특수성 즉 주관성의 제 현상을 설명하기 위하여 많은 분야에서 이를 널리 이용하고 있다. 하지만 Q 방법론의 본질적인 의미와, 이의 유용성과 적합성 그리고 한계성을 잘 숙지하고 연구설계를 해야지만 Q 방법론의 효용성이 극대화될 수 있을 것이다.

 연습문제 · · · · · · · · · ·

1. Q 방법론을 다음과 같이 진술할 때, 각 진술이 갖는 의미를 구체적으로 설명하시오.
　1) Q 방법론은 인간의 태도와 행동을 연구하기 위해 철학적, 심리학적 그리고 통계학과 관련된 개념을 통합한 방법론이다.
　2) Q 방법론은 발견적 추론을 통한 집합적(concourse) 제안이다.

3) Q 방법론의 특성은 이론검증과 같은 확인적 연구에 유용하다.

2. Spearman이 창안한 요인분석(이하, R 방법론)과 Stephenson이 창안한 Q 방법론과의 차이점을 ① 연구대상(변인) 관점 ② 연구주제 관점 ③ 본질적 의미 관점에서 설명하시오.

3. Q 방법론이 왜 교육학 분야에서 공헌도가 매우 높을 것인지 설명하시오.

4. 다음은 Q 방법론의 절차에 대하여 설명한 것이다. 물음에 답하시오.
   1) Q 진술문(Q Statements)의 작성이 Q 방법론 활용에 있어서 가장 중요한 이유를 설명하시오.
   2) ① 연구대상자 결정에서 P 표본(P sample)을 선정할 때 유의할 점을 기술하시오. ② R 방법론에서의 연구대상자 결정과 Q 방법에서의 연구대상자 결정의 차이점을 설명하시오.
   3) Q 분류(Q sorting) 및 자료 처리에서 강제분포(forced distribution)와 자유분포(unforced distribution)의 차이점에 대하여 설명하시오.

5. Q 방법론의 장점과 단점을 기술하시오.

6. Q 방법론의 쟁점이 된 논쟁 중 ① Q 연구결과의 일반화 ② Q 분류 방법 ③ Q 통계학적 분석방법의 문제에 대하여 설명하시오.

7. 교육학에서 Q 방법론을 활용할 수 있는 주제를 자유롭게 선정하고, 그 근거를 명확히 제시하시오.

제16장

근거이론

1. 근거이론의 정의와 특성

1) 근거이론의 정의

근거이론(grounded theory)은 상징적 상호작용주의 관점에서 사회현상에 대한 이해, 즉 사람들이 그들의 삶 속에 존재하는 문제 상황을 어떻게 다루는가를 밝히기 위해 사회학자인 Glaser와 Strauss에 의해 개발된 연구방법론이다. 사회학자인 Glaser와 Strauss가 처음으로 창안한 근거이론은 경험적 자료에 근거하여 이론적으로 공식화한 것이다. 이는 연구자에게 수많은 연구 분야에서 다양성을 설명해 줄 수 있고, 해석할 수 있는 개념을 제공한다. 나아가 이들 개념 간의 유의미한 관계를 만들어 내는 것이다.

근거이론을 이해하기 위해서는 상징적 상호작용주의 관점을 명확히 이해해야 한다. 상징적 상호작용은 인간 집단과 사회는 행동 속에 존재하며 행동과 관련해 인식되어야 하고, 사회를 행동으로 인식하는 것이 인간 사회를 경험적으로 다루고 분석하려는 모든 이론의 출발점이다. 예를 들면, 인간 사회에서 사람들은 상대방을 향해 행동함으로써 사회적 교섭에 참여하는데, 이 같은 사회적 교섭은 상징적 수준에서 이루어진다. 사람들이 개별적으로 또는 집단적으로 행동할 때 반드시 상대방의 행동을 고려하여 행동을 한다. 사회적 교섭은 상대방에게 지시를 내리고, 또 상대방의 지시를 해석하는 이원론적 과정을 포괄하는 방대한 과정으로 이루어져 있다. 이 같은 과정을 통해 사람들은 활동을 서로 조화시키며 개인의 행동을 형성하게 된다.

근거이론은 상징적 상호작용에 근간을 두고 있다. 상징적 상호작용은 다음과 같은 세 가지 이론적 기초에 근거한다. 첫째, 인간은 스스로 설정한 목표의 의미에 기초하여 행동한다. 둘째, 그러한 목표의 의미는 사회적 과정을 통하여 형성되고 변형되며 유지된다. 셋째, 인간은 해석적 과정을 통하여 능동적인 의미를 사용하게 된다. 이러한 이론적 기초에 입각하여, 인간 행동을 연구하는 방법론으로서 근거이론 접근방법의 기본 원칙은, 첫째, 사회 과학의 목표는 인간 행동의 의미 체계를 조직하고 발견하는 데 있다. 둘째, 사회 과학의 목표는 언어적인 상호작용을 통하여 형성된다. 셋째, 언어적인 상호작용 및 이의 상징적 의미는 해석적 과정을 통하여 사회 과학의 목표가 도출된다. 근거이론은 이러한 기본 원칙을 근간으로 사회 현상의 환경, 조건 및 조건형성의 과정까지 포괄하게 되는 것이다. 즉, 사회 안에서 인간의 행동은 '기계적 작용'이라기보다 '형성적 작용'이기 때문에 인간의 행동을 이해하기 위해서는 어떤 의미에서 왜 그렇게 행동하는지 살피는 것이 중요하다. 이런 의미에서 Blumer(1969)는 근거이론에 기초하여 인간 행동연구를 수행할 때는 인간 행동이 가지고 있는 과정적 성격과 대상자에 대한 공감에 기초한 내적 성찰이 선행되어야 함을 강조했다.

2) 근거이론의 특성

Glaser와 Strauss(1967)가 *The Discovery of Grounded Theory*를 처음 출간한 이래 수많은 연구자들이 근거이론 연구방법 기법과 개념을 더욱 발전시켜 왔다. 근거이론 연구방법은 다른 사회과학 연구방법들과는 달리 다음과 같은 특성을 가진다. 첫째, 근거이론 연구방법은 자료수집에 있어서, 주어진 상황을 대상자가 보는 그대로 보기 위해서 조작된 환경보다는 있는 그대로의 환경을 선호한다. 따라서 개방적 면접, 창조적 면접, 핵심집단 면접, 참여자 관찰, 문서분석, 개인적 경험 등 다양한 방법을 사용해 자료를 수집한다. 둘째, 다른 방법들이 제한된 자료 수집방법만을 사용하는 것과 비교해 근거이론은 다양한 종류의 자료 수집방법을 사용하기 때문에 인간의 행동이 발생하고 형성되는 사회적 상황을 보다 자세히 관찰할 수 있다는 이점을 가진다. 셋째, 근거이론 연구방법은 자료분석에 있어서도 어떤 현상에 적합한 개념적 틀이 아직 명확하게 확인되지 않고, 개념 간의 관계에 대한 이해가 부족하거나 특정한 문제에 대한 반복연구가 수행되지 않아 적합한 변인과 적합하지 않은 변인들을 결정할 수 없을 때 사용할 수 있다. 즉, 근거이론은 다양한 연구 분야에서 유용한 이론 개발 및 발달을 이룩할 수 있다. 넷째, 근거이론 방법은 다른 질적연구방법과 마찬가지로 현상 기술과정을 포함하지만 자료의 해석에 주안점을 둔다. 따라서 근거이론의 분석의 초점은 실제 자료에 기반을 둔 이론의 개발에 있으며, 이 과정은 자료의 수집, 분석 그리고 이론적 구성 과정에 치중한다.

이처럼 근거이론은 다른 질적연구방법에 비하여 독특한 연구형태와 방법을 가지고 있다. 보편적인 질적 연구방법과 근거이론이 갖는 명확한 차이는 기술과 추상화의 차이라고 할 수 있다. 일반 질적연구방법이 사실의 발견이나 정확한 기술에 초점을 둔다면, 근거이론은 추상화 즉, 이론형성에 주요 목적을 두고 이를 위해 현장에서 얻은 질적 정보들을 개념화하는 과정에 초점을 둔다. 따라서 자료로부터 점차 추상화된 범주를 도출해 나가는 체계화된 과정이며 이론 발전을 위한 방법론이라는 것이 근거이론의 구별되는 특징이다. 근거이론은 주어진 환경에서 인간의 상호작용을 설명하는 것에 그 목적을 두고, 연구 참여자의 견해에 지속적인 관심을 가지고 연구를 진행해 간다. 이때 연구자는 '인간이 자신의 세계를 다루기 위해 사용하는 과정과 의미가 무엇인가?'에 질문하고 답하는 과정을 지속적으로 수반하게 된다. 근거이론은 참여자들의 경험 세계에서 밝혀진 현상 간의 관계나 의미, 적응, 과정을 이해할 때 도움을 받을 수 있을 뿐만 아니라(Grbich, 1999), 시·공간적으로 개인의 경험이 어떻게 구조화되는가를 살펴볼 수 있다. 또한 상황모형을 통해서도 조직적이고 체계적으로 시공간적 맥락에서의 관련성을 탐색하고 분석할 수 있다.

이와 같이 근거이론(Strauss & Corbin, 1998)은 연구과정 동안 체계적인 자료 수집, 분석 그리고 최종적인 이론이 서로 밀접한 관계를 갖도록 연구자가 이론적 민감성을 가지고 이론적 표본 추출, 지속적 비교방법, 메모, 코딩 등을 통해 체계적으로 이론을 개발하는 것이다. 이론적 표본 추출(theoretical sampling)은 연구자가 개념에 근거하여 표본을 추출하는 것을 의미하는 것으로 개념의 속성을 변화시키는 차원의 범위 및 다양한 조건을 탐색할 목적으로 행해진다. 표본 추출은 자료를 수집하고 분석해 나감에 따라 더 목적적이 되고 초점이 맞춰지게 되며 모든 범주가 포화될 때까지 진행된다. 지속적 비교 방법(constant comparative method)은 자료를 수집하고 분석해 나가는 과정에서 출현한 개념들을 이전에 나온 개념들과 계속 비교해 가면서 차이점과 유사점을 찾아내고 범주화해 가는 것을 말한다. 이때 개인이나 사례들을 비교하는 것이 아니라 '개념' 을 비교하는 것으로, 이 개념이 얼마나 자주 출현하며 다양한 조건하에서 어떻게 보이는가에 관심을 갖는다(Strauss & Corbin, 1998). 이러한 과정은 계속해서 되풀이되어 자료에 대한 재검토를 통해 더 이상 새로운 통찰을 만들어 내지 못할 때까지 계속된다. 근거이론 방법론의 과정은 경험적 자료로부터 개념을 형성하고 개념을 개발하여 개념들의 수정, 통합을 통해 실제적 이론을 개발하는 것이다. 따라서 새로운 이론을 개발하는 데 적합한 연구방법이다.

근거이론의 또 다른 특징 중 하나는, 근거이론의 근간은 해석학적 관점에 두고 있으면서도 실증주의적 전통을 접목시키려 시도한다는 점이다. 우선 근거이론은 질적연구방법의 철학적 배경이 그러하듯 해석학적 패러다임을 주요 기반으로 하여 인간의 주관성을 인정하고 개개인의 행동에 담긴 주관적 의미 파악을 중요시한다. 특히 상징적 상호작용론에 따른 지적 전통에 기반하기 때문에, 환경의 자극을 개인이 어떤 의미로 해석하는지를 복합적인 상호작용 과정으로 바라보고, 개인의 언어와 행동 등을 면밀하게 분석함으로써 이를 파악하고자 한다. 특히, 질적인 정보 분석의 과정을 보다 체계화하고 가시화하고자 노력함으로써 실증주의적 전통과의 접목을 시도한다. 근거이론은 질적 정보를 개념화 작업을 통해 연구자의 해석에 기반한 이론을 형성하고자 하는 연구유형에 해당한다. 질적연구방식으로 분류되는 방식들 중에서도 객관성을 지향하는 연구로 분류되고 있는 것이다([그림 16-1] 참조).

앞서 진술한 바와 같이, 근거이론은 주관적 경험을 다루며 행위자들의 해석과 시각에 주목하여 주로 해석학적 전통의 학자들에 의해 사용되어 왔다는 점에서 해석학적 패러다임에 속하는 질적연구방법의 하나이지만, 보편적인 질적

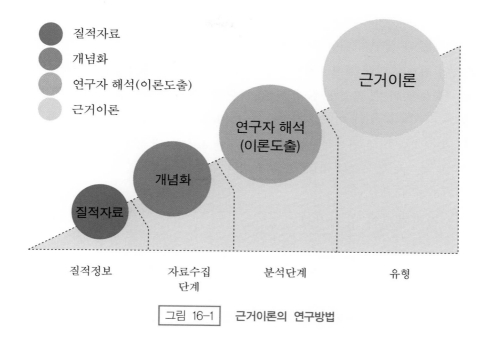

질적자료

개념화

연구자 해석(이론도출)

근거이론

근거이론

연구자 해석
(이론도출)

개념화

질적자료

질적정보　　　자료수집
　　　　　　　단계　　　　분석단계　　　　　유형

그림 16-1　　근거이론의 연구방법

연구방식과는 구별되는 특징을 갖고 있는 연구방법이다. 면밀한 사례기술과 정확한 사실 확인의 지향보다 행위의 유형화와 같이 추상화를 통한 이론형성이 더욱 중요한 목적이다. 따라서 연구자는 연구 참여자가 의미 있게 받아들이는 중요사항이나 문제점을 연구 참여자의 관점에서 파악해야 한다. 이를 위하여, 실제 현장에서의 깊이 있는 자료 수집을 위해 면접이나 관찰기법 등의 방법이 활용될 수 있고, 그 밖에도 여러 종류의 통계자료, 기록물 등 가능한 모든 자료들이 수집과 해석의 대상이 될 수 있다.

2. 근거이론을 통한 이론 생성

　사회과학에서 이론의 다양한 역할은, 첫째, 행동의 예견과 설명을 가능하게 하는 것, 둘째, 사회과학에서의 이론적 진전에 유용하게 활용하는 것, 셋째, 실질적인 적용에 활용하는 것이다. 예견과 설명은 연구자들이 상황을 이해하고 통제할 수 있도록 해야 한다. 넷째, 수집된 데이터에 적용하여 행동에 대한 관점을 제공하는 것, 마지막으로, 행동의 특정 분야에 대한 연구를 위한 양식을 제공하는 것이다. 이와 같이 사회과학 이론은 데이터를 다루기 위한 전략이며, 기술과 설명에 대한 개념화 방식을 제공하는 것이다. 이론은 중요한 부분들이 현재와 미래의 연구에서 검증될 수 있도록 명확한 범주와 가설을 충분히 제공해야 하며, 그것은 질적연구와 양적연구에서 적절하게 운용될 수 있어야 한다. 이론은 또한 어떠한 관점을 가진 사회과학분야의 학자 혹은 학생, 일반인들에게도 이해 가능해야만 한다. 이러한 요건을 만족시키는 이론은 연구 맥락과 반드시 일치해야 하며, 활용 효과가 있어야 한다.

1) 질적자료와 양적자료

질적자료는 원칙적으로 숫자로 표시될 수 없는 자료이며, 측정 대상의 특성을 분류하거나 확인할 목적으로 숫자를 부여하는 경우는 있지만 그 숫자들이 양적인 크기를 나타내는 것은 아니다. 예를 들면, 상표의 구분, 성별의 구분, 직업의 구분 등을 들 수 있다. 반면, 양적자료는 키, 몸무게, 시험점수 등과 같이 측정하여 얻는 자료를 말한다. 이는 자녀 수, 컴퓨터 수와 같이 셀 수 있는 수치만을 갖는 자료와 키, 무게, 온도 등 연속적인 값을 취할 수 있는 자료 등으로 구분할 수 있다. 역사적으로 보았을 때, 이론의 생성부터 검증까지 논란의 쟁점이 되어 오고 있는 것이 양적자료와 질적자료 옹호자들 사이의 갈등이었다. 양적자료 옹호자들은 최근에 생겨난 체계적 규범과 규칙은 양적자료를 활용한 분석 근거하여 지표화하면서 신뢰성과 타당성을 확보하였기 때문에 가능하다고 주장하고 있다. 반면, 질적자료 옹호자들은 양적자료를 활용한 근거 제시는 신뢰성과 타당성에 확신을 심어 준 정도까지 발전되지는 못했음을 지적하고 있다.

하지만 이론의 생성부터 검증까지, 연구방법 혹은 자료의 측면의 목표에서는 근본적인 갈등은 없다. 갈등이 있다면 검증과 이론 생성에의 우위를 결정할 수 있어야 하는데, 질적자료와 양적자료에 대한 우위를 결정할 수 없고, 두 가지 형태의 자료 모두 다 증명과 이론 생성에 각각 유용하다. 우위성은 오로지 연구 환경, 연구자의 흥미와 훈련, 이론에 필요한 자료의 종류에만 달려 있다. 많은 경우에 두 가지 형태의 자료가 모두 필요하다. 질적자료를 테스트하는 데 양적자료를 활용하는 것이 아니라, 두 가지 모두 보충물 및 상호

검증으로 활용되며, 가장 중요한 점은 같은 연구에서 사용되는 다른 형태의 자료로서 서로 비교되어 각각 이론을 생성해 낼 수 있다는 점이다.

근거이론의 초점은 이론의 생성부터 검증까지의 합리적인 연구절차를 정립하는 데 있다. 앞서 질적자료와 양적자료를 소개한 이유는 '근거이론은 질적자료를 활용한 연구방법'이라거나 '양적자료를 활용한 연구에서는 사용할 수 없다.'라는 선입견을 없애기 위해서다. 하지만 근거이론을 활용한 많은 연구자들이 질적자료를 활용하는 근본적인 이유는 사회과학의 연구 환경에 있다. 사회과학에서의 이론의 핵심적 요소 중 구조적 조건, 규범, 과정, 양상, 그리고 체계 등에서 신뢰성과 타당성을 확보할 수 있는 자료는 질적자료의 특성이 두드러지게 나타나기 때문이다.

질적자료와 함께 근거이론을 활용하는 많은 연구자들은 앞서 논의한 논란의 쟁점이 되어 오고 있는 양적·질적자료의 특성과 연구방법상의 갈등을 해결하기 위하여, 그들은 질적자료들을 수집하고, 제시하는 방식을 체계화하고 있다. 인터뷰나 관찰이 어떻게 기록되었는지, 부호화 절차가 어떻게 진행되었는지, 모형화된 분석이 어떻게 이루어졌는지, 그리고 개념이 어떻게 명료화되었는지 등이 그 예라 할 수 있다. 모든 사회과학자들에게 연구 자료의 종류나 내용에 상관없이 모든 연구과정 내용을 명료화하고 부호화하면서 양적 검증 옹호자들이 제시하고 있는 질적자료 활용의 제한점을 보완하고 있다. 질적자료의 지지자들이 취한 또 다른 입장은 질적자료는 사회 구조와 사회 체계를 이론화하기에 가장 좋은 자료라는 것이다. 또한 질적연구방법은 여전히 양적 데이터 수집을 위한 기술로 처리할 수 없는, 사회생활의 많은 분야에서 자료를 얻을 수 있는 유일한 방식임을 주장하고 있다.

2) 이론적 민감성

이론적 민감성(theoretical sensitivity)은 근거이론을 진행할 연구자에게 요구되는 능력이다. 이론형성을 목적으로 하는 근거이론은 다른 어떤 연구방법보다도 자료로부터 추상화할 수 있는 통찰력이 요구된다. 즉, 혼란스럽고 방대한 자료로부터 새로운 개념과 범주를 발현시킬 수 있는 연구자의 능력으로, 특정한 가설에 대한 생각이나 편견을 가지지 않은 채 자료를 깊숙하게 분석함으로써 이론을 도출해 낼 수 있는 믿음과 능력 혹은 통찰력을 의미한다. 따라서 이는 연구자의 개인적 자질에 따라 자료의 미묘한 의미 차이를 가져올 수 있다.

이론적 민감성이 높을수록 분석과정에서 드러나는 이론을 빠르게 포착할 수 있고, 연속적으로 상호작용적 코딩 과정을 진행할 수 있다. 즉, 이론적 민감성 능력은 이론형성을 위한 필수적인 부분이다. 이론적 민감성은 문헌이나 전문적 경험, 개인적인 경험, 분석과정 자체를 통해 얻을 수도 있으며, 연구과정 동안 발전해 나가기도 한다. Strauss와 Corbin(1990)에 의하면, 연구자는 이론적 민감성을 향상시키기 위하여 한 걸음 물러서서 질문하고, 항시 회의적인 자세를 갖는 것이 중요하다고 지적하고 있다. 무엇보다 연구자는 자료에서 중요한 것을 살펴볼 수 있어야 하고, 연구절차를 충실히 따라 의미를 부여할 수 있어야 한다.

3) 이론적 표본 추출

이론적 표본 추출(theoretical sampling)의 의미는 자료수집과 분석이 완전히 분리되는 양적 분석방식과 다르게, 근거이론 연구방법 과정에서 자료분석 중 그 내용에 맞추어 다음 수집할 대상을 조정해 나가는 표집과정을 의미한다. 즉, 전개되는 이론에 대해 입증된 개념에 근거하여 자료를 수집하고, 이론적 표집이 이루어지게 하는 과정이다. Glaser와 Strauss(1967)는 근거이론방법론은 자료로부터 이론을 생성하기 때문에 이론적 표본추출이 무엇보다 중요하다고 역설하고 있다.

근거이론방법론에서의 표본추출은 자료를 수집하고 분석하는 연구과정을 통해서 어떤 자료를 어디에서 수집해야 할지를 결정하는 유동적이고 불확실한 특징을 지닌다. 따라서 이론적 표본추출을 어느 시기에 멈추어야 할지는 연구자에 따라 다를 수 있다. 물론, 이론적 포화도(theoretical saturation)에 따라 결정되지만, 연구자가 사전에 이론적 포화도를 예상하기는 힘들며, 단지 연구가 종료된 시점에서 사례(개인) 혹은 집단의 수를 가늠할 수 있을 뿐이다. 따라서 근거이론방법론을 활용하는 분석자는 핵심범주를 발견하기 위해서 특정 집단의 한 가지 사건만 주목하지 않으면서, 자료수집의 중지단계를 인지해야 한다. 결국, 연구대상과 연구주제에 대한 최고의 예측과 설명력을 지닌 추상적 범주로서 핵심범주는 이론적 포화의 지표로 볼 수 있다. 궁극적으로 이론적 표집은 이론의 모습이 구체화되고 정밀성을 갖추게 되어 더 이상 새로운 내용이 덧붙여지지 않는 순간이 올 때 마치게 된다. 이를 이론적 포화라고 한다. 이 과정은 개방 코딩과 관련하여 모든 가능한 자료들을 추출하는 '개방적 표본추출', 축 코딩과 관련하여 차원적 단계에서 가능한 많은 차이점을 찾기 위한 '연관적이고 다양한 표본추출', 선택 코딩과 관련하여 부족하게 발전된 범주를 최대한 채우는 '차별적 표본추출'로 이루어진다.

　Strauss와 Corbin(1998)은 각 코딩의 단계별로 표집전략을 〈표 16-1〉과 같이 제시하였다.

〈표 16-1〉　Strauss와 Corbin(1998)의 이론적 표집전략

	이론적 표집 전략
개방 코딩	• 개방표집: 관련자료 수집에 가장 좋은 상황, 장소, 사람에 대한 상대적으로 덜 차별적인 표집
축 코딩	• 다양한 관계적 표집: 범주의 속성이나 차원에 관한 자료수집 및 범주연결에 관한 자료수집에 적절한 상황, 장소, 사람에 대한 집중적 표집
선택 코딩	• 차별적 표집: 핵심범주의 스토리라인이나 제안, 범주 간 관계를 세련화해 줄 수 있는 상황, 장소, 사람에 대한 집적 표집

4) 지속적 비교(constant comparative)

　근거이론 연구자들은 근거이론을 통해서 이론의 발견에 적합한 규범을 정립하고자 하였으며, 이론의 검증보다는 생성에 주안점을 둔다. 즉, 이들은 비구조화된 면접과 관찰을 사용하여 얻은 자료에 대해 잠정적 개념이나 범주들을 만들어 내고, 그 개념과 범주들이 자료를 잘 설명할 수 있는지 확인하기 위해 그것을 가지고 다시 자료를 분석하는 과정을 거친다. 자료분석의 결과 잠정적인 개념이나 범주들은 수정되며 다시 그 수정된 개념이나 범주들로 자료를 재분석하는 이런 과정을 계속 반복하여 자료에 대한 재검토 결과 더 이

상 새로운 통찰을 이루지 못할 때까지 지속한다. 이러한 근거이론의 연구과정
에서의 특징적 개념은 자료수집과 분석에 있어 동시성과 상호작용성이며, 이
에 이러한 순환적 과정에서 지속적 비교의 노력이 요구되는 것이다.

Glaser와 Strauss는 1967년에 발간한 『근거이론의 발견(*The Discovery of
Grounded Theory*)』이라는 책에서 사회이론 생성의 주요전략 중 하나는 비교
분석(comparative analysis)이라고 언급하고 있다. 비교분석의 목적은 사회적 사
실 그 자체보다 자료로부터 생성된 개념적 범주와 특성에 주목한다. 비교분석
은 이론 생성의 정확한 근거를 제공하며, 이론의 적용가능성, 설명력, 예측력
을 담보한다. 이를 통하여 이론의 범위를 확장할 수 있고, 실증적인 일반화를
도모할 수 있다. 또한 비교분석은 개념의 구체화와 부정적 및 긍정적 사례의
의도적 표본추출로 생성된 가설을 수정함으로써 실체적 및 형식적 이론에 대
한 타당성을 확보할 수 있다. 그들은 무엇보다 이론의 타당성을 확보하기 위
한 궁극적인 대안은 연구자와 연구대상 간의 끊임없는 상호작용을 통한 지속
적인 수정, 보완임을 주장하고 있다.

3. 근거이론의 절차

근거이론의 방법론적인 분석절차의 특성을 파악하기 위해 Strauss와 Corbin
(1998)의 3단계 분석절차를 통하여, 이를 살펴보자. Strauss와 Corbin(1998)의
3단계 분석절차는 근거이론방법론의 절차와 기법에 관한 정보를 체계적으로
명시해 주기 때문에 근거이론의 방법론적인 절차를 이해하기에 유용하다([그
림 16-2] 참조).

먼저, 근거이론의 개괄적인 방법론적인 분석절차를 살펴보면 다음과 같다.
연구자가 연구 주제에서 보고자 하는 연구 문제에 대하여 연구대상자를 선정
하고, 심층면접 혹은 관련된 문헌 등의 수집된 자료를 활용하여 분석을 실시
한다. Strauss와 Corbin(1998)의 3단계 분석 틀은 코딩(개방 코딩, 축 코딩, 선택
코딩)에 초점을 두고 있다. 근거이론에서 코딩은 분석을 의미한다. 코딩은 연
구자가 수집된 자료를 체계적으로 검토하여, 공통적 개념으로 분류하여 명칭
과 범주를 형성해 나간다. 다음 절차는 형성된 범주를 활용하여 보다 정밀하

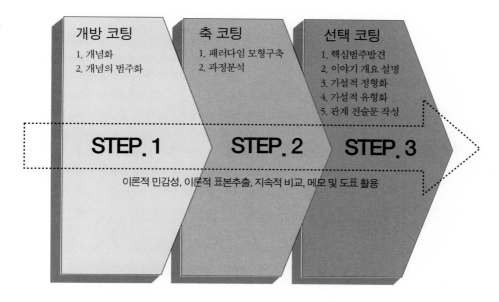

개방 코팅

1. 개념화
2. 개념의 범주화

축 코팅

1. 패러다임 모형구축
2. 과정분석

선택 코팅

1. 핵심범주발견
2. 이야기 개요 설명
3. 가설적 정형화
4. 가설적 유형화
5. 관계 진술문 작성

STEP.1　　STEP.2　　STEP.3

이론적 민감성, 이론적 표본추출, 지속적 비교, 메모 및 도표 활용

그림 16-2　　Strauss와 Corbin(1998)의 자료분석과정의 틀

게 하는 작업을 거쳐야 한다. 즉, 여러 범주들 중 핵심이 되는 범주와 핵심 범주의 원인, 조건, 결과에 영향을 미치는 범주 등으로 구분하게 된다. 이러한 절차는 하나의 이야기로 이론을 형성해 나가는 과정이다.

이렇게 형성된 이론의 신뢰성과 타당성을 확보하기 위하여 앞서 시행했던 근거이론의 방법론적인 분석 절차를 다시 거친다. 즉, 재개념화, 재범주화 작업으로 돌아가 자료를 재수집, 재검토하는 작업을 수행하게 되는 것이다. 이러한 과정들을 충분히 거치고 난 후, 연구자는 이론형성과정에 대하여 설명한다. 앞서 설명한 것과 같이, 근거이론은 현상에 대한 개념을 발견하고 개념들 간의 관계를 통찰하여 이를 논리적으로 연결함으로써 설명 가능한 하나의 이론을 형성해 나가는 일련의 과정을 말한다. 이를 Strauss와 Corbin(1998)의 근거이론 3단계 분석절차를 통하여 살펴보기 위하여, 근거이론의 이론 형성과정 ([그림 16-3] 참조) 절차를 설명하고 있다. 먼저, 연구문제에 대한 1차 문헌검토, 방법론적 평가, 근거이론 선택과정을 거쳐 첫 번째 현장연구를 수행한다. 이는 내부자와의 탐색적 인터뷰 혹은 관찰 등으로 이루어진다. 이를 통하여 수집된 자료를 단순화하기 위하여 개방 코딩을 시행한다. 두 번째 현장연구를 수행하기 위하여 지속적 비교과정을 거치게 되고 개념을 범주화하는 과정을

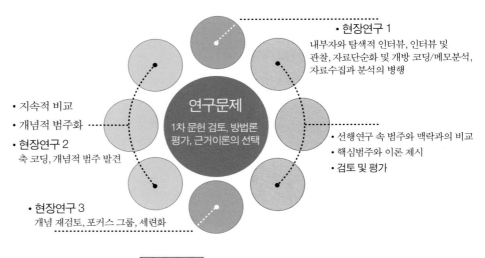

현장연구 1
내부자와 탐색적 인터뷰, 인터뷰 및 관찰, 자료단순화 및 개방 코딩/메모분석, 자료수집과 분석의 병행

연구문제
1차 문헌 검토, 방법론 평가, 근거이론의 선택

• 지속적 비교
• 개념적 범주화
• 현장연구 2
  축 코딩, 개념적 범주 발견

• 선행연구 속 범주와 맥락과의 비교
• 핵심범주와 이론 제시
• 검토 및 평가

• 현장연구 3
  개념 재검토, 포커스 그룹, 세련화

그림 16-3 근거이론의 이론 형성과정

거치게 된다. Strauss와 Corbin(1998)은 두 번째 현장연구에서 수집된 자료 분석은 축 코딩을 활용하여 개념적 범주를 발견하기를 제시하고 있다. 그 이후 세 번째 현장연구에서 포커스 그룹으로부터 자료를 수집하고, 개념을 재검토하고 더욱더 세련된 범주를 형성시키게 된다. 마지막으로 이렇게 형성된 개념 발견과 개념들 간의 관계를 선행연구의 범주와 맥락 비교·분석을 통하여 핵심 범주와 이론을 제시하게 된다.

1) 개방 코딩

개방 코딩(open coding)은 근거이론을 생성하기 위한 근거이론방법론의 기초 단계다. 개방 코딩은 수집된 자료로부터 사고와 의미를 살펴보는 과정이다. 즉, 개방 코딩의 목적은 자료로부터 특정한 개념(코드-하위범주-범주-핵심범주)을 밝히고, 개념들의 속성과 차원을 발견해 나가는 분석의 과정이다. 개념의 의미는 명명된 현상으로 근거이론 연구방법의 기본단위다. 현장에서 인터뷰를 하거나 메모한 자료, 그 외 문헌들을 면밀히 검토하면서 의미 있는 단위별로 자료를 나누고 그룹화를 하는 것을 의미한다. 보통 키워드나 어절, 어구로 묶인 의미 단위들을 대표할 수 있는 코드(이름)를 붙이게 된다. 모든 구절이나 생각이 개념화되는 것은 아니며 명명화는 연구자 임의의 것이나, 개념화 작업에

서 중요한 것은 이것이 위치한 맥락 속의 의미를 충분히 담을 수 있도록 해야
한다는 점이다. 범주의 의미는 현상(phenomena)을 대표하는 개념이다. 현상은
자료로부터 생성되는 분석적 개념이다. 연구 참여자들의 문제(problem), 쟁점
(issue), 중심사건(central event) 등을 의미한다. 그리고 속성의 의미는 범주의
특성, 정의, 의미를 지칭하며, 차원이란 범주의 속성이 변화되는 범위다.

2) 축 코딩

축 코딩(axial coding)의 목적은 개방 코딩에서 분석된 자료들을 재조합하여
현상과 관련된 다양한 조건, 작용과 상호작용 그리고 결과를 밝혀내기 위한
것이다. 이를 위하여 축 코딩 과정에서는 중심 범주를 기준으로 여러 하위 범
주의 유기적 연결을 시도하게 된다. 즉, 축 코딩은 자료 안에서 발견된 범주들
간의 관계를 정렬하고 조직화하는 도식으로, 구조와 과정을 통합시킬 수 있도
록 고안된 분석적 도구다. Strauss와 Corbin(1998)은 '코딩 패러다임(coding
paradigm)'이라는 분석적 도구를 통해서 중심현상을 둘러싼 구조 혹은 조건과
과정을 하나의 도식(diagram)으로 통합하여 현상을 개념화하였다([그림 16-4] 참
조). 구조의 의미는 중심현상을 나타내는 범주의 조건적 맥락(conditional context)
이다. 과정의 의미는 중심현상과 관련하여 시간의 경과에 따라 발전하는 연구
참여자들(사람, 기관, 지역사회)의 행위 및 상호작용의 순차적인 과정이다. 무엇보
다 축 코딩에서 구조 혹은 조건을 과정과 연결시키는 이유는 구조 혹은 조건이
현상과 관련된 문제, 사건, 쟁점에 대하여 상황 혹은 배경을 제공하기 때문이다.
축 코딩의 패러다임 모형에서 인과적 조건은 중심현상의 발생을 이끄는 원
인이 되는 조건을 의미한다. 즉, 어떤 요인들이 중심현상을 발생시키는지에
관한 질문에 대답하는 범주다. 중심현상은 분석영역에서 나타난 핵심적 행위
와 상호작용, 정서 등 연구 질문과 관련되어 반복적으로 나타나고 있는 현상
을 말한다. 나머지 범주들은 이 중심 현상이 왜, 언제, 어떻게 발생하고 있으
며 어떤 결과를 나타내는지 설명해 주는 방식으로 연결된다. 중심현상을 선정
하는 기준은, 첫째, 중심적이며 행태의 많은 부분을 설명할 수 있어야 하고,
둘째, 자료 속에서 지속적으로 발견되어야 하며, 셋째, 핵심범주는 다른 범주
나 개념보다 포화에 더 오랜 시간이 걸려야 하고, 넷째, 다른 범주들과 의미

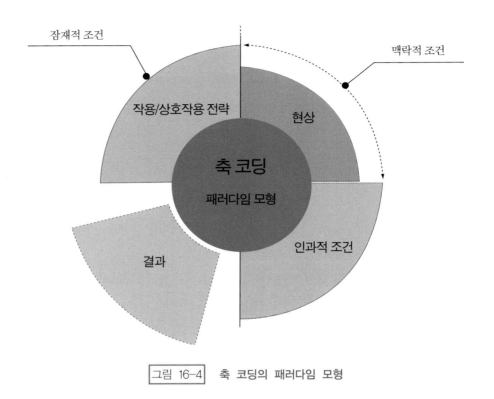

잠재적 조건

맥락적 조건

작용/상호작용 전략

현상

축 코딩

패러다임 모형

인과적 조건

결과

그림 16-4 축 코딩의 패러다임 모형

있게 연결되어야 하며, 다섯째, 형식이론의 발전에 명료한 함의를 주어야 하고, 여섯째, 이론적 분석이 중심현상에 기반을 두고 있어야 하며, 마지막으로 중심현상은 다양하고 수정 및 변경이 가능해야 한다. 이와 관련된 예를 살펴보면 다음과 같다.

만약, 학교폭력과 관련된 연구를 수행한다고 살펴보았을 때, 피해학생에게서 "고통을 해결하여 행복한 학교생활을 하고 싶음"이라는 중심 현상의 원인이 되는 인과적 조건은 '학교생활이 힘듦'과 '해결방법을 모름' 그리고 '자신과 주변인들을 힘들게 함'이 하위범주들로 발견될 것이다. 즉, '학교생활이 너무 힘든데 해결방법을 모르겠고 이 때문에 자신뿐 아니라 주변인들을 힘들게 하고 있다.'는 현실로 말미암아 참여자들은 변화에 대한 필요성을 인식하고, 상담자를 찾아 문제를 해결해 나가려는 시도를 하게 될 것이다. 따라서 참여자는 학교폭력으로 말미암은 고통이 크기 때문에 고통을 해결하고 싶은 의지를 갖게 된다는 측면에서 현재의 고통은 문제를 해결하기 위한 시도가 될 수 있다는 점을 추론할 수 있을 것이다(〈표 16-2〉 참조).

〈표 16-2〉　**인과적 조건의 속성과 차원**

범주	속성	차원
• 학교생활이 힘듦	• 정도	많음 ――――――――― 적음
• 해결방법을 모름	• 정도	많음 ――――――――― 적음
• 자신과 주변인들을 힘들게 함	• 정도	많음 ――――――――― 적음

　맥락적인 조건은 어떤 현상에 영향을 미치는 상황이나 문제들을 만들어 내는 특수한 조건들로 작용/상호작용 전략을 다루고, 조절하고, 수행하며, 어떤 특정한 현상에 대응하기 위하여 취해지는 구체적 조건이다. 즉, 사람들의 행위 및 상호작용, 감정이 반응해야 하는 상황 및 문제를 만들어 내는 조건을 말한다. 위에서 진술한 바와 같이, 학교폭력과 관련된 연구를 수행한다고 살펴보았을 때, 학교폭력 피해학생에게서 수집된 "학교폭력으로 말미암은 고통을 해결하여 행복한 학교생활을 하고 싶음"이라는 현상에 영향을 미치는 맥락적인 조건으로서 '변화의 필요성 인식함'과 '상담적인 도움을 받음'이라는 2가지 요인을 추론해 볼 수 있다(〈표 16-3〉 참조).

〈표 16-3〉　**맥락적 조건의 속성과 차원**

범주	속성	차원
• 변화의 필요성 인식함	• 강도	강함 ―――――――― 약함
• 상담적인 도움을 받음	• 강도	많음 ―――――――― 적음

　중재적 조건은 중심현상에 영향을 주는 추가적 조건으로 행위 및 상호작용의 전략에 영향을 준다. 무엇이 원인을 변화시키는가에 답하는 범주로 전략의 선택에 구체적인 영향을 주고 있는 조건이 된다. 즉, 중재적 조건은 어떤 현상에 속하는 보다 광범위한 구조적 상황으로 주어진 상황 또는 맥락적인 조건에서 취해진 작용/상호작용의 전략을 조정하거나 강요하도록 작용하는 것이다. 일관성 있게 앞선 연구에서 추론해 보면, "학교폭력으로 말미암은 고통을 해결하여 행복한 학교생활을 하고 싶음"이라는 현상에 영향을 주는 중재적 조건으로서 '현재 본인의 모습에 대한 통찰이 일어남' '변화에 대한 소망을 가짐'

그리고 '좌절을 느낌'으로 표현해 볼 수 있을 것이다(〈표 16-4〉 참조).

〈표 16-4〉 **중재적 조건의 속성과 차원**

범주	속성	차원
• 통찰이 일어남	• 태도	깊음 ————————— 얕음
• 변화에 대한 소망을 가짐	• 태도	적극적 ————————— 소극적
• 좌절을 느낌	• 태도	많음 ————————— 적음

　　작용과 상호작용 전략은 행위자들이 중심현상에 대응하는 행위 혹은 상호작용적 전략을 말하는데, 사람들이 마주치게 되는 상황, 문제, 쟁점을 다루는 방식인 행위 혹은 상호작용이 어떻게 나타나는가를 보여 준다. 그뿐 아니라, 덜 의도적이고 일상의 사건에 대응하는 습관화된 행위인 관행도 포함될 수 있다. 여기에 Strauss와 Corbin(2008)은 행위 차원까지 나타나지 않더라도 개인 내면의 정서적 상태도 대응의 한 측면으로 포함시킨다. 결과는 행위자들의 행위 및 상호작용의 결과 혹은 어떤 사건에 대한 정서적 반응의 결과를 말한다. 어떤 문제나 쟁점에 대응하기 위해 취해진 행위 및 상호작용이 어떤 일정한 결과를 가져오는가를 보여 준다. 앞서와 마찬가지로 "학교폭력으로 말미암은 고통을 해결하여 행복한 학교생활을 하고 싶음"이라는 현상에 영향을 미치는 작용과 상호작용 전략으로서 '현 상황을 수용하기' '학교폭력으로 말미암은 피해 넘어서기' 그리고 '해결에 대한 부정적인 반응' 전략 등으로 추론해 볼 수 있다(〈표 16-5〉 참조).

〈표 16-5〉 **작용과 상호작용 조건의 속성과 차원**

범주	속성	차원
• 현 상황을 수용하기	• 정도	많음 ————————— 적음
• 학교폭력으로 인한 피해 넘어서기	• 태도	적극적 ————————— 소극적
• 해결에 대한 부정적인 반응	• 정도	많음 ————————— 적음

3) 선택 코딩

근거이론방법론의 마지막 분석단계인 선택 코딩(selective coding)은 앞서 살펴본 범주들을 최대한 정교하게 통합시키면서 더 이상 새로운 속성과 차원이 드러나지 않게 하는 이론적 포화상태(theoretical saturation)를 지향하는 과정이다. 즉, 선택 코딩은 모든 범주를 통합시키고 이론을 정교화해 나가는 과정이다. 선택 코딩의 첫 번째 단계는 핵심범주를 결정하는 것이다. 핵심범주는 연구의 중심 주제를 대변하는 것으로, '연구가 무엇에 관한 것인지'를 알려 주는 핵심적인 단어로 응축하여 표현하는 것이다. 이런 과정에서는 자료가 고도의 추상화된 이론으로 전환된다(〈표 16-6〉참조).

핵심범주는 Strauss가 제시한 핵심범주의 6가지 준거가 있다. 첫째, 자료에 자주 나타나고, 둘째, 자료의 변동을 잘 설명할 수 있으며, 셋째, 다른 범주와 쉽게 연결되고, 넷째, 이론을 함축하고, 다섯째, 이론이 단계적으로 진척될 수 있어야 하며, 일곱째, 분석에 있어서 최대한의 변동을 허용하는 것이다. 핵심범주를 밝히고 개념의 통합을 촉진하는 기법으로는 이야기 윤곽, 메모(analytic memo)와 도표(diagram) 등이 있다. 핵심범주를 명명하고 난 뒤에는 패러다임 모형에 나타난 범주들이 서로 어떻게 연결되는지 가설적 관계를 진술하거나 과정을 설명하는 이론을 도출해 낸다. 즉, '이러한 조건에서 이러한 작용을 사용하여 이러한 결과를 가져온다.'라는 범주들 간의 이론적인 가설적 상관관계를 설명하는 것이다. 이를 바탕으로 상황모형을 제시하거나 원자료화부터 과정분석에 이르는 과정 코딩을 하게 된다.

〈표 16-6〉 **핵심범주의 속성과 차원**

핵심범주	속성	차원
"학교폭력으로 인한 고통을 해결하여 행복한 학교생활을 하고 싶음"을 달성할 수 있다는 • 변화에 대한 믿음을 가지고 계속 통찰하면서 나아가기	• 동기수준	높음 ―――――――― 낮음
	• 통찰수준	깊음 ―――――――― 얕음
	• 인내정도	계속적 ―――――― 일시적

4. 근거이론의 장단점과 유의점

보편적인 질적연구들은 연구대상에 대한 심층적인 이해와 기술을 목적으로, 사실의 발견이나 정확한 기술에 초점을 둔다면, 근거이론은 추상화, 즉 이론형성에 주요 목적을 두고 이를 위해 현장에서 얻은 질적 정보들을 개념화하는 과정에 초점을 둔다. 이처럼 근거이론은 자료의 코딩을 통해 개념적이고 관계적인 구조의 완결성을 갖춘 이론의 형태로 도출된다. 그러나 근거이론의 특성상 연구자의 개별적 주관성이 개입된 개별적이고 독립적인 코딩 결과가 이론의 형태로서 일반성과 타당성을 인정받는 데 한계가 있는 것 또한 사실이다. 이와 같은 맥락에서 근거이론의 장·단점과 유의점을 살펴보면 다음과 같다.

1) 근거이론의 장점과 유의점

첫째, 다른 질적연구방법들은 연구대상에 대한 심층적인 기술(thick description)을 목적으로 하는 데 비해, 근거이론은 연구방법의 질적인 코딩을 통하여 간명성(simplicity)과 일반성(generality)을 갖춘 범위를 생성할 수 있다. 특히 질적연구방법으로 생성된 이론모형은 코딩 절차에 있어서 연구자 및 연구대상의 주관적인 개입으로 인한 연구결과에 신뢰성과 타당성의 문제가 제기되지만, 근거이론은 연구자와 연구대상 간의 끊임없는 상호작용을 통한 지속적인 수정, 보완을 거쳐 위의 문제점을 해결할 수 있다.

둘째, 근거이론은 실용주의와 상징적 상호주의를 포함한 인식론에 바탕을 두고 있다. 이러한 원리는 사회과학 분야에서 활용도가 높을 수 있다. 또한 근거이론은 문제 지향적이고, 맥락적인 민감도가 높은 이론을 유도하기 때문에 사회과학 분야에서 요구하는 사회문제 해결에 대한 현실 적용가능성이 높은 시사점을 도출할 수 있다. 유의해야 할 점은 이렇게 발생된 이론은 그 자체로 최종적이고 완결된 것이 아니며, 다른 사례 및 연구대상을 통한 검증 및 다른 자료 및 분석에 대한 계속적인 비교를 통해 수정, 보완될 수 있어야 한다.

셋째, 근거이론은 여러 가지 주제에 대한 구체적인 아이디어 및 기법을 체계화할 수 있다. 왜냐하면 이론적 특성은 근거이론방법론을 통해 최종적으로 생성된 이론의 가치와 규범성을 가지고 있기 때문이다. 무엇보다 근거이론방법론의 장점은 특히 태도와 행위에 있어서 미묘한 차이와 유연성을 확보할 수 있다는 것이다.

넷째, 근거이론방법론은 명확한 절차와 기법을 지니고 있기 때문에, 질적 연구논리와 양적 연구논리를 병합할 수 있다. 그렇기 때문에, 질적 및 양적 연구자들에게 매력적인 연구방법론이다. 여기에서 가장 중요한 요건 중 하나는 근거이론방법론의 활용하는 연구자의 이론적 민감성에 달려 있다. 따라서 이들은 수집된 자료로부터 개념 생성과 개념들 사이의 관계구축과 추상화를 위하여 끊임없이 이론적 민감성을 길러야 한다.

2) 근거이론의 단점과 유의점

보편적인 질적연구방법론들의 제약점이 근거이론 연구방법론에도 노출되고 있다. 개괄적으로 설명해 보면, 첫째, 연구과정에서의 타당성 확보의 어려움, 둘째, 연구결과의 일반화의 어려움, 셋째, 가설과 이론검증 어려움, 넷째, 연구의 내적타당도를 높이기 어려움, 다섯째, 연구의 외적 타당도를 높이기 어려움 등이다.

첫째, 근거이론 연구에서 이론적 민감성을 유지하는 것이 필수적이다. 이를 위해 일반적으로 오랜 기간 동안의 자료수집과 분석의 시간과 노력이 필요하다. 하지만 근거이론을 활용한 많은 연구를 살펴볼 때, 이론을 생성하기까지의 문헌연구 혹은 예비 조사 실시, 인터뷰, 전문가 의견 등으로 개념과 범주의 재확인 과정의 시간과 노력이 부족함이 노출된다. 더욱이 이론적 표출을 통해 대표성 있는 인터뷰 대상을 선정함에 있어서의 오류 등으로 연구결과의 신뢰감을 확보하는 데 다소 무리가 있는 연구가 많음을 발견할 수 있다.

둘째, 근거이론은 연구과정과 연구결과를 해석하는 과정에서 연구자의 가치함축성과 상호주관성의 가정을 인정한다. 이를 통하여 얻은 연구결과는 자칫 연구자의 주관성이 개입될 소지가 농후하다. 즉, 연구결과에 대하여 객관성에 대한 약점을 가지고 있다. 또한 연구자가 연구를 수행하는 과정에서 관찰자의 주관이 개입될 수 있고, 관찰이 부정확할 수 있으며 동일한 관찰 결과를 두고 목적론적으로 해석할 수 있는 문제 등이 존재한다. Strauss와 Corbin

(1990)은 근거이론의 연구과정 혹은 연구결과의 일반화와 타당성을 위해 여러 연구자에 의해 연구가 진행되는 것이 바람직하다고 언급하고 있지만 대부분의 연구물들은 1인의 연구자만으로 진행되면서 주관적 측면이 개입될 수 있다는 한계점을 지닌다.

셋째, 근거이론을 통한 가설검증과 이론을 형성하기 위해서는 인과적 추론이 필수적이다. 인과적 추론은 모든 현상에서 원인과 결과 사이에 구체적으로 다음의 조건이 갖추어졌을 때 달성될 수 있다. 첫째, 일반적으로 연관성(association) 혹은 공동변화(covariation), 둘째, 시간적 선행성(temporal precedence), 셋째, 비허위성(non-spuriousness) 등이다. 먼저, 인과관계의 일차적 조건으로 원인과 결과 사이의 연관성이 확인되어야 한다. 원인과 결과는 공동으로 변화하여야 하는데, 즉 어느 한 변수가 발생하거나 변화할 때 다른 변수도 변화하는 것을 의미한다. 그리고 시간적 선행성은 원인은 결과보다 앞서야 한다는 것을 의미한다. 만약 두 변수의 변화가 동시에 발생하거나, 결과변수의 변화가 원인변수 변화 이전에 나타난다면 인과관계라고 할 수 없다. 그리고 만약 원인변수와 결과변수의 관계에 영향을 미치는 허위변수(spurious variable)와 혼란변수(confounding variable) 등 제3변수가 존재한다면, 두 변수가 인과관계라고 볼 수 없다. 이처럼 근거이론을 활용한 가설검증 혹은 이론형성과정은 위의 조건들을 반영해야 한다.

넷째, 근거이론에서의 내적타당성은 경험적 조사연구를 통하여 인과관계를 얼마나 진실(truth)에 가깝게 추론하는지 그 정도를 나타내는 개념이다. 즉, 근거이론을 통한 내적타당성은 추정된 원인과 추정된 결과 사이에 관련이 있는지에 관한 의사결정의 기준이 된다. 내적타당성은 종속변수(결과)의 변화가 독립변수(원인)의 변화에 의하여 발생한 것임을 확신할 수 있는 정도를 나타내는 개념이다. 내적타당성을 높이려면 가능한 순수하게 독립변수에 의한 효과만을 정확하게 추출해 낼 수 있는 연구설계가 필요한데, 근거이론의 연구에서 종종 독립변수 외에 다른 요인이 종속변수에 영향을 미침을 쉽게 발견할 수 있다. 이러면 연구결과의 내적타당성이 낮아진다. 따라서 근거이론 연구방법을 수행할 때에는 일단, 추정된 원인과 추정된 결과 사이에 관련이 있다는 전제가 있어야 하고, 그 결과가 그 원인에 기인한 것인지 아니면 다른 원인에 기인하는지(내적타당성)를 판단하는 것이 선행되어야 한다.

넷째, 근거이론에서의 외적 타당성은 연구결과를 일반화할 수 있는 정도를 의미한다. 즉, 특정집단을 대상으로 특정시기에 특정상황에서 연구한 결과를 다른 집단, 다른 시기, 다른 상황에 일반화할 수 있는 범위를 나타내는 개념이다. 내적타당성이 특정 연구에서 인과적 추론이 얼마나 진실한 것인가에 관한 것이라면, 외적타당성은 그러한 인과적 추론의 결과가 다른 집단, 다른 시기, 다른 상황에도 적용될 수 있는가에 관한 것이다. 따라서 근거이론의 연구방법을 활용하는 연구자는 연구결과를 다양한 상황, 집단, 시기에 일반화하려고 노력해야 한다. 외적 타당성의 문제는 일반화가 가능한 상황이나 환경, 대상 집단의 범위, 시기에 관한 문제 등으로 노출되기 때문이다.

 연습문제 · · · · · · · · ·

1. 근거이론(grounded theory) 방법론을 다음과 같이 진술할 때, 각 진술이 갖는 의미를 구체적으로 설명하시오.
   1) 근거이론은 상징적 상호작용주의 관점에서 '사회현상에 대한 이해를 밝히기 위해' 사회학자인 Glaser와 Strauss에 의해 개발된 연구방법론이다.
   2) 근거이론은 '상징적 상호작용' 에 근간을 두고 있다.
   3) 근거이론 방법론을 수행할 때 연구자에게 '이론적 민감성' 의 능력이 요구된다.
   4) 근거이론에서 '이론적 표본 추출' 의 의미는 양적 분석방식과 다르게 이루어진다.
   5) 근거이론의 연구과정에서 '지속적 비교' 의 노력이 요구된다.

2. 근거이론 방법론에서 이론적 포화도(theoretical saturation)의 ① 의미 ② 영향을 미치는 요인 ③ 개선방안에 대하여 설명하시오.

3. 근거이론 방법론이 왜 교육학 분야에서 공헌도가 매우 높을 것인지 설명하시오.

4. 다음은 근거이론 방법론의 절차에 대하여 설명한 것이다. 물음에 답하시오.

   1) Strauss와 Corbin(1998)이 제시한 근거이론의 3단계 분석 틀 코딩(개방 코딩, 축 코딩, 선택 코딩)의 개념에 대하여 간단히 기술하시오.

   2) ① 개방 코딩의 목적에 대하여 기술하시오.

      ② 축 코딩의 목적을 기술하시고, 축 코딩과 개방 코딩 간의 차이점을 설명하시오.

      ③ 선택 코딩의 목적을 기술하시고, 선택 코딩과 축 코딩 간의 차이점을 설명하시오.

5. 근거이론이 다른 질적연구방법에 비하여 독특한 연구형태와 방법을 가지고 있음을 설명하시오.

6. 근거이론의 단점 중 ① 연구과정에서의 타당성 확보의 어려움 ② 연구결과의 일반화의 어려움 ③ 가설과 이론검증 어려움 ④ 연구의 내적타당도를 높이기 어려움 ⑤ 연구의 외적 타당도를 높이기 어려움에 관한 문제점과 개선방안에 설명하시오.

7. 교육학에서 근거이론을 활용할 수 있는 주제를 자유롭게 선정하고, 그 근거를 명확하게 제시하시오.

부 록

〈부록 1〉 국내 주요 표준화검사

검사명	대상범위	개발자	발행처
지능검사			
일반지능검사	초등~대학생	정범모	코리안테스팅센터
지능진단검사	초등~대학생	이상로	중앙적성연구소
유아지능검사	4~7세	김재은	중앙적성연구소
종합인지기능 진단검사(CAS)	5~12세	문수백 외	학지사심리검사연구소
KABC-II 카우프만 아동 지능검사 II	만 3~18세	문수백 외	학지사심리검사연구소
고대-비네지능검사	4~14세	전용신	고려대학교
KEDI-WISC	5~16세	박경숙 외	민족문화문고간행회
KISC 유아지능검사	$3\frac{1}{2}$~$6\frac{1}{2}$세	한국행동과학연구소	한국가이던스
K-WAIS	중학~일반	한국임상심리학회	한국가이던스
진단성지능검사	중학~고교	서봉연 외	중앙적성연구소
최신지능진단검사	초등~고교	이종승	코리안테스팅센터
지능검사(KIT-P)	초등 2년~6년	한국행동과학연구소	한국행동과학연구소
한국교육개발원지능검사 1, 2, 3, 4	초등~대학	한국교육개발원	한국적성연구소
K-Leiter-R 한국판 라이터 비언어성 지능검사	만 2~7세	신민섭, 조수철	학지사심리검사연구소
K-WISC-IV 한국 웩슬러 아동 지능검사	만 6~16세 11개월	곽금주 외	학지사심리검사연구소
M-FIT 다요인 지능검사	초등~고교	이종구 외	학지사심리검사연구소
SIA 강점 지능검사	초등~중학	김동일	학지사심리검사연구소
적성검사			
적성종합검사	중학~일반	정범모	코리안테스팅센터
적성진단검사	중학~일반	이상로 외	중앙적성연구소
종합적성검사	중학~고교생	한국행동과학연구소	한국행동과학연구소
진학적성검사	고교~대학생	김기석 외	코리안테스팅센터
GATB적성검사	고교~대학생	중앙적성연구소	중앙적성연구소
Holland-III 홀랜드 성격적성검사	초등~성인	안현의, 안창규	학지사심리검사연구소
KPTI 적성검사	중학~고교	김인수	한국심리검사연구소
STRONG 진로탐색검사	중학~고교	김정택 외	한국심리검사연구소
진로적성검사	중학~고교	임인재	대한사립중등학교장회
한국음악적성검사	초등 3학년~중학생	현경실	학지사심리검사연구소
CATA 적성검사	중학~고교	이종구 외	학지사심리검사연구소
M-FAT 다요인 능력검사	중학~고교	이종구 외	학지사심리검사연구소
KVAT 직무적성검사	대학	이종구	학지사심리검사연구소
KVCT 직무역량검사	대학	이종구	학지사심리검사연구소
학력 · 학습검사			
표준화학력진단검사	초등	김재은 외	교육과학사
표준화학력검사	초등	김난수	코리안테스팅센터
표준화기본학력검사	초등	정원식 외	교학사
알자(ALSA) 청소년 학습전략검사	초등~고등학생	김동일	학지사심리검사연구소
학습기술진단검사	초등~고등학생	변영계 외	학지사심리검사연구소

검사명	대상범위	개발자	발행처
학업동기검사	초등~대학생	김아영	학지사심리검사연구소
BASA 기초학습기능 수행평가체제: 수학검사	초등~성인	김동일	학지사심리검사연구소
BASA 기초학습기능 수행평가체제: 쓰기검사	초등~성인	김동일	학지사심리검사연구소
BASA 기초학습기능 수행평가체제: 읽기검사	초등~성인	김동일	학지사심리검사연구소
BASA 기초학습기능 수행평가체제: 초기수학	만 4세 이상	김동일	학지사심리검사연구소
BASA 기초학습기능 수행평가체제: 초기문해	만 4세 이상	김동일	학지사심리검사연구소
BASA 기초학습기능 수행평가체제: 수학문장제	초등 4~6학년	김동일	학지사심리검사연구소
학습방법진단검사	초등~중학	박병관 외	한국가이던스
기초학력진단검사	초등	윤점룡 외	한국적성연구소
수학창의적문제해결력검사	초등~고교	한국교육개발원	한국적성연구소
과학창의적문제해결력검사	초등~고교	한국교육개발원	한국적성연구소
학습습관검사	중학~일반	김기석	코리안테스팅센터
성격검사			
일반성격검사	중학~일반	김기석	코리안테스팅센터
표준적응검사	중학~고교	김호권	코리안테스팅센터
성격진단검사	중학~일반	이상로 외	중앙적성연구소
성격진단검사	중학~일반	정원식 외	코리안테스팅센터
인성검사	초등~고교	정범모	코리안테스팅센터
다면적인성검사	중학~성인	한국심리학회	한국가이던스
MBTI	고교~일반	김정택, 심혜숙	한국심리검사연구소
MMTIC	8~13세	김정택, 심혜숙	한국심리검사연구소
청소년 성격평가 질문지(PAI-A)	중·고등학생	김영환 외	학지사심리검사연구소
아동·청소년 아이젱크 성격검사	9~15세	이현수	학지사심리검사연구소
유아성격검사	4~7세	송인섭	학지사심리검사연구소
BGT 성격진단법	아동~성인	이상로 외	중앙적성출판사
KIPA 인성검사	중학~고교	염태호, 김정규	한국심리적성연구소
KPI 성격검사	대학	한국행동과학연구소	한국행동과학연구소
표준화 인성진단검사	중학~고교	황웅연	대한사립중고등학교장회
NEO-II 성격검사	초등~성인	안현의, 안창규	학지사심리검사연구소
Big 5 성격검사	초등~고교	김동일	학지사심리검사연구소
창의성 검사			
창의성검사	중학~일반	정원식 외	코리안테스팅센터
창의성검사	초등 4년~6년	최인수, 이종구	한국가이던스
유아종합창의성검사	4~6세	전경원	학지사심리검사연구소
유아도형창의성검사	4~6세	전경원	학지사심리검사연구소
유아창의적특성검사	4~6세	전경원	학지사심리검사연구소
TORRANCE창의력검사	유치원~초등 3년	김영채 편역	중앙적성연구소
창의성 사고력검사	초등 2년~6년	한국적성연구소	한국적성연구소
K-ICT 통합 창의성검사	유아~고교	이경화	학지사심리검사연구소

검사명	대상범위	개발자	발행처
기타			
흥미검사	중학~일반	정범모	코리안테스팅센터
직업흥미검사	중학~일반	이상로 외	중앙적성연구소
자아개념검사	중학~일반	정원식	코리안테스팅센터
가정환경진단검사	중학~일반	정원식	코리안테스팅센터
그림좌절검사	유아~중학	김재은	중앙적성연구소
교사자질평정척도	대학~일반	박용헌	코리안테스팅센터
욕구진단검사	중학~고교	황정규	코리안테스팅센터
학생유형검사(SSI)	초등 3년~고교	안창규, 오클랜드	한국가이던스
자아가치관검사	중학~일반	김정규	한국가이던스
자아개념검사	유아~성인	이경화 외	학지사심리검사연구소
한국판 시지각 발달검사(K-DTVP-2)	4~8세	문수백 외	학지사심리검사연구소
상태-특성불안검사	16세~성인	한덕웅	학지사심리검사연구소

〈부록 2〉 표준정규분포표

(1) 표준점수 (x/σ)	(2) x에서 z까지의 면적	(3) 큰 부분의 면적	(4) 작은 부분의 면적$(x/\sigma)z$	(1)	(2)	(3)	(4)
0.00	.0000	.5000	.5000	0.40	.1554	.6554	.3446
0.01	.0040	.5040	.4960	0.41	.1591	.6591	.3409
0.02	.0080	.5080	.4920	0.42	.1628	.6628	.3372
0.03	.0120	.5120	.4880	0.43	.1664	.6664	.3336
0.04	.0160	.5160	.4840	0.44	.1700	.6700	.3300
0.05	.0199	.5199	.4801	0.45	.1736	.6736	.3264
0.06	.0239	.5239	.4761	0.46	.1772	.6772	.3228
0.07	.0279	.5279	.4721	0.47	.1808	.6808	.3192
0.08	.0319	.5319	.4681	0.48	.1844	.6844	.3156
0.09	.0359	.5359	.4641	0.49	.1879	.6879	.3121
0.10	.0398	.5398	.4602	0.50	.1915	.6915	.3085
0.11	.0438	.5438	.4562	0.51	.1950	.6950	.3050
0.12	.0478	.5478	.4522	0.52	.1985	.6985	.3015
0.13	.0517	.5517	.4483	0.53	.2019	.7019	.2981
0.14	.0557	.5557	.4443	0.54	.2054	.7054	.2946
0.15	.0596	.5596	.4404	0.55	.2088	.7088	.2912
0.16	.0636	.5636	.4364	0.56	.2123	.7123	.2877
0.17	.0675	.5675	.4325	0.57	.2157	.7157	.2843
0.18	.0714	.5714	.4286	0.58	.2190	.7190	.2810
0.19	.0753	.5753	.4247	0.59	.2224	.7224	.2776
0.20	.0793	.5793	.4207	0.60	.2257	.7257	.2743
0.21	.0832	.5832	.4168	0.61	.2291	.7291	.2709
0.22	.0871	.5871	.4129	0.62	.2324	.7324	.2676
0.23	.0910	.5910	.4090	0.63	.2357	.7357	.2643
0.24	.0948	.5948	.4052	0.64	.2389	.7389	.2611
0.25	.0987	.5987	.4013	0.65	.2422	.7422	.2578
0.26	.1026	.6026	.3974	0.66	.2454	.7454	.2546
0.27	.1064	.6064	.3936	0.67	.2486	.7486	.2514
0.28	.1103	.6103	.3897	0.68	.2517	.7517	.2483
0.29	.1141	.6141	.3859	0.69	.2549	.7549	.2451
0.30	.1179	.6179	.3821	0.70	.2580	.7580	.2420
0.31	.1217	.6217	.3783	0.71	.2611	.7611	.2389
0.32	.1255	.6255	.3745	0.72	.2642	.7642	.2358
0.33	.1293	.6293	.3707	0.73	.2673	.7673	.2327
0.34	.1331	.6331	.3669	0.74	.2704	.7704	.2296
0.35	.1368	.6368	.3632	0.75	.2734	.7734	.2266
0.36	.1406	.6406	.3594	0.76	.2764	.7764	.2236
0.37	.1443	.6443	.3557	0.77	.2794	.7794	.2206
0.38	.1480	.6480	.3520	0.78	.2823	.7823	.2177
0.39	.1517	.6517	.3483	0.79	.2825	.7852	.2148

〈부록 2〉 표준정규분포표(계속)

0.80	.2881	.7881	.2119	1.20	.3849	.8849	.1151
0.81	.2910	.7910	.2090	1.21	.3869	.8869	.1131
0.82	.2939	.7939	.2061	1.22	.3888	.8888	.1112
0.83	.2967	.7967	.2033	1.23	.3907	.8907	.1093
0.84	.2995	.7995	.2005	1.24	.3925	.8925	.1075
0.85	.3023	.8023	.1977	1.25	.3944	.8944	.1056
0.86	.3051	.8051	.1949	1.26	.3962	.8962	.1038
0.87	.3078	.8078	.1922	1.27	.8980	.8980	.1020
0.88	.3106	.8106	.1894	1.28	.3997	.8997	.1003
0.89	.3133	.8133	.1867	1.29	.4015	.9015	.0985
0.89	.3133	.8133	.1867	1.29	.4015	.9015	.0985
0.90	.3159	.8159	.1841	1.30	.4032	.9032	.0968
0.91	.3186	.8186	.1814	1.31	.4049	.9049	.0951
0.92	.3212	.3212	.1788	1.32	.4066	.9066	.0934
0.93	.3238	.8238	.1762	1.33	.4082	.9082	.0918
0.94	.3264	.8264	.1736	1.34	.4099	.9099	.0901
0.95	.3289	.8289	.1711	1.35	.4115	.9115	.0885
0.96	.3315	.8315	.1685	1.36	.4131	.9131	.0869
0.97	.3340	.8340	.1660	1.37	.4147	.9147	.0853
0.98	.3365	.8365	.1635	1.38	.4162	.9162	.0838
0.99	.3389	.8389	.1611	1.39	.4177	.9177	.0823
1.00	.3413	.8413	.1587	1.40	.4192	.9192	.0808
1.01	.3438	.8438	.1562	1.41	.4207	.9207	.0793
1.02	.3461	.8461	.1539	1.42	.4222	.9222	.0778
1.03	.3485	.8485	.1515	1.43	.4236	.9236	.0764
1.04	.3508	.8508	.1492	1.44	.4251	.9251	.0749
1.05	.3531	.8531	.1469	1.45	.4265	.9265	.0735
1.06	.3554	.8554	.1446	1.46	.4279	.9279	.0721
1.07	.3577	.8577	.1423	1.47	.4292	.9292	.0708
1.08	.3599	.8599	.1401	1.48	.4306	.9306	.0694
1.09	.3621	.8621	.1379	1.49	.4319	.9319	.0681
1.10	.3643	.8643	.1357	1.50	.4332	.9332	.0668
1.11	.3665	.8665	.1335	1.51	.4345	.9345	.0655
1.12	.3686	.8686	.1314	1.52	.4357	.9357	.0643
1.13	.3708	.8708	.1292	1.53	.4370	.9370	.0630
1.14	.3729	.8729	.1271	1.54	.4382	.9382	.0618
1.15	.3749	.8749	.1251	1.55	.4394	.9394	.0606
1.16	.3770	.8770	.1230	1.56	.4406	.9406	.0594
1.17	.3790	.8790	.1210	1.57	.4418	.9418	.0582
1.18	.3810	.8810	.1190	1.58	.4429	.9129	.0571
1.19	.3830	.8830	.1170	1.59	.4441	.9441	.0559

〈부록 2〉 표준정규분포표(계속)

1.60	.4452	.9452	.0548	2.00	.4772	.9772	.0228
1.61	.4463	.9463	.0537	2.01	.4778	.9778	.0222
1.62	.4474	.9474	.0526	2.02	.4783	.9783	.0217
1.63	.4484	.9484	.0516	2.03	.4788	.9788	.0212
1.64	.4495	.9495	.0505	2.04	.4793	.9793	.0207
1.65	.4505	.9505	.0495	2.05	.4798	.9798	.0202
1.66	.4515	.9515	.0485	2.06	.4803	.9803	.0197
1.67	.4525	.9525	.0475	2.07	.4808	.9808	.0192
1.68	.4535	.9535	.0465	2.08	.4812	.9812	.0188
1.69	.4545	.9545	.0455	2.09	.4817	.9817	.0183
1.70	.4554	.9554	.0446	2.10	.4821	.9821	.0179
1.71	.4564	.9564	.0436	2.11	.4826	.9826	.0174
1.72	.4573	.9573	.0427	2.12	.4830	.9830	.0170
1.73	.4582	.9582	.0418	2.13	.4834	.9834	.0166
1.74	.4591	.9591	.0409	2.14	.4838	.9838	.0162
1.75	.4599	.9599	.0401	2.15	.4842	.9842	.0158
1.76	.4608	.9608	.0392	2.16	.4846	.0846	.0154
1.77	.4616	.9616	.0384	2.17	.4850	.9850	.0150
1.78	.4625	.9625	.0375	2.18	.4854	.9854	.0146
1.79	.4633	.9633	.0367	2.19	.4857	.9857	.0143
1.80	.4641	.9641	.0359	2.20	.4861	.9861	.0139
1.81	.4649	.9649	.0351	2.21	.4864	.9864	.0136
1.82	.4656	.9656	.0344	2.22	.4868	.9868	.0132
1.83	.4664	.9664	.0336	2.23	.4871	.9871	.0129
1.84	.4671	.9671	.0329	2.24	.4875	.9875	.0125
1.85	.4678	.9678	.0322	2.25	.4878	.9878	.0122
1.86	.4686	.9686	.0314	2.26	.4881	.9881	.0119
1.87	.4693	.9693	.0307	2.27	.4884	.9884	.0116
1.88	.4699	.9699	.0301	2.28	.4887	.9887	.0113
1.89	.4706	.9706	.0294	2.29	.4890	.9890	.0110
1.90	.4713	.9713	.0287	2.30	.4893	.9893	.0107
1.91	.4719	.9719	.0281	2.31	.4896	.9896	.0104
1.92	.4726	.9726	.0274	2.32	.4989	.9898	.0102
1.93	.4732	.9732	.0268	2.33	.4901	.9901	.0099
1.94	.4738	.9738	.0262	2.34	.4904	.9904	.0096
1.95	.4744	.9744	.0256	2.35	.4906	.9906	.0094
1.96	.4750	.9750	.0250	2.36	.4909	.9909	.0091
1.97	.4756	.9756	.0244	2.37	.4911	.9911	.0098
1.98	.4761	.9761	.0239	2.38	.4913	.9913	.0087
1.99	.4767	.9767	.0233	2.39	.4916	.9916	.0084

〈부록 2〉 표준정규분포표

2.40	.4918	.9918	.0082	2.85	.4978	.9978	.0022
2.41	.4920	.9920	.0080	2.86	.4979	.9979	.0021
2.42	.4922	.9922	.0078	2.87	.4979	.9979	.0021
2.43	.4925	.9925	.0075	2.88	.4980	.9980	.0020
2.44	.4927	.9927	.0073	2.89	.4981	.9981	.0019
2.45	.4929	.9929	.0071	2.90	.4981	.9981	.0019
2.46	.4931	.9931	.0069	2.91	.4982	.9982	.0018
2.47	.4932	.9932	.0068	2.92	.4982	.9982	.0018
2.48	.4934	.9934	.0066	2.93	.4983	.9983	.0017
2.49	.4936	.9936	.0064	2.94	.4984	.3394	.0016
2.50	.4938	.9938	.0062	2.95	.4984	.9984	.0016
2.51	.4940	.9940	.0060	2.96	.4985	.9985	.0015
2.52	.4941	.9941	.0059	2.97	.4985	.9985	.0015
2.53	.4943	.9943	.0057	2.98	.4986	.9986	.0014
2.54	.4945	.9945	.0055	2.99	.4986	.9986	.0014
2.55	.4946	.9946	.0054	3.00	.4987	.9987	.0013
2.56	.4948	.9948	.0052	3.01	.4987	.9987	.0013
2.57	.4949	.9949	.0051	3.02	.4987	.9987	.0013
2.58	.4951	.9951	.0049	3.03	.4988	.9988	.0012
2.59	.4952	.9952	.0048	3.04	.4988	.9988	.0012
2.60	.4953	.9953	.0047	3.05	.4989	.9989	.0011
2.61	.4955	.9955	.0045	3.06	.4989	.9989	.0011
2.62	.4956	.9956	.0044	3.07	.4989	.9989	.0011
2.63	.4957	.9957	.0043	3.08	.4990	.9990	.0010
2.64	.4959	.9959	.0041	3.09	.4990	.9990	.0010
2.65	.4960	.9960	.0040	3.10	.4990	.9990	.0010
2.66	.4961	.9961	.0039	3.11	.4991	.9991	.0009
2.67	.4962	.9962	.0038	3.12	.4991	.9991	.0009
2.68	.4963	.9963	.0037	3.13	.4991	.9991	.0009
2.69	.4964	.9964	.0036	3.14	.4992	.9992	.0008
2.70	.4965	.9965	.0035	3.15	.4992	.9992	.0008
2.71	.4966	.9966	.0034	3.16	.4992	.9992	.0008
2.72	.4967	.9967	.0033	3.17	.4992	.9992	.0008
2.73	.4968	.9968	.0032	3.18	.4993	.9993	.0007
2.74	.4969	.9969	.0031	3.19	.4993	.9993	.0007
2.75	.4970	.9970	.0030	3.20	.4993	.9993	.0007
2.76	.4971	.9971	.0029	3.21	.4993	.9993	.0007
2.77	.4972	.9972	.0028	3.22	.4994	.9994	.0006
2.78	.4973	.9973	.0027	3.23	.4994	.9994	.0006
2.79	.4974	.9974	.0026	3.24	.4994	.9994	.0006
2.80	.4974	.9974	.0026	3.30	.4995	.9995	.0005
2.81	.4975	.9975	.0025	3.40	.4997	.9997	.0003
2.82	.4976	.9976	.0024	3.50	.4998	.9998	.0002
2.83	.4977	.9977	.0023	3.60	.4998	.9998	.0002
2.84	.4977	.9977	.0023	3.70	.4999	.9999	.0001

〈부록 3〉 t분포표

df	단측검증					
	0.25	0.10	0.05	0.025	0.01	0.005
	양측검증					
	0.50	0.20	0.10	0.05	0.02	0.01
1	1.000	3.078	6.314	12.706	31.821	63.657
2	0.816	1.886	2.920	4.303	6.965	9.925
3	0.765	1.638	2.353	3.182	4.541	5.841
4	0.741	1.533	2.132	2.776	3.747	4.604
5	0.727	1.476	2.105	2.571	3.365	4.032
6	0.718	1.440	1.943	2.447	3.143	3.707
7	0.711	1.415	1.895	2.365	2.998	3.499
8	0.706	1.397	1.860	2.306	2.896	3.355
9	0.703	1.383	1.833	2.262	2.821	3.250
10	0.700	1.372	1.812	2.228	2.764	3.169
11	0.697	1.363	1.796	2.201	2.718	3.106
12	0.695	1.356	1.782	2.179	2.681	3.055
13	0.694	1.350	1.771	2.160	2.650	3.012
14	0.692	1.345	1.761	2.145	2.624	2.977
15	0.691	1.341	1.753	2.131	2.602	2.947
16	0.690	1.337	1.746	2.120	2.583	2.921
17	0.689	1.333	1.740	2.110	2.567	2.989
18	0.688	1.330	1.734	2.101	2.552	2.878
19	0.688	1.328	1.729	2.093	2.539	2.861
20	0.687	1.325	1.725	2.086	2.528	2.845
21	0.686	1.323	1.721	2.080	2.518	2.831
22	0.686	1.321	1.717	2.074	2.508	2.819
23	0.685	1.319	1.714	2.069	2.500	2.807
24	0.685	1.318	1.711	2.064	2.492	2.797
25	0.684	1.316	1.708	2.060	2.485	2.787
26	0.684	1.315	1.706	2.056	2.479	2.779
27	0.684	1.314	1.703	2.052	2.473	2.771
28	0.683	1.313	1.701	2.048	2.467	2.763
29	0.683	1.311	1.699	2.045	2.462	2.756
30	0.683	1.310	1.697	2.042	2.457	2.750
40	0.681	1.303	1.684	2.021	2.423	2.704
60	0.679	1.296	1.671	2.000	2.390	2.660
120	0.677	1.289	1.658	1.980	2.358	2.617
∞	0.674	1.282	1.645	1.960	2.326	2.576

〈부록 4〉 F분포표(명조 숫자 5%, 고딕 숫자 1%) (계속)

분모의 자유도(df)	분모의 자유도(df)														
	1	2	3	4	5	6	7	8	9	10	11	12	14	16	20
1	161	200	216	225	230	234	237	239	241	242	243	244	245	246	248
	4052	4999	5403	5625	5764	5859	5928	5981	6022	6056	6082	6106	6142	6169	6208
2	98.49	19.00	19.16	19.25	19.30	19.33	19.36	19.37	19.38	19.39	19.40	19.41	19.42	19.43	19.44
	98.49	99.00	99.17	99.25	99.30	99.33	99.34	99.36	99.38	99.40	99.41	99.42	99.43	99.44	99.45
3	10.13	9.55	9.28	9.12	9.01	8.94	8.88	8.84	8.81	8.78	8.76	8.74	8.71	8.69	8.66
	34.12	30.82	29.46	28.71	28.24	27.91	27.67	27.49	2 7.34	27.23	27.13	27.05	26.92	26.83	26.69
4	7.71	6.94	6.59	6.39	6.26	6.16	6.09	6.04	6.00	5.96	5.93	5.91	5.87	5.84	5.80
	21.20	18.00	16.69	15.98	15.52	1 5.21	14.98	14.80	14.66	14.54	14.45	14.37	14.24	14.15	14.02
5	6.61	5.79	5.41	5.19	5.05	4.95	4.88	4.82	4.78	4.74	4.70	4.68	4.64	4.60	4.56
	16.26	13.27	12.06	11.39	10.97	10.67	10.45	10.27	10.15	10.05	9.96	9.89	9.77	9.68	9.55
6	5.99	5.14	4.76	4.53	4.39	4.28	4.21	41.5	4.10	4.06	4.03	4.00	3.96	3.92	3.87
	13.74	10.92	9.78	9.15	8.75	8.47	8.26	8.10	7.98	7.87	7.79	7.72	7.60	7.52	7.39
7	5.59	4.47	4.35	4.12	3.97	3.87	3.79	3.73	3.68	3.63	3.60	3.57	3.52	3.49	3.44
	12.25	9.55	8.45	7.85	7.46	7.19	7.00	6.84	6.71	6.62	6.54	6.47	6.35	6.27	6.15
8	5.32	4.46	4.07	3.84	3.69	3.58	3.50	3.44	3.39	3.34	3.31	3.28	3.23	3.20	3.15
	11.26	8.65	7.59	7.01	6.63	6.37	6.19	6.03	5.91	5.82	5.74	5.67	5.56	5.48	5.36
9	5.12	4.26	3.86	3.63	3.48	3.37	3.29	3.23	3.18	3.13	3.10	3.07	3.02	2.98	2.93
	10.56	8.02	6.99	6.42	6.06	5.80	5.62	5.47	5.35	5.26	5.18	5.11	5.00	4.92	4.80
10	4.06	4.10	3.71	3.48	3.33	3.32	3.14	3.07	3.02	2.97	2.94	2.91	2.86	2.82	2.77
	10.04	7.56	6.55	5.99	5.64	5.39	5.21	5.06	4.95	4.85	4.78	4.71	4.60	4.52	4.41
11	4.84	3.98	3.59	3.36	3.20	3.09	3.01	2.95	2.90	2.86	2.82	2.79	2.74	2.70	2.65
	9.65	7.20	6.22	5.67	5.32	5.07	4.88	4.74	4.63	4.54	4.46	4.40	4.29	4.21	4.10
12	4.75	3.88	3.49	3.26	3.11	3.00	2.92	2.85	2.80	2.76	2.72	2.69	2.64	2.60	2.54
	9.33	6.93	5.95	5.41	5.06	4.82	4.65	4.50	4.39	4.30	4.22	4.16	4.05	3.98	3.86
13	4.67	3.80	3.41	3.18	3.02	2.92	2.84	2.77	2.72	2.67	2.63	2.60	2.55	2.51	2.46
	9.07	6.70	5.74	5.20	4.86	4.62	4.44	4.30	4.19	4.10	4.02	3.96	3.85	3.78	3.67
14	4.60	3.74	3.34	3.11	2.96	2.85	2.77	2.70	2.65	2.60	2.56	2.53	2.48	2.44	2.39
	8.86	6.51	5.56	5.03	4.69	4.46	4.28	4.14	4.03	3.94	3.86	3.80	3.70	3.62	3.51
15	4.54	3.68	3.29	3.06	2.90	2.79	2.70	2.64	2.59	2.55	2.51	2.48	2.43	2.39	2.33
	8.68	6.36	5.42	4.89	4.56	4.32	4.14	4.00	3.89	3.80	3.73	3.67	3.56	3.48	3.36
16	4.49	3.63	3.24	3.01	2.85	2.74	2.66	2.59	2.54	2.49	2.45	2.42	2.37	2.33	2.28
	8.53	6.23	5.29	4.77	4.44	4.20	4.03	3.89	3.78	3.69	3.61	3.55	3.45	3.37	3.25
17	4.45	3.59	3.20	2.96	2.81	2.70	2.62	2.55	2.50	2.45	2.41	2.38	2.33	2.29	2.23
	8.40	6.11	5.18	4.67	4.34	4.10	3.93	3.79	3.68	3.59	3.52	3.45	3.35	3.27	3.16

〈부록 4〉 F분포표(명조 숫자 5%, 고딕 숫자 1%) (계속)

18	4.41	3.55	3.16	2.93	2.77	2.66	2.58	2.51	2.46	2.41	2.37	2.34	2.29	2.25	2.19
	8.28	6.01	5.09	4.58	4.25	4.01	3.85	3.71	3.60	3.51	3.44	3.37	3.27	3.19	3.07
19	4.38	3.52	3.13	2.90	2.74	2.63	2.55	2.48	2.43	2.38	2.34	2.31	2.26	2.21	2.15
	8.18	5.93	5.01	4.50	4.17	3.94	3.77	3.63	3.52	3.43	3.36	3.30	3.19	3.21	3.00
20	4.35	3.49	3.10	2.87	2.71	2.60	2.52	2.45	2.40	2.35	2.31	2.28	2.23	2.18	2.12
	8.10	5.85	4.94	4.43	4.10	3.87	3.71	3.56	3.45	3.37	3.30	3.23	3.13	3.05	2.94
21	4.32	3.47	3.07	2.84	2.68	2.57	2.49	2.42	2.37	2.32	2.28	2.25	2.20	2.15	2.09
	8.02	5.78	4.87	4.37	4.04	3.81	3.65	3.51	3.40	3.31	3.24	3.17	3.07	2.99	2.88
22	4.30	3.44	3.05	2.82	2.66	2.55	2.47	2.40	2.35	2.30	2.26	2.23	2.18	2.13	2.07
	7.94	5.72	4.82	4.31	3.99	3.76	3.59	3.45	3.35	3.26	3.18	3.12	3.02	2.94	2.83
23	4.28	3.42	3.03	2.80	2.64	2.53	2.45	2.38	2.32	2.28	2.24	2.20	2.14	2.10	2.04
	7.88	5.66	4.76	4.26	3.94	3.71	3.54	3.41	3.30	3.21	3.14	3.07	2.97	2.89	2.78
24	4.26	3.40	3.01	2.78	2.62	2.51	2.43	2.36	2.30	2.26	2.22	2.18	2.13	2.09	2.02
	7.82	5.61	4.72	4.22	3.90	3.67	3.50	3.36	3.25	3.17	2.09	3.03	2.93	2.85	2.74
25	4.24	3.38	2.99	2.76	2.60	2.49	2.41	2.34	2.28	2.24	2.20	2.16	2.11	2.06	2.00
	7.77	5.57	4.68	4.18	3.86	3.63	3.46	3.32	3.21	3.13	3.05	2.99	2.89	2.81	2.70
26	4.22	3.37	2.98	2.74	2.59	2.47	2.39	2.32	2.27	2.22	2.18	2.15	2.10	2.05	1.99
	7.72	5.53	4.64	4.14	3.82	3.59	3.42	3.29	3.17	3.09	3.02	2.96	2.86	2.77	2.66
27	4.21	3.35	2.96	2.73	2.57	2.46	2.37	2.30	2.25	2.20	2.16	2.13	2.08	2.03	1.97
	7.68	5.49	4.60	4.11	3.79	3.56	3.39	3.26	3.14	3.06	2.98	2.93	2.83	2.74	2.63
28	4.20	3.34	2.95	2.71	2.56	2.44	2.36	2.29	2.24	2.19	2.15	2.12	2.06	2.02	1.96
	7.64	5.45	4.57	4.07	3.76	3.53	3.36	3.23	3.11	3.03	2.95	2.90	2.80	2.71	2.60
29	4.18	3.33	2.93	2.70	2.54	2.43	2.35	2.28	2.22	2.18	2.14	2.10	2.05	2.00	1.94
	7.60	5.42	4.54	4.04	3.73	3.50	3.33	3.20	3.08	3.00	2.92	2.87	2.77	2.68	2.57
30	4.17	3.32	2.92	2.69	2.53	2.42	2.34	2.27	2.21	2.16	2.12	2.09	2.04	1.99	1.93
	7.56	5.39	4.51	4.02	3.70	3.47	3.30	3.17	3.06	2.98	2.90	2.84	2.74	2.66	2.55
32	4.15	3.30	2.90	2.67	2.51	2.40	2.32	2.25	2.19	2.14	2.10	2.07	2.02	1.97	1.91
	7.50	5.34	4.46	3.97	3.66	3.42	3.25	3.12	3.01	2.94	2.86	2.80	2.70	2.62	2.51
34	4.13	3.28	2.88	2.65	2.49	2.38	2.30	2.23	2.17	2.12	2.08	2.05	2.00	1.95	1.89
	7.44	5.29	4.42	3.93	3.61	3.38	3.21	3.08	2.97	2.89	2.82	2.76	2.66	2.58	2.47
36	4.11	3.26	2.86	2.63	2.48	2.36	2.28	2.21	2.15	2.10	2.06	2.03	1.98	1.93	1.87
	7.39	5.25	4.38	3.89	3.58	3.35	3.18	3.04	2.94	2.86	2.78	2.72	2.62	2.54	2.43
38	4.10	3.25	2.85	2.62	2.46	2.35	2.26	2.19	2.14	2.09	2.05	2.02	1.96	1.92	1.85
	7.35	5.21	4.34	3.86	3.54	3.32	3.15	3.02	2.91	2.82	2.75	2.69	2.59	2.51	2.40
40	4.08	3.23	2.84	2.61	2.45	2.34	2.25	2.18	2.12	2.07	2.04	2.00	1.95	1.90	1.84
	7.31	5.18	4.31	3.83	3.51	3.29	3.12	2.99	2.88	2.80	2.73	2.66	2.56	2.49	2.37

〈부록 4〉 F분포표(명조 숫자 5%, 고딕 숫자 1%)

42	4.07	3.22	2.83	2.59	2.44	2.32	2.24	2.17	2.11	2.06	2.02	1.99	1.94	1.89	1.82
	7.27	5.15	4.29	3.80	3.49	3.26	3.10	2.96	2.86	2.77	2.70	2.64	2.54	2.46	2.35
44	4.06	3.21	2.82	2.58	2.43	2.31	2.23	2.16	2.10	2.05	2.01	1.98	1.92	1.88	1.81
	7.24	5.12	4.26	3.78	3.46	3.24	3.07	2.94	2.84	2.75	2.68	2.62	2.52	2.44	2.32
46	4.05	3.20	2.81	2.57	2.42	2.30	2.22	2.14	2.09	2.04	2.00	1.97	1.91	1.87	1.80
	7.21	5.10	4.24	3.76	3.44	3.22	3.05	2.92	2.82	2.73	2.66	2.60	2.50	2.42	2.30
48	4.04	3.19	2.80	2.56	2.41	2.30	2.21	2.14	2.08	2.03	1.99	1.96	1.90	1.86	1.79
	7.19	5.08	4.22	3.74	3.42	3.20	3.04	2.90	2.80	2.71	2.64	2.58	2.48	2.40	2.28
50	4.03	3.18	2.79	2.56	2.40	2.29	2.20	2.13	2.07	2.02	1.98	1.95	1.90	1.85	1.78
	7.17	5.06	4.20	3.72	3.41	3.18	3.02	2.88	2.78	2.70	2.62	2.56	2.46	2.39	2.26
55	4.02	3.17	2.78	2.54	2.38	2.27	2.18	2.11	2.05	2.00	1.97	1.93	1.88	1.83	1.76
	7.12	5.01	4.16	3.68	3.37	3.15	2.98	2.85	2.75	2.66	2.59	2.53	2.43	2.35	2.23
60	4.00	3.15	2.76	2.52	2.37	2.25	2.17	2.10	2.04	1.99	1.95	1.92	1.86	1.81	1.75
	7.08	4.98	4.13	3.65	3.34	3.12	2.95	2.82	2.72	2.63	2.56	2.50	2.40	2.32	2.20
65	3.99	3.14	2.75	2.51	2.36	2.24	2.14	2.08	2.02	1.98	1.94	1.90	1.85	1.80	1.73
	7.04	4.95	4.10	3.62	3.31	3.09	2.93	2.79	2.70	2.61	2.54	2.47	2.37	2.30	2.18
70	3.98	3.13	2.74	2.50	2.35	2.23	2.14	2.07	2.01	1.97	1.93	1.89	1.84	1.79	1.72
	7.01	4.92	4.08	3.60	3.29	3.07	2.91	2.77	2.67	2.59	2.51	2.45	2.35	2.28	2.15
80	3.96	3.11	2.72	2.48	2.33	2.21	2.12	2.05	1.99	1.95	1.91	1.88	1.82	1.77	1.70
	6.96	4.88	4.04	3.56	3.25	3.04	2.87	2.74	2.64	2.55	2.48	2.41	2.32	2.24	2.11
100	3.94	3.09	2.70	2.46	2.30	2.19	2.10	2.03	1.97	1.92	1.88	1.85	1.79	1.75	1.68
	6.90	4.82	3.98	3.51	3.20	2.99	2.82	2.69	2.59	2.51	2.43	2.36	2.26	2.19	2.06
125	3.92	3.07	2.68	2.44	2.29	2.17	2.08	2.01	1.95	1.90	1.86	1.83	1.77	1.72	1.65
	6.84	4.78	3.94	3.47	3.17	2.95	2.79	2.65	2.56	2.47	2.40	2.33	2.23	2.15	2.03
150	3.91	3.06	2.67	2.43	2.27	2.16	2.07	2.00	1.94	1.89	1.85	1.82	1.76	1.71	1.64
	6.81	4.75	3.91	3.44	3.14	2.92	2.76	2.62	2.53	2.44	2.37	2.30	2.20	2.12	2.00
200	3.89	3.04	2.65	2.41	2.26	2.14	2.05	1.98	1.92	1.87	1.83	1.80	1.74	1.69	1.62
	6.76	4.71	3.88	3.41	3.11	2.90	2.73	2.60	2.50	2.41	2.34	2.28	2.17	2.09	1.97
400	3.86	3.02	2.62	2.39	2.23	2.12	2.03	1.96	1.90	1.85	1.81	1.78	1.72	1.67	1.60
	6.70	4.66	3.83	3.36	3.06	2.85	2.69	2.55	2.46	2.37	2.29	2.23	2.12	2.04	1.92
1000	3.85	3.00	2.61	2.38	2.22	2.10	2.02	1.95	1.89	1.84	1.80	1.76	1.70	1.65	1.58
	6.66	4.62	3.80	3.34	3.04	2.82	2.66	2.53	2.43	2.34	2.26	2.20	2.09	2.01	1.89
∞	3.84	2.99	2.60	2.37	2.21	2.09	2.01	1.94	1.88	1.83	1.79	1.75	1.69	1.64	1.57
	6.64	4.60	3.78	3.32	3.02	2.80	2.64	2.51	2.41	2.32	2.24	2.18	2.07	1.99	1.87

〈부록 5〉 x^2 분포표

df	.99	.98	.95	.90	.80	.70	.50	.30	.20	.10	.05	.02	.01	.001
1	.00016	.00063	.00039	.016	.064	.15	.46	1.07	1.64	2.71	3.84	5.41	6.64	10.83
2	.02	.04	.10	.21	.45	.71	1.39	2.41	3.22	4.60	5.99	7.82	9.21	13.82
3	.12	.18	.35	.58	1.00	1.42	2.37	3.66	4.64	6.25	7.82	9.84	11.34	16.27
4	.30	.43	.71	1.06	1.65	2.20	3.36	4.88	5.99	7.78	9.49	11.67	13.28	18.46
5	.55	.75	1.14	1.61	2.34	3.00	4.35	6.06	7.29	9.24	11.07	13.39	15.09	20.52
6	.87	1.13	1.64	2.20	3.07	3.83	5.35	7.23	8.56	10.64	12.59	15.03	16.81	22.46
7	1.24	1.56	2.17	2.83	3.82	4.67	6.35	8.38	9.80	12.02	14.07	16.62	18.48	24.32
8	1.65	2.03	2.73	3.49	4.59	5.53	7.34	9.52	11.03	13.36	15.51	18.17	20.09	26.12
9	2.09	2.53	3.32	4.17	5.38	6.39	8.34	10.66	12.24	14.68	16.92	19.68	21.67	27.88
10	2.56	3.06	3.94	4.86	6.18	7.27	9.34	11.78	13.44	15.99	18.31	21.16	23.21	29.59
11	3.05	3.61	4.58	5.58	6.99	8.15	10.34	12.90	14.63	17.28	19.68	22.62	24.72	31.26
12	3.57	4.18	4.23	6.30	7.81	9.03	11.34	14.01	15.81	18.55	21.03	24.05	26.22	32.91
13	4.11	4.76	5.89	7.04	8.63	9.93	12.34	15.12	16.98	19.81	22.36	25.47	27.69	34.53
14	4.66	5.37	6.57	7.79	9.47	10.82	13.34	16.22	18.15	21.06	23.68	26.87	29.14	36.12
15	5.23	5.98	7.26	8.55	10.31	11.72	14.34	17.32	19.31	22.31	25.00	28.26	30.58	37.70
16	5.81	6.61	7.96	9.31	11.15	12.62	15.34	18.42	20.46	23.54	26.30	29.83	32.00	39.29
17	6.41	7.26	8.67	10.08	12.00	13.53	16.34	19.51	21.62	24.77	27.59	31.00	33.41	40.75
18	7.02	7.91	9.39	10.86	12.86	14.44	17.34	20.60	22.76	25.99	28.87	32.35	34.80	42.31
19	7.63	8.57	10.12	11.65	13.72	15.35	18.34	21.69	23.90	27.20	30.14	33.69	36.19	43.82
20	8.26	9.24	10.85	12.44	14.58	16.27	19.34	22.78	25.04	28.41	31.41	35.02	37.57	45.32
21	8.90	9.92	11.59	13.24	15.44	17.18	20.34	23.86	26.17	29.62	32.67	36.34	38.93	46.80
22	9.54	10.60	12.34	14.04	16.31	18.10	21.34	24.94	27.30	30.81	33.92	37.66	40.29	48.27
23	10.20	11.29	13.09	14.85	17.19	19.02	22.34	26.02	28.43	32.01	35.17	38.97	41.64	49.73
24	10.86	11.99	13.85	15.66	18.06	19.94	23.34	27.10	29.55	33.20	36.42	40.27	42.98	51.18
25	11.52	12.70	14.61	16.47	18.94	20.87	24.34	28.17	30.68	23.38	37.65	41.57	44.31	52.62
26	12.20	13.41	15.38	17.29	19.82	21.79	25.34	29.36	31.80	35.56	38.88	42.86	45.64	54.05
27	12.88	14.21	16.15	18.11	20.70	22.72	26.34	30.32	32.91	36.74	40.11	44.14	46.96	55.48
28	13.56	14.85	16.93	18.94	21.59	23.65	27.34	31.39	34.03	37.92	41.34	45.42	48.28	56.98
29	14.26	15.57	17.71	19.77	22.48	24.58	28.34	32.46	35.14	39.09	42.56	46.69	49.59	58.30
30	14.95	16.31	18.49	20.60	23.36	25.51	29.34	33.53	36.25	40.26	43.77	47.96	50.89	59.70

참고문헌

고려대학교부설행동과학연구소 편(1998). 심리척도핸드북. 서울: 학지사.

고려대학교부설행동과학연구소 편(1999). 심리척도핸드북 II. 서울: 학지사.

고홍화, 김현수, 백영승 공역(1989). 사회 · 행동과학 연구방법의 기초. 서울: 성원사.

길병휘 외(2001). 교육연구의 질적 접근. 서울: 교육과학사.

김순은(1999). Q 방법론의 이론적 배경과 비판적 고찰. 정책분석평가학회보, 9(2): 201-216.

김인숙(2011). 근거이론의 분기: Glaser와 Strauss의 차이를 중심으로. 사회복지연구, 42(2), 351-380.

김재은(1984). 교육 사회 심리 연구방법. 서울: 교육과학사.

김종서(1995). 교육연구의 방법. 서울: 배영사.

김종훈(2005). 진로태도 유형화를 통한 조리과 학생들의 군집별 내재적 심리 특성 연구. 경기대
    학교 대학원. 박사학위논문.

김호권(1963). 연구문제의 발견과 설정. 오천석 외(편). 교육연구. 현대교육총서, 12. 서울: 현대
    교육총서출판사.

김홍규(1996). Q 방법론의 유용성 연구. 주관성 연구, 1(1): 15-33.

박도순(1995). 교육연구방법론. 서울: 문음사.

박순영(1993). Q 방법론의 과학정신탐구. 한양대 언론문화연구소.

서울대학교 사범대학 교육연구소(1991). 한국교육심리검사총람. 서울: 프레스빌.

성태제(1995). 현대 기초통계학의 이해와 적용. 파주: 양서원.

성태제, 시기자(2006). 연구방법론. 서울: 학지사.

신석기, 박해진, 최태진, 이영학, 김대양(1995). 교육연구방법론. 부산: 교육심리평가연구실.

양호정(2000). Q-기법을 적용한 성격진단검사의 타당화 연구. 숙명여자대학교 대학원. 석사학위논문.

이명선(2009). 근거이론 방법의 철학적 배경: 상징적 상호작용론. 대한질적연구학회 학술대회 자료
    집, 8, 3-14.

이정환, 박은혜(1995). 교사들을 위한 유아관찰 워크북. 서울: 한국어린이육영회.

이종각(1995). 교육인류학의 탐색. 서울: 하우기획출판.

이종승(1989). 교육연구법. 서울: 배영사.

이해춘(1993). 인성 특성의 분류를 위한 Q-기법적 분석. 원광대학교 대학원 박사학위논문.

이희봉 역(1989). 참여관찰방법. 서울: 대한교과서주식회사.

정용교(2001). 문화기술지의 의의와 교육적 함의. 초등교육연구논총, 17(2), 331-356. 대구교육대
학교.

조명옥, 최영희(2000). 문화간호연구 -이론과 실제-. 서울: 현문사.

조용환(1999). 질적 연구. 서울: 교육과학사.

진보영(1976). 현장교육연구법. 서울: 배영사.

차배근(2004). 사회과학연구방법. 서울: 세영사.

한국심리학회 편(1988). 실험심리 연구법 총론 -가설검정, 설계, 실험 및 분석-. 서울: 성원사.

황정규(1998). 학교학습과 교육평가. 서울: 교육과학사.

American Psychological Association(2001). *Publication Manual of the American Psychological Association* (5th ed.). Washington: American Psychological Association.

Atkinson, P., & Hammersley, M. (1994). Ethnography and participant observation. In Denzin, N. K. & Lincoln, Y. S. (Eds.), *Handbook of qualitative research* (pp. 248-261). Thousand Oaks, CA: Sage.

Blumer, H. (1969). Symbolic Interactionism: Perspective and Method. Englewood Cliffs, NJ: Prentice Hall.

Bogdan, R., & Biklen, S. K. (1992). *Qualitative research for education: An introduction to theory and methods.* Boston: Allyn and Bacon.

Borg, W. R., Gall, M. D., & Gall, J. P. (1996). *Educational Research: An Introduction* (6th ed.). New York: Longman.

Brown, P. (1990). The concept of hope; Implications for care of the critically ill. *Critical Care Nurse, 9* (5), 97-105.

Brown, S. R. (1972). "Fundamental Incommensurablility between Objectivity and Subjectivity,". In Science, Psychology, and Communication, Qualitative Health Research, 1996 (Nov.) 6(4), 561-567.

Brown, S. R. (1986). "The Subjective Side of Enterprise: Organizational Dimensions and Decision Structures," Fifth Policy Sciences Summer Institute and Association for Public Policy Analysis and Management, University of Texas at Austin, October 30-November 1.

Brown, S. R. (1990). "Q Methodology and Communication: Theory and Applications," Electronic Journal of Communication, Vol. 1(September).

Brown, S. R. (1993a). "Q Methodology and Quantum Theory: Analogies and Realities," Unpublished Working Paper, Kent State University.

Brown, S. R. (1993b). "A Primer on Q Methodology," Operant Subjectivity, 16, 91-138.

Brown, S. R. (1995). "Q Methodology as the Foundation for a Science of Subjectivity," the 11th International Conference of the International Society for the Scientific Study of Subjectivity, College of Medicine, University of Illinois, Chicago, October, 12-14.

Brown, S. R. (1996). "Q Methodology and Qualitative Research," Qualitative Health Research, 1996 (Nov.) 6(4), 561-567.

Brown, S. R. (1998). The History and Principles of Q Methodology in Psychology and the Social Science, Unpublished Working Paper, Department of Political Science, Kent State University, Kent, Ohio.

Busha, C. H., & Harter, S. P. (1980). *Research methods in Librarianship: Techniques and interpretation.* New York: Academic Press.

Burgess, R. G. (1984). *In the Field: An Introduction to Field Research.* Boston: George Allen & Unwin.

Campbell, D. T., & Fiske, D. W. (1959). Convergent and discriminant validation by the multitrait-multimethod matrix. *Psychological Bulletin, 56,* 81-105.

Campbell, D. T., & Stanley, J. C. (1963). *Experimental and quasi-experimental design for research.* Chicago: Rand and McNally.

Clarke, A. E., & Friese, C. (2007). Grounded theorizing using situational analysis. In Bryant, A. & Charmaz, K. The Sage handbook of grounded theory. London: Sage.

Clarke, A. E. (2009). From grounded theory to situational analysis: What's new? why? how? In Morse, J. M. et al. Developing grounded theory: The second generation. Walnut Creek, California: Left Coast Press Inc.

Cochran-Smith, M., & Lytle, S. (1993). *Inside/Outside: Teacher research and Knowledge.* New York: Teachers College Press.

Collins, C. (2003). *Collins Coubuild advanced Learner's English Dictionary with CD.* London: Collins Cobuild Publishers.

Corbin, J. M., & Strauss, A. L. (2008). Basics of Qualitative Research: Techniques and Procedures for Developing Grounded Theory(3rd ed.). Los Angeles: Sage.

Creswell, J. W. (1994). *Research design: qualitaive and quantitative approaches.* Thousand Oaks, CA: Sage.

Creswell, J. W. (2005). *Educational Research: planning, conducting, and evaluating quantitative and qualitative research.* Upper Saddle River, NJ: Merrill, Prentice-Hall.

Crocker, L., & Algina, J. (1986). *Introduction to Classical And Modern Test Theory.* New York: Holt, Rinehart and Winston.

Cronbach, L. J. (1963). Evaluation for Course Improvement. *Teachers College Record, 64,* 672-683.

Cronbach, L. J. (1970). *Essentials of Psychological Testing* (3rd ed.). New York: Harper and Row.

Dennis, K. E., & Goldberg, A. P. (1996) Weight control self-efficacy types and transitions affect weight-loss outcomes in obese women. Addictive Behaviours, 21, 103-116.

Denzin, N. (1984). *The research act.* Englewood Cliffs, NJ: Prentice-Hall.

Ellingsen, I. T., Storksen, I., & Stephens, P. (2010). Q methodology in social work research. International Journal of Social Research Methodology, 13(5), 395-409.

Farrimond, H., Joffe, H., & Stenner, P. (2010). A Q-methodological study of smoking identities. Psychology & Health, 25(8): 979-998.

Fraenkel, J. R., & Wallen, N. E. (1996). *How to design and evaluated research* (3rd ed). New York: McGraw-Hill.

Gall, J. P., Gall, M. D., & Borg, R. (1999). *Applying Educational Research: A Practical Guide*. New York: Longman.

Gallagher, K., & Porock, D. (2010). The use of interviews in Q methodology card content analysis. Nursing Research, 59(4): 295-300.

Garfinkel, H. (1967). *Studies in Ethnomethodology*. Englewood Cliffs, NJ: Prentice-Hall.

Gay, L. R., & Airasian, P. (2000). *Educational Research: Competencies for Analysis and Application* (6th ed.). Upper Saddle River, NJ: Merrill, Prentice-Hall.

Gay, L. R. (1996). *Educational Research: competencies for analysis and application* (5th ed.). Upper Saddle River, NJ: Merrill, Prentice-Hall.

Geertz, C. (1988). *Works and Lives. The Anthropologist as Author*. Stanford: Stanford University Press.

Glaser, B. G., & Strauss, A. L. (1967). The Discovery of Grounded Theory: Strategies for Qualitative Research. 이병식 · 박상욱 · 김사훈(역)(2011). 근거이론의 발견: 질적 연구 전략. 서울: 학지사.

Glaser, B. G. (1978). Theoretical sensitivity: Advances in the methodology of grounded theory. Mill Valley, CA: Sociology Press.

Glass, G. V. (1976). Primary, secondary, and meta-analysis of research. *Educational Researcher, 5*, 3-8.

Gold, R. L. (1969). Roles in sociological field observation. In G. J. McCall, and J. L. Simmons (Eds.), *Issues in participant observation* (pp. 30-39). Reading, MA: Addison-Wesley.

Good, C. V. (1959). *Dictionary of Education*. New York: McGraw-Hill.

Goodwin, W. L., & Goodwin, L. D. (1996). *Understanding quantitative and qualitative research in early childhood education*. New York: Teachers College Press.

Grbich, G. (1999). Qualitative Research in Health: An Introduction Thousand Oaks. CA: Sage Publications.

Grisso, T., Baldwin, E., Blanck, P. D., Rotheram-Borus, M. J., Schooler, N. R., & Thompson, T. (1991). Standards in research: APA's mechanisms for monitoring the challenges. *American Psychologist, 46*, 758-766.

Gronlund, N. E., & Linn, R. L. (1990). *Measurement and evaluation in teaching* (6th ed.). New York: Macmillan.

Harvey, L., & Myers, M. D. (1995). Scholarship and Practice: The Contribution of Ethnographic Research Methods to Bridging the Gap. *Information Technology & People, 8*(3), 7.

Holsti, O. R. (1969). *Content Analysis for the Social Sciences and Humanities*. Reading, MA: Addison-Wesley.

Isaac, S. L., & Michael, W. B. (1995). *Handbook in Research and Evaluation: A Collection* of Principles, Methods, and Strategies Useful in the Planning, Design, and Evaluation of Studies in Education and the Behavioral sciences. California: EdITS.

Jacob, E. (1998). Clarifying Qualitative Research: A focus on Traditions, *Educational Researcher, 17*(1), 16-24.

Johnson, B., & Christensen, L. (2000). Educational research: Quantitative and qualitative approaches. MA: Allyn & Bacon.

Johnson, R. M. (1970). "Q Analysis of Large Samples," Journal of Marketing Research, 12, 104-105.

Kerlinger, F. N. (1964). Foundations of Behavioral Research. NY: Holt, Rinehart Winston.

Kerlinger, F. N. (1986). Foundation of Behavioral Research, 3rd ed. New York: Holt, Rinehart and Winston.

Kerlinger, F. N. (1986). Foundations of Behavioral Research. NY: CBS College Publishing.

Kerlinger, F. N., & Howard, B. L. (1999). *Foundation of Behavioral Research*. New York: Rinehart and Winston.

Krippendorff, K. (1980). *Content Analysis: An Introduction to Its Methodology*. Newbury Park, CA: Sage.

Krueger, R. A. (1988). *Focus groups: A practical guide for applied research*. Newbury Park, CA: Sage.

Kuder, G. F., & Richardson, M. W. (1937). The theory of the estimation of test reliability. *Psychometrika, 2*, 151-160.

Lawshe, C. H. (1975). A quantitative approach to content validity. *Personnel Psychology, 28*, 563-575.

Likert, R. (1932). A technique for the measurement of attitudes. *Archives of Psychology, 140*, 44-53.

Mayring, P. (2000). Qualitative Content Analysis. *Forum Qualitative Sozialforschung/Forum: Qualitative Social Research, 1*(2). Available from http://www.qualitative-research.net/fqs-texte/2-00/2-00mayring-e.htm

Massey, A. (1998). *The way we do things around here: the culture of ethnography*. Paper presented at the Ethnography and Education Conference, Oxford University Department of Educational Studies, 7-8 September.

Merriam, S. B. (1998). *Qualitative research and case study applications in education*. San Francisco: Jossey-Bass Publishers.

Miles, M., & Huberman, M. (1994). *Qualitative data analysis: An expanded source book* (2nd ed.). Thousand Oaks, CA: Sage.

Militello, M., & Benham, M.K.P. (2010). "Sorting Out" collective leadership: How Q-methodology can be used to evaluate leadership development. Leadership Quarterly, 21(4): 620-632.

Morgan, D. L. (1988). *Focus Groups as Qualitative Research*. Newbury Park, CA: Sage.

Morse, J. M. et al.(2009). Developing grounded theory: The second generation. Walnut Creek,

California: Left Coast Press Inc.

Myers, M. D. (1999). Investigating Information Systems with Ethnographic Research. *Communications of the Associations for Information System, 2*, 1–20.

Osgood, C., Suci, G., & Tannenbaum, P. (1957). *The measurement of meaning.* Urbana: University of Illinois Press.

Oswald, D.L., & Harvey, R.D. (2003). A Q–methodological study of women's subjective perspectives on mathematics. Sex Roles, 49(3–4), 134–142.

Patton, M. Q. (1990). *Qualitative evaluation and research methods* (2nd ed.). Newbury Park, CA: Sage.

Rist, R. C. (1980). Blitzkrieg ethnography: Transformation of a methodology into a movement. *Educational Researcher, 9*(2), 8–10.

Sell, D. K., & Brown, S. R. (1984). Q Methodology as a bridge between qualitative and quantitative research: Application to the analysis of attitude change in foreign study program participants. In J. L. Vacca & H. A. Johnson (Eds.), Qualitative research in education, Graduate School of Education Monograph Series, 78–87.

Spearman, C. (1910). Coefficient of Correlation Calculated from Data. *British Journal of Psychology, 3*, 221–295.

Spindler, G. (1982). *Doing the ethnography of schooling: Educational anthropology in action.* New York: Holt, Rinehart & Winston.

Spindler, G., & Spindler, L. (1992). Cultural process and ethnography: An anthropological perspective. In LeCompte, M., Millroy, W., & Preissle, J. (Eds.), *The handbook of qualitative research in education* (pp. 53–92). San Diego, CA: Academic Press.

Spradley, J. P. (1980). *Participant observation.* New York: Holt, Rinehart & Winston.

Srtauss, A. L.(1993). Continual permutations of action. Hawthorne, NY: Aldine de Gruyter.

Stake, R. (1995). *The art of case research.* Newbury Park, CA: Sage.

Standards for Educational and Psychological Testing. (1999). *Standards for educational and psychological testing.* Washington, DC: American Psychological Association.

Stemler, S. (2001). An overview of content analysis. *Practical Assessment, Research & Evaluation,* 7 (17). Available from http://PAREonline.net/getvn.asp?v=7&n =17.

Stephenson, W. (1953a). The Study of Behavior: Q–technique and Its Methodology, Chicago: The University of Chicago. In Brown, S. R. (1995). Q Methodology as the Foundation for a Science of Subjectivity, the 11th International Conference of the International Society for the Scientific Study of Subjectivity, College of Medicine, University of Illinois, Chicago, October, 12–14.

Stephenson, W. (1953b). The Study of Behavior: Q–technique and Its Methodology. Chicago: The University of Chicago. In S. R. Brown, (1998). The History and Principles of Q Methodology in Psychology and the Social Sciences," Unpublished Working Paper, Department of Political Science, Kent State University, Kent, Ohio.

Stephenson, W. (1953c). The Study of Behavior: Q–technique and Its Methodology. Chicago:

The University of Chicago. 재인용 김흥규 (1992). "주관성(Subjectivity) 연구를 위한 Q 방법론의 이해," 간호학논문집, 6(1), 1-11.

Stephenson, W. (1986). Protoconcursus: The concourse theory of communication. Operant Subjectivity, 9, 37-58. In Brown, S. R. (1993). "A Primer on Q Methodology," Operant Subjectivity, 16, 91-138.

Strauss, A., & Juliet, C. (1990). *Basics of Qualitative Research: Grounded Theory Procedures and Techniques.* Newbury Park, CA: Sage.

Strauss, A. L., & Corbin, J. M. (1990). Basics of Qualitative Research: Grounded Theory Procedures and Techniques. Newbury Park, CA: Sage.

Strauss, A. L., & Corbin, J. M. (1998). Basics of Qualitative Research: Techniques and Procedures for Developing Grounded Theory (2nd ed.). 신경림(역)(2001). 근거이론의 단계. 서울: 현문사.

Strauss, A. L. (1987). Qualitative analysis for social scientists. New York: Cambridge University Press.

Tellis, W. (1997a). Introduction to case study. *The Qualitative Report, 3*(2). Available from http://www.nova.edu/ssss/QR/QR3-2/ tellis1.html

Tellis, W. (1997b). Application of a case study Methodology. *The Qualitative Report, 3*(2). Available from http://www.nova.edu/ssss/QR/QR3-3/tellis2.html

Tesch, R. (1990). *Qualitative Research: Analysis Types and Software Tools.* Bristol, PA: The Falmer Press.

Tuckman, B. W. (1988). *Conducting Educational Research* (3rd ed.). New York: Macmillan.

Tutty, L. M., Rothery, M. A., & Grinnell, R. M. (1996). *Qualitative research for social workers.* Boston: Allyn & Bacon.

Wax, M. L. (1991). The etics of research in American Indian communities. *American Indian Quarterly, 15,* 431-456.

Weber, R. P. (1990). *Basic Content Analysis* (2nd ed.). Newbury Park, CA: Sage.

Wolcott, H. (1987). On ethnographic intent. In G. Spindler and L. Spindler (Eds.). *Interpretive ethnography of education: At home and abroad* (pp. 37-57). London: Lawrence Erlbaum Associates.

Yin, R. (1993). *Applications of case study research.* Newbury Park, CA: Sage.

Yin, R. (1994). *Case study research: Design and methods* (2nd ed.). Thousand Oaks, CA: Sage.

Zuber-Skerritt, O. (1996). Introduction: New directions in action research. In O. Zuber-Skerrtt (ed.). *New direction in action research* (pp. 3-9). London: The Falmer Press.

찾아보기

내 용

저자 소개

김석우(Kim Sukwoo)
고려대학교 사범대학 교육학과 졸업
미국 UCLA 대학원 교육학과 석사 및 철학박사
미국 조지아 대학교 연구교수
현 부산대학교 사범대학 교육학과 교수

최태진(Choi Taejin)
부산대학교 사범대학 교육학과 졸업
부산대학교 대학원 교육학과 석사 및 박사
현 중부대학교 교직과 교수

박상욱(Park Sangwook)
서울대학교 대학원 졸업
연세대학교 대학원 교육학과 박사
현 동의대학교 교직과 교수

2판

교육연구방법론
Research Methodology in Education

2007년 2월 20일 1판 1쇄 발행
2014년 3월 15일 1판 7쇄 발행

2015년 3월 10일 2판 1쇄 발행
2021년 3월 25일 2판 5쇄 발행

지은이 • 김석우 · 최태진 · 박상욱
펴낸이 • 김 진 환
펴낸곳 • (주)학지사

04031 서울특별시 마포구 양화로 15길 20 마인드월드빌딩 5층

대표전화 • 02) 330-5114   팩스 • 02) 324-2345

등록번호 • 제313-2006-000265호

홈페이지 • http://www.hakjisa.co.kr
페이스북 • https://www.facebook.com/hakjisabook

ISBN 978-89-997-0597-7 93370

정가 20,000원

저자와의 협약으로 인지는 생략합니다.
파본은 구입처에서 교환하여 드립니다.

이 책을 무단으로 전재하거나 복제할 경우 저작권법에 따라 처벌을 받게 됩니다.

이 도서의 국립중앙도서관 출판시도서목록(CIP)은 서지정보유통지원시스템
홈페이지(http://seoji.nl.go.kr)와 국가자료공동목록시스템(http://www.nl.go.kr/kolisnet)
에서 이용하실 수 있습니다.
(CIP제어번호: CIP2015003073)

출판 · 교육 · 미디어기업 **학지사**

간호보건의학출판 **학지사메디컬** www.hakjisamd.co.kr
심리검사연구소 **인싸이트** www.inpsyt.co.kr
학술논문서비스 **뉴논문** www.newnonmun.com
원격교육연수원 **카운피아** www.counpia.com